管理学在中国

和谐管理理论

创建可能的新世界

HEXIE
MANAGEMENT
THEORY

Accomplishments and Reflections

席酉民
韩 巍
葛 京
刘 鹏

等著

机械工业出版社
CHINA MACHINE PRESS

图书在版编目（CIP）数据

和谐管理理论：创建可能的新世界 / 席酉民等著．
北京：机械工业出版社，2025.3（2025.5 重印）． --（管理学在中国）．
ISBN 978-7-111-77761-8

Ⅰ. F279.23
中国国家版本馆 CIP 数据核字第 20253NY560 号

机械工业出版社（北京市百万庄大街 22 号　邮政编码 100037）
策划编辑：许若茜　　　　　　　　责任编辑：许若茜　梁智昕
责任校对：李　霞　杨　霞　景　飞　责任印制：单爱军
保定市中画美凯印刷有限公司印刷
2025 年 5 月第 1 版第 3 次印刷
170mm×230mm・26.5 印张・3 插页・355 千字
标准书号：ISBN 978-7-111-77761-8
定价：159.00 元

电话服务　　　　　　　　　网络服务
客服电话：010-88361066　　机　工　官　网：www.cmpbook.com
　　　　　010-88379833　　机　工　官　博：weibo.com/cmp1952
　　　　　010-68326294　　金　　书　　网：www.golden-book.com
封底无防伪标均为盗版　机工教育服务网：www.cmpedu.com

总序·FOREWORD

呼唤、孕育和催生中国管理学派

中国的管理研究正处在一个取得实质性进步和突破的门槛上。

改革开放 40 多年来，中国已经发展成为世界上最大、最活跃的新兴市场，商业竞争态势复杂，变化快速且激烈，积累了异常丰富的管理实践，为管理学的思考与研究提供了充足的素材和样本。同时，中国特有的深厚文化传统，虽一度遭受挫折，但在新的历史条件下逐步"灵根再植"，帮助孕育了丰厚的思想创新土壤。

在此期间，中国管理学的研究有了长足进步，发表的论文在国际学术界崭露头角，成长起一批素养深厚的学者。但与此同时，我们的学术研究存在着囿于西方理论和研究方法、与本土环境和实践脱节的弊端，因此受到实践者的冷落。这样的现象值得深思。

从世界范围看，管理研究一直在与时俱进地变化和发展。蒸汽机时代的到来，催生了泰勒制和管理组织理论、管理层次理论、管理激励理论等；电气化时代带来了福特制、行为科学理论、管理科学理论、系统管理理论等；信息化时代新的技术环境和商业环境、新的分工协作方式以及由此带来的效率的突变，都在呼唤管理理论的创新，遗憾的是，信息化时代管理研究的创新总体上是偏少、偏弱、偏慢的。现在，互联网经济方兴未艾，新一轮制造业革命初现端倪，数字化时代已经到来，历史给了中国一个特别好的机会，中国的管理学者已经立足于一片最肥沃的土壤，体现时代特征、基于中国情境的管理研究，一定可以大有作为。

在此背景下，2017年9月，我们在苏州金鸡湖畔发起成立"中国管理50人论坛"，以探索管理学理论特别是具有中国特色的管理学理论创新为使命，以推动管理理论与中国企业管理实践相结合为宗旨，总结中国优秀企业创新发展的经验，应对新的科技革命所带来的挑战，为中国经济社会的振兴、中国企业的崛起、中国管理学派的形成，做出中国管理学者应有的贡献。

我们的这个举动得到了机械工业出版社的大力支持。机械工业出版社在翻译引进西方管理思想方面做了许多工作，做出了很大贡献，为中国读者带来了弗雷德里克·泰勒、爱德华·戴明、赫伯特·西蒙、詹姆斯·马奇、亨利·明茨伯格、埃德加·沙因等西方管理大师的经典作品。此外，还有管理学大师彼得·德鲁克的系列作品。在新的时代背景下，机械工业出版社也在积极关注本土管理实践创新和管理思想的孕育发展。于是，"中国管理50人论坛"与机械工业出版社一拍即合，携手合作，共同发起"管理学在中国"丛书的出版工作，旨在为中国管理学派的崛起贡献力量。

接下来，"中国管理50人论坛"还将与包括机械工业出版社在内的多家机构携手合作，打造"管理学在中国"管理思想和实践交流平台，举办大会、论坛、工作坊、企业调研、中外学术交流等活动，为致力于管理思想与实践创新的学者和实践者创造相互学习、交流切磋的机会，让感悟和创新的灵感在这些跨界互动中自然涌现。

"这是一个需要理论而且能够产生理论的时代,这是一个需要思想而且能够产生思想的时代。我们不能辜负了这个时代。"中国本土管理研究的崛起正当其时。我们期许,未来十年,"管理学在中国"丛书将以一本又一本真正有分量的著作,见证中国管理学派的成长。

王方华

上海交通大学安泰经济与管理学院原院长

序 · PREFACE

> 伟大的热情、伟大的承诺、伟大的行为,并不是因为对伟大的结果抱有希望,而是愿意信奉美好生活之自主性和不附加条件的主张。堂吉诃德提醒我们,如果我们只在不被辜负的时候去信任,只在有所回报的时候去爱,只在学有所用的时候去学习,那么我们就放弃了人的本质特征——愿意在自我概念的名义下行动,不管结果如何。
>
> ——詹姆斯·马奇

我们的时代正在发生着前所未有的变化,伴随着多个领域新科技革命的汹涌浪潮、世界格局的持续动荡和加速重塑,组织与个体所处的世界愈加呈现出不确定性(uncertainty)、模糊性(ambiguity)、复杂性(complexity)、快变性(changeability)以及稀缺性(scarcity)(简称UACCS)。范式变迁(paradigm shift)不再只是一个说辞,人类社会在不断地"生成"新规则、新秩序。纵观历史,人类的管理活动是不确定的、多样的,根本上是演化的,不过面对UACCS环境的挑战,我们仍有可能找到某些"规律",即融入和适应演化的特定"结构和机制",发现人为干预的可能性、必要性。这要求在方法论上需要采用多元范式去"描述、呈现、诠释、反思",而不是采用任何"决定论—真理论"的设想。

面对 UACCS 环境带来的挑战，和谐管理理论给出了一套运用人类拥有的知识、经验和一定的创造力，特别融合了东西方智慧，围绕目标"从好到更好"演化发展的框架和论述。和谐管理理论将自身定位为"UACCS 环境下复杂管理问题的解决学"，它以人与物的互动以及人与系统的自治性和能动性为前提，围绕"和谐主题"（HeXie Theme，HT），以"设计优化的控制机制"和"能动致变的演化机制"双规则的耦合来应对管理问题。该理论强调领导者信念驱动下的理念、愿景、使命、战略与和谐主题等的定向、定位、核心问题共识的达成，启发人们形成能够应对复杂问题的和谐心智，在管理决策过程中始终有"定向"指导下的（和谐）主题意识，不失方向地审慎地运用"设计"和"演化"双机制及其互动耦合以构建网络化组织和生态系统，掌握并运用共生与博弈的机理、在线的智慧干预，实现管理生态的积极演进，从而创造和收获生态红利。和谐管理理论为我们提供了更富有现实性的理解、分析和解决管理问题的途径，为我们在 UACCS 环境下应对管理问题开启了一条新路。

在 2006 年，和谐管理理论的研究已初步完成了基本概念和原则的构建："和""谐"的界定，"和则"（He Principles，HP）、"谐则"（Xie Principles，XP）的阐述，"优化设计""不确定性消减""互动耦合"路径的提出，从抽象的概念模型向实用的分析模型的转换，如"EOL（环境、组织、领导）与 S（战略），HT、EOL 和 S，HT 与 XP 和 HP 三个一致性的假定和判断""和谐主题的辨识模型""谐则实现系统""和则实现系统""和谐管理的耦合模型""和谐管理案例研究流程"等。可以说，经过艰苦的探索，和谐管理理论研究者已经发明了自己的一种工作语言、一套元规则体系；已通过案例阐释了相关的猜想、命题，还在试图通过规范的量表来检验相关命题；在理论构建的基础上研究建立了相应的应用技术和方法，它们已经被且正在被一些企业与组织运用于实践并得到验证。

遵循我们"有限干预下的演化"的管理理念，理论构建也需要适时的反思、总结和升级。多年前，在持续进行理论反思、改进与丰富的同时，我们曾对和谐管理理论的地位和作用、主要概念和模块、在管理知识构建中的价值等方面做过一个系统性的总结，出版了《和谐管理理论研究》（西安交通大学出版社，2006年）。该书是研究群体多年的研究成果在那个时段的阶段性总结，是集体智慧的结晶。

和谐管理理论虽源于系统理论、诞生于中国改革开放初期，但面对日益复杂多变的社会经济环境和管理问题，特别是日益严重的UACCS世界，越来越显示出其旺盛的生命力，且适逢中国的管理实践和管理研究正随着中国经济的崛起受到世人关注，深入完善和谐管理理论并使其被实践界更广泛地接受和应用是我们重大的历史使命！尽管研究中的问题和困惑经常烦扰我们，研究过程中充满了待深入探索的新挑战，但我们始终没有忘记肩负的使命，并坚信前途光明，我们仍需继续努力！

这本书是我们在原来总结的基础上，对和谐管理理论研究的又一次深度反思和系统总结，一些篇章基本保留了原章节的内容，同时，扼要地介绍了和谐管理理论研究的新进展，前后内容相比可能存在不一致之处，甚至存在自我否定，以生动展现研究者认识上的变化，帮助读者了解和谐管理理论构建与应用的历程（哪些得以延续凸显，哪些被改变，以及有哪些新突破）。更重要的努力是试图从一个独特的理论视角，看待管理知识和理论的构建、价值、意义和未来，这是我们致力于使管理学在中国取得突破的一份尝试和努力。

本书由13章组成，每章开篇用少量文字介绍了该章的基本思想和价值，以便阅读。第1章导言介绍了和谐管理理论的主要思路、新进展及其为管理学在中国实现突破做出的努力，由席酉民、刘鹏撰写；第2章介绍了和谐管理理论的提出背景、基本构架和基本假设，由席酉民、肖宏文、王洪涛、韩巍等撰写；第3章围绕和谐管理理论的基本思想，讨论了其存在的价值和作用，由韩巍撰写；第4章给出了和谐管理理论的数理表述并指出了几个重要的科学问题，由席酉民、唐方成撰写；第5章对和谐主题进行了诠释，讨论了和谐主题的基本内涵和基本性质、辨识的概念模型及其漂移过程等，由王亚刚在王琦、尚玉钒等人的工作的基础上执笔而成；第6章是对和则体系的研究，由肖宏文执笔；第7章是对谐则体系的研究，由井辉执笔；第8章是对和谐耦合（HeXie Coupling，HC）机制和模式的研究，由曾宪聚、唐方成、马骏、梁朝高等人参与研究，曾宪聚、刘鹏执笔；第9章概述、提炼了和谐领导力的研究，由韩巍、尚玉钒、张晓军、刘鹏等人参与研究，刘鹏执笔；第10章探讨了和谐管理理论在管理学术研究与管理实践活动之间的桥梁作用，以及溯因推理对理论构建的价值，由肖宏文、刘鹏执笔；第11章深入讨论了和谐管理理论对实践、学术研究的启发，由韩巍、席酉民撰写；第12章概述了和谐管理理论的应用并提出了展望，由席酉民、刘鹏、熊畅、张梦晓等人参与研究，刘鹏执笔；第13章给出了在和谐管理理论的启发下创新生态的构建过程与策略，以西交利物浦大学的教育与创新生态构建为例，为和谐管理理论的应用提供了范本，由席酉民、刘鹏撰写。席酉民策划、研究、确定了每章的主题及基本研究内容和结果，并与刘鹏、韩巍、葛京一道对全书进行了统稿，张梦晓、李璇和岳圆等博士生协助了校对工作。

敏锐的读者不难发现，和谐管理理论即使在和谐管理研究团队内部也并没有形成高度"统一"的画面，之所以大胆地将阶段性研究成果呈献在这里，是因为我们心知肚明——理论的探索永无止境。让更多关心管理的人关注和共享我们的研究成果，目的是热诚欢迎大家的批评和建设性意见，以使其不断深化和完善！

世界，是天边，关乎过去、未来，也是眼前，就在当下；世界，曾经任由别人诠释，今天也该有我们自己的定义。中国的管理研究者、实践者要勇于担当，创新理论，创新组织，创造更多美好生活的可能性。和谐管理理论可以助力你我创建可能的新世界。

最后，我要再次衷心地感谢对和谐管理研究做出贡献的所有研究者和关心和谐管理理论发展的所有朋友，感谢那些默默坚持的和谐管理实践者！

席酉民

2024年11月15日修订于西交利物浦大学

目录 · CONTENTS

总序

序

第1章　导言　　3
   1.1　管理学在中国实现突破的可能性　　5
   1.2　和谐管理视角下的生态管理与治理研究　　15
   1.3　以和谐心智应对UACCS世界的挑战　　18
   1.4　本章小结　　20
   本章参考文献　　21

第2章　为什么提出和谐管理理论　　25
   2.1　和谐管理理论提出的背景　　25
   2.2　和谐管理理论的基本思想　　37
   2.3　和谐管理的理论假定及原型　　50
   2.4　本章小结　　55
   本章参考文献　　56

第3章　从管理知识的本质看和谐管理　　61
   3.1　和谐管理研究的简要回顾及存在的问题　　62
   3.2　是和谐主题，而不是战略　　64
   3.3　从管理和管理知识的本质再看和谐管理的认识论和方法论　　74

3.4 猜想—行动—不完备性：再谈和谐管理的认识论基础 77
3.5 和谐管理——一个综合的管理知识景观 82
3.6 和谐管理与主流的"对话"及对管理实践的启示 88
3.7 本章小结 90
本章参考文献 91

第4章 和谐管理理论的数理模型 95
4.1 和谐的概念界定与前提假设 96
4.2 和谐主题的数理描述及其搜寻与辨析 99
4.3 "和"与"谐" 104
4.4 和与谐的耦合：一致性特征与组织绩效之间的动态关系 109
4.5 将来的研究面临的科学问题 112
4.6 本章小结 115
本章参考文献 116

第5章 和谐主题的行动纲领 121
5.1 对和谐主题的诠释 121
5.2 和谐主题的辨识 128
5.3 和谐主题的漂移 134
5.4 和谐主题的深化研究 147
5.5 本章小结 149
本章参考文献 150

第6章 和则体系：能动致变的演化机制 157
6.1 和则的理论与实践基础 157
6.2 和则的作用过程及机理研究——能动致变的演化机制 164
6.3 行为者的能力、意愿与组织条件支持的作用规律研究 173
6.4 组织中的信任与和则作用 181
6.5 和则的深化研究 201
6.6 本章小结 204
本章参考文献 204

第 7 章　谐则体系：设计优化的控制机制　211
7.1　谐则的含义及其哲学基础　211
7.2　影响组织物要素投入组合的因素辨析　216
7.3　影响组织活动安排与资源配置效果的支持系统要素　222
7.4　谐则作用机制的路径结构　228
7.5　谐则机制的技术、工具与方法支持　234
7.6　谐则的深化研究　236
7.7　本章小结　236
本章参考文献　238

第 8 章　和谐耦合：在线干预的迭代升级　245
8.1　面向复杂性：和谐管理理论　246
8.2　最复杂的网络：脑整体网络　248
8.3　和谐耦合的大脑模式：规则系统水平上的探讨　250
8.4　和谐耦合机制：和谐景观的生成　256
8.5　和谐耦合中复杂性的涌现　263
8.6　和谐耦合：整体一致性的达成　265
8.7　来自生产线上的例证　268
8.8　和谐耦合的深化研究　270
8.9　本章小结　271
本章参考文献　273

第 9 章　和谐领导力研究　281
9.1　和谐管理理论视角下的领导力研究概述　281
9.2　和谐领导：双重理性与和谐管理　283
9.3　生态领导力：和谐管理理论的启示　293
9.4　本章小结　299
本章参考文献　300

第 10 章　用和谐管理理论连接管理学术与实践　305
10.1　管理学的本质及管理学术与实践的隔阂　305

10.2	知识生产模式与实践者的知识消费行为	311
10.3	和谐管理理论对管理学术与实践隔阂的桥梁作用	320
10.4	运用溯因推理探究复杂性现象并进行理论构建	324
10.5	本章小结	326
	本章参考文献	327

第11章　再论和谐管理理论及其对实践、学术研究的启发　333

11.1	何谓方向及方向确立	334
11.2	何谓和谐主题及主题选择	336
11.3	何谓和谐耦合以及主题与耦合的匹配	346
11.4	和谐管理理论的应用	350
11.5	本章小结	356
	本章参考文献	359

第12章　和谐管理理论的应用述评　365

12.1	和谐管理理论在应用中的特征	365
12.2	和谐管理理论的应用研究文献述评	370
12.3	和谐管理理论的应用前景	385
12.4	本章小结	389
	本章参考文献	389

第13章　构建高质量创新生态：和谐管理理论的启示　397

13.1	构建创新生态，实现高质量发展	397
13.2	和谐管理理论解决复杂经济社会问题的思路	399
13.3	和谐管理理论指导下的创新生态构建	400
13.4	创新生态构建的探索性实践	407
13.5	本章小结	409
	本章参考文献	409

▲

  人类的管理活动充满不确定性、多样性，根本上是演化的，但我们依然有可能找到某些规律，即适应演化的特定"结构和机制"，发现人为干预的可能性、必要性。这要求在方法论上需要采用多元范式去"描述、呈现、诠释、反思"，而不是采用任何"决定论—真理论"的设想。面对 UACCS 环境带来的挑战，和谐管理理论给出了一套运用人类拥有的知识、经验和一定的创造力，围绕目标"从好到更好"演化发展的框架和论述。该理论启发人们形成能够应对复杂问题的和谐心智，在管理决策过程中审慎地推动谐则、和则的互动耦合，以构建管理生态系统，掌握并运用共生与博弈的机理与思路，成就一番有价值的事业，收获幸福的人生。

———

CHAPTER 1 ▶ 第 1 章

导　　言

　　本书探讨管理活动在人类有限理性的干预下进行演化的特征、模式、机理与策略等议题。人类的有限理性一直是管理研究关注的焦点。对管理活动中参与人的有限理性，通常有两类阐释：一类认为，人虽然不具备完全理性，但还是有一定的理性，因而可以积极认知和学习、辨识环境中的机会和威胁、建构与创造新颖事物等；另一类认为，人的理性是有限的（或有局限性的），因而需要通过流程、组织结构等外在因素克服人类理性的局限性。这两类阐释都有大量拥趸，但都很难刻画或有意忽视情感、信任、意志、身份认同（identity）等因素——它们常被著名管理学者詹姆斯·马奇以"愚蠢术"的名义加以研讨。理解管理活动中人的有限理性及其原因，不论从理性的光芒和价值的角度看，还是从理性存在局限性的角度看，信任、意志、信念、伦理等都参与其中、缠绕（entwinement）互动，起着无法被忽视的作用。这一研究进路迫切需要深入、充分的考量。在本书中，我们将提出一套理解人类有限理性干预下管理演化的框架和论述，研究在 UACCS 环境下，人们如何在应对管理问题、进行理智决策的过程中加入信任、意志、信念等方面的考量。

　　管理活动发生于特定情境中，相应地，富有启发的管理知识依赖于特定的情境理解。情境在此处是广义上的，不仅指管理活动发生的直接、具体情境，还涉及制度、文化、历史、传统智慧等。和谐管理理论构建情境理解的努力着重于以下方面。首先，针对典型的现实管理问题展开设身处地、抽丝剥茧的探究，辨识并确立对问题本身和情境的多层次、整体性理解。这一点，在从和谐理论创立初期对大型工程项目中内耗的考察，直至现在对数字化、智能化、深度互联的生态管理与治理问题的研究中，均有体现。

其次，通过对"管理知识形成脉络"的分析，建立和谐管理的知识基础、对话的参照系。我们从对西方管理理论丛林的批判性反思中认识到，在看似繁荣的管理时尚、层出不穷的新管理概念潮流下，管理实践者时常无所适从，因为缺少应对UACCS环境中管理问题的新综合框架，这类框架要既具有整体性、穿透力，又可快速应变且有可行动性。中国管理学在改革开放后取得的成就离不开学习、掌握现代科学方法和源自西方的管理理论。然而，随着中国管理实践的不断突破，甚至进入需要实践与理论创新的"无人区"，如今再继续套用西方现有管理理论，就会产生对本土实践研究不透、原创性中国特色不足等问题。

我们判断，目前中国管理学发展面临着"克服现有管理理论塑造的思维定式"和"在无人区寻找新方向"的双重挑战，管理学研究突破需要完成"放下不合时宜、沉重的旧理论工具"（Weick，1996）和"借助生态隐喻想象和启发出新可能性"的双重任务。中国企业的影响力日增和企业家的实践创新为完成这双重任务提供了肥沃的土壤，但还不够。应对UACCS环境中的问题，还需要融合东西方智慧以促成理论创新，因为不论面对数字化、智能化等新技术应用引发的社会范式变迁，还是世界格局动荡带来的新挑战，东方或西方的智慧各有利弊，但很明显都不足以独自应对。和谐管理研究正是在此情境下踏上了探索的新旅程。

本章把重点放在从当下的观察和思考切入，扼要地介绍和谐管理的新进展，便于读者一窥我们思考的结晶——哪些得以延续凸显，哪些被改变以及有哪些新突破，进而引向本书的重要定位：考察和谐管理理论构建与应用的历程。正所谓"不回望无以展望"，我们相信，本书对连接和谐管理研究的过去、现在和未来起着十分重要的作用。

1.1 管理学在中国实现突破的可能性

1.1.1 管理知识的时代变迁与谱系化特征

随着时代的变迁，管理实践和研究的重心也在发生变化（见图1-1）。根据我们的简要梳理，在当前的组织管理实践中，类似自然生态系统的组织或组织群落正在快速发展，生态的要素与关系正在成为组织管理实践的主要构成成分，对生态型的组织方式、战略思维和领导方式等的应用正在普遍发生。其中，"单一品牌的多方运作"指的是一个品牌在其生态系统内，通过多种业务模式和渠道进行运营，以实现资源的高效整合和协同效应，具体对应的是"生态管理"阶段，即2011年之后。在"生态管理"阶段，企业通过平台管理和合作管理等方式，在复杂的生态系统中实现有趣性目标，以应对快速变化的环境。

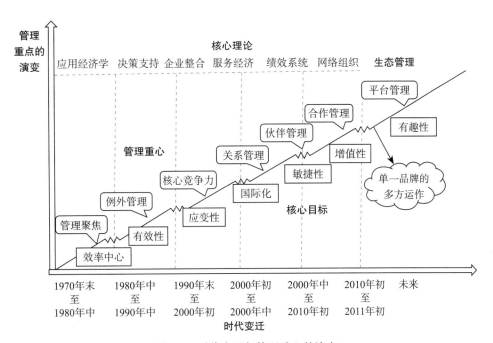

图1-1 时代变迁与管理重心的演变

时代变迁没有改变的是管理的一些基本特点，比如，管理可以被整体理解为个体、组织和环境互动协调的演化过程。但人类的认知有限，无法完全理解管理过程中的深层次的复杂性。这种复杂性是多维度的，涉及个体、组织和环境之间的相互作用，以及这些互动在不断变化的环境中的协调和演化。迄今为止，管理领域对一些基本的问题还没有回答清楚，比如管理理论到底是什么的问题。它是像自然科学领域那样纯粹的科学知识吗？管理知识通常是经过归纳形成的具有科学性的知识，并在不断总结成功实践的过程中接近规律，但存在脱离情境的普适管理规律吗？在运营与技术层次，也许有，管理科学与工程领域提炼的规律对于这个层次的实践活动当然会有提升效率的作用。然而，比如在战略层次，如果简单套用大家都知道的所谓"规律"，怎样形成"出其不意"的相对竞争优势？如何追求超常的创新或事业发展？从情境、管理的博弈特征、管理追求的人的创造性和能动性等角度看，管理学离普适性还很远，除非把"人"的因素去掉或把人要素"物化"，去探索很纯粹的管理科学与工程，比如说运筹学、系统工程等，但是这些学问完全可以划归到工程技术科学中去。管理学无法脱离人来研究，然而只要把"人"的因素考虑进去，就会变得极其复杂。

管理学或管理理论知识包括多样化的谱系，具有多种形式。这一观点并不罕见，世界著名的管理学者卡尔·维克（1995）早在20世纪90年代就提出了类似观点，著名管理学大师亨利·明茨伯格（2005）也持类似观点。现在回过头来看彼得·德鲁克，他的研究成果有多少是按照纯粹的科学范式得出来的？其实德鲁克的方式主要就是思考、观察和经验总结。按照目前一些大学的"数数式"评定标准，也许德鲁克很难评上教授。再看詹姆斯·马奇，他后半生大部分时间在做什么？就是不断地思考，去探知他尚不理解的现象。前些年，他邀请包括席酉民、韩巍在内的不同领域的学者一道去解读模糊性是什么，不确定性又是什么，中国人和其他不同民族的人在处理模糊性、不确定性和复杂性时有哪些独特的智慧，到底应怎样解读和应对模糊性和不确定性等问题，解读方式更多是从哲学、认识论上的思考开始，并逐步深入到方法论和管理层面。

从研究哲学体系或范式的角度来讲，管理学或管理理论知识（除了那些剥离了人、与人有关的因素的工具性理论知识）应该处于弱规则的区域（席酉民等，2006），能给人带来启示就很不容易了。假如说管理学的价值就是提供参考、给人启发，那么能够提供参考、给人启发的事物在内容和形式上可以多种多样。叙事研究、民族志、小说、诗歌甚或某个经历、观察都可以给人带来启发或让人顿悟。马奇就一直在使用《堂吉诃德》《战争与和平》等小说教领导与管理的课程。举一个极端的例子，任正非、张瑞敏等成功了，管理学家们的事后总结真是对当时实际情况的复原吗？这其实是很难验证的，即便是当事人的讲述也可能是对当时情境、事件、逻辑等的相关记忆和感悟的事后复原甚或美化，很多时候，人们所羡慕或学习的事物实际上可能是"事后诸葛亮"的产物。当然，如果这些人在现实中获得了巨大成功，他们的做法经过理论家的加工就可能变成新的理论，即便他们当时的一些做法与很多原有的理论可能是相背离的。

从实践的角度看，管理实践需要理论知识，但是管理实践又永远在突破现有的理论。在操作层面，自然可以利用他人总结的经验和规律提高有效性，但好的企业策略制定者实际上需要跳出这个框架。只有突破了，跟别人不一样了，才有可能产生竞争优势。这似乎呈现了管理实践和管理学问之间的一个悖论，遗憾的是，这个问题在管理学术界很少有人深入地进行研究。

作者认为，管理学的理论在很多时候就是有见地的信念和话语权（韩巍、席酉民，2009），管理者有信念和话语权而且能坚守下去，可能就成功了。一旦成了成功的典范，管理实践就有可能转化为伟大的理论。这转化后的理论加上成功实践的背书就容易使管理者获得更大的话语权。因此，如果承认管理学问的弱规则性，则其表现形式一定是多样的，其建构性一定是固有特性。通过认真的归纳总结、怀有诚意的提炼呈现或敏锐的洞察建构，形成一套能自圆其说的话语体系，这样的体系就具有管理学的启示价值。实际上，席酉民多年来在研究与实践过程中一直提倡"有实践的理论，有理论的实践"，他认为，管理学是人类自己构建起来的，其理论体系的构建和发展跟人类的实践活动有着密切联系。管理理论与实践是"你中有我，我中有你"的缠绕关系，类似观点可以参考Sandberg和Tsoukas（2011）的研究。

1.1.2　管理学在中国实现突破的两个可能性

在中国，管理学能够实现真正的突破的条件是中国企业的强大和企业家的实践创新。中国企业强大了，企业家的信念、言论或实践总结就可能变成强大的理论，他们的经验就可能为伟大的理论背书。没有这些，中国的管理学很难突破。原因在于，管理学与管理实践之间的"缠绕"关系可能形成二者相互制约与相互成就并存的局面。管理学在中国起步较晚，大部分理论、概念以及研究方法等都来自西方，在这样的轨道上仅发展了40余年就取得今日的成绩已属不易，单靠在同一轨道上比拼数量、速度等很难再有突破，关键的突破口就在于中国企业的强大和企业家的实践创新。而今中国已经涌现出了大量丰富多彩、生动有趣的管理实践，突破的条件已初步具备。管理学只有在实现突破后才可能进一步有力地赋能中国管理实践的创新。

我们认为，管理学在中国实现真正的突破的可能性主要在两个方面：①中国人自古以来的整体论思维是未来有可能对世界做出重大贡献的领域，如果能从中发现一些新的启示，就有可能产生新的理论，但需要融合东西方智慧，在方法论上有所突破；②人工智能、大数据、物联网、区块链等新技术的应用和渗透正深刻地改变人类社会的组织形态，比如人们的生活与工作方式、企业的组织与管理模式正在发生重塑，现有的管理知识面临着挑战，新的管理学问有待创建。在这个意义上，中国的管理学与全球的管理学处于同一条起跑线上，当然，这不是一条很初级的起跑线，而是面对着管理学甚至人类社会发展的"无人区",没多少现成的经验或理论知识可以借鉴,哪里率先突破、做成了,哪里就会成为世界级的创新高地。埃森哲、毕马威、阿里研究院、腾讯研究院等的报告⊖都指出中国企业在互联网、数字化发展浪潮中已经突进到最前线,这意味着中国管理实践的探索处于世界前沿地带,能够为管理学在中国的突破提供支撑。接下来对这两方面做些具体阐述。

首先,中国人引以为豪的古代管理思想或智慧(包括自古流传至今的一些方法和巧计)在现实中难以直接套用或使用价值有限,但是那种整体论的思维方式可能会给人们提供一个更符合实际、更确切、更有威力的应对复杂世界的工具,使人们对一件事情的判断更准确。相对于阐释性的、掘宝类的中国古代思想研究,更可取的研究方式是,在古代思想对人们的启示基础上,针对当下的情境、知识基础和管理实践,融合各种要素,构建适合新环境的管理理论和实践框架。著名物理化学家、诺贝尔奖获得者伊利亚·普里戈金(1997)指出,人们一旦摆脱确定性的世界观,就不难认识到自己处于一个既无法准确预测未来也难以完全追溯过去的充满不确定性的世界之中,相比于西方的科学理性传统,东方的智慧和理念更有助于人们深刻地理解和适应这个世界。遗憾的是,至今这方面的研究进展有限。牛津大学的生物学家 D. 诺布尔(Denis Noble)教授非常欣赏中国的整体论及其中的哲学思想。他曾经写过一本书——《生命的乐章》(*The Music of Life*,2006)。他在写这本书的时候曾躺在沙发上,听着音乐泪流满面。他告诉席酉民,他在为"科学"哭泣。他意识到,科学研究可以在基因编码中找到几乎任何疾病的致病原因,但无法利用这一因果关系形成真正有效的治疗方案。因为科学在寻找这些因果关系的解析过程中,不断

⊖ 参考埃森哲发布的《技术展望 2019》(中文版),毕马威和阿里研究院联合发布的《从工具革命到决策革命——通向智能制造的转型之路》《百年跃变:浮现中的智能化组织》,阿里研究院发布的《解构与重组:开启智能经济》《城市大脑:探索"数字孪生城市"(城市交通数字化转型白皮书)》,以及腾讯研究院发布的《数字中国指数报告(2019)》等研究报告。

地丢掉了很多看似不必要的信息，等到要形成治疗方案时却发现这些丢掉的信息没有办法完全还原，这是"科学"面对复杂问题的无奈。D. 诺布尔教授认为中国整体论思维提供了一个契机，可以把中间遗失的因素考虑到，但在分析这些因素之间具体如何作用的机制上没有突破。比如中医，看病讲究望闻问切，较之西医更强调生命系统的整体性运动，大夫每天都会根据病人状态的不同来调整药方，但对其间的动态机制却缺少西医那样更深入的研究。相比之下，日本科学家已从中药中提取了100多种成分，揭示了它们的中医治疗机理，从而使药品甚或化妆品效果更佳，这种研究就为中西医对话和整合提供了桥梁。同样，管理学对复杂世界的研究也需要这样的桥梁——可以融合西方科学哲学和东方整体论的优势，从而形成能够帮助人们处理复杂管理问题的有效理论。

其次，人工智能、大数据、物联网、区块链等新技术正给人类社会带来更深刻的改变，虽然过程中难免产生负面作用，比如替代了人们的某些技能并带来一些社会问题（如失业），人工智能等新技术也不例外（李开复，2018），但新技术带来的价值不容否认。新技术增强了人类的能力，打破了"人"与"物"的界限（席酉民、韩巍，2002），形成了新的智能（如数据智能、机器智能）等，这些变化也给人类活动的管理带来了新的挑战与问题，进而要求创新性的应对方案。类似于互联网带来的改变，人工智能等新技术赋予人类更强能力的后果之一是，那些能够影响事物演化进程的能力或智能将分布于更广泛的时空中。这意味着，更多人将会被赋予更多的机会、更大的影响力来推动事物的发展变化。例如，互联网的普及促进了经济增长和社会组织方式的改变，越来越多的人开始拥有决策的信息和能力，组织的决策链条不断缩短，草根意见领袖可以参与到对公共事务的讨论中并产生影响。这些新技术带来的经济社会变化的一个"意外"结果是，不仅增强了"边缘地带"人和物的能力或力量，也增强了"中心区域"人和物的能力或力量。人工智能等新技术的应用很可能同时为中心与边缘区域带来增强效应，而且或许该现象将更为突出。人类社会演化至今很少出现中心与边缘力量俱强的局面，人类对此也没有多少应对的经验。某种程度上，管理领域近来涌现的网络化、平台化、生态化趋势和理念可能就是为了应对这一现象而生的。同时，这一现象（趋势）及其隐含的问题无疑将受到理论界和实践界的日益重视，也应成为网络化、平台化及生态化组织管理与治理机制的研究重点。新经济社会学的奠基人Mark Granovetter（2017）对社会与经济再思考的研究成果已部分地触及了这方面，但整体而言这方面的研究才刚起步。针对这一现象（局面）或问题，作者推测，那些更好地动员和整合了分布式的、性质与能力截然不同的多元智能的事业更可能取得成功。如果这一推测具有可靠性，那么支撑其实现的必要条件就是激发更多人—物或智能共同参与构建具有包容性（inclusiveness）和自反性（reflexivity）的生态治理与管理架构或机制。因此，管理学突破的另一个可能性在于，揭示如何促使"多样且不同"的智能共同参与创建全新的生态治理与管理架构或机制。

新技术带来的变化以及智能经济的发展，将产生许多崭新的经济社会活动形态，不仅会帮助企业或其他机构实现经济上的增长与发展，还将带来更多社会福祉。鉴于目前对智能的理解程度，此处尝试对其进行准确的界定并不明智。作者暂且悬置"智能是什么？"的问题，转而分析："多样且不同"的智能如何共同构建出全新的生态治理与管理架构或机制？马奇（2006，2010）曾指出，组织追求智能，这些智能不仅是理性计算、结果主义的产物，还是运用"愚蠢术"的结果。马奇强调了平衡不同智能的价值，不过他主要围绕人以及跟人有关的组织群体的智能进行讨论，较少探讨人—物互动出现的新型智能（如机器智能）。当下，随着新技术的不断渗透和新经济社会模式的发展，任何单一的组织智能都不具有可持续性。著名的哈佛大学管理学者克莱顿·克里斯坦森在《创新者的窘境》（1997）一书中指出，那些曾经的创新者所拥有的人才、技术、流程与机制等在支撑现有业务时越高效，在应对全新的技术、产品或服务时就会变得越低效甚至成为阻碍。尽管克里斯坦森也未探讨诸如机器智能等智能，但他确实是在新技术尤其是颠覆性技术出现的背景下探讨了实践者驾驭不同组织智能的出路。我们或许无法在大师们的经典著作的基础上直接做推论，但至少可以从中获得一些启示：包容性将是全新的生态治理与管理架构或机制应有之义（March，2005；Chen，2014；陈明哲，2019）。包容性不只是一种姿态或态度，还涉及对截然不同的智能、逻辑、事物原理的理解，有诚意的实际接纳，技术与机制上的表达与落实，以及驾驭多种不同的具体行动等。

如果说包容性展现了全新的生态治理与管理架构或机制"兼容并蓄"的构造景观（landscape），那么自反性将表达出该架构或机制能够达成的有限度的"自我构建"的实践过程。自反性是人们通过刻意内省、反思知识生产过程从而开发出包含情境特征的知识的过程（Alvesson，Hardy，and Harley，2008；Calás and Smircich，1999；Weick，1999；韩巍、席酉民，2009）。自反性体现了人类心智以及跟人有关的实践活动的独特特征，在实践活动中往往能够带来良好的结果。例如，在管理研究中，研究者借助自反性可以把被研究对象放入研究者所处的制度、社会等背景中进行考察，结合研究者自身的预设和背景，构建出更可靠的知识；在管理实践中，实践者可以借助自反性把先前的经验、试错的教训和学习到的新能力等相结合，以应对新技术应用带来的全新挑战，通过持续地改进实践做法获得成长。作者倾向于认为，不仅人类个体或组织群体在实践活动中可以运用自反性，人类参与形成的、多样的新智能以及有人参与的生态治理与管理架构或机制也可以具有自反性。如此一来，自反性所孕育的自省过程、内生的扩展张力和自我节制能力可以包含在不同的智能之中，并通过与不同智能的作用，共同构建出全新的生态治理与管理架构或机制。自反性将为这些架构或机制既提供内生的演化动力，也加上"保险栓"，进一步地，这些架构或机制将促进许多不同智能的共同运作，帮助建立在这些架构或机制基础上的事业良性成长。

概括而言，包容性和自反性试图表达全新的生态治理与管理架构或机制形成过程的特征，刻画该架构或机制可运用的工具、方法的属性，揭示该架构或机制赋能的实践活动所拥有的基本互动关系。某种程度上，包容性和自反性可能描述了那些建立在全新的生态治理与管理架构或机制基础上的复杂系统的无标度行为。当然，作者采用"包容性"和"自反性"并不一定是最好的表达，当前勉强算得上令人满意的刻画；沿着这个方向的研究也不一定能探寻出答案。这方面的研究探索方兴未艾、正当其时，或许可以有所作为。

当明确了管理学在中国实现突破的可能条件与方向后，还需继续探讨实现可能性的路径或要求，从而使这一可能性向成为一项开创性的研究志业㊀再迈进一步。

管理学的突破主要靠理论总结，还需要研究者有较高的学识和理论构建造诣，以及一定的社会实践经验。理论怎么总结？没有高水平的理论构建能力和高度的理论洞见，单纯依靠流行的（哪怕是高质量的）量化实证主义研究也不可能产生突破性的理论。管理学现有的理论很少是量化实证主义研究的产物。中国管理学界需要从管理实践中总结出西方理论不能解释的或者是西方理论的解释中跟中国管理实践很不一样的东西，这时候才有可能产生真正的中国管理理论的突破。比如，中国人在面对复杂世界的时候，有更多的灵活性或者变通性，更勤奋，甚至说更"不守规则"。"不守规则"恰恰有可能创造意想不到的价值。另外中国人对模糊性的忍耐力，以及中国人骨子里的那种整体性的感觉，都给突破提供了支持。但这要求具有高水平理论构建能力的研究者一定要找机会深入到中国的管理实践中去，而且需要重视如何在整体论和分析技术之间架起方法论的桥梁。此外，中国有大量独特的管理实践，华为、海尔、腾讯、阿里巴巴等都是值得研究的中国公司，拥有很多在新技术应用过程中形成的、在全球具有领先意义的实践，能不能在里面挖掘出宝藏，就看研究者有没有本事了。

㊀ 志业包含了有志向和事业的含义，源自著名思想家马克斯·韦伯于1917年的演讲《以学术为志业》("Wissenschaft als Beruf")。

研究这些充满了挑战，但也恰恰是中国管理学界的机会。

有人可能会说"不要低估西方主流管理学的强大，中国管理学还差得很远"，还有人会说"不要妄自尊大，一上来就想着突破，要踏实、谦虚地学习"。这些批评都有可取之处，尤其在中国改革开放之初基本上是正确的，但在中国当前既取得了巨大的成就也存在问题的情境下，这些批评制造出一种具有误导性的氛围，并且总是批评错对象。这些批评对于新手、研究能力还较弱的研究者是有益的，对于那些不切实际地"鼓吹"传统思想无所不能的研究者可以起到一些"善意提醒"作用，但对于那些安于现状的研究者就变成了借口，对于那些已具备一定的研究能力，却沉湎于发表大量"没营养"的论文，并利用中国目前学术机制的漏洞无限地攫取自己利益的研究者，不仅提供了"安身之所"，还为他们嘲讽那些愿意真诚、有担当地做研究的学者制造了氛围。作者也注意到，在各种学术GDP的竞赛环境下，现在很多人不屑于做深入实践、有担当的研究，因为无法快速出成果，也难出成果，而且研究过程还很艰苦——深入跟踪企业或被研究对象可能需要三五年甚至十年才有研究成果出来。席酉民曾经将研究形态分为三类——"竖篱笆桩子""编篱笆""修补篱笆"，当前在论文发表数量驱动的科研考核与评价体系下，有太多的"修补篱笆"的研究。但处在当下范式变迁的时代，身处管理实践探索经验丰富的中国，需要更具突破性、系统性的研究，在理论上应敢于"竖篱笆桩子"。管理研究需要深耕，只有深耕才能实现管理研究真正的突破。创新的管理实践需要逆俗，管理研究也需要逆俗，只有敢于突破世俗的成见形成自己的理论，才有可能走在世界的前列。当然，管理学的突破并不是彻底否定或完全抛弃现有的管理理论，而是要明确现有理论哪些继续适用，哪些需要调整，哪些需要放弃，以及还需要进行哪些创新。

作者认为，中国管理学研究者一方面需要清醒地认识到存在的问题，承认真正的差距，并进行学习、追赶，另一方面也需要对取得的成就有自信，进而敢于攀登学问的高峰——比如深入研究中国人运用整体论思维应对复杂性、模糊性等的独特管理实践，探索在新技术带动的新发展浪潮中形成的且能在中国土地上行之有效的生态治理与管理架构、机制与模式等。马奇（2005）曾指出，西方主流的管理研究也存在不足并导致其主导的世界管理知识体系存在缺陷，这些不足和缺陷很可能因其内部强大的惯性而难以得到弥补，中国管理学界的参与可以为世界管理知识体系做出贡献。在这个意义上，现在是时候该中国研究者展现出努力探究的诚意了。

1.2 和谐管理视角下的生态管理与治理研究

生态管理与治理如今备受关注，正在国内外多个领域、不同层面得到实践，从国家战略、区域经济发展、产业转型升级到企业竞争、科技创新突破等都有体现。比如，国际上，《美国创新战略：确保我们的经济增长与繁荣》报告把创新生态系统建设放在国家战略的重要位置；在国内，《中华人民共和国国民经济和社会发展第十四个五年规划和2035年远景目标纲要》多次提到生态化发展——比如"优化创新创业创造生态""培育一批具有生态主导力和核心竞争力的龙头企业""营造良好数字生态"等。在产业（如ICT）与企业（如Apple、腾讯）层面，生态化发展实践已结出累累硕果。西交利物浦大学的3.0模式，也是融合各类资源，营造教育、创新和产业的共生生态，旨在创造和分享生态红利（席酉民，2020，2021）。

大量不同层面和领域的生态实践为开展生态管理理论研究提供了丰富的实践基础，为构建中国特色的管理学体系创造了条件。融合东西方智慧应对当前的挑战是出路之一（席酉民、刘鹏，2019），同时自然科学与人文学科的思想结合也可能碰撞出有价值的概念、理论。就像关于组织的理论大多始于一些类比想象——一部实现目标的机器、具有社会结构和文化的小社会、在资源环境中求生存的生物等（Morgan，1986），这些不同的比喻或理解强调组织的不同侧面，引导人们观察其不同的关系模式，由此产生不同的视角、概念和理论（Scott and Davis，2007）。生态隐喻正在激发当下管理实践者的想象力,结合涌现的生态发展实践,有可能启发形成新的理论视角。

首先,借助生态实践的缠绕观,可以深入研究生态参与主体的目的性及其对生态系统演化的作用。

"缠绕"是实践哲学、社会理论研究中的术语,意指人们在特定的实践世界中总是与他人、事物联系在一起(Sandberg and Tsoukas,2011)。缠绕这一概念把生态参与者与其通过实践构建的生态系统之间的联系揭示了出来。缠绕包含两个主要特征:一方面,生态参与主体通过有目的的构建(enact)形成新物种、生态位和生态系统,它们的互动推动着生态系统的演化;另一方面,生态参与者被包含在生态系统中,体现着生态实践的具身性(embodied)(Sandberg and Tsoukas,2011)。比如教师作为教育生态系统的参与者,既开展或构建教学实践,同时也体现教学实践。

商业生态实践的目的对应着特定的价值主张,既包括生态参与主体由个体内在动机产生的价值目的、经协商形成的群体共同目标,还包括不同参与主体互动、实践后形成的一种超越参与主体的个体动机或群体目标的实践目的——本书称之为"生态价值主张"。生态价值主张是构建生态系统的重要推手,在参与主体的实践中有所体现,但并不依赖于也不等同于参与主体的个体动机或群体目标。现有研究对这方面的认识还较少。自反性研究是揭示该现象的途径之一(Sandberg and Tsoukas,2011;Weick,2002;韩巍、席酉民,2021)。不同领域的历史经验都表明,人的意志、目的性在人类生态系统演化中起着重要的作用。当然,强调人的目的性不等于强调生态参与主体可以完全理性地设计生态系统,他们仍然是有限理性地进行干预,只不过更强调研究其可能产生的积极作用。细致地考察生态参与主体有目的地干预生态系统演化现象,或许可以发现由不同主导企业带动的生态系统的价值差异,也可能揭示不同生态参与主体竞合博弈策略的选择差异、主导企业与参与企业的控制与反控制策略,深入理解生态参与主体在建立生态位以及驾驭或适应达到非常态、临界区域的生态系统时做出各种努力的原因及结果等。

其次，基于和谐管理视角建立生态系统的共生演化观，研究不同生态参与主体的互动、行动策略如何适应、干预、改变生态演化过程与景观，揭示共生的不同模式与演化机制。

共生被亨利希·安东·德贝里界定为"不同生物体共同生活在一起"（the living together of unlike organisms），最早用来描述社群中人们的共处关系（席酉民，2014）。共生概念描述了生态参与主体在价值创造、获取与分配等方面的关系和差异，为剖析生态系统的演化提供了新的分析单位（层次）、研究问题和可能的理论洞见。相比之下，缠绕这一概念着力于刻画生态参与主体与其生态实践的关系。

商业、管理领域对共生的理解侧重于互利共赢方面，偏重研究不同生态参与主体的价值共创活动（马浩、侯宏、刘昶，2021）。然而，生物学研究发现，共生包含多个类型，不仅有互利共赢的共生，还有单方受益（偏利共生）、一方受益另一方受损（寄生）等类型。在商业生态系统与社会生态中，这些不同类型同样存在。生态主导企业与参与企业之间、各参与企业之间通常上演的是竞合博弈的戏码，只有把共生关系的不同方面都纳入考察探究的范围，才可能理解不同生态参与主体为何陷入共同演化的锁定陷阱以及如何突破等问题。

作者曾运用和谐管理探讨深度互联的数字化、智能化时代的共生关系——不仅有远程、跨地域的网络化特征，还有数字与物理世界交融的自组织分布式发展趋势。研究提出，通过打破边界、融合、平衡、边缘创新等方式实现共享、共生等效应（红利），并促进局部效应（红利）的扩散、反馈、指数型放大等来实现生态系统的效应（红利）（席酉民、刘鹏，2019；席酉民、熊畅、刘鹏，2020）。这方面的研究有待深化。

作者认为，对生态管理与治理的考察，需要从理论反思与生态视角构建，生态系统的演化机制（动力、模式、临界性、破坏力等），多元智能驱动的生态决策（涉及领导、商业模式、组织构造、价值创获等），以及生态参与主体或关键行动者（如产业家、企业家、领导者、战略科学家、意见领袖等）适应、互动、干预、改变生态演化的方式（行动策略）等方面进行。

1.3 以和谐心智应对 UACCS 世界的挑战

面对 UACCS 特征日益明显的世界，人们或主动投入或被动卷入，如果想要适应生活、工作和社会的种种范式革命或重塑，都需要一场心智模式（mindset）的转型，即从原来熟悉的相对简单和稳定时代的心智模式转换到能在 UACCS 环境下生存的复杂心智模式——和谐心智。

和谐心智的提出是和谐管理研究近年来的一次重要升级。从和谐管理理论看，和谐主题的辨识与切换、围绕主题的和则与谐则选择和互动、和谐耦合过程的推动和驾驭，都聚合到并体现于参与者的心智模式和能力之中。可以说，和谐心智是凝练了和谐管理理论与方法论的精华。更重要的是，和谐心智不是理论推演的产物，而是和谐管理理论在西交利物浦大学创立和发展的十余年实践中融合创新的结晶，并在 2018 年教师节由席西民首次提出来[一]。和谐心智的主要内涵包括以下几点。

（1）**愿景使命导向的系统观和动态演化** 管理者需要系统地、动态地看待事物及其环境和发展，捕捉有意义的变化、有价值的趋势，形成发展定位、基本的商业模式和长期目标（即愿景和使命）。

（2）**和谐主题思维的方向感** 在 UACCS 时代，拥有长期稳定的战略已经很奢侈，管理者往往需要通过一系列阶段性的核心任务、关键议题或子战略（和谐主题）的引导、演化来实现愿景和使命。然而，面对 UACCS 环境，人们极易被各种杂乱无章、似是而非的信息以及眼花缭乱的时尚左右和吸引，失去方向和自我。因此，在这一演化过程中，围绕愿景和使命

㊀ 参见《以"和谐心智"赢得未来——执行校长席酉民教授教师节致辞》（https://www.xjtlu.edu.cn/zh/news/2018/09/xiyouminjiaoshijiezhici）。

的和谐主题思维会确保路线和方向正确。

（3）**谐则与和则互动式的共生系统构建**　网络时代的逻辑是共享和共生，发展途径是营造可以促进共生的生态系统，从而整合资源、刺激创新和创造价值，再通过网络分享价值。在 UACCS 世界，片面追求"科学"或"人性"都会沦为幼稚甚或陷入死胡同，既见树木又见森林的整体思维习惯以及人文（和则）与科学（谐则）互动的分析能力会帮人们看到"真谛"，整合西方重制度、逻辑、科学的心智特点和东方擅长艺术及模糊和不确定性地应对的优势，并根据未来的世界趋势加以融合和再造。这种和则与谐则并行互动且螺旋式融合提升的能力有助于构建多元共生的系统，从而孕育出相对竞争优势和过人的视野和智慧。

（4）**支撑和谐耦合的融合力与平衡力**　清晰的愿景和使命可以防止迷失，和谐主题可以帮助抓住每个阶段发展的核心任务，和则与谐则体系可以支持共生生态体系的构建，但这个多元共生生态体系的维护和驾驭依赖于上述几方面的有机融合和适时调整，即和谐耦合。因此我们需要随时保持战略的清晰（愿景使命导向）、工作重心的聚焦（和谐主题思维）、对趋势的洞见和对突变或转向的敏锐（和谐主题的调整和漂移）、对共生系统的营造（根据和谐主题对和则与谐则体系的恰当运用），以及对上述几方面有机耦合的共生生态的维护。但因 UACCS 时代知识、资源、需求的碎片化特征，围绕和谐主题利用网络的融合能力，是资源整合、价值创造和分享所必需的；多元背景、文化、目标、行为之间的相互尊重与和谐共处的平衡能力，将成为屹立于这个时代的竞争利器。

（5）**突破现状、升级和谐的边缘创新力**　生态系统的和谐永远是相对的，需要随环境变化与发展阶段更迭不断升级，因此培养和孕育、保护和促进边缘或颠覆性创新（edge or disruptive innovation）的能力，适时促进生态系统不断升级，成为持续发展的最高智慧。

和谐心智不只是对一种心理状态的描述，而且是对在习得、运用和谐管理解决复杂问题过程中练习和持续改进的能力的描述。虽然和谐心智具有个体心理过程的一般特点，但与管理领域的战略认知和思考、战略意图、复杂心智、整合思维等的联系更为密切，具有组织层面或集体心智的特征（Weick，1993）。在这个意义上，和谐心智提供了一个建立共识的方式与机制。目前，和谐心智的研究还在进行，一方面，我们正在梳理心理学的有关研究，建立和谐心智更扎实的理论基础；另一方面，我们正在把和谐心智运用于领导力开发、数字化转型、产业互联网的建设和产业家（未来企业家）的培养和训练等。

比如，席西民于2019年提出，数字化、智能化和深度互联时代呼唤产业家的涌现。什么是"产业家"？他认为，产业家能够在全球格局和社会范式重塑的时代，对未来产业发展有极高的敏锐性和前瞻力；能从产业角度看待价值创造，重塑商业模式和创新资源整合方式；能够利用现代数字网络和智能技术，创新和运用多种组织方式，营造产业生态，推动产业生态的创新、升级、进化和迭代。具体来讲，是有能力从一种需求或一个具体的实业入手，凭借价值网络，迅速撬动相关资源、吸引潜在伙伴、缔结产业互联网并构建产业生态，以营造新产业或促进已有产业的创新、升级和转型。孕育和谐心智是产业家培养、成长和涌现的关键。

1.4　本章小结

本章探讨了管理学在中国突破的可能性，讨论了和谐管理视角下的生态管理与治理研究思路，并论述了用以应对UACCS世界挑战的和谐心智的主要内涵。如果说从1985年和谐理论的萌芽、1987年和谐理论的提出，到后来和谐管理理论框架的构建确立，是和谐管理研究的初阶，那么2018年和谐心智的提出则标志着和谐管理研究进阶的到来。在和谐管理研究的进阶旅途上，正在形成一些新概念，如和谐领导力、和谐扩展机制、和谐教育（学习）模型等，相信和谐管理理论会不断深化发展和升级，相信管理学在中国的突破未来可期。

本章参考文献

[1] ALVESSON M, HARDY C, HARLEY B. Reflecting on reflexivity: reflexive textual practices in organization and management theory [J]. Journal of Management Studies, 2008, 45 (3): 480-501.

[2] CALÁS M B, SMIRCICH L. Past postmodernism? Reflections and tentative directions [J]. Academy of Management Review, 1999, 24 (4): 649-672.

[3] CHEN M J. Becoming ambicultural: a personal quest, and aspiration for organizations [J]. Academy of Management Review, 2014, 39 (2): 119-137.

[4] CHRISTENSEN C M. The innovator's dilemma: when new technologies cause great firms to fail [M]. Boston: Harvard Business School Press, 1997.

[5] GRANOVETTER M. Society and economy: framework and principles [M]. Cambridge: The Belknap Press of Harvard University Press, 2017.

[6] MARCH J G. The ambiguities of experience [M]. Ithaca, NY: Cornell University Press, 2010.

[7] MARCH J G. Parochialism in the evolution of a research community: the case of organization studies [J]. Management and Organization Review, 2005, 1 (1): 5-22.

[8] MARCH J G. Rationality, foolishness, and adaptive intelligence [J]. Strategic Management Journal, 2006, 27 (3): 201-214.

[9] MINTZBERG H. Developing theory about the development of theory [M]//SMITH K G, HITT M A. Great minds in management: the process of theory development. New York: Oxford University Press, 2005: 355-372.

[10] MOGRAN G. Images of organization [M]. Beverly Hills, CA: SAGE Publications Inc., 1986.

[11] NOBLE D. The music of life: biology beyond the genome [M]. New York: Oxford University Press, 2006.

[12] PRIGOGINE I. The end of certainty: time, chaos, and the new laws of nature [M]. New York: Free Press, 1997.

[13] SANDBERG J, TSOUKAS H. Grasping the logic of practice: theorizing through practical rationality [J]. Academy of Management Review, 2011, 36 (2): 338-360.

[14] SCOTT R, DAVIS G F. Organizations and organizing: rational, natural and open

system perspectives [M]. New York: Routledge, 2007.

[15] WEICK K E. Theory construction as disciplined reflexivity: tradeoffs in the 90s [J]. Academy of Management Review, 1999, 24 (4): 797-806.

[16] WEICK K E. What theory is not, theorizing is [J]. Administrative Science Quarterly, 1995, 40 (3): 385-390.

[17] WEICK K E. Drop your tools: an allegory for organizational studies [J]. Administrative Science Quarterly, 1996, 41 (2): 301–313.

[18] WEICK K E. Essai: real-time reflexivity: prods to reflection [J]. Organization Studies, 2002, 23 (6): 893-398.

[19] WEICK K E, ROBERTS K H. Collective mind in organizations: heedful interrelating on flight decks [J]. Administrative Science Quarterly, 1993, 38 (3): 357-381.

[20] 陈明哲, 陈天旭. 理论与实践的"合一": 一个全方位管理学者的创业历程 [J]. 外国经济与管理, 2019, 41 (3): 3-24.

[21] 韩巍, 席酉民. 不确定性-支配权-本土化领导理论: 和谐管理理论的视角 [J]. 西安交通大学学报（社会科学版）, 2009, 29（5）: 7-17, 27.

[22] 韩巍, 席酉民. 自我呈现及反思——组织管理研究的一种补缺性方法论 [J]. 西安交通大学学报（社会科学版）, 2009, 29（3）: 31-39.

[23] 韩巍, 席酉民. 再论和谐管理理论及其对实践与学术的启发 [J]. 西安交通大学学报（社会科学版）, 2021, 41（1）: 39-50.

[24] 李开复. AI·未来 [M]. 杭州: 浙江人民出版社, 2018.

[25] 马浩, 侯宏, 刘昶. 数字经济时代的生态系统战略: 一个 ECO 框架 [J]. 清华管理评论, 2021 (3): 24-33.

[26] 席酉民, 韩巍, 葛京, 等. 和谐管理理论研究 [M]. 西安: 西安交通大学出版社, 2006.

[27] 席酉民, 韩巍. 管理研究的系统性再剖析 [J]. 管理科学学报, 2002, 5 (6): 1-8.

[28] 席酉民, 刘鹏. 管理学在中国突破的可能性和途径——和谐管理的研究探索与担当 [J]. 管理科学学报, 2019, 22 (9): 1-11.

[29] 席酉民, 熊畅, 刘鹏. 和谐管理理论及其应用述评 [J]. 管理世界, 2020, 36（2）: 195-209, 227.

[30] 席酉民. 和谐心智: 鲜为人知的西浦管理故事 [M]. 北京: 清华大学出版社, 2020.

[31] 席酉民. 特立独行: 和谐教育之路 [M]. 北京: 清华大学出版社, 2021.

▲

　　企业生存与发展环境日益呈现UACCS特征,日渐增多的难以考评的知识员工,日趋复杂的不断创新升级的管理模式,使得愈来愈多的管理者发现自己已陷入了知识、能力不足的窘境,而且经由不同视角归纳、演绎发展而来的管理理论丛林似乎缺乏系统的应对办法。和谐管理理论承认人们的有限理性,在重视规定人们行为过程的"设计优化的控制机制"的同时,强调诱导人们达到目标的"能动致变的演化机制",以及二者间的互动耦合。针对不同组织和其发展阶段,构建双机制互动耦合的组织体系和问题解决方法就是和谐管理研究的核心内容。

———

CHAPTER 2 ▶ 第 2 章

为什么提出和谐管理理论[一]

自提出以来（席酉民，1987，1989），历经 30 余年的发展，和谐管理理论已经逐步构建成以和谐主题、和则、谐则、和谐耦合等为核心概念的现代管理理论体系。本章结合我们最新的思考和研究成果，系统地剖析了和谐管理理论提出的背景及其内在原理。

2.1　和谐管理理论提出的背景

在世界形势动荡、数智技术飞速发展等带来冲击的背景下，组织管理面临着不确定性、模糊性、复杂性、快变性以及稀缺性的环境特征，且有愈演愈烈之势。其中，不确定性是由管理者缺乏对环境信息的了解引起的，已得到了较多研究。模糊性则是复杂快变的环境导致事物之间的因果链不清或太长而无法追踪、整体性割裂等问题，使得管理者无法清晰地认识事物的全貌或事物的真相。模糊性是管理决策的一大障碍，著名管理学大师詹姆斯·马奇曾非常关注组织决策中的模糊性，并组织专项研究，我们也曾经参与其中，大家认为东西方智慧的融合可能是应对模糊性的出路。复杂性涉及两方面内容，一方面，以组织结构为基点，构成要素数量越多，组织的协调和信息处理就越困难，复杂性越高，而且，要素关系越密切、越无规则，复杂性越高；另一方面，从组织的行为特征出发，复杂性是组织个体之间依据相对简单的行为规则进行互动而涌现的整体模式。

[一] 本章部分内容发表于《管理学报》，成书时略有改动。

快变性是指组织的生存环境到处充满着不可预料的快速变化：新鲜的产品和服务、多元化的顾客需求、信息的快速传播、产品的网络营销以及社会群体的非线性作用诱致的突发事件等，不仅导致产品、技术生命周期快速缩短，也导致跟不上节奏的组织日益短命。简而言之，从管理系统中要素构成及其间关系两方面可以较好地区分不确定性、模糊性、复杂性和快变性（席酉民、张晓军，2012）。不确定性是要素及其间关系未来变化状况的不可预测性，模糊性是要素及其间关系认知上的多重性或多样化，复杂性是要素及其间关系的非线性互动导致的对现象背后的逻辑关系难以认知的特性，快变性是要素及其间关系的快速变化，稀缺性反映了要素的不充足、分布的不对称性。

管理世界的UACCS特征不仅给组织管理实践带来了新挑战，诸如因果链不清或太长无法跟踪、整体性割裂、需要敏捷应变等问题，进而导致传统的战略失灵、商业模式快速迭代，还引起了范式变迁，使得在较为稳定的环境中形成的组织管理知识难再奏效。目前，组织中追求自我实现的知识工作者越来越多，而且行为难以测知；管理者的有限理性（或知识能力等的有限性）也越来越明显；管理者不得不运用许多相对复杂的方法和结构来应对外部的不确定性，然而却必须同时面对这些复杂方法带来的复杂性、模糊性和更高阶的不确定性。在管理理论领域，管理丛林缺乏系统的应对之道，研究者们也不断地根据新的管理需求提出了如组织学习、核心能力、流程再造、价值网络等新的理论，然而各理论局限于其特定的研究视角，难以给出应对UACCS的综合的、整体的策略。和谐管理理论就是在这样的实践环境和理论背景下产生的。限于篇幅，本章重点分析和谐管理理论提出的实践背景中较为典型的特征——高度不确定性，而不再详细讨论UACCS包含的其他特征。

2.1.1 和谐管理理论提出的实践背景的典型特征之一——高度不确定性

"人们通常将管理视作'完成任务'的艺术"（Simon，1997），故而我们可以认为"管理即在组织中通过人及人群有效完成任务的学问"。在这样的描述中，管理活动明显地依赖于组织环境。组织环境一般被认为包括内部环境和外部环境（Duncan，1972），内部环境包括员工因素、组织的职能及群体（部门）、组织层因素等，外部环境包括顾客、供应商、竞争者、社会政治、技术等因素。

本章着重从不确定性方面来刻画组织的内外部环境特征。在对组织不确定性的研究中，广为接受的是米利肯（Milliken，1987）提出的定义：不确定性是指由于缺乏信息或者没有能力区别相关和不相关的信息，个体感到不能精确地进行预测的状态。我们认为不确定性还包括人们的情感因素，综合起来，不确定性可以理解为"由于认知有限和情感因素，个体感到对客体难以进行准确预测的状态"。相应地，组织环境的不确定性可以理解为因为认知有限及情感因素，管理者感到对组织环境中的各种因素难以进行准确预测性的状态。组织环境的不确定性主要包括组织环境的变化性、复杂性以及难以预测性。变化性（Child，1972）的主要特征包括变化频率、变化的差别程度、不规则程度，也即变化的速度、变化程度（数量）以及规律性；复杂性（Daft，1988）指与组织相关的外部事件的数量越多，多样性越高，则复杂性越高；而组织环境中的因果链的不确定、模糊性、随机现象等直接构成了难以预测性的来源。

组织环境的复杂性是不确定性的主要来源，在吴彤（2004）对国内外50多个复杂性概念的研究中，无论是哪种分类体系，复杂性都与"多类别、多层次、多因素、非线性"等概念紧密相关。虽然人们的知识积累增多，获取知识的工具更为先进，但组织环境的复杂多样（如金融危机、国际化经营、可持续发展）以及管理系统的复杂性（如非线性系统动力学、生物演进理论、行为认知方法的引入）使得管理者的有限理性更为明显。

韩巍和席酉民（2009）认为，从经验和直觉来说，不确定性更是有人参与的组织管理的"通解"，是本质性表述，但确定性作为"特殊解"，应该是组织管理的常态现象；抽象的"不确定性"不再是一个狭义的词语，而被"还原"为对经验事实的一种直观表述，容易发现的是，不确定性从来就不是同质化的，它存在着"影响广度、影响深度、影响长度以及可消减难度上的明显差异"。在组织管理经验的基础上，作者建立起不确定性来源的全景式图谱（见图 2-1）。

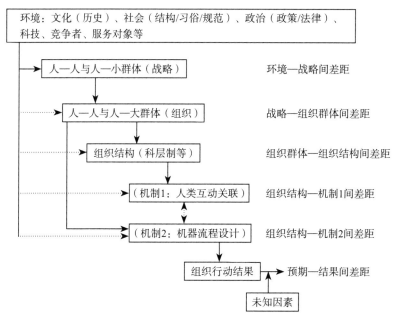

图 2-1　不确定性来源的全景式图谱

值得注意的是，某些组织环境虽然涉及因素众多而且变化较快，却具有显著的规律性（如现代大规模的生产流水线），表现为"简单"的复杂和变化特征，不构成不确定性，相对容易处理。可见，不确定性来源主要包括那些复杂和变化程度较高的、人们难以准确认知的复杂性和变化性，相对复杂性和变化性而言，不确定性是人们在处理问题时更直接的障碍。

1. 组织外部环境的不确定性分析

当前社会在高新技术的驱动下发生了空前巨大的变化，从宏观的社会经济秩序、文化特征到中观的区域、产业的态势，乃至微观的组织特征、个人的思想观念都在发生着巨大的变化。这些变化势必为组织的管理环境带来前所未有的不确定性，综合上文对环境要素的分类，对组织外部环境可从产业竞争（顾客、竞争者、供应商）、国际竞争、技术、社会变革、政府政策五个方面分析其变化性、复杂性及难以预测性的表现（见表2-1）。

表2-1　组织外部环境的变化性、复杂性及难以预测性的表现

环境要素	变化性	复杂性	难以预测性
产业竞争	竞争激烈，顾客、竞争者、供应商的格局难以稳定	产业环境要素增多，关系多样	竞争格局没有明显规律，难以预测
国际竞争	产业的国际化趋势加速	国际市场竞争更为复杂，影响因素增多	缺乏明显规律，难以预测
技术	技术革新的频率日趋加快而且影响范围广	技术革新涉及范围广，影响要素多样	技术革新缺乏明显规律，难以预测
社会变革	文化观念、生活方式等变化显著	社会变革对组织具有多方面的影响	社会变革对组织的作用规律不明显，难以预测
政府政策	环境的多变性使得政府政策也随之变化	政府政策多样化，影响面广	难以预测的政策，很难随之做出正确预判

从表2-1中可见，在外部环境整体呈现出快速多变、复杂和难以预测的状态的趋势下，管理者势必会感知到愈来愈高的不确定性。

2. 组织内部环境的不确定性分析

组织内部环境一定程度上是对组织外部环境的反映。我们选取组织内员工因素、组织的职能及群体（部门）、组织层因素三个方面分析组织内部环境的不确定性。

管理学大师德鲁克（Drucker，1999）认为，"知识工作者和他们的生产率是21世纪（商业性质或者非商业性质的）任何机构最有价值的资本"。知识经济时代，大量知识工作者的涌现无疑是组织内员工因素最大的变化。相对于传统的从事简单、重复劳动的体力工作者，知识工作者的工作任务更为综合、复杂，创新要求高；其劳动贡献很难单独计量；他们倾向于以工作目标为中心，而不是按照既定的程序工作；其行为相对隐性，难于评价。因此，提高知识工作者的生产率被德鲁克视为21世纪管理学的最大挑战。

组织的职能及群体的变化一定程度上是对组织外部环境和知识工作者不确定性的反映。组织外部环境的不确定性要求组织具有较高的应变能力和创新能力，知识工作者的不确定性则要求组织从"基于设计的流程化"管理方法向"员工自主式"的管理方法转变，因此，在组织的职能层次上也出现了多样、创新的趋势，组织流程更为复杂，员工间的协作、相互依赖增强，组织冲突也更为频繁；在群体（部门）层次上，团队管理得到了空前重视，各种类型的团队如任务小组、品管圈、跨职能团队、委员会等在企业中非常流行。相对于程序化的管理方法，这些变化趋势使得员工的行为难以确定，结果也难以准确预测。

在组织层面，未来的组织模式呈现出多样化趋势，商业组织与非商业组织的边界更加模糊。近年来，战略联盟、虚拟组织、产业集群、集团公司、平台等新的组织模式成为理论界研究的热点，分工和专业化生产的日益精细使得组织间合作更加频繁，合作模式的创新是组织模式创新的原因。组织结构也呈现出科层→矩阵→网络的逐步柔性化趋势。相对于传统的单一公司模式和直线职能结构，这些新的组织模式和组织结构一方面是对外部环境不确定性的应对，另一方面也使得组织运作更加复杂和难以控制，结果也难以准确预测。

总之，管理者的有限理性在面对日趋复杂多变的外部环境、行为更加难以测知的知识工作者以及复杂多样的管理模式时更为明显，管理者感知到的不确定性的程度也渐趋升高。现代大型企业的管理者所感知到的不确定性与手工作坊式的老板（可能同时扮演管理者、技术专家、营销员多重角色）感知到的不确定性不可同日而语，而我们的管理理论有何相应的变化呢？

2.1.2　和谐管理理论的理论背景——管理理论丛林

1. 管理理论丛林

从历史演进的角度，丹尼尔·雷恩（2000）将管理思想大致划分为早期的管理思想、科学管理时代、社会人时代和现代管理理论四个部分。相应地，在一般的教科书中，管理理论被划分为以泰勒的科学管理和法约尔的经营管理为代表的古典管理理论、起源于以梅奥为首的美国国家研究委员会与美国西方电气公司合作进行的霍桑实验（1924～1932）的行为科学理论，以及被孔茨称为"管理理论丛林"状态的现代管理理论。孔茨（1961，1980）将管理理论划分为经验学派、人际关系学派、群体行为关系学派、社会协作系统学派、社会技术系统学派、决策理论学派、系统学派、数理学派（管理科学）、权变理论学派、经理角色学派、经营学派（管理过程学派）。托马斯·S.贝特曼则在其《管理学》（第4版，1999）中谈及了20世纪八九十年代几乎所有新的且具有重要影响的管理话题——"战略联盟""网络组织""学习型组织""领导或管理变革"等。在这些知名理论的背后，各个时代还活跃着一些"管理时尚"（management fashions），Carson等（2000）总结了自20世纪50年代以来的16种"管理时尚"，分别是20世纪50年代的目标管理理论（MBO）、计划评审法（PERT）、员工心理援助计划（EAPs），20世纪60年代的敏感性训练法或者小组训练法，20世纪70年代的工作生活质量、品管圈，20世纪80年代的企业文化、全面质量管理、ISO9000、基准管理，20世纪90年代的员工参与、水平式公司、组织愿景、流程再造、战略联盟、核心竞争力，而且发现近来"管理时尚"的生命周期也越来越短。

上述这些由不同的研究视角、研究对象和研究方法形成的管理理论极为混乱，整体上表现出"语义学分歧""对管理知识体系定义的分歧"等特征。

2. 管理研究的系统性再剖析

鉴于管理理论构成的庞杂性，席酉民、韩巍（2002）对管理理论进行了系统性再剖析。组织可被视为由人要素（个人特征、群体行为）和物要素（物及可物化的要素）构成，管理的根本目的是通过更好的分工与合作来提高有人参与的系统的经济效率，管理研究可简要地归纳为在三条路径上的演进（见图2-2）。一是在｛人与物｝内部的考察，重视被过分简约化的"人"的因素，切实关注人与物互动的过程及机理，理论代表为管理过程理论及其派生出的职能理论（路径1）。二是把｛人与物｝中的物要素排除开，注重对｛人与人｝及｛人｝的探讨，典型代表如人际关系、群体行为、关注人的特质及行为的领导理论、组织文化（路径2）。三是在对｛人与物｝的研究中，索性抽象掉"人"的因素，或把人处理为一个给定的常量——使得人像机器部件一样，成为一种在确定的投入—产出模式中具有确定联系的要素，科学管理、运筹学、管理丛林中的数理学派是其中的典型代表（路径3）。根据这三条不同的演进路径，管理理论相应地被划分为三类：混合性管理理论、局部性管理理论和普适性管理理论。而且相对于管理理论丛林的简单罗列，根据演进路径的分类方法更有助于揭示不同管理理论的内在作用机理。

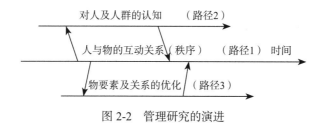

图2-2 管理研究的演进

2.1.3 和谐管理理论的必要性——环境的高度不确定性与现有理论的局限

1. 不同类型管理理论对不确定性的应对机理及其局限性

管理的目的可视为基于组织目标的人们为了追求更高的秩序，如果从应对不确定性的视角来看，那么人类追求"秩序"的方法显然包括两类，其一是消减、降低不确定性程度，使之尽可能转化为确定性；其二是对相对确定的事物进一步优化，使之能够得到更为简洁、经济、有效的处理。

这也符合科学精神，科学总是希望能够发现未知事物的规律，总是希望能够得到对世界的更为简洁有效的解释。

（1）**普适性管理理论** 普适性管理理论是探求相关事物的确定性规律，并通过流程、结构、严格的制度消减不确定性或使相对确定的事物得到更为经济有效的解决的管理理论。组织中的人可被视为类似于机器部件的一类确定性投入要素，或者组织能够通过简单的制度安排消减"人为扰动"，使组织中的人近似于确定性投入要素（可物化部分）。这类方法的核心是根据相关事物的确定性规律，设计出人们所必须遵循的确定性的流程、结构或者严格的制度，我们称这类方法的作用机理为"设计优化的控制机制"。

"设计优化的控制机制"的重要前提是管理者拥有关于相关事物的规律的知识，而且管理者面临的任务可以通过确定的结构、流程、制度等给出的确定的行为路线得到解决。但在日趋复杂多变的环境下，管理者拥有确定性规律认知的领域越来越有限。当然，社会分工、科学的发达使得组织的运作设计的基础日益丰富，组织可借助已有的科学成果、内外部专家等对管理活动进行优化设计，但即使这样，设计优化的控制机制仍然受到如下限制：①科学研究、专家集体仍然具有有限理性特征，这是个人有限理性在一定时空内的递延；②"设计优化的控制机制"方法的确定、刚性的特征可能与组织目标中的快速反应的要求相冲突；③"设计优化的控制机制"方法的另一个前提（人可被视为可物化的确定性投入）受到了大量的批评，许多管理者已经开始采取诸如换岗、扩大个人工作范围等办法来减少工人们在生产流水线上对简单重复劳动的厌倦。

因此，"设计优化的控制机制"方法常见于那些相对成熟、稳定且由可设计的规律支配着的管理领域。

（2）**局部性管理理论** 局部性管理理论探索人、人群行为及其相关活动的规律，并据此设计相应的制度、契约或者环境机制（组织文化等）来影响员工的行为选择（环境诱导），使其倾向于做出组织期望的行为，以人的能动（创造）的不确定性应对管理的不确定性，从而相对减少不确定性。这类方法与"设计优化的控制机制"的根本区别是，后者确定人们的行为路线，而前者则赋予人们在一定行为空间内选择的权力，利用其行为的"不确定性"。该类方法的目的是尽可能地提高人们的努力程度，从而发挥人们能动的创造作用，我们称其作用机理为"能动致变的演化机制"。

"能动致变的演化机制"的前提是"物要素的异化"，即物要素在组织中可被视为一种确定的投入。"能动致变的演化机制"明显适用于人的能力、行为在其中起决定性作用的管理职能或者组织。此类管理职能的典型代表包括依赖于个人创造能力的领导职能、销售职能、研发职能等；此类组织的典型代表包括一些依赖于个人贡献的服务或者咨询公司，以及一些处于创业期的小公司。"能动致变的演化机制"以人的不确定性应对组织环境的不确定性，使得管理者难以掌控事物未来的结果，由此可能会产生相应的经营混乱。由此可见，"能动致变的演化机制"的局限性主要表现为其作用结果取决于管理者对该机制的驾驭能力。管理者的驾驭能力一方面受制于组织规模，另一方面受制于管理者对大量"能动致变的演化机制"的有限的管理能力。

（3）**混合性管理理论** 混合性管理理论兼具上述两种管理理论的特点，对能够通过"设计优化的控制机制"应对的不确定性就通过流程、结构、严格的制度来应对，而对那些无法用"设计优化的控制机制"手段处理的来自人的不确定性则用"能动致变的演化机制"应对。混合性管理理论通过两种作用机制的互补性弥补普适性管理理论和局部性管理理论的不足，从方法构成的机理来看，混合性管理理论似乎能够应对所有不确定性，但实际并非如此，它的局限性主要表现在两个方面：

1）单一管理理论在解决现实问题时的局限性。混合性理论中的典型代表是"一般管理职能——管理过程理论"，它是基于管理活动的逻辑过程建立起来的，而且该管理理论对不同管理职能的划分也体现了人的行为规律和事物的逻辑过程，但它只是对"设计优化的控制机制"与"能动致变的演化机制"的无意识应用，而非基于两类机制的运作和交互作用的视角去拓展理论研究。显然"计划"的全部内涵并不在于脱离实施计划的人而只论计划的分析和形成模式，"组织"也不可能是离开组织文化、个人和群体行为习惯的关于"职能、职位、命令流等"的纯粹的"建筑学"，"控制"也不应该被机械地理解为客观的"制度"和"规范"，至于"领导"则更不会成为模式化管理的理想样本（席酉民、韩巍、尚玉钒，2003）。作为基于某一研究视角的管理理论，混合性管理理论很难覆盖其研究对象领域的全部知识构成，因而单一的混合性管理理论无法解决现实的管理问题。

2）理论的可移植性（一般性）与实际应用价值（可操作性）之间的矛盾。科学研究追求对研究对象的普遍解释力，混合性管理理论（特别是被称为"管理原理"或"一般管理理论"）的研究更是如此。但在高度不确定环境下，追求普遍成立的管理理论面临着这样的尴尬：其一，理论近似于常识性的知识，缺乏对新事物、新现象的深入解释力和预测力，相应地缺乏针对性和可操作性；其二，理论内容面临挑战，许多原理或者规律与新环境相悖，查尔斯·汉迪（Charles Handy，2000）认为：今后经营中的悖论只会在数量和种类上不断增加！美国的普华永道变革整合小组（2002）经过深入的研究认为，"混沌、复杂、矛盾是企业面临的全新的现实环境"，并总结了管理的五大悖论。

混合性管理理论是对"设计优化的控制机制"与"能动致变的演化机制"的自发的应用，因此只是在某些方面具有双规则机制的特征，而在其具体的领域内却缺乏对双规则机制自觉、有意识的运用。因此，在某种意义上，所谓的混合性管理理论并没有相对具体和成熟的理论。当然，因为理论形成的相似性，混合性管理理论的局限性同样也是普适性管理理论和局部性管理理论的局限性。

在一般管理研究受到批评时，另一类具有"整体性"色彩的逼近管理现实的方法则得到了企业家的青睐。以德鲁克为代表的经验主义学派通过对管理实践的再现，为管理者提供了学习、感悟的源泉，例如《杰克·韦尔奇自传》这样的个案，"暗示"了丰富的综合性知识。

综合上述各类管理理论在应对不确定性方面的表现，我们有理由相信只有针对特定、具体的组织的不确定性，自觉地运用双规则机制，才能制定出更深刻、更快速、整体化的、更具有操作性的应对不确定性的策略，这也是和谐管理理论的目标与提出该理论的必要性所在。

2. 实践中人们对不确定性的应对思路与管理理论的局限

管理理论的理想模式是将不确定性转化为相对确定性，使得组织如机器一样精确。对来源于人要素的不确定性，尽量按照行为理论等达到对不确定性的消减、降低（能动致变）；对来源于非人要素的不确定性，则尽可能运用设计优化的控制机制寻求其内在运作规律以达到确定性（或降低不确定性）。但在管理实践活动中，管理者并非完全遵照以上思路。

首先，因为创新的需要，组织必须打破原来相对确定不变的运作模式，引入各种变革以实现效率的提高、复杂问题的解决、新技术的开发，管理者采取了如流程再造、工作多样化、更多授权、成立团队、引入适度竞争等新型管理模式，这些管理模式的变革相比于完全线性、控制、基于个人业绩、全员化的管理办法，虽然使得管理者面临更多的不确定性，但是提高了组织的效率和竞争力。

其次，"设计优化的控制机制"和"能动致变的演化机制"同样可以处理来自人和物的不确定性。对于那些因果链不清晰以及人们难以给出确定性办法进行应对的不确定性，可利用人的综合能力、经验等处理。同样，利用"设计优化的控制机制"也可应对来自人要素方面的不确定性，对于一些无法确知其规律的不确定性，如人的能力的测度、情感感知等，往往可以采用确定性的办法。典型的例子如：我们虽然知道运用一份试卷很难准确地测量出人的能力，但该方法不失为在有更准确的方法之前的一个有效的手段，它能够相对公平、便捷地反映被测试者的部分信息。

2.2 和谐管理理论的基本思想

相对于前文所述理论的局限性,我们希望新理论的引入能够达到如下目标:其一,新理论致力于探讨在现实管理活动高度不确定的背景下,组织如何实现应变管理;其二,新理论应该具有更强的、针对性的实用和可操作技能;其三,我们希望新理论像管理领域一切成熟的理论那样,具有严密的逻辑和简洁的形式,同时具有良好的解释和预见能力。和谐管理的基本思路为"问题导向"基础上的"设计优化的控制机制"与"能动致变的演化机制"双规则的互动耦合。

2.2.1 和谐管理理论的基本思路

1. 和谐管理理论的"建构"与"演化"二元哲学思想

自由主义思想家哈耶克(1973)认为所有的社会秩序不是演化的就是建构的,演化的秩序是"人之行动的结果",建构的秩序则是"人之设计的结果"。建构秩序的基础是建构论唯理主义(constructivist rationalism)的基本理念[⊖],其代表人物是唯理主义的思想家笛卡尔。笛卡尔及其追随者们宣称仅仅接受那些完全已知或者能够通过逻辑演绎推理的知识,而剥夺了所有不能以这种方式得到证明的行为规则的有效性。尽管笛卡尔本人认为行为规则的有效性来源于全知全能的神的设计,但在他的追随者中,却有人不再把这种诉诸神之设计的方式视作一种有效的解释,因此对这些人来说,接受任何一种仅仅基于传统但无法依凭理性根据给出充分证明的事物,都只是一种非理性的迷信。那些不能按照这些人的标准证明为真的东西都一概被称为"纯粹的意见"(mere opinion),他们认为其既不可能成功也是不能接受的。正是受这种哲学观的影响,至今人们还普遍偏好于"有意识"或"刻意"所为的每一件事情,而且,诸如"非理性的"(irrational)

⊖ 此处提到的建构论更偏重表达完全理性的含义,与管理哲学中的建构主义、社会建构论有差异(下同)。

或"理性不及的"(non-rational)这样的术语,常常带有贬义的意思。按照这样的理论,在管理活动中,人们也只能运用那些已经证实过的规律、主张,其他一切没有证明有效的见解、经验和观点都是值得怀疑和放弃的。

哈耶克批判了建构理论的偏执,他认为这种"唯理主义"的认识路径(approach),实际上堕入了早期的拟人化的思维方式之中,复活了那种把所有具有文化意义的制度的起源都归结为发明或者刻意设计的观念:道德、宗教和法律、语言和书写、货币和市场,都被认为是由某人刻意思考而建构出来的,或者至少它们所具有的各种程度的完备形式被认为是由某人刻意思考而设计出来的。这些观念已经被证实是错误的,目前人们更愿意接受这些规则是经过长期的社会选择过程演化出来的,也是人们世世代代的经验的产物。

建构唯理主义的观点既然认可的是经过理性的逻辑推理和演绎的知识,那么不难归纳出其对于人们行为的观点,即"人主要是通过他所拥有的从明确前提中进行逻辑演绎的能力来成功主宰其周遭环境的"。事实上,人们判断各种工具、手段、方法的价值,是看其能否解决实际问题,而不是其逻辑是否严密或者形式是否美妙。可见,所谓的"理性的逻辑推理"并不是人们行为的目的,如果存在有效的非理性手段,一样会为实践所用。如果建构唯理论正确,那么存在两种可能:其一,不存在非理性建构的其他有效手段;其二,即使存在非理性建构的其他有效手段,人们也不会采用。显然,第一种可能是难以成立的,事实上许多规则、意见、主张并非完全通过理性推理得出,但它们在实践中是非常有效的;同样,这些非理性建构的有效手段一经被认识,就会成为现实中人们有意或者无意地选择用来解决问题的有效手段。那么,为什么建构理论会得出这样的结论呢?

笛卡尔直接关注的是为判断命题的真假确立标准,然而不可避免的是,这些标准被他的追随者延伸到用于判断行动的适当性和正当性。我们认为建构唯理主义对于判断命题和知识是否科学合理做出了重要的贡献,然而，其判断活动有效与否的标准，就有待商榷了。当然，正确的方法在一般情况下能够具有对问题的有效性，但人们的行为活动的系统不同于简单的命题判断，因为人们的行为活动的系统包含了"人"这一复杂的机动变量。就以解决管理问题为例，假设存在可建构的规则1能够解决该问题，然而，解决过程总是受到特定环境的约束，假使我们将其划分为人的因素和非人的因素，在人的因素方面，会存在这样的考量：规则1是否为特定的人所知，即使为人知晓又是否可用？在非人因素方面，则存在这样的考量，即是否构成规则所必需的支撑条件？换言之，即使规则1可知、可用、可行，那么从总体上看它是否比其他手段更为有效，如成本更低、见效更快。这些考量在单纯判断命题是否正确（科学）的范畴内并不涉及，但在人们解决问题的行为活动中，则是必不可少的影响因素。

人们对理性建构的不可知或理性建构的不可用在根本上是由"人类事实性知识的永恒局限性"导致的，哈耶克将其总结为"个人对于大多数决定着各个社会成员的行动的特定事实，都处于一种必然的且无从救济的无知（the necessary and irremediable ignorance）状态之中"。这与赫伯特·西蒙于1957年提出的著名的有限理性（bounded rationality）假说是一致的，西蒙认为经济行为主体在主观上追求理性，但只能在有限程度上做到这一点。他认为有限理性假说的提出基于两项原理：信息的复杂性和信息的不完全性（incomplete information）。其中，信息的复杂性表明了个人的能力在处理或利用可得到的信息方面所受到的限制；而信息的不完全性则是指，人们不可能对世界上"一切可能发生的情况和一切有意义的因果关系"进行识别，也就是说人们会不可避免地面临不完全信息。这两项原理体现的是行为主体在信息层次上的有限性，其根本原因是行为主体固有的知识、能力和信息的有限性。

笛卡尔哲学的这些问题受到了质疑，B.曼德维尔和大卫·休谟则认识到，人际关系中的常规模式并非人们有意识地形成的。其后亚当·斯密和亚当·弗格森所领导的苏格兰伦理哲学家在经济学领域中做出了相应的努力。而威廉·冯·洪堡和F.C.冯·萨维尼则使得社会现象的进化论认识路径在德国得到了系统的发展。经由奥地利经济学派创始人卡尔·门格尔在1883年对社会科学的各种研究方法所做的研究,有关制度的自发型构以及这种型构的遗传性特征等问题在所有的社会科学学科中的核心地位,才在欧洲得到了最为充分的重申。

与建构唯理论相对立的社会进化论的主要观点是:制度、惯例或者经验有助于人们有效地实现目标,其形成及增进是由"增长"(growth)或"进化"(evolution)过程促成的,在这个过程中,一些惯例开始是由于一些原因被采纳,甚至完全是由于偶然的缘故被采纳,而后这些惯例得以延续的原因是应用它们的社会群体胜过了其他群体,可以说人类社会的演进是社会中各种观念、伦理、法律、惯例等的发展(选择性进化)。这也提高了人们基于目标的行为活动的有效性,社会进化论是"人之行动的结果"这一演化秩序形成的基础。

哈耶克批评了社会进化论中的一些错误观念。其一,哈耶克更重视制度与惯例的选择以及个人具有的那些以文化方式传播或者存续的能力的选择,而"社会达尔文主义"则重视个人具有的遗传能力的选择。其二,哈耶克认为社会过程的结果取决于无数的特定事实,难以从整体上把握,进化理论只对一个过程提供解释,或限于对"原则进行解释",或者只对进化过程所遵循的抽象模式做出预测;目前存在认为进化理论是由"进化规律"(laws of evolution)构成的观点,根据这些规律进化必须按照某种既定(predetermined)路线发展,这些所谓的进化规律来自"历史发展决定论"(historicism)的观念。以上的错误观念主要是因为忽视了生物进化与社会进化的根本性质,简单地将生物进化的规律运用于对复杂、不确定的社会进化的解释,必然会导致对进化规律的滥用。

我们对理性建构理论的批评并非否认"完全已知或者经过理性推理演绎成立的知识",而是否定唯建构有效的思想。管理学的本质属性是实践性,即无论建构设计的方法还是社会演进的知识,只要有助于解决实际问题,那么无疑都是可取的。而且许多学者也认为管理学更类似于工程技术科学,在部分相对稳定、确定和人为影响较小的领域,完全可以通过分析、建模、优化等给出设计性的解决方案,其结果可事先预知,如现代企业的大部分制造领域的问题都可以通过设计生产流水线、工艺过程等有效解决。当然在许多由复杂多变的环境引致的不确定性问题领域,由于人的认知能力或有限理性的制约,很难设计出基于因果关系的建构性的方法,而是根据人们的经验、惯例等演进的知识和方法处理问题,其结果很难事先预知,如公司危机管理。事实上,在大部分管理问题的解决过程中,建构是与演进交织在一起的,人们一方面根据已有的知识进行理性设计,另一方面在应变中形成可参考的经验与知识。

管理理论随着其研究对象的演进而整体上表现为演进状态,管理情境更迭加速,一方面使得为解决具体情境问题而设计的理性方法也面临着快速应变的需要,另一方面更突出了管理学中演进的重要性,而演进的知识在被证实为科学有效时,即转化为建构知识。

因此,和谐管理理论的哲学基础就是承认人们知识的永恒局限(有限理性),根据具体的管理问题,采取"建构"与"演化"二元耦合方法,既追求基于目的的"人之行动的结果",又追求遵循规则所带来的"人之计划的结果"。这一基本思想构成了和谐管理理论认识和解决复杂问题的支点,在和谐管理理论框架的构建、后续发展和应用中得以延续和发扬(参见第 1 章、第 11 章、第 12 章等)。

2. 和谐管理理论与"问题导向"

席酉民(1987)曾针对工程领域中广泛的"方法导向"提出了一种问题导向型的研究思路。"问题导向"中所谓的"问题"泛指管理现象或者管理问题等,"问题导向"是指以问题为中心,围绕问题来研究其特征、规律,进而给出针对该问题的解决方案,简单来说即从问题中来,到问题中去。问题导向的方法具有强烈的针对性,避免一入手就陷入某种方法或理论的约束中，否则要么限制了创造性的发挥，要么解决方案与实际面临的问题相去甚远（席酉民，2000）。

和谐管理采用"问题导向"的分析思路，引入了"和谐主题"概念，并将其定义为组织在特定的发展时期和情境中，为实现组织的长期目标，所要解决的核心问题或要完成的核心任务。基于不确定性的视角，构成"和谐主题"的约束条件包括外部环境、内部环境以及相关目标等（主题的目标及其在组织目标中的作用），和谐管理理论研究如何分析"问题"（即如何根据组织环境分析、识别和谐主题），当然最终目的是解决问题（根据不同主题的不确定性特征，寻求相应解决规律）。

"问题导向"不仅符合人们在解决实际问题时的思路，而且符合科学理论发展的一般规律，研究者总是在发现了一类理论上没有解决（或者低效）的问题后，再对此进行研究并提出理论。"管理丛林"同样如此，泰勒发现"磨洋工"现象，回答了如何使人与机器配合得当从而提高生产效率的问题，开创了科学管理理论；法约尔着眼于管理活动在组织中如何发挥作用，总结出管理的五项职能和十四条原则。

3. "设计优化的控制机制"与"能动致变的演化机制"双规则的互动耦合

"设计优化的控制机制"与"能动致变的演化机制"分别是普适性管理理论与局部性管理理论的作用机理，二者共同作用构成了混合性管理理论的作用模式。因此，根据管理理论的分类，我们可以归纳出管理活动的基本机理为"设计优化的控制机制"与"能动致变的演化机制"，综合前文的分析，可归纳出两类方法的基本含义及特征比较（见表2-2）。

可见"设计优化的控制机制"与"能动致变的演化机制"是管理活动中的一对相对的概念，既相互对立（机理相反）而又相互补充（任何管理活动的作用机理都可以分解为"设计优化的控制机制"与"能动致变的演化机制"）。因此，"设计优化的控制机制"与"能动致变的演化机制"的分类在理论上具备完备性与独立性。

表 2-2 "设计优化的控制机制"与"能动致变的演化机制"的基本含义及特征比较

比较项	设计优化的控制机制	能动致变的演化机制
定义	规定人的行为路线	人具有不唯一的可选择的行为空间
作用机理	通过规定选择相对满意的行为路线，排除其他干扰、低效选择	利用人的知识、经验和综合能力在不确定状态下做出较好的判断和选择
前提	具有对相关事物一定的规律性知识，而且能够给出有效的确定性方法	人的选择和创造行为受一定因素影响，不是简单的自由
过程特点	事前设计、事中执行、事后检查控制	事前提升动力、能力，事中提供条件，事后评估、激励并逐步上升到制度、文化
设计角度	设计人的行为过程	设计能够影响人的行为、认知及情感的组织环境、政策、管理模式等
优势	运作有序稳定，不易产生混乱	创造性、柔性、应变及反应能力强
劣势	刚性、相对僵化，应变及反应能力差	容易产生混乱及无政府状态
相关理论	科学管理、数理学派等	行为理论、企业文化等
方法	设计流程、结构、制度（确定性）	制度（不确定性）设计、文化、激励

和谐管理理论的双规则即指"设计优化的控制机制"与"能动致变的演化机制"。需要特别指出的是和谐管理中的"和谐"一词，不能望文生义地把它简单视为"匹配、一致"的同义反复，或者说预设为中文字面上的"和谐"。在《高级汉语词典》中，"谐"具有"配合匀称""各部分之间协调"的含义；"和"具有"和睦、融洽""喜悦""同心共济"之意。而"设计优化的控制机制"的本质是通过设计符合系统内在规律的人的行为路线使得系统内要素更为协调、匹配，表现出更高的秩序，类似于"谐"；人们的"和睦、融洽、同心共济"是"能动致变的演化机制"发挥的前提和表现，类似于"和"。因此，和谐管理理论将"设计优化的控制机制"对应"谐"，而将"能动致变的演化机制"对应"和"。将"谐则"定义为有关"设计优化的控制机制"的机理、规律或者主张；将"和则"定义为有关"能动致变的演化机制"的机理、规律或者主张。将"设计优化的控制机制"与"能动致变的演化机制"对应的工具和方法分别称为"谐则工

具库"与"和则工具库"。

我们将和则、谐则围绕和谐主题在不同层次间的关联互动定义为和谐耦合。和谐耦合是在和谐主题下对和则、谐则关系的调节。借鉴脑科学和人工智能研究的成果，和谐耦合的思路包括辨识和谐主题时的策略性思维，分析谐则时的程序及步骤思维，分析和则时的文化及人际思维，利用和则与谐则实现和谐主题时的系统性思维。

1）策略性思维指，当管理任务能够被事先充分认识并通过设计优化处理时，则主要运用谐则实现和谐主题；当由于环境不确定性和管理者有限理性，无法事先规定行为路线时，主要运用和则。

2）程序及步骤思维是在理性设计的指导下，对当前条件下能够确定和优化的工作，规定具体的行为路线及测量评价的方法和标准。

3）文化及人际思维则是针对任务中难以理性设计的部分，考虑通过创造文化氛围等环境手段，鼓励人与人之间的密切沟通和配合及完成对组织的承诺，自主地寻找解决方案。

4）系统性思维将程序及步骤思维与文化及人际思维有机地耦合在一起，决定有利于实现和谐主题的行动方案，并付诸实施。

同时，和谐耦合还表现出三个特征。第一，动态性，和谐主题随着环境、组织、领导的变化而产生主题漂移，相应地和则、谐则应根据主题变化做出调整以适应主题的需要。第二，主动自适应性，和谐耦合的策略性思维并不意味着先"设计优化"，对于不能"设计优化"的再"能动致变"，管理者可根据和谐主题的特征、限制条件有目的地、主动地调整和则、谐则构成（工具、主动性），以更好地实现主题，而且通过"和则"与"谐则"的对话，能够主动调整冲突、低效的关系。第三，整体性，在和谐主题、和则、谐则的系统中，三者的共同作用使得主题得以解决，组织表现出一种更高的秩序，而且人们不断地将环境诱导下自主演化过程中通过积极尝试和多样化选择所发现的规律性内容不断纳入理性设计的体系，使企业经营知识和技能得到动态调整和持续增加，从而更好地应对来自环境和组织内部的复杂性和不确定性。

比如，按照和谐管理理论，在应对需求不足的不确定环境中企业构建竞争优势的问题时，可以发展出"相对确定性→不确定性→相对确定性"的认识路径（见图 2-3），和"猜想—试探—排除错误"的行动方式相结合，把思考认识与行动结合起来解决快速应变的问题（刘鹏、席酉民，2010）。

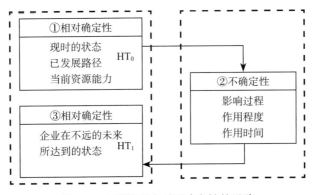

图 2-3　和谐管理应对不确定性的思路

4. 和谐管理理论与其他管理理论的比较

普适性管理理论和局部性管理理论的局限性不仅包括单一的"设计优化的控制机制"和"能动致变的演化机制"适用范围窄的问题，而且也具有如混合性管理理论缺乏整体性、针对性和操作性的毛病，同时也未能囊括实践中不确定性应对的策略。那么和谐管理理论是否能够消除这些局限性？和谐管理理论与目前的管理理论具有什么样的关系？

1）和谐管理理论的基本特征是"设计优化的控制机制"与"能动致变的演化机制"的双规则耦合互动，避免了普适性和局部性管理理论单一机制下适用范围窄的局限性。

2）和谐主题的提出，使得和谐管理理论成为面向具体问题解决的学问，有效地克服了其他管理理论因追求对一般现象的解释而降低了针对性和可操作性的缺点。

3）具体管理理论（基于单一视角）对管理现象这头"大象"只能奉献零星的知识，即使是"管理理论丛林"也只能给出五花八门的解释。而和谐管理是通过分析、归纳管理理论的作用机理，得到适用于具体管理现象的一般作用机理的规律，管理者可根据自己具体的"大象"，选择、组合合适的工具、方法，以实现对特定问题的整体性解决。

4）不同于混合性管理理论在"设计优化的控制机制"和"能动致变的演化机制"安排中的简单思维（尽量先利用设计优化的控制机制，然后对不能设计的部分利用能动致变的演化机制），和则、谐则的耦合表现出丰富的特征（如系统性、整体性、主动自适应性等），为人们应对管理实践中的不确定性提供了各类策略。

可见，和谐管理理论的定位并非"管理理论丛林"中又一"新过客"，并非发现了"大象"的某个特征，而是提供了对具体"大象"的"摸"的方法和途径。我们希望能够通过和谐管理理论整合其他理论，形成对具体问题的整体性解释。普适性、局部性和混合性管理理论则为和谐管理理论提供了在相应领域的知识和工具。

2.2.2 和谐管理双规则机制的可行性分析

基于对管理理论演进的三条路径的分析，我们得出了"设计优化的控制机制"与"能动致变的演化机制"两类作用机理。对此，我们仍然需要得到相关的支持和证实。

1. 复杂管理问题求解的验证

和谐管理理论提出的目的之一即期望该理论能针对高度复杂性和不确定性环境实现应变管理。和谐管理研究团队在2002～2003年专门对复杂管理问题的求解进行研究（杨莉，2003），希望通过对复杂管理问题求解方法的归纳，分析其内在机理与和谐管理思想的异同，研究和谐管理理论应对复杂性的可行性及具体方法。我们发现复杂管理问题求解思路基本上表现为以下几类。

（1）**理性与非理性的求解思路**　前者是按照问题求解的一般逻辑过程逐步实施的求解思路，但明茨伯格（1973）发现，即使是最成功的管理者也很少使用理性方法解决问题。对理性方法的批评相应地产生了第二类非理性、艺术性的方法，如边做边想、非线性问题求解、直觉、默认知识、案例推理等。从两类对复杂问题求解的方法中我们能发现明显的"设计优化的控制机制"与"能动致变的演化机制"的特征：理性方法按照问题求解的逻辑给出求解步骤，类似于"设计优化的控制机制"中规定人的行为路线；非理性方法明显地利用管理者的能动作用（表现为直觉、经验、学习模仿、隐性知识等）处理问题。而且，理性方法同样受到人的有限理性的限制，非理性方法则在对大型复杂问题求解时具有一定的局限性。同时，在处理实际问题时，理性方法与非理性方法相结合的解决思路对应于和谐管理的"设计优化的控制机制"与"能动致变的演化机制"互动耦合，似乎更为有效。

（2）**针对开放的复杂巨系统的"综合集成方法"**　开放的复杂巨系统（OCGS）是钱学森、于景元、戴汝为（1990）提出的，它是指与环境进行物质、能量和信息交换的，由成千上万个子系统构成的，子系统种类和系统层次繁多的一类系统，该类系统的解决方法是由定性到定量的综合集成方法与综合集成研讨厅体系。这类方法实质上是将专家群体的知识、各门学科的理论知识以及各种数据、信息与计算机技术三方面有机地结合起来——在明确任务和目的后，通过大量的专家知识和各学科理论，获得定性知识，在此基础上，通过系统建模及计算机技术得出结论，并由专家反复修改、验证，直到满意可行（戴汝为，1997）。现代企业组织因其内外部环境的复杂性可被视为一类开放的复杂系统，是OCGS的一类特例，同样可以采用综合集成方法。和谐管理同样首先界定了任务和目的（和谐主题），然后利用人的知识、经验、直觉等定性知识（能动致变）和量化方法（优化设计）的综合作用求解复杂问题，如果满意可行，那么可转化为组织中确定的（量化）知识和方法。定性与定量的结合在管理问题求解中可视为和则与谐则的互动耦合，而且综合集成法中的专家群体的知识也提醒我们在组织中要尽量发挥"团队的、群体的、组织的甚至社会的能动作用"。

因此，我们有理由相信和谐管理是复杂管理问题求解的有效方法。

2. 与管理中其他几组相近概念的辨析比较

管理理论中也有不少与和谐管理双规则机制相近的概念，我们选择了部分概念进行辨析比较。

（1）**明茨伯格的"深思熟虑的战略"与"应急战略"** 明茨伯格（2001）认为：组织中已实现的战略与事前的计划（预期战略）存在较大的差异，他将预期战略中那些完全实现了意图的称为深思熟虑的或设计的战略，将那些不可能实现意图的称为空想战略，在已实现战略中除了深思熟虑的战略还包括应急或浮现的战略，即没有明确计划但实现了的战略模式。高效的战略家必须将二者结合起来，既有很高的预见能力又有很好的对意外事件的反应能力。

简而言之，深思熟虑的战略就是事前计划和设计，而应急战略则更多来源于领导、战略执行者的洞察力、意图、经验在战略执行过程中的应变。前者可视为一种"人之设计"的战略，后者则表现出明显的演化特征，是人之行动的结果。可见深思熟虑的战略与应急战略的形成机理分别是"设计优化的控制机制"及"能动致变的演化机制"，一定程度上深思熟虑的战略与应急战略是和谐管理双规则机制在战略领域中的体现。

（2）**西蒙的"程序化"和"非程序化"决策与结构化、半结构化和非结构化问题** 根据问题求解技术，西蒙将决策划分为程序化和非程序化两类。程序化决策是指"常规性、反复性决策"，非程序化决策是指"结构不良、新的政策性决策"。程序化、非程序化分别与结构化、非结构化概念相对应，介于结构化和非结构化之间的问题称为半结构化问题。"程序化决策问题""结构化问题"与"非程序化决策问题""非结构化问题"的解决方式的差异主要在于：前者具有明确的显性的程序，而且这些程序可以在事前设计、建构，决策者需要遵照既定的逻辑路线行事；而后者则因为决策者受有限理性的限制难以根据问题设计出相对明确、显性的程序，而大量运用了专家的直觉、知识和经验（能动致变）。西蒙也指出，分析式和直觉式两类决策风格事实上在所有专家行为中是同时存在的，而且密切配合、相辅相成。因此，可见"程序化决策"与"非程序化决策"明显地类似于"设计优化的控制机制"与"能动致变的演化机制"的和谐管理双规则作用机制，分别具有既定流程（规定行为）与直觉、经验（能动致变）的作用方式。

（3）物理-事理-人理（WSR）系统方法　国内管理理论中与和谐管理理论最为相近的是由顾基发教授等（1995）提出的物理-事理-人理（WSR）的系统方法。其中，物理主要指人类拥有的物质世界规律等方面的知识，如数学、物理中的定律；事理主要是用于人类认识世界、改造世界等实践活动的方法；人理则研究人的心理、行为，以及人对环境的反应。类似于和谐管理理论中的"物"、"人与物"的互动、"人"的演进路径（见图 2-4）。

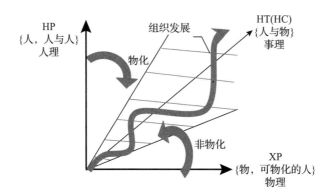

图 2-4　和谐管理与 WSR 系统方法比较

注：HP—和则，XP—谐则，HT—和谐主题，HC—和谐耦合。

由图 2-4 可见,其中"物理"类似于由{物}作用产生的知识(普适性理论),扮演谐则的角色;"人理"类似于由{人,人与人}作用形成的知识(局部性理论),扮演和则的角色;"事理"类似于由{人与物}作用形成的知识(混合性知识),扮演围绕主题的和则与谐则耦合互动的角色。但不同的是,WSR系统并不认为"事理"是"人理"与"物理"的结合,其系统方法实施步骤为:调查了解情况、明确目标、选择方法模型、求解模型、协调关系、实施方案或提高认识(顾基发,1998),整体上表现出理性建构的特征。而和谐管理强调围绕和谐主题的"物理"和"人理"的互动耦合,从而利用"事理"并形成对"事理"的创造和更深入的认识。

通过与"深思熟虑的战略"和"应急战略"、"程序化决策"和"非程序化决策"以及"物理""事理"和"人理"三组概念的辨析比较,和谐管理的双规则机制在前两组得到了有力的肯定,可视为和谐管理在其领域中的应用。而物理、事理和人理(WSR)系统方法从形式和对象上都与和谐管理相似,但和谐管理更加体现了内在的整合和具体操作程序方法的系统性。

2.3 和谐管理的理论假定及原型

总结和谐管理的基本思路"问题导向"与"双规则机制",以及由此产生的和谐管理的基本概念(和谐主题、和则、谐则),我们可将和谐管理定义为"组织围绕和谐主题的分辨,以设计优化的控制机制和能动致变的演化机制为手段提供问题解决方案的实践活动",简单说来,即围绕和谐主题的双规则问题解决学。其中,"问题导向"表明了组织存在是为了解决一定问题,即具有目的性;而双规则中,无论是"设计优化的控制机制"还是"能动致变的演化机制",都说明组织的问题(或任务)是通过人的行为解决的。因此,我们认为和谐管理理论的适用范围是"通过人的行为实现其目的的组织系统",简而言之,即有人参与的系统。和谐管理理论不适用于纯粹的自然系统。下面我们重点讨论和谐管理的理论假定及原型。

2.3.1 和谐管理的理论假定

本节讨论的假定(assumption)并非待检验的假设(hypothesis),假定也称为假说、前提假设,它是指某一理论体系赖以建立的逻辑起点、独立的视角或基本理论前提,往往表现为基于常识性的少数几条设定(类似于公理)。这类典型的假定有微观经济学中理性的"经济人"、效用最大化假定等。这里讨论的假定是对和谐管理理论整体的设定和看法。

和谐管理理论的理论硬核可简单表述为:管理活动的目的是围绕组织目标解决问题或完成任务(和谐主题存在及意义),一定的问题或任务总可以通过"设计优化的控制机制"和"能动致变的演化机制"双规则的互动耦合有效解决(和则、谐则存在及意义)。前者是管理学中广为认可的观点,后者则包含三层内涵:①"设计优化的控制机制"是一类处理组织问题(任务)可行的方法,但并非方法的全部(即不能解决所有问题,而且存在其他方法);②"能动致变的演化机制"同样是一类处理组织问题(任务)可行的方法,但并非方法的全部;③一定的管理问题或任务总能找到可行、满意的"设计优化的控制机制"与"能动致变的演化机制"组合解决方案。以上三个内涵成立的条件如下所述。

首先,由于人的有限理性,人不能实现对客观世界的完全自由设计,即人不能够对所有问题都采用建构、设计的解决方式,但在那些拥有相对充分知识的领域内,人们能够通过"设计优化的控制机制"解决问题。人的有限理性保证了"设计优化的控制机制"是可行但不完全的。

其次,"能动致变的演化机制"是人们通过其积累的知识、经验、直觉等对问题给出有目的地应对的方法。"能动致变的演化机制"在理论上似乎能够应对一切问题,但同样是因为人的有限理性,人难以驾驭大量缺乏规制的"能动作用",或者此类方法是低效的。这样"能动致变的演化机制"也因人的有限理性保证了"能动致变的演化机制"是可行但不完全的。郭士伊、席酉民(2004)曾专门对人性假设做了系统的研究,认为组织中的人是由其经济属性、社会属性、文化属性和智能属性共同构成的智能体。"能动致变的演化机制"主要来自其蕴藏在大脑中的智能属性(可以学习、创新、快速反应)。

内涵③也同样包含丰富的内容:第一,"设计优化的控制机制"与"能动致变的演化机制"的分类是相互独立且完备的分类方法(独立性、排他性);第二,管理问题肯定存在不唯一的解决方案组合(可行性、多样性);第三,在众多解决方案中,总存在着管理者满意的方案。从前文对其表现形式的分析,我们得出了"设计优化的控制机制"与"能动致变的演化机制"相互补充而且构成一对独立且完备的作用机理的结论。"设计优化的控制机制"和"能动致变的演化机制"本质上是通过人的两类行为(被动遵循与主动选择)实现的,如果人的行为有且仅有这两类,那么就保证了和谐管理双规则机制是相互独立且完备的分类方法,对于这个问题深层次的解答来自哈耶克对人的行为的认识:"人不仅是一种追求目的(purpose-seeking)的动物,而且在很大程度也是一种遵循规则(rule-following)的动物。""设计优化的控制机制"与"能动致变的演化机制"各自的可行性与互补性保证了组合方案的可行性和多样性。人的有限理性以及组织在特定问题上的限制,使得管理者表现为追求"满意解"。

归纳以上分析,和谐管理理论的假定如下。

假定1:管理活动总是为了解决特定问题或完成特定任务而开展的,而且一定的管理问题或任务总是受到目标、资源、成本、时效要求等内外部环境相关要素的约束。

假定2:组织中的人是有限理性的"智能体"。

假定 3：人不仅追求目的，而且遵循规则。

这些假定都是管理学、行为理论中得到广泛认可的知识（智能体理论的基础同样来自成熟的行为学和心理学理论），假定的正确性有效地保证了和谐管理理论的基本内容的有效性。

2.3.2 和谐管理理论的理论原型

整合和谐管理理论的基本框架和其在管理实践中应用的模式、过程等，可以得到和谐管理理论的基本原型（见图 2-5）。

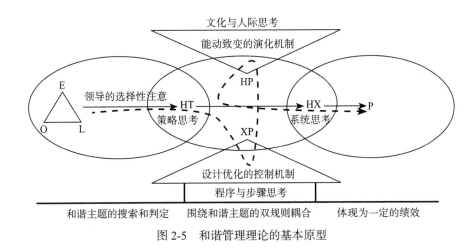

图 2-5　和谐管理理论的基本原型

首先，环境（Environment，E）、组织（Organization，O）、领导（Leadership，L）三方面要素是和谐主题的来源，根据 EOL 我们可以得出组织的战略，并经领导的选择性注意判定组织的和谐主题。

和谐主题一旦确定下来，根据和谐管理理论的假定，我们总能找到相应的和则（HP）与谐则（XP）解决方法的组合，围绕和谐主题的和则与谐则的互动耦合（HC）就形成了和谐机制及相应的运行状态（HeXie，HX）。此时，组织应该具有良好的组织绩效（Performance，P）（这是任何管理方法都追求的目标）。

图 2-5 中的圆圈分别表示圆圈内所包含要素的一致性，这构成了和谐管理理论的主要规律。这些圆圈体现了如下设定、定义和假设，它们是上述管理过程的内在理论支持。

设定 1：如果"战略和 EOL 一致"，则组织所选择的战略方向是正确的。

设定 2：如果"和谐主题与战略（及 EOL）一致"，则说明和谐主题选择是正确的，也即组织在特定阶段的管理重心定位是准确的。

设定 3：如果"和则、谐则与和谐主题一致"，则说明该阶段管理系统比较完善，管理比较到位。

定义 1：如果组织实现了三个设定的一致性，即"战略和 EOL 一致""和谐主题与战略（及 EOL）一致""和则、谐则与和谐主题一致"，则称组织管理是和谐的。

假设 1：如果管理系统比较完善且管理比较到位，那么组织的和谐主题能够得到有效实现。

假设 2：如果组织管理和谐，那么组织能够产生良好的绩效。

设定 1、设定 2、设定 3 是根据已有理论知识做出的判断和推理，不需验证。一般而言，组织的战略是其领导根据环境与组织决定的，暗含了这三者之间的一种内在一致性，因此，如果战略和 EOL 一致，那么可以判定组织所选择的战略是正确的。同理，和谐主题仍然是领导根据战略结合环境与组织的情况决定的，因此，和谐主题如果与战略（及 EOL）一致，那么我们可以判定和谐主题的选择是正确的。和则、谐则是为实现和谐主题而设计的，三者一致，说明管理到位且系统完善。

假设 1 是和谐管理理论的核心内容，和谐主题能够通过和则、谐则及其互动耦合实现，这是和谐管理理论的主要设想，需要实证证实，当这三者达到一致时，和谐主题能得到有效实现。假设 2 是和谐管理理论整体上成立的必要条件（对管理理论有效性的最根本的检验是组织绩效），自然需要实证检验。根据定义 1 的不同一致性（一致与否）的组合，还可以得到其他 7 种管理实践情形，我们据此已提出了相应的 7 个假设，通过这些假设的实证，可以对组织管理进行和谐管理诊断和初步分析，为理论应用提供工具。我们曾通过实证和大量案例研究发现假设 1 和假设 2 是成立的，大量管理实践也在不断背书这些假设，目前我们还在继续进行更多的经验研究。

从图 2-5 可见，和谐管理理论的目的是实现组织的战略。按照安东尼（Anthony，1964）将组织控制体系分为三个层级（战略规划、管理控制和任务控制）的分类方法，和谐管理理论属于管理控制层级，其目的是保证战略的有效执行，从而实现组织的目标。

2.4 本章小结

本章分析了和谐管理理论提出的实践环境和理论背景，认为目前管理的内外部环境都表现出高度的 UACCS 特征，而现有的管理理论丛林一方面因追求一般性而无法提出更具针对性、更快速反应和更具操作性的 UACCS 应对策略，另一方面也因理论特定的研究角度，难以对 UACCS 做出综合判断，使得理论局限于自身的逻辑体系中，缺乏对管理实践中应对 UACCS 的途径与技巧的系统总结，相应地也缺乏对未来事物的预见力。

根据现有理论应对管理实践的局限，提出了和谐管理理论的基本思路：基于问题导向的"设计优化的控制机制"与"能动致变的演化机制"双规则互动耦合机制。从人们对复杂管理问题的求解方法和管理哲学的"建构"与"演化"两个角度，分析了双规则机制的可行性，辨析了与其相近的三组管理概念，从中得到了相应的肯定和支持。在此基础上介绍了和谐主题、和则、谐则等核心概念，并总结了和谐管理的假定，根据和谐管理原型总结了和谐管理的基本过程及相应的设定和假设。

本章参考文献

[1] ANTHONY R N. Planning and control systems: a framework for analysis [M]. Boston: Harvard University, 1965.

[2] CARSON P P, LANIER P A, CARSON K D, et al. Clearing a path through the management fashion jungle: some preliminary trailblazing [J]. Academy of Management Journal, 2000, 43(6): 1143-1158.

[3] CHILD J. Organizational structure, environment and performance: the role of strategic choice [J]. Sociology, 1972, 6(1): 1-22.

[4] DAFT R L, SORMUNEN J, PARKS D. Chief executive scanning, environmental characteristics, and company performance: an empirical study [J]. Strategic Management Journal, 1988, 9(2): 123-139.

[5] DRUCKER P F. Knowledge-worker productivity: the biggest challenge [J]. California Management Review, 1999, 41(2): 79-94.

[6] DUNCAN R B. Characteristics of organizational environments and perceived environmental uncertainty [J]. Administrative Science Quarterly, 1972, 17(3): 313-327.

[7] KOONTZ H. The management theory jungle [J]. Academy of Management Journal, 1961, 4(3): 174-188.

[8] KOONTZ H. The management theory jungle revisited [J]. Academy of Management Review, 1980, 5(2): 175-187.

[9] MILLIKEN F J. Three types of perceived uncertainty about the environment: state, effect, and response uncertainty [J]. Academy of Management Review, 1987, 12(1): 133-143.

[10] MINTZBERG H. A new look at the chief executive's job [J]. Organizational Dynamics. 1973, 1(3): 21-30.

[11] 汉迪. 非理性的时代: 掌握未来的组织 [M]. 王凯丽, 译. 北京: 华夏出版社, 2000.

[12] 戴汝为. 复杂巨系统科学——一门21世纪的科学 [J]. 自然杂志, 1997(4): 187-192.

[13] 雷恩. 管理思想的演变 [M]. 赵睿, 等译. 北京: 中国社会科学出版社, 2000.

[14] 顾基发, 高飞. 从管理科学角度谈物理–事理–人理系统方法论 [J]. 系统工程理论与实践, 1998 (8): 2-6.

[15] 顾基发, 唐锡晋, 朱正祥. 物理–事理–人理系统方法论综述 [J]. 交通运输系统工程与信息, 2007, 7 (6): 51-60.

[16] 郭士伊, 席酉民. 和谐管理的智能体行为模型 [J]. 预测, 2004 (2): 9-13.

[17] 哈耶克. 法律、立法与自由(第一卷) [M]. 邓正来, 张守东, 李静冰, 译. 北京: 中国大百科全书出版社, 2000.

[18] 韩巍, 席酉民. 不确定性–支配权–本土化领导理论: 和谐管理理论的视角 [J]. 西安交通大学学报(社会科学版), 2009, 29 (5): 7-17, 27.

[19] 西蒙. 管理行为(原书第4版)[M]. 詹正茂, 译. 北京: 机械工业出版社, 2004.

[20] 刘鹏, 席酉民. 基于和谐管理理论的多变环境下可持续竞争优势构建机理研究 [J]. 管理学报, 2010, 7 (12): 1741-1748.

[21] 明茨伯格. 战略历程: 纵览战略管理学派 [M]. 刘瑞红, 徐佳宾, 郭武文, 译. 北京: 机械工业出版社, 2001.

[22] 普华永道变革整合小组. 管理悖论: 高绩效公司的管理革新 [M]. 徐京悦, 杨力, 译. 北京: 经济日报出版社, 2002.

[23] 钱学森, 于景元, 戴汝为. 一个科学的新领域——开放的复杂巨系统及其方法论 [J]. 自然杂志, 1990, 13 (1): 3-10, 64.

[24] 贝特曼, 斯奈尔. 管理学: 构建竞争优势 [M]. 王雪莉, 等译. 北京: 北京大学出版社, 2001.

[25] 王琦, 席酉民, 尚玉钒. 和谐管理理论核心: 和谐主题的诠释 [J]. 管理评论, 2003, 15 (9): 24-30.

[26] 吴彤. 复杂性概念研究及其意义 [J]. 中国人民大学学报, 2004 (5): 2-9.

[27] 席酉民, 张晓军. 挑战与出路: 东西方管理智慧整合的方法论探索 [J]. 管理学报, 2012, 9 (1): 5-11, 26.

[28] 席酉民, 韩巍, 尚玉钒. 面向复杂性: 和谐管理理论的概念、原则及框架 [J]. 管理科学学报, 2003, 6 (4): 1-8.

[29] 席酉民, 韩巍. 管理研究的系统性再剖析 [J]. 管理科学学报, 2002, 5 (6): 1-8.

[30] 席酉民，尚玉钒. 和谐管理理论［M］. 北京：中国人民大学出版社，2002.

[31] 席酉民. "问题导向"与"方法导向"——谈系统工程的研究思路［J］. 系统工程理论与实践，1987（1）：78-79.

[32] 席酉民. 管理研究［M］. 北京：机械工业出版社，2000.

[33] 席酉民. 和谐理论与战略［M］. 贵阳：贵州人民出版社，1989.

[34] 席酉民. "和谐"理论与战略研究［D］. 西安：西安交通大学，1987.

[35] 杨莉. 基于和谐管理思想的复杂管理问题求解研究［D］. 西安：西安交通大学，2003.

▲

　　如果你深信管理研究可以告诉你如何成为企业家，如何找到战略，如何有效地管理，本章要告诉你——那很可能只是一种错觉；

　　如果你深信管理世界最重要的是行动，是在不断的试错中学习、成长，而不是任何教条，本章将告诉你——那是管理世界最宝贵的财富。

　　管理离不开三件事：谁来掌舵、方向何在，及如何达到目标。传统管理中与之对应的是"企业家""战略""组织及职能管理"。本章涉及以上三个方面的话题，但读者很快就会发现，作者试图得出的结论不仅看起来有些辛辣，而且充满了颠覆性——"猜想—行动—有限地验证"，这是组织管理实践、研究和教学的宿命。

　　真理和谬误，咫尺之遥。和谐管理认识论基础的全面构建，或许算是一次大胆的尝试。

———

CHAPTER 3 ▶ 第 3 章

从管理知识的本质看和谐管理

关于和谐管理的大多数文章是学术性的,即以文献和逻辑为标记的。这给人一种非常"隔膜"的印象,人们不容易看到和谐管理和企业或组织的目标实现间的紧密联系。在本章里,作者试图改变这一印象。我们希望声明:就今天和谐管理的研究现状而言,我们不可能给出"解决"组织绩效问题的具体方法和模式!就本章立意完善的和谐管理认识论而言,若没有对中国大量的"具体的管理问题"的扎实研究,不仅和谐管理理论,任何一种管理理论都不可能给出"解决"组织绩效问题的具体方法和模式。但是,至少在本章中,和谐管理正在以一种更加"直面现实"的笔调,把我们的分析、思考和业已形成的理念作为我们的第一批"产品"兜售给管理实践者,也就是说:我们要让企业或组织少抱有一些幻想,少走一些弯路。总之,少花一些冤枉钱,尽可能充满信心地主导自己的管理实践。当然我们也想告诉管理研究者、教学者(我们的同行),"高等管理教育""管理研究"等领域存在的问题(甚至是根本性的问题),源于我们对"管理"错误的认识、研究,以及盲目的自信和坚持。管理不是数学也不是哲学,检验管理理论最好的标准只有一条——管理实践!

一个关键的注解是,在本章我们并未完全脱离大家比较熟悉的和谐管理研究"语境",所以某些引述可能不够详细、连贯。就其论述的恰当性而言,有两点约束条件必须强调:一是环境的不确定性,二是组织管理的核心是有人参与的活动。当然,作者并没有排除掉环境相对稳定的组织管理中那些刚性的结构和流程，只不过在本章中，那不是"复杂多变情境中"迫切需要"管理"的难题。

3.1 和谐管理研究的简要回顾及存在的问题

1987 年席酉民提出和谐理论，运用系统观，围绕组织演进前后和谐态的对比，分析导致组织出现无序及不协调的负效应的构成成分，并针对性地提出和谐控制机制，进行和谐性诊断，进而建立起 HAUEC（harmony，adaptability，unity，effectiveness，coordination）五级嵌套优化模型，同时设立和谐预警系统作为保证和监控系统和谐演进的重要手段。

随着组织管理环境的变化——不确定性、复杂性的增加，以及人们对管理实践认识的不断深入，和谐理论全面介入管理世界的必要性和可能性也日渐凸现。但直接阐释和谐理论与管理现象关系的尝试并不是非常成功，而基于"管理知识形成脉络"的分析，为和谐理论和管理的结合提供了一个较好的方向（席酉民、韩巍，2002）。2003 年席酉民等发表《面向复杂性：和谐管理理论的概念、原则及框架》一文，第一次较为系统地解释了和谐管理理论的核心概念、基本原则和框架（席酉民、韩巍、尚玉钒，2003）。以此为起点，几年来，席酉民与和谐管理研究团队就和谐主题、和谐管理理论的进一步系统化、和谐管理的假设、和谐管理的数理表达、和谐主题与战略管理的关系、和谐管理中的耦合机制及和谐管理经验研究等方面进行了广泛的探索。其主要成果表现在：进一步完善了"和谐管理理论原型——一个涵盖和谐主题、和则与谐则、和谐与绩效"的系统性分析，提出 EOL 的一致性假设，剖析了和谐主题的内涵和形成机制，探讨了和谐管理与战略的关系，揭示了和则、谐则的具体指向和机理，并通过详尽的案例研究寻求对研究假设的强有力支持。而和谐管理的理论特色主要体现在：管理"双规则"的提出，即理性设计与自主演化的结合；以"和"作为应对组织不确定性的解决之道；强调"和谐耦合"，体现设计干预下的演化机理。

这些年来，研究团队在学术上的艰苦跋涉让人振奋，但个别研究成员由于各种原因远离了和谐管理也令人时感遗憾。不过，正是由于各种疏离，甚至隔膜，整个研究才有更广阔的视野，有助于反观我们已经取得的进展，审视可能存在的问题，而不必过分担心陷入"路径依赖"的狭隘中。

确切地讲，对和谐管理的探索似乎仍然充满"悬疑"，我们了解得越多，就越感到那种"必然的无知"。当我们以为即将完成一个足感欣慰的"新的管理知识体系"时，更新的困扰，尤其是"和谐管理如何走向应用"的召唤，又使得我们的系统性思考可能陷入某种焦灼——和谐管理团队内部的"共识"依然没有完全达成。

和谐管理从对组织复杂的管理现象的研究入手，通过建立"管理研究三条路径"的视角，引出了"优化设计"和"不确定性消减与利用"的和谐管理"认识论"。2003年发表的和谐管理理论基本框架，虽然大大简化了"管理丛林"可能带来的认识分歧，但没有深入分析以下问题：基于"优化设计""不确定性消减与利用"的组织管理进一步的具体构造或机理是什么？和谐主题与作为和谐管理内核的"和则""谐则"到底是什么关系？和谐管理视野中的组织是如何与外部世界关联的？企业家的作用在和谐管理中怎么体现？和谐管理如何指导组织的管理实践？等等。

2005年，借助创刊不久的《管理学报》，和谐管理团队曾经对已经取得的研究成果进行了比较系统的介绍（席酉民、王洪涛、唐方成，2005）。但现在看来，之前对上述问题的回答并不十分理想，我们甚至还要在一些基础性的重大问题上进行更深入的探讨。因此，如何从和谐管理抽象的"思想实验或思想练习"中揭示和谐管理理论的"探索、分歧和共识"，尽可能清晰地呈现这一系列思考和"管理实践""管理主流意识"的区别，并郑重地向管理研究者和实践者发出一个基于和谐管理理论"初步构造"的"宣言"，则应该是"走向更加系统的和谐管理理论"阐述的要旨。

和谐管理已经发表的"研究论文"大都保持着比较严谨的学科习惯，虽然多数文章并非以"实证"为基础，但扎实的文献追踪和对逻辑的运用，都倾向于使和谐管理表现出严肃探索的面貌。与之相比较，本章某些部分的风格可能会使读者稍感诧异，作者的意图非常明显，即聚焦于阐明作者对和谐管理进一步的系统思考，以及几个重要的猜想。作者应该对论证工作的粗疏表达歉意，但我们也相信有足够的时间和精力去验证那些困扰我们的"管理悬疑"。

3.2 是和谐主题，而不是战略

任何组织管理理论不可能不去回答"组织和外部环境的关系"问题，即使是仅仅受过最一般的本科管理教育的学生也能说出"SWOT 分析""战略计划"，并且知道它们是企业对付外部世界的法宝。但 2003 年那篇和谐管理的基础性文章（席酉民、韩巍、尚玉钒，2003），没有详细说到组织与环境的关系，而仅仅把它看成既定的外生因素。当然，和谐管理研究团队很早就觉察到了这个遗憾，并围绕"战略与和谐管理"的关系展开了富有成效的研究。但是研究的结论也存在较大的分歧：比如把和谐管理当作一种管理的核心资源，把和谐主题当作战略实施的一个中心环节（王大刚、席酉民，2006），把战略当作环境－组织－领导一致性的结果。

现在看来，"战略"之于"和谐管理"，不仅是个词不达意的蹩脚概念（因为"和谐主题"比"战略"更能准确地表述"组织与外部环境遭遇后所面临问题的多样性"），而且还是一个危险的尝试（因为"和谐主题"比"战略"更能准确地表述"组织与外部环境遭遇后所面临问题的涌现性或不可预测性"）。不然，就会混淆和谐管理非常重要的"演化"的认识论路线。我们知道"战略管理"是一头大象，然而我们只要稍稍松动一点对它的执着，多坚持一点管理的实践性、情境性，我们就可以明确地指出，自从和谐管理理论发明了"和谐主题"这个概念，就已经使和谐管理与外部世界建立起了坚实的联系，而"战略"在和谐管理中根本就是一个多余的词汇。

我们毫不否认对"战略"的大不敬，并且我们将进行一次充满风险的旅行。因为谁都可以想象到，在今天这个世界甚至在我们周围，有多少人熟悉并热爱这个概念，有多少人依附于这个概念，有多少人躺在这个概念上怡然自得。而我们想说，这很可能只是一种假象——战略是一种符号（战略管理），是一种特权（战略家或企业家），是一种幻想（战略计划），甚至是一种谎言（到处都是战略，那么，战略到底是什么？）。

我们对战略的"怀疑"，始于现实生活当中"漫天的战略设计或战略规划"，却鲜有人"一以贯之地完成"，但我们所形成的系统的思想理路，是对管理学大家亨利·明茨伯格的跟随。详细介绍明茨伯格的生平并无必要，很多人知道他，虽然可能并不喜欢他，但我们都必须承认，他的另类主要来源于他对"管理现实"的重视（从他1973年的那个并没有受到应有尊重的经典的但有些不合"规范"（样本太少）的研究算起）、他深刻的洞察力，当然也包括他对自己个性的坚持。因此作者希望声明：所有对于明茨伯格不以为然的学者或是实践家，必须首先要确保自己对管理问题比他有更多的"洞见"，并且比他对"管理现实"有更多的了解。好在是明茨伯格，不然的话，一定会有人要问"才发表了几篇SSCI？"（注意：不是SCI或EI）。

作者对"战略"的消遣，准确地说是"解构"，并不是源于对成百上千篇烦冗的文献的检索（尽管我们习惯那样做），而是仰赖我们所尊敬的向导：明茨伯格。因为他及他的合作者，已经完成了那个淘金的过程，已经做得够好。我们启程于他的《公司战略计划：大败局的分析》（*The Rise and Fall of Strategic Planning*，2002），驻留在《战略历程：纵览战略管理学派》（*Strategy Safari*，2002），直到可能是中文世界最新翻译的《管理者而非MBA》（*Managers Not MBAs*，2005a），以及国内还未翻译引入的英文书 *Strategy Bites Back*（2005b）。当然，还包括理查德·惠廷顿的

《战略是什么：关于做什么和怎么做的学问》（*What is Strategy and Does it Matter?* (Whittington，2004)。

明茨伯格在这几本著作里写了些什么，其实并不值得过分夸耀，另类的他连同他的呐喊——原本也（可能）没有那么重要（并不是不应该那么重要）！不然，今天的战略管理早就应当重写，早就有很多的教授战略的人会卷铺盖走人，而不会像惠廷顿（2004）所描述的那样："从亚马逊网上书店可以搜索到47本名字中带有'战略管理'字样的书，其中的大多数都是大部头，里面满是各种图表、名单和对策，并且这些书向读者承诺，读过它们你就会掌握公司战略的基本知识。但是，粗粗浏览以后，就会发现它们几乎有着相同的模型、相同的权威。其内容鲜有变化，也几乎没有任何的自我质疑。这些教材式图书一般售价50美元左右。"多么廉价的真谛！

明茨伯格在《公司战略计划：大败局的分析》一书中发出了一个非常强烈的信号："公司战略计划"有可能是一种"致命的自负"（借用哈耶克的说法）。在这本1994年首次出版的著作中，明茨伯格已经开始为"战略管理的全面**丛林化**"谱写序曲，并用罕见的篇幅围绕"战略计划"进行了被他自己称为有点儿"**愤世嫉俗**"的讨伐。在这本著作中，从引言开始，他就让我们习惯漠视现实、偏好稳定和一致理性分析的头脑感到有些迷茫（他说这正是他的"计划"）；然后，他通过全面分析"战略计划"过程模式的详细步骤，寻找多样化的事实证据说明战略计划的"虚妄"；接着，通过详细剖析战略计划的种种欠缺，以深入探索战略计划的"预先决定（预见未来）的谬论""脱离（战略与运作的脱离和管理者与其管理事务间的脱离）谬论"及"形式化谬论"，从而最终指出"**分析能产生综合**"的假想是战略计划的本质欠缺——这一点值得我们牢记。我们更感兴趣的是该书中他命名为"转向建设"的最后部分，这一部分突出了两个要点，即"**直觉和分析的结合**"以及战略计划的"**具体情境——作为战略程序的必要条件**"。

1998年，明茨伯格和他的合作者阿尔斯特兰德（Ahlstrand）及兰佩尔（Lampel）推出了《战略历程：纵览战略管理学派》[⊖]，从而正式、全面、深入地完成了"扰乱传统战略管理视听"的"战略意图"。三位作者选择了一个非常经典也耐人寻味的比喻"如何看到完整的大象"，对战略管理中最著名的10个流派进行了详细的梳理。只要你认真研读过这本著作，你就不能不为作者们的分析视野和文献功夫所折服。虽然每一章的结构基本相近，但可以想象，围绕每一个流派的模式、进展、前提、评价及适用环境进行述评，需要何等的毅力、经验和洞见！而且最为关键的是，他们指出：因为没有一个流派是在完整地看那头大象，它们都有其自身显而易见的"局限"甚至"盲点"。

不过这里我们首先要向读者展示的是我们所看到的三位作者自己的或转述他人的那些闪光的词句，相信于读者对"战略"的理解非常有益。比如：

"战略只是我们用一种方式定义，但又经常用别的方式使用的众多词语之一。"（p7）

"战略和理论不是现实本身，仅仅是现实在人们头脑中的反映（抽象）。没有人能触摸到或看见战略，这就意味着每一个战略都有可能错误地反映现实或歪曲现实，这就是我们运用战略的代价。"（p13）

"战略真正的用意是防止组织分散注意力，但真正的效果是削弱了组织的适应能力。"（p13）

"企业的实际优势比想象的要小得多，而实际劣势却比想象的要大很多。"（p25）

"SWOT分析：是回收其产品的时候了。"（p27）

"在制定战略的过程中，没有达到最佳效果的固定套路。的确，根本

[⊖] 正是这三个人，在 2005 年推出了更加写实、更具趣味的 *Strategy Bites Back*，他们自述这是《战略历程：纵览战略管理学派》的姊妹篇，《战略历程：纵览战略管理学派》重在进入人们的头脑，而 *Strategy Bites Back* 重在进入人们的心灵，相信国内会有它的译本。

就不存在什么固定套路。"（p30）

"缺乏创新精神的分析和数字长龙，是不会产生具有创新意义的战略的，具有创新意义的战略只会出现在能为新的见解创造机会的新阅历中。"（p81）

"波特对于战略进程过于狭隘的看法，使他得出了一个令人惊讶的结论，即'日本企业很少有战略，它们都必须学习战略'。如果他这个结论是真的，如果那么多日本企业都是这样，战略怎么能成为企业成功的必要条件呢？在我们看来，根本就不是那么回事。日本企业不仅不用去学习战略，而且完全胜任给波特讲授战略。"（p84）

"正确地认识领导能力中包含的远见卓识是支持领导者言行和决策的基础，它也表明了把领导能力公式化是不可能的这一事实。"（p99）

"战略是对世界的一种解释。"（p106）

"认识心理学家在明亮的文字协议中寻求心理行为的线索，但答案却已丢失在我们称之为直觉和洞察力过程的黑暗中。"（p114）

"管理者真正需要帮助的就是能使他们的工作顺利进行的人或事，这才是战略管理思想真正应该考虑的。"（p141）

"它们所处的环境是动态的和不可预测的，这使得它们很难完全集中于一个清晰的战略。"（p156）

"'从这一研究发现，对战略适应的外部范围是极其广大的，为组织策略留下了很大的空间'，那或许是战略管理本身的中心。"（p202）

那么，我们看清那头大象了吗？很不幸，我们没有！

我们看到的是几十年来，在西方管理学界，战略是如何产生的，是如何成为一门硬学科的，以及主流战略管理学派是如何在"压力和质疑"中坚守"好用"和"好教"的有"数据支持"、有"理性分析"的"设计、计划或定位"的。我们同时也看到，有这么多拥有不同知识背景和经验的学者试图通过艰难的跋涉和探索，还原"战略"与"现实"或"想象"之间的关系。但在该书的三位作者看来，他们都是在"瞎子摸象"！

在该书最后一章的开始，作者似乎没有让我们看清大象的"计划"，反而把我们引向了"森林"：设计学派成为"蜘蛛"，计划学派成为"松鼠"，定位学派成为"水牛"，企业家学派成为"狼"，认识学派成为"猫头鹰"，学习学派成为"猴子"，权力学派成为"狮子"，文化学派成为"孔雀"，环境学派成为"鸵鸟"，结构学派成为"变色龙"。每一派都有其起源、学科基础、倡导者和支持者、预期的要点、实现的要点、信奉的格言、关键词、战略、战略形成的基本过程、变化、主要制定者、组织、领导权、环境、形势、组织形式、发展进程等。

那么到底怎么才能看到大象的全貌呢？他们三人在著作的最后终于通过一个"外部世界：从可以领会、控制到不可预测的较为混乱的维度"和"内部过程：从理性到自然的维度"，在一张平面图（战略形成空间图）上把10个战略学派一网打尽。这张图描绘了一个真正多样性的生态系统：环境可以是充分差异的，内部同样也是五花八门的。所以"战略"就是这样一副"乱象"！

明茨伯格说："战略管理本身可能正朝着这种综合前进。我们将会看到，一些新的理论可能会与这10个学派不同，这似乎会给我们的理论框架带来一点混乱，但这些学派实际上可能会帮助我们看清这些新理论是如何把战略形成中的重要方面集中在一起的。"他是对的，至少在惠廷顿的著作里，我们所看到的战略"综合方法"就有所不同，惠廷顿（2004）同样选择了一个两维构造，即从"利润最大化和多元化的组织目的"和"谨慎与应急的战略形成过程"两个维度，凸现了所谓的"古典""进化""系统"和"过程"四种战略流派，而且惠廷顿的划分结构也与明茨伯格的划分结构有明显的不同，比如明茨伯格所划分的计划学派和定位学派的代表人物在惠廷顿那里都算作古典流派的，明茨伯格所划分的结构学派和学习学派的代表人物则被惠廷顿看作过程流派的，明茨伯格所划分的环境学派被惠廷顿算作进化学派，而惠廷顿的所谓植根于"嵌入性"的系统学派，在明茨伯格那里找不到对应的内容。然而，惠廷顿更加简略的"分析框架"除了再次印证"战略管理的乱象",印证"因为模型是观看者眼中的模型,所有的归类都可以有某种程度的武断,用构建来描述就是为了解释而歪曲"(Mintzberg et al.,2002,p231)以外,并不能给我们更多东西!

明茨伯格说,其实我们并非"都知道什么是完整的大象",要不我们该如何解释"战略管理的最大失误都是在经理们太热衷于一种观点的时候产生的",而现实却要求"组织中的经理们不能允许自己如此奢侈,他们必须处理战略形成这整只大象,不但要让它活下去,还要有助于保持它的一些生命力"。好在明茨伯格的批判并非没有一点建设性,他又说"每个战略过程都必须将这些不同学派的各个方面结合起来",而在"实践上有所倾斜",要"像厨子一样,把这些东西拼成美味可口的菜肴"——但问题是,**那些只有"智力超群"的学者们才能勉强看到的"支离破碎"的图像,能被"智力一般"的经理们"综合起来"吗**?

"分析不能带来综合",明茨伯格在这一点上是对的;"综合也无法带来洞见",明茨伯格在这一点上显然是错的。一个建立在"分析—综合"框架上的图像,即使是100个学派,也不能不经由洞见抓住它"完整的图像"!

或许明茨伯格建立在"我们可能永远也找不到它,永远也不会真正地看见它的全貌"这个观点基础之上的洞见是真正高明的,因此,"战略形成是在判断中设计,直观地想象,在自然发生中学习;它既永恒又转化;它必须涉及个人的认识,又必须涉及社会的相互作用、相互协调,以及相互冲突;它必须先经过分析,后经过规划,其间还必须经过协商,而且所有这些还都必须是对环境的反应。试一试把所有这些都扔掉,看看会怎么样吧!"。

我们可以说明,从和谐管理的视角来看,丢掉这一切,世界绝不会变得更糟,而是更好!对我们而言,明茨伯格和他的合作者对那10个学派最重要的阐释,正是在于"每一个学派"都需要一个"特定的环境和应用条件"。正如明茨伯格和他的合作者(2002)所说:"我们特意讨论了四个能够促使组织倾向于运用设计学派模型的条件","设计学派模式还有另外一个适用的环境,就是那些新的组织";"这种意图较明确的战略只适用于十分稳定的组织状态,至少是可预测的或是能被组织控制的状态——对于计划学派";"当各种条件相当确定和稳定,能够以简单的中心去处理合适的数据时,战略分析才会显得有助于战略制定——对于定位学派";"创办企业就需要很强的领导能力和丰富的远见,同样地,处在困境中的组织,不论是商业性的还是非商业性的,通常都需要有远见的领导人来指点迷津……许多不断进步的小企业从始至终都需要这种个性很强的领导能力——对于企业家学派";"在专业性组织中,这样的学习似乎尤为必要……另外,任何一个面临着真正的新形势的组织通常都不得不经过一个学习的过程——对于学习学派";"在重大变革时期……在大型成熟的组织中……在复杂的、高度集权的专家组织中,把战略形成描述为没有权力和政治的过程几乎是没有意义的——对于权力学派";"文化学派似乎也最适用于组织生活的特殊时期"。当然他们没有论述向内看的"认识学派",和他们自己的"结构学派"的应用条件,至于"环境学派",本身就是"环境决定的宿命论"。

而这些烦琐的引述正好说明了我们一贯对"环境依赖"的坚持,我们原以为只有具体的组织管理必须依赖于环境,终于有"管理学大家"告诉我们,所谓的"战略"也依赖于"环境",没有战略管理的"通行模式",没有主导模式(计划、设计或定位)存在的"客观证据",只有基于"不同组织形态、不同组织规模、不同发展阶段、不同产业格局、不同社会基础等"不同条件、情境中的"不同的战略观点、主张和做法——它们都叫战略"。

让我们再做一道"本科生水平"的战略管理习题吧,它足以加深我们对"战略乱象"的理解。

问题:战略是什么?

答案可以是 A:①战略是计划;②战略也是一种模式;③战略是定位;④战略是透视。

或者 B：①古典的；②过程的；③进化的；④系统的。

或者 C：①一个概念作用的过程；②一个正式的过程；③一个分析的过程；④一个预测的过程；⑤一个心理的过程；⑥一个应急的过程；⑦一个协商的过程；⑧一个集体思维的过程；⑨一个反应的过程；⑩一个变革的过程。

以及其他可能的战略管理"变种"，新的"综合"。

问题是，如果以上所列，都被一个对战略略知一二的内行人所了解的话，我们还指望他找到正确的答案吗？没有哪个答案是错的，也没有哪个答案是对的——奇妙吧？这就是"战略的真相"？

我们还可以用"scenario analysis"（情境分析）来一次轻松愉快的"战略脑力实验"：

一个人或者两个人，正在电脑上编写程序，"突然想到"（这就是企业家经常会做的）——为什么不把它装到所有的"电脑上"（好一个激动人心的愿景）；那么接下来呢，哥们儿，赶快把程序先写完吧，千里之行，始于足下（过程）；我们怎么把它卖出去呢，关键是"定位"，找到那些最需要它的人，而且取得独占的优势；财源滚滚了，那么下一步，该定一个（计划）了吧，不错，而且要进行系统的（分析），找一个咨询公司来吧，要最好的，据说用的是超现实战略分析，很神秘吧，总之，他们会帮助我们设计一个好东西——Strategy；有竞争者，那么就横向并购；原材料吃紧，或是分销商不合作，那就纵向一体化；那么海外市场呢，地球人都用电脑了，战略联盟；林子大了，所以"老 B，我们员工的情绪怎么有点低落？"，"我的红人让你给开了！"——可恶的政治斗争，那么我走先，钓鱼去，还是你自己玩比较好；至于治疗这些后遗症，文化是一剂良方，因为我们要讲集体智慧；这才是我们的——不可复制的核心竞争力，乖乖；有人说反垄断了，有人要用法律制裁了，得适应潮流啊，顺者昌，逆者亡；明天会怎样，拿枚硬币来，要不就"活到老，学到老"，"吃一堑，长一智"。

明茨伯格说,"每个战略过程都必须将这些不同学派的各个方面结合起来",他是对的,我们用了几十年,终于看到了它的每一面。但为什么我们每一次都是该出手时就出手呢,是天意,还是英明,还是基于 MIS、DSS?谁在乎呢,胜者为王——原来是 Bill Gates!

你看清"战略的真相"了吗?还是没有?

让我们试着说出一个真相吧,根本没有"战略"!因为一个词可以表达一个或几个意思,但不能指很多的意思,或者所有的意思。"战略"如果是"计划",是"设计",是"定位",是"企业家",是"认识",是"学习",是"权力",是"文化",是"环境",是"结构",又是"蜘蛛",是"松鼠",是"水牛",是"狼",是"猫头鹰",是"猴子",是"狮子",是"孔雀",是"鸵鸟",是"变色龙"——那么它就什么也不是,这些都是"战略"的"能指",它也就失去了其"所指"。这一点就足以证明"战略"是多么词不达意!

我们窥探"战略",看到的是"充分差异的环境""迥然不同的反应",我们看到了"森林",看到了其中的生物多样性。准确地讲,只有"问题"——具体情境中需要解决的问题。"问题"在和谐管理中就被叫作"和谐主题"。

另外,在对于和谐管理认识论的探讨中,借鉴哈耶克的思想,我们曾经提出过"演化"与"设计"并存的思想,而着眼于组织管理的"和则"与"谐则"也恰恰呼应了这种认识论的基本主张。但对于"和谐主题"而言,也正是因为看到了"战略管理"研究的"乱象",我们断定,在对和谐主题的应对中,不应该有"设计"的企图。明茨伯格自己的研究和他所大量转述的经验研究、轶事性研究恰恰也证明了这一点。几十年来,大量优秀的研究者们耗费智力、时间、资金研究了"战略"和"组织绩效"间的关系,并提出了种种基于"情境"的分析模式。但这些研究到底是给了我们"复写"成功战略的"勇气",还是不断地引起我们对战略研究价值的质疑呢?我们的确怀疑"战略研究"到底能带给具体的管理实践多少指引。世界上没有几个富有经验的管理者能够像明茨伯格那样浏览大量的战略研究文献，从而获得某种对于战略的管理"乱象"的综合性认识。而即使把这本《公司战略计划：大败局的分析》卖出去 1000 万册，也未必能够让管理者找到对乱象来进行综合的途径，能够进行综合的明茨伯格本人在管理学领域的被孤立就是最好的证明——战略管理不力！

原因很简单：管理者熟悉的是问题，大的、小的，重要的、次要的，紧急的、可延缓的，并由此建立基于情境和经验的"行动纲领"，因此对他们而言，不需要那个有"乱象"的战略。而我们这里有简单的"和谐主题"——一个容易理解且容易与行动相联系的"简单概念"。

所以我们可以总结说，应该关注的是"和谐主题"而不是"战略"，"和谐主题"是一个比"战略"更好的、更贴近"现实"的"解释性观念"（explanatory idea）（邓正来，2004）！这些问题是从组织发展的具体情境中涌现的、需要觉察的、欠缺事物间确定关联的、由多方参与者对话形成的组织问题。模仿波特的话，我们尊重所有的"战略管理学派"，因为它们构成了可以帮助我们接近或是分辨和谐主题的"兵工厂""工具库"，甚至明灯。

3.3 从管理和管理知识的本质再看和谐管理的认识论和方法论

管理的本质是实践性，作为人类达成群体目标的活动其本质也只能是实践性，管理必须有实际的结果。管理的成败在于组织目标的实现与否，当然，它的参照是其所处的环境，及那个永不停歇且义无反顾的"时间流"。我们从来都承认管理有机械的成分——所以工程学可以在管理中找到其大量的用武之地，比如舍弃掉"活跃"的人的"流程"和"构造"；我们也承认管理甚至有很多"美学"的成分，比如这个世界上最富有且最迷人的 Bill Gates 和微软神话——这或许是共通的。但我们始终坚信真正的管理离不开具体的人，离不开群体参与的组织目标实现活动。管理学界曾经（或者说少数人今天依然还）抱有始自"科学管理"的幻想，但多数人在"多元化"旗帜下看到的是"非收敛的""差异性的"管理（美国人的管理、德国人的管理、日本人的管理，当然还包括中国人的管理），且不可通约、复制。也就是说，管理这个实践活动离不开人们的文化习惯、社会规范（哈耶克所谓的自发秩序演化的产物），所以当格兰诺维特（Grannovetter）用所谓的"嵌入性"强调了管理的"环境依赖性"时，也就再一次声明了"管理是具体情境中的群体实践活动"。

那么，管理知识作为对"管理现实"的"重构"就必须建立在管理的本质特性上，也就是说建立在"具体的情境当中的实践性"上。而管理知识和其他学科知识最大的区别在于，无论采用什么样的方法，无论以什么方式呈现，一个好的"管理知识——系统化后的管理理论"，都不是被它所采取的方法和样式决定的，而是要能够体现"影响组织目标实现"的基本特性。为此，我们认定管理知识的本质只能是"经验性（的），虽然也包括基于经验的洞见"，也就是说，只有管理知识在经验上可以被"复制"，而这种"复制"可以被经验不断证实，才是库尔特·勒温（Kurt Lewin）所说的"好的理论最实用"；不然，即便是那些拥有非常"科学"的外表的管理理论也会面临"坏的理论最危险"的尴尬（Ghoshal，2005）。反观管理理论丛林，管理知识是如何形成的？管理知识是如何被检验的？管理知识又是如何被遵从的？以"管理职能"为例，它更多来源于个人洞见而非所谓的经验研究（Tsoukas，2004）。从"杜邦"和"通用"开始建立起来的"战略"管理，不断被经验研究诟病，但其依然是教科书中最"核心"的部分，难道我们对此不该有一点质疑？详细论述以上的怀疑，需要大量的文献追踪工作，我们可能需要用另一章节甚至是另一部专门著作，去全面"审核"那些业已构成管理知识"硬核"的"洞见"和"经验证据"。这里我们倾向用一种"启发性"的方式——一个管理知识的类型学划分方法（见表3-1），来强调我们的判断。

表 3-1　一个管理知识的类型学划分

知识类型	可靠性	行动选择
定律	100%	盲从
强规则	80%	基本盲从
中规则	60%	有风险，慎遵从
弱规则	20%	风险大，慎遵从
启示	5%	仅供参考，概不负责

这个划分主要依据管理知识的"可靠性""行动选择"，和与此对应的"知识类型"。很显然，在"可靠性"项目下的那些百分比，是一个"域"的标志，并不是任何精确的度量。我们想提醒好奇的读者、身体力行的实践者、躲在办公室里的管理研究家们，当然也包括我们自己：**那些我们深信不疑的管理知识或理论，到底有多少属于"定律""强规则""弱规则"，或许仅仅是某种"启示"？当我们大批地用"物理思想"和"数学手段"统治管理世界的时候，我们生产出过任何"管理世界的牛顿定律或是热力学定律"吗**？我们敢押上我们的身家性命告诉别人"就这么干，一定会有那样的结果吗"？甚至我们敢像那些"指手画脚"的经济学家向中国人承诺的那样，"只要产权如何，只要治理结构如何，只要兼并收购如何，只要资产运作如何"，中国企业的质素就一定是"那样的吗"？我们不敢，因为"实践出真知"；我们没有，因为如果有，中国企业的管理者只需要认真看看学者们的著述（定价一般不会超过百元），听一听他们的讲座（定价一般不会超过万元），就应该能复制出更多的 GE、更多的海尔。

当然，和谐管理也不例外！尽管我们愿意想象我们追求管理知识的目标应该是从"启示""规则"，到"定律"的爬升。和谐管理在被提出之时，就充分考虑到了"实践性""情境性"，由此，我们也知道管理研究当下所采取的无论是"数理建模"还是"统计分析"，都没有可能给出任何定律或是强规则、中规则让实践者们去享用，因为这中间的大量研究无视人的存在，或者是建立在并不让人信服的所谓"人类行为的一致性假定"（比如利益最大化）上。我们自己的反思连同其他学者的共同质疑只是意图说明：如果有（我们相信没有），那也是非常将来时的所谓"科学管理"（谁会相信有"科学婚姻"这样的东西呢？）。而当下对中国管理研究者来说，必须把注意力集中到揭示"嵌入中国社会文化传统中的企业管理的基本构造和机理"上。正因为如此，我们十分怀疑源自西方主流研究系统的那些"规则"或"启示"是否对我们有同样的作用。

总而言之，管理的实践性和管理知识的经验性告诉我们，必须用更加贴近现实的策略和方法，我们要"重现中国企业或组织管理"的真实面貌。在这一点上，可以帮助我们的是社会学，而绝不是数学或物理学！我们首先选择的方法就是"案例研究"，包括多重的案例研究和比较的案例研究，以了解真正的管理问题之所在、真正的组织要素与绩效的关系之所在。今天，这就是我们最重要的方法论，建立在"文本分析""深度采访""实地观察"基础上的，类似于"考古学""刑侦学"的研究方法。

3.4　猜想—行动—不完备性：再谈和谐管理的认识论基础

前文已述及，和谐管理已经完成的工作并没有很好地描述"组织如何与外部世界发生关系"，当我们扔掉了别人珍爱的"战略"，当我们用"和谐主题"来取代战略的时候，还有一个小小的步骤需要完成。也就是说我们还意图恢复"战略管理"早期的一个简单却同样好用的表述——"方向的选择"，或者用我们的话讲——定向（不是定位）。组织需要在"大致定向"以后，才着力于"和谐主题"的辨析——先找到方向，再抓住问题，最后再走进和谐管理的"和则"与"谐则"，这或许是和谐管理最一般的表述。

和谐管理视野中的组织活动首先是决定如何"建立与外界的联系"——"定向"，而不是"计划""设计""定位"，或者近似于"愿景"（我们也不愿意使用这个流行的"战略词语"），而且最重要的是对"和谐主题"的"辨识"。和谐主题是"涌现"出来的，是"习得"的，是"觉察"到的！

"定向"是组织对外界应对的初始反应,"和谐主题"才是行动的指南,从本质上讲,就是做好"赌博"的准备!这一视角可以说是对明茨伯格所质疑、所困惑的那个复杂图像的回答:在这个层面上,本质上只有问题,没有战略!我们断定:首先正是"定向"和"和谐主题"完成了和谐管理理论对"外部世界"的全部解释;其次就是在"和谐主题"这个行动纲领的指导下,用"和则""谐则"及"和谐耦合"去完成"问题解决的使命"。

当然这里作者还要详细说明,和谐管理理论拥有一个基于"猜想—行动"的认识论基础,这或许要对"和谐管理"已经走过的历程形成某种不可避免的冲击。从管理的实践性和管理知识的经验性出发,我们必须关注"和谐主题"与"和则—谐则—和谐耦合"之间关系的真实面貌。和谐管理已经提出的"EOL 的一致性假设",是一种业已被尝试并寻求证据检验的探索。但我们也容易怀疑,这种假设的"认识论"基础的欠缺,极有可能带来进一步研究当中的某种迷失。

"和谐主题"与"和则—谐则—和谐耦合"间的关系,以及与"行动—组织绩效"的关系应该如何检验?用什么研究方法才能恰当地检验?其关键首先并不在于寻找到"行动"与"结果"间的"确定性关联"(基于实验?)或是"可能性关联"(伟大的相关性分析!),而是要回答这样一个问题:"我们是否能够确认这一切就是他们曾经或正在做的事情,也就是重现行动(案例),而不是关注他们想了什么或是说了些什么(问卷)?"然后才能够试图验证那些所谓的"假设",并说明行动带来结果,进一步说明假设可能被验证。不是"问卷调查—统计分析",更不是"建模推理","观察""文本分析""个人或群体深入访谈"才是"重现"研究的合理办法。这是我们对方法论的一个强调。

我们认为:"定向"作为组织或个人对外部世界的一种"初始反应",可以出现在组织出现之前、之中,往往是"个性化的""直觉化的",是"创业者""企业家"或"管理者"的专利,它本质上是一种愿望(往哪里去),也可以叫作幻想或者妄想,有时候是一种方向,有时候是一种目标。

也就是说，定向是类似于战略愿景那样的东西。但我们必须声明，愿景被战略专家当作解读组织成功的变量（当年那些愿景型企业大多数表现不佳），我们却不这么看，定向在和谐管理看来仅仅是"愿望"，本质上可以毫无价值（机会成本为零）——类似于"我有一个梦"。

定向以后，个人或者组织就需要行动！传统战略管理恰恰时常忽视"行动"的重要性。在和谐管理看来，关注行动必须有一个"行动纲领"，也就是把行动和定向联系起来的蓝本或者框架——"和谐主题"。管理者着手分辨和谐主题（问题），以确定具体的行动路线，而这种工作需要"分析—经验—洞见"的配合才能对行动纲领有一个决断。既然管理的本质是经验性的，而经验又是基于情境的，那么通过（过去的、其他组织或行业的）经验和建立在更多经验基础上的（理论）分析，可以帮助（请注意：仅仅是帮助！因为作者与明茨伯格和他的合作者们一样坚信洞见的作用！）管理者构造在行动纲领和定向之间某种"确然性/或然性"关系的猜想（我们将它命名为**猜想1**）——往往可能是一系列猜想。和企业家的愿望不同，我们认为在这一阶段，企业家、管理者以及拥有丰富个人经验和严谨的高水平分析能力的人（管理研究者、咨询顾问）都可以参与到这场"分析—经验—洞见的对话"当中，他们的对话、交流或者说比拼的实质是：依从谁的猜想，最能体现行动纲领和定向间的确然性/或然性的关联。

所以说，在猜想1的生成过程中，借助于"丰富的战略研究成果"，我们认为它可以仅仅源于"企业家的洞见"，也可以源于"一线员工的经验"，也可以源于"专业人士的分析"，及它们中的两者或三者不同比例的混合。猜想1的实质是对"辨识这一（系列）问题"及"实现定向"的"联系"做出"决断"。这一过程可以是"政治博弈"的结果，也可以是"主观武断"的选择，也可以是"分析"的结果，但没有人能确定这是"唯一正确的选择"。虽然猜想1在本质上也可以毫无价值，但在繁复的信息搜寻过程中，个人或组织已经产生了相关的成本！

我们有了愿望（定向），然后是猜想1（为了实现定向的和谐主题），接着就是行动（基于设计的谐则与基于演化的和则），其关键在于：经由愿望，你推不出猜想 1；而猜想 1 也不可能检验愿望的优劣。在和谐管理看来，如果停留在愿望层面，所谓高明的领导、战略家与正常人没有区别，甚至与疯子、白痴也没有区别；但因为猜想 1 是一个由"分析—经验—洞见"通过"对话"（我们喜欢这个词！）获得的判断，所以在猜想 1 中存在高明的领导、优秀的分析家、敏锐的咨询顾问与平庸之辈之间的显著差异！但这种差异的判定，必须经过行动的检验，也就是说当管理者通过"定向"（尤其是和谐主题）对组织和环境的关系做出了决断以后，他们才真正进入了和谐管理的核心部分"和则及谐则——行动部分"，也就是说，把已经辨析出来的"和谐主题"交付给和谐管理系统。为什么"和谐主题"必须由我们选择的"优化和不确定性消减方法"来处理？这种选择的基础是什么？在我们看来，它依然是一种猜想——关于行动纲领和行动结构间"确定性关联"的猜想（我们将它命名为**猜想 2**）。如果这个问题，或者这一系列问题在和谐管理中得到了"有效"的解决，那么我们是否可以推断说"猜想 2 是对的，进而猜想 1 也是对的"？我们将说明，这种推断还是一种猜想——关于行动结构（"和谐耦合"）与行动结果间"确定性关联"的猜想（将它命名为**猜想 3**）（见图 3-1）。

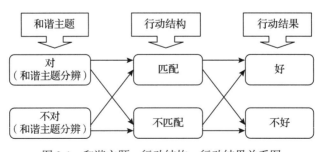

图 3-1　和谐主题—行动结构—行动结果关系图

注意图 3-1，会发现"从行动的结果出发，寻找结构、主题、定向"的所谓一致性缺乏一个坚实的逻辑基础。因为在和谐主题或行动纲领（猜想1）—行动结构（"和则或谐则"耦合，猜想2）—行动结果（猜想3）之间，存在8种可能的关联：

"和谐主题对—行动匹配—行动结果好"；

"和谐主题对—行动匹配—行动结果不好"；

"和谐主题对—行动不匹配—行动结果好"；

"和谐主题对—行动不匹配—行动结果不好"；

"和谐主题不对—行动匹配—行动结果好"；

"和谐主题不对　行动匹配—行动结果不好"；

"和谐主题不对—行动不匹配—行动结果好"；

"和谐主题不对—行动不匹配—行动结果不好"。

"结果好—行动匹配—和谐主题对"这样的"推理"，其实只是复杂状况里的一个特殊存在。我们还会遇到"行动结果好，行动不匹配，和谐主题对"的情况、"行动结果不好，行动匹配，和谐主题对"的情况，等等。因此，我们的结论是：在有限个案例或样本实验的过程里，不存在猜想1、猜想2与猜想3的理论上的"一致性"。也就是说：管理的知识，不仅是经验性的，而且只能是有限度的经验性的！不然，为了证明管理知识和经验的"一致"，必须进行"无限次且有控制"的检验。事实上没有这样的管理研究，也不会有这样的管理知识，所以我们推论管理知识本质上是启示性的，而其规律性或者说原则性，来源于经验世界的过分"简化""稳定""相似"，从而使得部分经验知识可以被"一定程度"（绝非大规模）地复制，但这仅仅是一种"表象"！更直白地讲，除非你验证了所有的可能性，至少是大多数可能性，你才能说：这就是我们的管理法则，这就是我们的"白天鹅"。（所以当外部、内部的环境越稳定，所谓的管理的规则性越强；而当外部、内部的环境越不稳定，所谓的管理的规则性就越弱，就有越多的混乱和药方！）

当然对于建立在"相关性"基础上的当代管理研究，因为无法"精确"给出"一致与否"的标准，学者们太久都在为发现了太多的"管理规律"

而感到满足。遗憾的是，市场并不完全支持这类学者们的自负，不然，管理实践就会像物理实验，就会复写出太多的成功企业，问题是：这可能吗？它们在哪儿？

通过上述分析，作者想说明，在和谐管理看来，管理是建立在"一系列猜想"但又无法对其进行"完备验证"的基础上的人类组织活动。基于此，我们应当重新审视我们对管理知识的见解，和谐管理的方案是建立一个纯粹实验学的观点——一个试错的观点，没有"对"的必然性和可重复性，管理知识是一种"启示"，一种"弱规则"，你所能做的就是实验，而且永远是部分地验证我们在"行动纲领或和谐主题—行动结构—行动结果"间的关系。

3.5　和谐管理——一个综合的管理知识景观

通过上述分析，作者认为和谐管理正在提供一个全新的认识管理实践的"视角"。下面作者首先提出和谐管理的"企业家观"，再结合一系列主张，完形一个系统的管理知识景观。

和谐管理认为，作为个体的"企业家"，以及企业家群体现象，本质上是外生于任何管理知识体系的，是"涌现的"，"没有规律可言的"。企业家的成功或者由于其"天赋"，或者由于其"意志"，或者由于其"训练"，或者由于其"机缘"，或者是由于上述因素的种种组合。在他们依次做出"猜想1"和"猜想2"的决断时，没有谁能够被证明是"真正的企业家"。但是，管理实践作为一个"行动纲领—行动结构—行动结果"（猜想1—猜想2—猜想3）的实验，通过市场最终做出了"选择"，并部分证明了企业家存在的逻辑性（更高明的猜想1、猜想2、猜想3）。由此看来，和谐管理中的企业家就是"猜想者"和"实验家"。

定向是和谐管理中企业家的主要承担，是一种目标选择及选择的过程，它本质上仅仅是一种愿望，是一种企业家和其所处世界发生交往后产生的"灵感"或者叫"妄想"。这种"灵感"或者"妄想"是组织的起点或转折点，它是广泛分布在任何一个有着一般心智水平的人身上的天然禀赋——哪怕是盖茨的"让每个人拥有计算机"的灵感、戴尔的"让人们买到更便宜的计算机"的灵感也属于此。不要希望在这一领域，建立起任何具有普遍意义的模式或模型。

确定和谐主题是一种问题解决导向的任务选择及选择过程，它本质上也是"涌现的"，是"习得的"，是"洞见性的"，也就是通过经验、分析工具（比如SWOT、五力模型），包括对客观情势的综合及直觉捕获的。对和谐主题的选择从一开始，就有可能因为这个复杂的综合过程超出人们的见识和能力，而发生严重的偏离。虽然对和谐主题的选择涉及面较定向更广，但同样是"企业家"在其中扮演决断的角色。仅仅在这个意义上，原来那个修饰战略的著名说法"做对的事情"才有其近似的意义。经验可能是路径依赖的，工具可能是固化的，直觉可能是粗疏的，而客观情势却只可能是丰富多彩且不断变化的，所以当新的问题不断涌现时，即当"和谐主题漂移"（可能是并行的，可能是时间序列上的）时，你必须进行"新的综合"并形成"新的洞见"。作者还要指出，虽然和谐主题分辨和传统的战略有非常大的重合，但我们的认识论却全然不同。因为在我们看来，在和谐主题分辨的过程中所产生的猜想，是人们主观选择的结果（是管理者所认定的问题与行动间的确定性关系，尽管事实上，它充满了不确定性！），人们完全可能有无限多的选择，且富有逻辑的理性色彩，但先迈左脚或是先迈右脚并不重要，因为在这一步你看不到任何经验上的证明。直白地讲，和谐主题就是在你的定向下，你要选择这样的技术路线，至于结果，你依旧全然不知。所以总结起来，我们对"和谐主题"的认识就是："所谓对的事情并不是唯一的！"

组织必须倚重行动才能产生结果，在和谐主题被分辨出来以后，你必须采取"行动"，去做点什么，这就进入了和谐管理的主要框架即其行动结构中。和谐管理用"优化""不确定性消减"及两者的"对话或耦合"

对这个行动结构进行了全面的描绘。问题不在于"优化",因为那是数理问题,准确地讲,是统计学问题,我们可以控制它或者说估算它的偏差,并且使它在我们可以接受的范围内;问题主要在于"不确定性消减",也在于两者的"对话或耦合"。人类还没有甚至不可能聪明到给出一个抽象的、完备的、演绎的模型或模式来探讨人类具体的合作方式。我们只能归纳,而且是在清清楚楚地给出"时间""地域",甚至是"行业""企业"这些背景知识后,非常小心翼翼地归纳。从方法论上讲,是直面现实的不那么"科学伪装"的"有限案例的经验研究"。即在有人参与的世界中,通过"归纳"的方法,尝试建立"组织要素或变量"和"组织绩效"在人力所及的范围内的"确定性"关系,以抵消在组织内部世界形形色色的"不确定性问题"。我们曾经提出过"和则1"(人在组织中的意义和角色)、"和则2"(人群在组织中的意义和角色)、"和则3"(组织在社会中的意义和角色)来作为从不确定性消减入手建构"和谐管理"的尝试。今天看来,更重要的问题是和则2,即如何在组织层面用"合作秩序"来实现组织的目标及与优化的结合,因为只有"组织层面的合作"才是产生"行动结果"的"源泉"。换言之,和则的核心问题是合作秩序,我们无须对"参与其中的人"做出特殊的约定(和则1并不重要),至于组织与社会、自然的关系似乎也不是行动所必需的(和则3也不重要)。

但无论如何,正如我们的分析,"合作秩序",及合作秩序与"优化系统"的"耦合"(它应该是一个"对话—分流"的过程),不存在任何完备的归纳分析,从行动结果你无法确定它与行动纲领的唯一的关联,即一致性。

一个简洁的总结是,和谐管理试图以如下方式直面管理实践,并从中构建"旨在改善管理实践"的管理知识。管理可以从三个阶段来认识。第一,直觉性阶段:我要去哪里?即企业家建立实验的初步构想——定向。第二,经验—直觉—分析或辨识性阶段:具体要做些什么(当务之急)?企业家、分析家、经验携带者一起"构造—比拼"实验的技术路线或行动纲领。第三,行动性阶段:行动、去完成,涉及行动结构和"和则、谐则及其耦合",实验以前所有的猜想,连同检验自身。但请记住,真正的神明只有市场!最终是由它检验实验的结果,检验你所采用的"技术路线或行动纲领"和"企业家""管理行动者"。你或许看清楚了,整个组织的管理实践,本质上就是一种基于"猜想—行动"的不完备实验,不管这种实验进行了 800 年(比如牛津大学),还是 8 天(比如那个刚开张的咖啡屋)。

好了,这就是和谐管理迄今为止的建立于"猜想—行动"的全部哲学。我们在原有的和谐管理框架上经过改进构造了"图谱"——一个综合的管理知识景观(见图 3-2)。

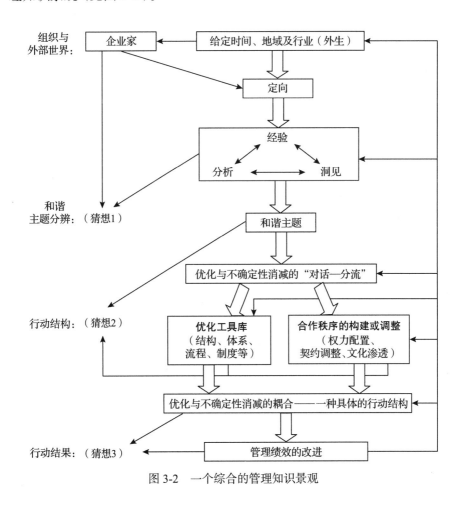

图 3-2　一个综合的管理知识景观

和谐管理首先是一个解释系统，从组织与外部世界的关系始，到组织内部的运作止。但是，直到今天，我们还不能回答这样的提问：如何用和谐管理提高我们的绩效？因为我们仅仅是确立了我们的认识论，并找到了我们方法论上的侧重点。我们还必须经由"大量"的探索去首先寻找到特定情境中组织运作成功的那种"极为有限的"确定性关系（启示），再去发现更广泛情境中的确定性关系（弱规则、强规则）。

本章是和谐管理的一种"可能的景观性"描绘，但上述分析却迫使我们有理由重新审视和谐管理业已形成的某些"知识硬核"，对和谐管理的若干问题进行再讨论。

第一，和谐管理团队曾经对和谐管理中"人性假定"的问题进行过研究，但从本章看来，任何对人性的假定从根本上讲都是想获得"某种行动一致性"的"理性分析结构"。和谐管理完全不需要对"人"做出任何特殊的假定，因为管理应当研究的是"组织层面"的复杂性、动态性，应当聚焦于组织中的人能否产生"合作"，而不论其可能有什么样的禀赋和动机。因为所有可以用来形成"合作秩序"的工具，只能是建立在"组织层面上的"，是领导方式的魅力感召，是铁的组织纪律，有可能也是粘胶式的文化，抑或这三者或两者的混合。

第二，和谐管理理论中有一些很重要的假定，即 EOL 的一致性——设定 1：如果"战略和 EOL 一致"，则组织所选择的战略方向是正确的；设定 2：如果"和谐主题与战略（及 EOL）一致"，则说明和谐主题选择是正确的，也即组织在特定阶段的管理重心定位是准确的；设定 3：如果"和则、谐则与和谐主题一致"，则说明该阶段管理系统比较完善，管理比较到位。并由此提出了一个定义：如果组织实现了三个设定的一致性，即"战略和 EOL 一致""和谐主题与战略（及 EOL）一致""和则、谐则与和谐主题一致"，则称组织管理是和谐的。发展了两个假设——假设 1：如果管理系统比较完善且管理比较到位，那么组织的和谐主题能够得到有效实现；假设 2：如果组织管理和谐，那么组织能够产生良好的绩效。

至少从本章的分析来看，第一，在和谐管理中可以不需要"战略"，和谐管理不需要在与"战略"的关系中见证它的重要性；第二，和谐主题—行动结构—行动结果间，无论是逻辑上还是事实上，只有"多样化的匹配性"，"一致性"只可能是偶然的一种匹配。

第三，研究和则的核心应该是"合作"而不是"信任"，因为信任仅仅是一种"个体的状态分布"，而真正有价值的是"合作"——基于人际互动的行为（尽管信任是其必要条件）。因为只有合作才能引起"行动"，只有行动才能产生结果，才能验证一系列猜想，尽管是有限次的、不完备的。

我们看到了那条演化之河，我们看到了社会的丰富多彩，我们看到了人类的无知，我们看到了实践的意义。"猜想—行动—有限地验证"，这是组织管理的宿命，不管它试图披上什么样的华丽的"科学外衣"，基于社会现象的复杂性，我们必须保有这份谦逊。

很多人或许相信存在客观事实的唯一性，但当无数个"主体间的事实"摆在我们面前时，我们所谓的理论家不是在"谦逊"地"呈现"，而是"结构化"我们的"洞见"，因此我们永远只能从狭窄的角度"建构"假设，然后展开漂亮的"逻辑游戏"，且煞有介事地寻找更多的数据，展示我们的智慧。但在和谐管理看来，没有比"呈现"本身更科学、更逼真的研究方法。

因此：作者不认为一个演绎的逻辑体系能指导出一个基业长青的成功组织，所以管理世界的所谓理性太多了。

作者不认为存在跨文化的普遍管理法则，甚至不认为存在管理的普遍法则，所以世界上的管理学原理太多了。

作者不认为管理可以漠视人的存在，没有人参与的构造，更像是工程学，所以那些冠以管理之名却在研究工程问题的成果太多了。

作者不认为世界上应该有这么多拿着高薪却不去研究组织现实、不去归纳的所谓管理学家，他们太多了。

不难看出，和谐管理研究团队内部的"共识"并没有完全达成，多年来我们在学术上的努力跋涉的过程中虽有焦虑和"学术争吵",但也没有竭力消弭不同意见。相反,我们鼓励和谐管理框架内的这些张力存在,并欢迎其发挥促进"质疑""启发"的作用。

3.6 和谐管理与主流的"对话"及对管理实践的启示

和谐管理不是纯粹的怀疑论,更不是在鼓吹不可知论!但我们对太多"并不旨在改善组织管理实践"的所谓"管理研究"的确抱有不可避免的深刻偏见。在和谐管理看来,管理研究的主要使命应该是"溯因""归纳",即从"情境中"的企业实践提炼某种经验性知识,从而产生"启示",而后大量地"归纳",产生"弱规则";不断放宽"情境的约束",再不断地归纳,从而获得"中规则"甚至"强规则"。管理研究者当然有理由用自己的"洞见"去给出某种"结构性思考"的指引,但其要义,一定要经过"反复的检验"。

和谐管理视野中的"管理研究"有两个途径值得我们最大程度的关注。一个途径是,直面现实的大量经验研究,即先着手基础结构的"案例研究",再寻求在放宽情境条件后对组织中那些基础结构及其相关因素"确定性"关系的挖掘和验证。另外一个途径是,我们有必要重新"聚焦"那些经典的管理研究。我们也深信这个知识宝库的丰厚收藏,有必要追究那些研究本身的"局限性",还原其研究的"真实解释力"。因为在和谐管理看来,即使是经典,它们也只能是一定"情境中"的"规则性"的而非"定律性"的,我们拒绝任何不结合"情境"和"规则"的局限性的肆意"扩张",因为它使某些本来具有重要"启示性"和"弱规则性"的管理思想和研究成果被不加节制地"滥用"。

由此,管理研究才会产生大批有价值的"改善组织管理绩效的成果",让我们也响应明茨伯格(2005)的倡议吧,做一个"比尔和芭芭拉测试":"宣布任何研究资金的申请或任何对某个刊物的投稿,都必须经过一位聪明的实践者的筛选。在它获得批准之前，必须有该领域的一位实践者承认它的相关性（中肯性）。然后看看会发生什么事情。"

至于和谐管理视野中的"管理教育"，我们要提出这样一个问题：传授者是否确信正在教给学生一些"创建和管理企业"的"真知"和"实用技能"？基于本章对于管理实践性、管理知识经验性，以及和谐管理"猜想—行动"的实验性观点，我们对管理教育者的建议是：不要告诉人们那么多"原理""规则"；你要对你所"确信"的而且注定是没有经过大量"经验检验"的那些"知识"多一点"怀疑"（认真看一看管理学的权威著作吧，里面有太多未经严格检验的"法则"），不要用那些"客观题"消磨人们（主要是你的学生们）的"宝贵的无知"和"潜在的创造力"。我们所熟悉的那些管理知识，部分是"不可信的"，部分是"缺乏应用价值的"，传授者要选择用"阐释局限性"的教授方式让学习者们感到"困惑"、学会"质疑"，培养一颗在广泛"启发"后勇于"尝试"的心，而不是背诵那些"教条"。

至于和谐管理视野中的"中国管理"，我们认为很难想象有不立足于中国的组织管理实践的任何中国管理学的知识建构。不要再一味鼓励打着和国际接轨之名，搞那么多通过"数学模型或推理""演绎出的"（往往是反经验或与经验无涉的）所谓"管理科学知识"（尽管大家都在一个普遍意义上使用这个词，或者近似地把它叫作"科学管理"，但管理是否算是一门科学（Mintzberg，2005），却始终是一个重要的学术问题）。我们以为，当下较为迫切的是用扎实的案例进行中国管理行为的"社会学"研究，首先廓清影响中国企业或组织的"最基本的结构""最关键的因素"及其相互之间的关联。更明确地讲，虽然今天很多组织的管理者都已经被武装成现代西方管理学术语的熟练操作者，但他们的行为本身和所真正操作的变量，未必是西方管理学道统意义上的东西。也就是说，只有在回答了"中国人到底用什么样的理念、什么样的方法在进行组织管理？"的问题之后，我们才有资格去认真研究西方管理学的利弊得失，或者是进行创造性转化。

当然，我们更愿意和实践者分享和谐管理对管理世界的心得。曾经存在的许多管理知识和法则，都是建立在一个"奇怪"的逻辑上的——"为什么成功的企业如此成功？因为它成功了。为什么失败的企业失败？因为它失败了。"这叫后此谬误，不具有任何预测色彩，也缺乏足够的洞见。管理世界或许存在定律，可是直到今天都没有人找到；我们更多看到的似乎只有法则——经验法则，而且有时候很管用，有时候很不管用，但是我们肯定能提供的是启示！那么，如果我们不能告诉你什么必然奏效，我们至少可以告诉你不要等待什么灵丹妙药。干你该干的事情，要么听那些真正关注企业实践的人，要么听那些真的敢给你承诺的人，不要集中于所谓的"战略"，注意分辨"问题"，关注你的"行动"，测试你的"猜想"。

3.7　本章小结

和谐管理的认识论已经基本建构完成了，我们有"定向""经验""洞见""分析—综合""决断""和谐主题—行动纲领""和谐主题漂移""和则：不确定性消减—合作秩序""谐则：优化设计""耦合或对话"，这些几乎是我们的全部理念和工具——我们唯一没有的是组织的"意义"，它应该是"外生的"。在和谐管理的世界（公元 2006 年⊖）中，我们不需要"战略"，甚至不需要"管理"。好了，在我们真的发疯之前，我们还愿意保持一个"和谐管理"的说法。我们再也不会去解释我们的"信念"了，时间会证明一切；但在时间之前（好像是疯话），我们要去一个个的企业研究"猜想 1""猜想 2"，以及"猜想 3"。我们用的方法是"案例研究"，具体地讲是"重现管理的真实面貌"（像考古学、刑侦学那样），我们还要仔细地回顾那些"经典管理理论"与"现实"之间的间隙（因为在和谐管理的视野中，没有什么管理理论是毋庸置疑的），以"还原管理理论的应用局限

⊖ 《和谐管理理论》于 2006 年出版。在这一年，和谐管理理论的研究已初步完成了基本概念和原则的构建。

性"。然后，我们就会一点点地告诉企业界：在那个情境下，具体的和谐主题是什么，和谐主题与行动可能的关联是什么，结果是什么。这至少是有启发性的。如果你的"情境"与之相似，不妨试一试这个"行动"，如果有效，恭喜你也恭喜我们，我们猜中了，我们有规则了！如果不行，让我们再研究研究你们，因为在相似的"情境"下，也还存在大量我们没有验证过的"关联"！请记住和谐管理，我们从来不奢望生产任何可以冠之以"定律""科学"之名的假冒产品。这是我们庄严的承诺！而且义无反顾！

本章参考文献

［1］GHOSHAL S. Bad management theories are destroying good management practices［J］. Academy of Management Learning & Education，2005，4（1）：75-91.

［2］MINTZBERG H，AHLSTRAND B，LAMPEL J. Strategy bites back［M］. Upper Saddle River：Prentice Hall，2005.

［3］明茨伯格，阿尔斯特兰德，兰佩尔. 战略历程：纵览战略管理学派［M］. 刘瑞红，徐佳宾，郭武文，译. 北京：机械工业出版社，2002.

［4］明茨伯格. 公司战略计划：大败局的分析［M］. 昆明：云南大学出版社，2002.

［5］明茨伯格. 管理者而非MBA［M］. 北京：机械工业出版社，2005.

［6］TSOUKAS H. What is management？An outline of a metatheory［J］. British Journal of Management，1994，5（4）：289-301.

［7］惠廷顿. 战略是什么［M］. 北京：中国劳动社会保障出版社，2004.

［8］邓正来. 规则·秩序·无知［M］. 北京：生活·读书·新知三联书店，2004.

［9］和谐管理研究课题组. 和谐管理理论的研究框架及主要研究工作［J］. 管理学报，2005（2）：145-152.

［10］唐方成，马骏，席酉民. 和谐管理的耦合机制及其复杂性的涌现［J］. 系统工程理论与实践，2004（11）：68-75.

［11］王大刚，席酉民. 海尔国际化：战略与和谐主题［J］. 科技进步与对策，2006（11）：162-166.

[12] 王琦，席酉民，尚玉钒. 和谐管理理论核心：和谐主题的诠释［J］. 管理评论，2003，15（9）：24-30.

[13] 席酉民，曾宪聚，唐方成. 复杂问题求解：和谐管理的大脑耦合模式［J］. 管理科学学报，2006，9（3）：88-96.

[14] 席酉民，葛京，韩巍，等. 和谐管理理论的意义与价值［J］. 管理学报，2005（4）：397-405.

[15] 席酉民，葛京，等. 和谐管理理论：案例及应用［M］. 西安：西安交通大学出版社，2006.

[16] 席酉民，韩巍，尚玉钒. 面向复杂性：和谐管理理论的概念、原则及框架［J］. 管理科学学报，2003，6（4）：1-8.

[17] 席酉民，韩巍. 管理研究的系统性再剖析［J］. 管理科学学报，2002，5（6）：1-8.

[18] 席酉民，唐方成. 和谐管理理论的数理表述及主要科学问题［J］. 管理学报，2005（3）：268-276.

[19] 席酉民，王洪涛，唐方成. 管理控制与和谐管理研究［J］. 管理学报，2004，1（1）：4-9，1.

[20] 席酉民，肖宏文，王洪涛. 和谐管理理论的提出及其原理的新发展［J］. 管理学报，2005（1）：23-32.

[21] 席酉民，姚小涛. 复杂多变环境下和谐管理理论与企业战略分析框架［J］. 管理科学，2003，16（4）：2-6.

▲

　　诺贝尔奖获得者 M. 盖尔曼认为：一个成功的新理论思想，其典型特征是改变和拓展旧理论现有的主干，使之符合被观测到的事实……新理论思想可以做出新的预言，而且这些预言有朝一日会受到检验。为此，基于进一步发展和完善和谐管理理论的动机，本章尝试在已有研究的基础上，给出组织和谐的基本内涵（偏重运用自然科学的理论思维与工具进行分析），并以此为契机，探索了和谐管理理论中和谐主题的搜寻与辨析，探索了和则、谐则、和谐主题及其与组织、环境、领导和战略之间的一致性关系，由此相对完整地给出了和谐管理理论的数理表述，以待检验，并对和谐管理理论的未来发展提出了几个有待进一步深入考察的重要科学问题。

——

CHAPTER 4 ▶ 第 4 章

和谐管理理论的数理模型㊀

前文已经讨论了管理世界的 UACCS 特征及其带来的挑战，探讨了和谐管理理论在应对这些挑战时的优势。特别地，和谐管理理论围绕和谐主题的分辨，以设计优化的控制机制和能动致变的演化机制为手段提供问题解决的方法论，从不确定性应对的角度看，这一方法论还可以进一步阐释为不确定性的消减和确定性的优化两条途径。在前期工作中，和谐管理理论的研究紧密着眼于中国本土化的管理实践，已开始了一系列的经验研究。除了深入地开展经验性的归纳总结工作之外，当务之急是要提炼出和谐管理理论研究面临的重要科学问题，以便进一步提升未来的研究，并为人们提供一些有助于管理实践的工具和科学方法。如此一来，面对复杂的管理世界，我们才能富有前瞻性地揭示和描述未来的管理现象和管理问题的本质，进而提出可行或可资参考的方案。

本章从有人参与的管理系统层面入手，力图从理论发展的基本前提假设开始，尝试性地给出和谐管理理论的数理表述，并提炼出这一方向上的几个主要科学问题。敏锐的读者或许会注意到，本章采用较多的是"假设"一词，而第二章较多使用的是"假定"一词，二者在本书中的差异并不如它们在一般科学研究中的差异那么大，但我们并未"统一"这两个词语，而是保留了不同作者的不同理解和语言习惯原貌，这不仅是出于尊重，还是试图保留和谐管理理论研究团队的不同声音与张力。

㊀ 本章的部分内容原文发表于《管理学报》，成书时略有改动。

4.1 和谐的概念界定与前提假设

4.1.1 和谐管理应对的问题的特征

环境的复杂多变给企业组织管理活动带来了高度的不确定性，节奏越来越快，情况越来越复杂，前景也越来越难以预料。从本质上说，不确定性主要指信息不足或不完全，而管理活动所面临的不确定性存在于完成某项任务所要求的信息总量和信息种类与所拥有的信息总量和单个信息之间的差异之中（席酉民、张晓军，2012）。不确定性使管理活动陷入难以预测的境地，它主要表现为个人的感性和理性差异，这不是客观的数量差异，而是由所涉及的个体来决定的，此外它还与物自身的复杂性和不确定性、人的有限理性、人的不稳定性有关。正如奈特所指出的，有限理性的根基是所谓的根本的不确定性，它不同于不完全信息。不完全信息是指决策者知道某一变量所有可能的值，以及每一个值发生的概率，而根本的不确定性是指决策者根本不知道变量有几个可能的值，更不知道每一个可能的值发生的概率（另一种可能性是，它根本不是任何意义上的"变量"）。凯恩斯学派的经济家称这种根本的不确定性为认识力的不确定性。而关于环境不确定性的选择性分析，主要是根据对不确定性的界定进行的。在研究者们探索环境不确定性的一系列工作中，以及这些工作随时间推移而演进的过程中，March 和 Simon（1958）较早就认识到了在一个组织中不确定性的重要性。他们把不确定性定义为一种内部控制的缺失。由此，他们提出了消减不确定性对系统均衡影响的内部结构化技术。与此相比照的是，Cyert 和 March（1963）认为"公司将设计一种环境以便消除不确定性……并使环境变得可控"。显然，这两种观点是截然不同的。March 和 Simon 主要聚焦于组织内部行为，而 Cyert 和 March 则提出了影响环境并控制不确定性的积极的措施。March 和 Simon 的方法在很长一段时期内受到了来自学术界和实业界的人士的广泛关注，因为大多数人认为他们的方法更容易测度内部因素并提出控制不确定性的方法。但是，当人的行为嵌入组织过程中并日益受到关注的时候，无疑 Cyert 和 March 的措施将广受青睐。因为许多不确定性可能正如海森堡的"测不准定理"所说的那样难以度量，本身也很难探求到可靠的指数进行测度。这时就需要利用环境的设计来诱导人的行为合意地嵌入组织过程中。

因应人们应对人类管理活动面临的这些不确定性以及人类组织内部的一些确定性要素的优化配置的需要，和谐管理理论沿着不确定性的消减和确定性的优化这两条途径，通过相关理论前提假设的设定，紧密结合组织、环境和领导这三个基本的管理要素，从和谐主题、和则、谐则及其与组织战略的一致性出发，探索组织管理的秩序以及组织绩效的影响路径和构成要素。

4.1.2 基本假设与概念界定

我们研究团队根据长期的研究结果得到了和谐管理理论的三个基本前提假设，它们反映了和谐管理理论的基本观点：人类活动具有不确定性、多样性和多重意义等特征，管理可以看作有限理性干预下的演化过程，即借助人类所拥有的知识、经验和一定的创造力，围绕目标"从好到更好"的演化过程，其中充满了博弈与共生。本章将和谐管理理论的三个基本前提假设引用如下（席酉民、肖洪文、王洪涛，2005）：

A11：管理活动总是为了解决特定问题或完成特定任务而开展的，而且一定的管理问题或任务总是受到目标、资源、成本、时效要求等内外部环境相关要素的约束。

A12：组织中的人是有限理性的"智能体"。

A13：人不仅追求目的，而且遵循规则。

基于上述三个基本假设，和谐管理的要旨在于组织为达到其目标，在变动的环境中，围绕和谐主题的分辨，以优化和不确定性消减为手段提供解决问题的方案。

在过去的研究中，和谐管理理论从组织存在的合理性出发，根据上述三个基本的理论假设，由和谐主题与环境、组织、领导以及组织战略之间的关系，和谐管理理论得出了三个辅助性的前提假设。方便起见，本章使用符号来表示并约定文中的一些基本变量，环境表示为 E，组织用 O 表示，领导用 L 来表示，战略用 S 表示，和谐主题用 HT 表示，和则用 HP 表示，谐则用 XP 表示。那么有：

A21：如果 S 与 E、O、L 是一致的，则 S 是正确的。

A22：如果 HT 与 S（以及 E、O、L）是一致的，则 HT 是正确的。

A23：如果 HP、XP 与 HT 是一致的，则管理系统是完善的。

根据上面的基本理论假设 A11、A12、A13 以及 A21、A22、A23，和谐管理理论给出了组织和谐这一概念的界定，即定义 1。

定义 1（和谐） 如果一个组织满足 A21、A22、A23 的题设，则称组织管理是和谐的。

这一定义表明管理系统的和谐具有如下几个方面的特征。

（1）**和谐体现了一种动态的管理过程**　和谐管理将管理世界中的不确定性利用、消减和确定性设计优化辩证地统一起来，遵循"和而不同"的思想，提倡管理环境或氛围的营造，从而以人的主观能动性应对不确定性来消减不确定性。另外，从物要素讲，必须对构成系统的各种要素在功能的匹配、互补甚至替代性方面进行协调整合，以促成规范的秩序格局。

（2）**和谐意味着秩序的凸现**　企业组织存在的条件就是"缓和冲突，把冲突保持在'秩序'的范围以内"。管理世界的秩序有预期秩序（如 planned system 或 man-made system）和非预期秩序（如 spontaneous system 或 self-organized system），和谐管理的目标在于将这两种秩序有机地融合起来综合考察管理世界的行为与计划结果。

（3）**和谐的系统蕴含了各种立体交互的结构**　一个和谐的管理系统，尽管离不开人与物互动的协调、个人内心世界的调整，但最根本的在于人的自我实现以及人与人群、局部与整体的和谐，而这些复杂关系在管理系统中呈现出立体交互的局面。

根据和谐的这一定义，下文将分别从和谐主题的数理描述、搜寻与辨析、和与和则、谐与谐则、组织管理系统的动力学与和谐管理模式以及和谐管理理论发展今后将面临的几个重要科学问题出发，逐一进行分析。

4.2 和谐主题的数理描述及其搜寻与辨析

一个有人参与的管理系统可以大致抽象地概括为一个嵌套在环境中的多重网络模型。和谐主题作为完成组织使命、实现战略目标的核心管理任务或问题，是战略执行过程中的阶段性管理重点和工作重心。在战略执行的每一个阶段，都会有大量的任务需要完成，众多的问题需要解决，不同的部门或机构会按照各自的需要提出相应的主张，形成不同的和谐主题，从而会形成该时期的管理任务或问题网络（和谐管理研究课题组，2005），因此，可将这些网络统称为主题网络（theme network，TN）；为了完成任务和解决问题，组织必须开展一系列的活动，从而有了组织的活动网络（activity network，AN）；为了支持组织活动的开展，自然有了相应的资源网络（resource network，RN）；贯穿从目标到任务或问题，再到活动和资源各网络的是正式的组织网络和非正式的组织网络（统一称为组织网络，即 organization network，ON）（见图 4-1）。

和谐主题将图 4-1 所示的各种网络紧密地连接在一起，既支持使命和战略目标的实现，又决定了组织活动的安排、资源的配置以及组织方式方法（正式、非正式组织关系，谐则、和则）的运用。而且，管理系统中多重网络之间还具有相互影响的关系，如主题网络在对活动网络和资源网络的构建与安排产生影响的同时，也受到活动网络和资源网络的影响，组织管理系统可能会由于这两个网络流的作用而不断进行调适，使组织在特定时期和环境下捕捉到更为适合组织发展和创新的和谐主题。同样，组织网络作为这些网络的平台结构，也对主题网络、活动网络以及资源网络产生影响。所以，和谐管理的首要任务就是在特定的环境、组织和领导情境下，辨识对执行阶段性的战略目标最为关键和重要的和谐主题。

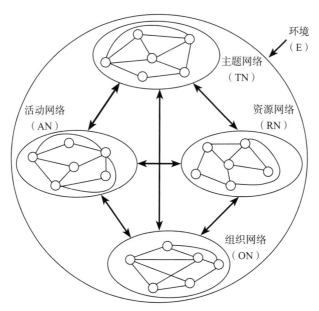

图 4-1　融合在环境中的管理系统的多重网络模型

除了各网络间存在相互作用之外，在各个网络中，由于节点在位置、作用甚至分工上的不同，各节点在网络中呈现出异质特征。因此，企业家一方面要根据网络间的互动作用不断地调适管理系统的结构，另一方面还需要把握网络中节点的作用，充分利用网络中"核"的作用来构建和完善网络配置。当然，如何分析这些网络的特征并识别"核"的作用将成为今后和谐管理理论研究的重点问题，下面仅以和谐主题的辨识为例进行分析。

4.2.1　和谐主题的数理描述

和谐主题是指企业战略实施过程中的核心任务与核心问题。和谐主题这一概念的提出，为和谐管理理论的建构确立了新的认识论，并使和谐管理理论区别于传统的管理理论，成为紧密依赖于特定环境的"有关和谐主题的问题解决学"。因此，企业家对和谐主题的发现与辨析，就成为实施和谐管理并利用这一理论指导管理实践活动的关键点。

因为和谐主题本身属于抽象概念的范畴，为进一步深化研究，这里仅从语义分析的角度来给出对这个概念的一种直观表示。面对组织发展和战略实施，每个时期有许多重点问题和任务，所以，和谐主题可以看作一个集合，设和谐主题集为 HT，其中包括的主题分别设为 $T_1, T_2, \cdots, T_n$，如果各主题还可以再细分，那么，可以将其表示为一系列的向量：

$$\begin{aligned}
\boldsymbol{T}_1 &= (T_{11}, T_{12}, \cdots, T_{1m}) \\
\boldsymbol{T}_2 &= (T_{21}, T_{22}, \cdots, T_{2m}) \\
&\vdots \qquad\qquad \vdots \\
\boldsymbol{T}_i &= (T_{i1}, T_{i2}, \cdots, T_{im}) \\
&\vdots \qquad\qquad \vdots \\
\boldsymbol{T}_n &= (T_{n1}, T_{n2}, \cdots, T_{nm})
\end{aligned}$$

则

$$\mathrm{HT} = (T_1, T_2, \cdots, T_n) = \begin{pmatrix} T_{11} & T_{12} & \cdots & T_{1m} \\ T_{21} & T_{22} & \cdots & T_{2m} \\ \vdots & \vdots & & \vdots \\ T_{n1} & T_{n2} & \cdots & T_{nm} \end{pmatrix}$$

根据和谐主题的意义，我们可以确定和谐主题论域 T^m，那么有

$$\mathrm{HT} \subseteq T^m$$

和谐主题的漂移是指组织在不同时期面向复杂多变环境，对和谐主题关注或需求的变化导致和谐主题的转移，因此和谐主题必然是与环境、组织和领导相适应的、动态的。令 t 时期的某个主题为 T_i^t，那么，在一定时期 t 中，组织所关注的和谐主题可以表示为：

$$\mathrm{HT}_t = \bigcup_{i=1}^n T_i^t, \quad \mathrm{HT}_t \subseteq T^m \tag{4-1}$$

4.2.2 和谐主题的搜索与辨析

按照达尔文生物进化论的思想,具有不同遗传继承性的各类有机体的不同再生产率(如生殖率)推动着生物的动态选择过程。在这点上,可以借鉴生物演进的思想,把和谐主题的搜寻看作企业的一种特殊组织反应,是企业惯例的一部分,而不是一种连续的活动。一个进行和谐主题搜寻的企业一方面可能要看其他企业在做什么,如果有一个企业所做的很可能使搜寻的企业得到满意的"最佳实践",则会发生技术和惯例的扩散,也就是发生模仿;另一方面,搜寻也有可能发生在概率分布集中的本企业现有技术和惯例的附近,如果搜寻得以实现,新规则与旧规则肯定是不完全相同或完全不同的,那么创新就发生了。在生物进化过程中,具有不同遗传继承性的各类有机体的不同再生产率(如生殖率)推动着生物的动态选择过程。在经济领域中,盈利的企业比不盈利的企业具有相对扩张的趋势起着类似的作用。和谐主题的搜寻具有不确定性、不可逆转性和历史性,不同于企业中其他一般的惯例。企业搜寻和谐主题时旨在寻找一种可供替代旧的和谐主题的新的和谐主题,而且这种新的和谐主题只有在比企业现有的和谐主题更能使企业顺利地实施战略时,才会被该企业采纳。正如熊彼特在其1911年出版的经典名著《经济发展理论》中所认为的:"由创新的企业家所引发的动力失衡,而非均衡与最优化,才是经济发达的标准以及经济理论和实践的中心实体。"

若从和谐主题辨识的阶段性程序来考察,本章给出一种网络分析的方法来识别和谐主题。设在一定的环境下,战略的实施由 $S_i(i=1,\cdots,n)$ 个阶段组成,在每个阶段对应要履行的任务或要解决的问题为 $P_j^{S_i}(j=1,2,\cdots,m)$(见图4-2)。

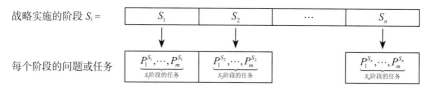

图4-2 企业战略实施的各个阶段对应的问题或任务集

战略实施的每个阶段要完成的任务或要解决的问题是彼此互动的，即完成此任务或解决此问题对彼任务或彼问题具有影响，如在战略实施的第 S_i 个阶段的 $P_h^{S_i}$ 与 $P_l^{S_i}$ 互动，因此，在战略实施的某个阶段所要解决的问题或要完成的任务就形成一个网络图，虽然这些任务或问题在实际中存在一个完成或解决的时间顺序，但本章将按一般情况进行分析，即不考察图的方向性，这样，就可以把任务或问题看作节点，把它们之间的互动或影响关系看作边（见图4-3），于是，利用 Bonacich（1972）的特征向量中心算法就可以确定在战略实施的某个阶段的核心任务或核心问题。

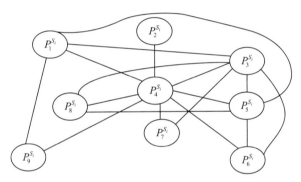

图4-3　战略实施的第 S_i 个阶段的9个任务及其互动形成的网络示意图

如果用 V^{S_i} 表示战略实施的某个阶段 S_i 中组织面临的任务或问题，即节点集，而 A^{S_i} 表示边，即这些任务或问题之间的互动，就形成了一个由任务与各任务间的互动构成的任务系统网络：$G = (V^{S_i}, A^{S_i})$。如果用 M 表示网络 G 的关联矩阵，那么，M 的元素 $a_{ij} = \begin{cases} 1, \text{如果节点} a_i \text{与} a_j \text{关联} \\ 0, \text{否则} \end{cases}$，则 M 为0-1矩阵。因此，根据特征向量中心有：

$$\lambda c(v_i) = \sum_{j=1}^{n} a_{ij} c(v_j) \qquad (4\text{-}2)$$

式中，$a_{ij} \in M$ 为关联矩阵的元素，$v_i \in V$；λ 为系数；$c(v_i)$ 表示矩阵 M 的特征值所对应的特征向量。

若令 $\boldsymbol{c} = (c(v_1), c(v_2), \cdots, c(v_n))$，那么

$$\lambda \boldsymbol{c} = A\boldsymbol{c} \tag{4-3}$$

因为中心是非负数值，因此，上式中的 $\boldsymbol{c}$ 表示矩阵 $\boldsymbol{M}$ 的最大特征值所对应的特征向量，A 代表任务或问题之间的互动集合。

根据欧氏标准化，可以对特征向量标准化，即

$$\| \boldsymbol{c}_m \|_2 = [(c_m(v_1))^2 + (c_m(v_2))^2 + \cdots + (c_m(v_n))^2]^{1/2}$$

$$c_e(v_i) = \frac{c_m(v_i)}{\| \boldsymbol{c}_m \|_2} \tag{4-4}$$

式中，$c_m(v_i)$ 表示最大特征值对应的特征向量；$c_e(v_i)$ 为根据欧氏标准化了的特征向量中心，并取

$$c_i = \max[c_e(v_i)] \tag{4-5}$$

则 c_i 就对应着在战略实施的某个阶段的核心任务或核心问题，即和谐主题。各阶段辨析的和谐主题 c_i 是完全不同的或不完全相同的，正反映了和谐主题在企业战略实施过程中的变化，这种变化推动企业不断适应环境的变化而改变经营模式和相应的行为规范，从而促进企业通过战略的实施而迅速发展。

4.3 "和"与"谐"

4.3.1 和与和则

"和"是指人及人群的观念、行为在组织中的"合意"的"嵌入"（席酉民、韩巍、尚玉钒，2003），我们在此统一成行为主体的行为，组织中行为主体的互动引致组织的发展，而这种互动或关联关系在一般意义上可以类比为海德（Heider）认知心理学中的正交互与负交互两种互动行为。基于管理系统中人或人群间的互动作用可以从行为、心理以及由此

构成的环境来综合考察系统演进到和的过程。在此,作为示例,本章利用多 agent 的思想,从认知心理学的角度给出一种描述系统生成"和"的定义式。

1958 年,海德在他的《人际关系心理学》一书中首先提出了认知平衡(cognitive balancing)的概念,这个概念从认知心理学的角度给出了情感关系的基本框架。海德认为人与人之间的情感关系分为两种情况:一种是正向情感关系,另一种是负向情感关系。设 i 对 j 的情感关系用 $E_i \to j$ 表示,那么海德的观点就可以表达为:

$$E_i \to j = \begin{cases} +, & \text{如果} i \text{对} j \text{是正向情感关系} \\ -, & \text{如果} i \text{对} j \text{是负向情感关系} \end{cases}$$

因为针对任意和谐主题,总可以通过主题中 agent 两两间的二元关系来了解整体组织的"和"的关联关系。鉴于此,可以给出"和"的定义式。

定义 2 对 $\forall \mathrm{HT}_t \subseteq T^m$,$\exists$ agent i, agent j, agent k 是主题 HT_t 在一定时期相关环境下所涉及的行为主体,如果行为主体两两间的互动关联关系(如 i 与 j 之间的这种关系,不妨设为 $E_i \leftrightarrow j$,并且认为 $E_i \leftrightarrow j = E_j \leftrightarrow i$,即具有互反对称性),可以通过"+"表示"合意"的"嵌入",即 $E_i \leftrightarrow j = +$,并且满足如下行为规则:

(1)$(+ \otimes +) = +$

(2)$(+ \otimes -) = (- \otimes +) = (- \otimes -) = -$

(3)$E_i \leftrightarrow j \otimes E_j \leftrightarrow k \otimes E_i \leftrightarrow k = +$

那么,可以认为在主题 HT_t 下,行为主体在整体或总体上是"和"的(见图 4-4a)。

反之,如果行为主体间的互动关联关系在满足以上(1)(2)规则的情况下,对于规则(3)为:

$$(3\#) = E_i \leftrightarrow j \otimes E_j \leftrightarrow k \otimes E_i \leftrightarrow k = -$$

那么,我们就认为在主题 HT_t 下,行为主体在整体或总体上是非"和"

的（见图4-4b）。

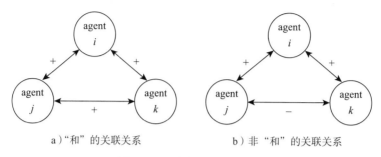

a）"和"的关联关系　　　　　b）非"和"的关联关系

图4-4　两种关系状态示意图

定义2从行为主体规则发现的角度并通过语义表达的方法定义了"和"的凸现及其意义。定义中行为主体的行为规则可以对应于和谐管理理论框架下的和则体系，主体的行为特征因应行为规则的不同而相应地发生变化。其实，任何组织都可以在一定主题下通过主体间关联关系的两两分析方式，逐步将规则从不同主体推广到组织整体。但值得注意的是，上述定义，只从组织的"元结构"模式上寻求到"和"的一般表达。而"和"这种组织终极目标的达至本身需要两个层次的内容：①行动者、行动者的角色与地位；②行动者在组织中的行动与互动的场景和过程。这样，就为我们进一步深入研究组织中行动者的异质性、非对称性以及行动与互动的稳定性和变化性提出了新的问题，从而可以进一步考察由此衍生的和则体系（包括和则1、和则2、和则3）在组织系统中的安排及其演进规律。

4.3.2　谐与谐则

"和"为组织提供了一种良好的内环境或氛围。但是，组织要完成预设的目标，尚需要引入物的要素或物化的要素，如相对动态的结构、过程、流程以及静态方面的物资、材料等。按照本章参考文献[14]，"谐"是指一切物要素在组织中的"合理"的"投入"。可见，"谐"是个较为宽广的范畴，远非古典经济学的生产函数甚至投入产出计量方法就能简单涵盖的，它是通过多种或多重物要素的优化组合以达至预设的总体目标，而这种总体目标统领了多重子目标。组织往往通过一个一个子目标的完成逐步逼近总体目标，这里虽然不存在严格意义上的目标排序，但各子目标是通过其需要的物要素的组合优化完成的，因此，"谐则"的问题主要是面向复杂性的组合优化问题。

一般说来，组织的创新往往涉及对技术、结构和市场机会的一种探测性搜索，是 种对未知的探求。这个搜索过程是在一个可能性空间中进行的，可能性空间的要素包括技术、生产过程、运作惯例、工程设计、组织形式、库存方法、排序系统、供应链或公司的管理实践等各方面的状态变化。但是，搜索的渐进性往往会使组织很容易陷入局部最优状态。因此，通过搜索来改进组织绩效这一前提直接引出了两个至关重要的问题：如何表述相关的搜索空间？公司搜索空间的结构是怎样的？对这两个问题的回答，使我们可以将视角回到 Kauffman 关于适应度的描述上来，因为把组织结构的创新映射到一个搜索空间上的方式可以通过适应度景观（fitness landscape）的概念进行定义，即可以表示为：

定义 3　$f : \mathbb{R}\,(\text{谐则}1,\ \text{谐则}2,\ \text{谐则}3)\ \Omega$

其中 $\mathbb{R}$ 表示物要素原有的秩序空间，Ω 表示物要素经由谐则 1、谐则 2 和谐则 3 的优化后得到的秩序空间。这样，由定义 3，适应度景观能提供一种启发式方法来解释组织内部匹配和外部匹配的特征。这里所谓的外部匹配，是指在给定环境条件下，可以根据一个特定的点在景观上的高度来衡量一系列组元选择的适宜性。如图 4-5a 所示，公司的柔性化和产品多样化的特定组合导致了比其他组合更高的绩效。而内部匹配则是指选择之间的一致性，内部匹配度越高意味着在该选择组合下，各要素之间的协同度越高，从而形成适应度景观上的一座山峰。而改变一个具有一致性的选择集中的任何单个要素都会导致绩效的降低。一致性选择集的两个例证是福特汽车公司的批量生产系统和敏捷制造系统（Milgrom and Roberts，1995）。如果利用简单的二维变量来表示这两个例子，那么，批量生产系统是通过较低的多样化和较低的柔性来表示的，而敏捷制造系统是通过较高的多样化和较高的柔性来表示的（见图 4-5b）。

山峰的形状还包含了进一步的信息：一种特定的选择集的互动程度越强，相关联的山峰就越陡峭。这种特征来自互动程度很高的系统，不一致所带来的绩效惩罚是特别高的，因为许多活动的价值受到影响。环境的变化可以带来景观的变化，如山峰的高度、形状或山峰位置的变化，以及新的山峰的出现等。比如，在 20 世纪早期，由于那时可利用的信息和生产技术的制约，企业只能在很低的程度上实现多样化和柔性选择，福特汽车公司的生产系统就代表了适应度景观上一座较高的山峰，但是，程度较高的多样化和柔性选择在技术上是很难实现的。这样，程度较高的多样化和柔性就代表了适应度景观上一个非常低的点（见图 4-5a）。到了 20 世纪 80 年代，选择具有较高柔性和多样化的生产系统在技术上变得可行了，而且，它为企业带来了巨大的市场优势。于是，景观开始发生变化，福特汽车公司的批量生产系统的适应度降低了，而一个代表敏捷制造系统的新的山峰开始凸现出来，并形成一个由较高的适应度选择组成的集合（见图 4-5b）。

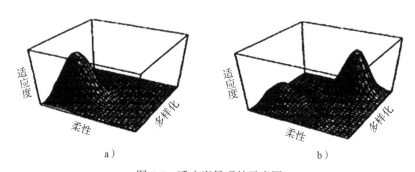

图 4-5 适应度景观的示意图

基于这些认识，和谐管理理论提出了物要素秩序形成的三阶段论，即匹配（F）、调适（T）和优化（O），于是，可将谐则表示为如下过程集：

$$XP = \{F, T, O\}$$

根据既往的研究，和谐管理理论着眼于组织管理系统的动力学行为，并通过对这种行为模式的分析，研究管理系统中局部互动与全局演化的关系，发现管理系统呈现的一致性特征及其与组织绩效之间的关系。

4.4 和与谐的耦合：一致性特征与组织绩效之间的动态关系

和谐管理理论专注于研究有人参与的管理系统，人是管理系统中的活动主体，人的不确定性、随机性、创造性是导致组织管理系统非线性和复杂性的根本原因。在管理系统的发展变化过程中，每个时点的系统状态仅出现一次，具有不可逆性；同时，由于管理过程的复杂性，导致控制策略和战略实施往往具有时滞效应。为了深刻剖析组织管理系统的内部运行规律和结构，本章引入了系统动力学（system dynamics，SD）对这类系统中的和与谐的耦合过程进行分析。

系统动力学是由美国麻省理工学院的 Jay Forrester 教授于 1956 年创立的系统仿真方法，全世界一直在有效地运用系统动力学进行系统研究。系统动力学非常适用于复杂系统的建模和仿真。其解决问题的独特性在于，引用信息反馈理论和系统力学理论，把社会问题流体化，从而获得描述社会系统构造的一般方法，并通过计算机仿真运算，对真实系统进行跟踪和模拟。本章使用的系统建模工具为 Vensimple（version 5.4），运行环境为 Windows 98、Windows 2000、Windows XP 或 Windows NT，对有人参与的管理系统中和谐主题、和则、谐则、战略、环境、组织、领导以及这些变量间的一致性对组织绩效的影响进行基本的分析，由于本章只是从概念框架上给出基本的量化尝试，因此并不打算使用具体的数据做出仿真结果，而相应的计算和仿真将留待在进一步的深入研究中加以解决。

应用系统动力学来研究有人参与的管理系统的动力机制，可以通过建立系统的动力学仿真模型，并设定大量变量和参数，对管理系统的和谐管理模式进行定性与定量相结合的系统仿真，从而获得丰富的系统信息，为组织的战略决策、高层管理团队构建以及组织过程管理提供有力的依据。

组织系统的和谐管理过程是一个重新配置组织资源和确定管理系统运作规则的过程，这一过程涉及的主要活动包括战略与环境、组织和领导的一致性达成，和谐主题与战略以及环境、组织、领导的一致性达成，和则、谐则与和谐主题的一致性达成等几个方面。和谐管理理论认为，只有这几个方面具备了一致性，组织才能处于良好的运作状态，也才能取得较满意的绩效。在此我们给出一个简单而基本的组织系统和谐管理的动力学结构模型图（见图4-6）。如图4-6所示，组织系统和谐的动力学机制形成主要取决于该系统中的各个反馈回路，因此，研究不同的反馈回路对系统整体起作用的方式以及系统中不同变量所处的状态，可以找到制约管理系统正常运作的瓶颈所在，并可通过对系统内部的关键变量进行调控，实现整个组织系统的动态协调发展。反馈回路中包含三种基本的变量：状态变量、速率变量（也称为决策变量）和辅助变量。这三个变量可分别由状态方程、速率方程和辅助方程来表示。将它们与其他的一些变量方程、函数和常数一起使用，能描述组织系统中动态、非线性和非时变系统内部的各种变化状况。

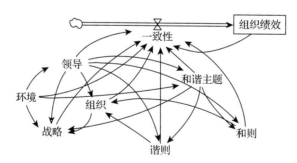

图 4-6 组织系统和谐管理的动力学结构模型图

根据系统动力学模型变量和方程的特点（王其藩，1995），可以建立有人参与的管理系统内部变量总体的数学描述如下：

$$\dot{W} = KL \tag{4-6}$$

$$\begin{pmatrix} L \\ V \end{pmatrix} = \begin{pmatrix} R_1 \\ R_2 \end{pmatrix} \begin{pmatrix} W \\ V \end{pmatrix} = R \begin{pmatrix} W \\ V \end{pmatrix} \tag{4-7}$$

式中，W 表示状态变量向量；L 表示速率变量向量；V 表示辅助变量向量；K 表示转移矩阵；R 表示关系矩阵；$\dot{W}$ 表示纯速率变量向量。转移矩阵 K 的作用是把时刻 t 的速率变量转移到下一个时刻 $t+1$ 上去。纯速率变量向量 $\dot{W}$ 可以认为是各速率变量向量 L 的线性组合，因此，一般 K 是个常数矩阵。关系矩阵 R 的作用在于反映变量 W、K 以及 V 之间在同一时刻的各种非线性关系。以上变量表明了因果关系反馈回路中的决策反馈机制。在决策反馈机制中，决策总是根据可收集和获得并应用的信息做出的，决策控制了行动，而行动又影响着组织管理系统的状态，与系统状态相关的新情况又促使决策得以修正。当根据上述结构模型图进行计算时，可以设状态变量的集合为 $W = [w_1, w_2, \cdots, w_n]^{\mathrm{T}}$，变化率为 $L = [l_1, l_2, \cdots, l_m]^{\mathrm{T}}$，于是可以得到：

$$\frac{\mathrm{d}W}{\mathrm{d}t} = L \text{ 或 } W_t = W_0 + \int_0^t L \mathrm{d}t \tag{4-8}$$

由于管理系统和谐管理的动力学结构模型是通过对利用和谐管理理论所涉及的各要素之间的关系进行深入分析而得到的，因此，我们能给出具有一般性的分析手段。这样，系统动力学本身就为我们提供了一种分析有人参与的复杂管理系统并利用和谐管理理论的相关法则进行管理的有效方法。沿着该思路，和谐管理研究者已经做了一些尝试。比如，借助生物进化的适应度景观概念，运用 NK 模型对组织的任务环境进行建模，剖析了网络结构（对应谐则，相对确定性的制度安排）与学习行为（对应和则，不确定性下的诱导演化）组合出的不同类型在组织运行的不同阶段对绩效的影响作用（张华、席酉民、曾宪聚，2009）。研究者还运用和、谐的规则体系把成员交互模式和策略变化分为四种类型，借助 NK 模型基础上的仿真分析，探讨了四种类型在不同时期和情境中对团队绩效的影响（席酉民、张华、马骏，2008）。这些研究延伸了和谐管理理论对特定复杂现象的解释，深化了基于和谐管理理论的复杂系统动力学研究。在数智化、深度互联和生态管理的时代，这方面的研究迎来了大量新的研究议题，值得进一步挖掘。

4.5 将来的研究面临的科学问题

根据上文关于和谐管理理论的动态组成要素和因果反馈路径的描述，我们能给出由一些基本变量构成的方程来刻画和谐管理理论中各变量之间的关系，如果设在某一特定时间 t 内有人参与的管理系统用 M_t 来表示，系统中人、群体或团队用 N_t 来表示，系统运行过程中涉及的活动或任务用 G_t 来表示，执行这些活动或任务的规则系统用 P_t 表示，一个开放系统所交换的资源用 RS_t 来表示，那么，有人参与的管理系统可以表示为：

$$M_t = (N_t, G_t, P_t, \mathrm{RS}_t) \tag{4-9}$$

式（4-9）表明一个管理系统可以通过系统中的人、群体或团队，活动或任务，执行这些活动或任务的规则系统以及特定的时间来描述。

如果组织在某一特定时间 t 内实施的战略用 S_t 来表示，那么，在特定环境、特定时间中，管理系统的和谐主题可以表示为：

$$S_t = f_{S_t}^{M_t}(E, O, L), \quad \mathrm{HT}_t = f_{\mathrm{HT}_t}^{M_t}(E_t, O_t, L_t, S_t) \tag{4-10}$$

式（4-10）表明管理系统在某一时间段内面临的和谐主题是这个时间段内的环境（E）、组织（O）以及领导（L）等变量状态的函数，亦即组织系统所确定的和谐主题受到特定时间内环境、组织和领导的共同影响。

另外，由于和谐管理的结果是和则、谐则与和谐主题三者相互耦合而成的，如果组织在某一特定时间 t 内的耦合结果用 HC_t 来表示，那么，这种耦合结果可以表示为：

$$\mathrm{HC}_t = f_{\mathrm{HC}_t}^{M_t}(\mathrm{HT}_t, \mathrm{HP}_t, \mathrm{XP}_t) \tag{4-11}$$

根据前文的定义 1，在特定时间、特定环境中，管理系统的和谐可以表示为：

$$HX_t = f_{HX_t}^{M_t}(S_t, HT_t, HC_t) \quad (4\text{-}12)$$

式（4-12）表明一个管理系统的和谐是在特定时间、特定环境中，管理系统的和谐主题、组织战略以及管理耦合的函数。

最后，一个管理系统的绩效可以表示为：

$$P_t = f_{P_t}^{M_t}(HX_t) \quad (4\text{-}13)$$

即，一个管理系统在特定时间、特定环境中的绩效是系统和谐的函数。

由于组织管理系统和谐管理的终极目标是使组织系统取得令人满意的或较好的绩效，而这种绩效又取决于组织系统的和谐，根据和谐管理理论，组织系统的和谐是满足三个一致性的结果，即 A21、A22、A23 的题设同时成立，组织管理系统才能被认为是和谐的。因此，针对上文中给出的方法示例，本章对将来的研究面临的基本科学问题做一预示。

问题之一：组织系统的复杂性与和谐主题的随机游走或漂移特征及其辨识手段。

组织系统的复杂性已受到广泛的关注，因这种复杂性往往导致和谐主题呈现出随机游走或漂移的特征，企业家能否凭借科学的手段捕捉到企业在特定时期、特定行业中的和谐主题并加以正确地实施，将直接影响组织系统能否沿正确的轨道运行。近年来大数据分析、人工智能辅助决策等的大量应用，为这类问题的应对提供了新的技术与可能性。而本章给出了一般性的以战略实施的阶段性工作为前提的和谐主题辨识方法。从方法论上讲，今后的研究应面向组织系统的复杂性，从和谐主题的随机游走或漂移特征出发，开发并挖掘更有效的辨识手段和工具。

问题之二：和则的演进规律与组织系统逼近和的过程刻画。

组织系统中行为主体的行为规律在很大程度上受到行为规则的影响，行为规则本身的动态演进特征使行为主体的行为不断在动态环境中受到规范和约束。因此，未来的工作一方面必须致力于和则体系演进规律的描述，同时，另一方面也必须在这些动态规则的视角下来探究行为主体的行为、心理甚至认知等方面的变化规律，并进一步分析组织系统逼近和的过程及其特征，从而为营造和的组织环境总结出或寻找到基本的科学方案。

问题之三：谐则作用下组织系统中物要素的优化手段及其目标。

组织系统中物要素的优化虽被视为确定性问题，但是其难点是如何探索出物要素秩序优化的路径和规律，如从匹配、调适到优化目标等。尽管目前能从自然科学领域中获取一些优化手段和工具，但是对有人参与的管理系统这个特殊的研究对象而言，怎样从人物互动、物要素之间的匹配性出发，给出一套完整的具有和谐管理本质特征的解决方案仍然是今后要进一步探索的重点问题。

问题之四：和则与谐则耦合的作用机理描述及其结果分析。

尽管本章利用系统动力学的方法描述了组织系统要素互动的动力学行为，但是，和则与谐则的耦合作用机理仍然存在大量的解释空间，这一问题的难点在于除了单纯从和则与谐则的互动作用方面考察外，还不能忽略人的因素，如企业家才能、领导风格等。而且，除了揭示耦合过程的复杂规律外，还必须深入考察耦合达成的结果。

问题之五：基于和谐管理的创新生态系统构建、演化和生态红利获取。

在数字化、智能化的高度互联世界里，和谐管理的系统整体观、演化观有助于人们分层次、分阶段地精细地认识事物、把握问题所在，其问题解决思路（"主题导向下和则、谐则进行耦合"）能够提供方向导引、促进不同利益主体形成共识，并形成协作型的问题解决共同体与方案，这提供了共生关系建立的前提；进而，在和则、谐则耦合互动基础上形成多元主体（多元智能）的共生生态系统。和谐管理不仅勾勒了共生生态系统的构建方式，还探讨了生态红利获取的途径：通过打破边界、融合、平衡、边缘创新等方式实现共享、共生等效应（红利），并通过促进局部效应（红利）的扩散、反馈、指数型放大等实现生态系统的效应（红利）（用公式表

达即 $\delta eco = \delta 1 + \delta 2 + \delta 3$，$\delta$ 是指效应或红利，$\delta 1$ 是局部打破边界的共享红利，$\delta 2$ 是指多元共处、互动和创新产生的共生红利，$\delta 3$ 是因生态系统的相容性和扩展性而在系统层面涌现、可传播扩散的系统红利）。需要注意的是，作者并非幻想单纯依靠不同的行为、做法就构建起共生生态系统，这些不同的行为、做法依赖于坚实的底层架构、机制。和谐管理理论也不只是这些行为、做法的集合，而是为未来的这种生态管理提供了一种实现包容性和自反性机制以及有限干预其演化的理论框架（席酉民、刘鹏，2019）。这些正在进行的研究有待更深入的探索。

上述基本问题指出了和谐管理理论未来发展的定位和方向，是根据有人参与的管理系统中和谐主题、和则、谐则、战略、环境、组织以及领导等几个基本变量做出的预示，也许随着和谐管理理论研究的深化还将出现其他各种问题。当然，对本土企业的组织运作规律进行提炼和归纳，进而融合并推广为具有普适性的全局性的管理知识必将成为和谐管理理论研究的重要使命。

4.6　本章小结

本章根据当前和谐管理理论的主要发展状况，从理论的基本假设出发，给出了组织管理系统和谐的定义，这一概念界定从特定时间和特定环境中和谐主题与战略、环境、组织、领导、和则、谐则等诸多和谐管理要素或变量出发，引出了三种一致性的理论前提假设，并提出了只有这些变量保持一致时，管理系统才被认为是和谐的。接下来，利用语义分析的方法，本章给出了和谐主题及主题论域的数理描述，在此基础上，结合网络分析的方法，给出了管理系统和谐主题识别和辨析的方法。在明确了和谐主题在组织管理系统中的意义和识别方法后，本章探讨了组织和谐管理要素之间的动力学机制、一致性特征，并利用系统动力学的方法分析了基本要素之间的因果链和反馈回路，提供了有利于未来进一步研究和谐管理要素共同演化并趋于一致的动态复杂系统分析方法。最后，根据这种动态分析方法，本章给出了组织和谐管理基本变量间关系的函数，并借此给出了和谐管理理论的量化分析框架，得到了今后有待进一步拓展和验证的几个基本问题。当然，本章中的描述和数理分析只是一种探索或示例，目的是抛砖引玉，引起关注和讨论，我们期待有更多更深刻的创新性研究来深化和完善和谐管理理论。

本章参考文献

[1] BONACICH P. Factoring and weighting approaches to status scores and clique identification [J]. Journal of Mathematical Sociology, 1972, 2 (1): 113-120.

[2] CYERT R M, MARCH J G. A behavioral theory of the firm [M]. Englewood Cliffs, NJ: Prentice-Hall, 1963.

[3] FORRESTER J W. Industrial dynamics: a major breakthrough for decision makers [J]. Harvard Business Review, 1958, 36 (4): 37-66.

[4] KAUFFMAN S A. The origin of order: self-organization and selection in evolution [M]. New York: Oxford University Press, 1993.

[5] MARCH J G, SIMON H A. Organizations [M]. New York: Wiley, 1958.

[6] MILGROM P, ROBERTS J. Complementarities and fit strategy, structure, and organizational change in manufacturing [J]. Journal of Accounting and Economic, 1995, 19 (2-3): 179-208.

[7] NELSON R R, WINTER S G. An evolutionary theory of economic change [M]. Cambridge, Mass: The Belknap Press of Harvard University Press, 1982.

[8] XI Y M, TANG F C. Multiplex multi-core pattern of network organizations: an exploratory study [J]. Journal of Computational & Mathematical Organization Theory, 2004, 10 (2): 179-195.

[9] MINTZBERG. Managers not MBAs: a hard look at the soft practice of managing and management development [M]. San Francisco: Berrett-Koehler Publishers, 2005.

[10] 盖尔曼. 夸克与美洲豹——简单性与复杂性的奇遇 [M]. 杨建邺, 李湘莲, 等

译. 长沙：湖南科学技术出版社，2002.

[11] 王其藩. 高级系统动力学[M]. 北京：清华大学出版社，1995.

[12] 和谐管理研究课题组. 和谐管理理论的研究框架及主要研究工作[J]. 管理学报，2005（2）：145-152.

[13] 席酉民，肖宏文，王洪涛. 和谐管理理论的提出及其原理的新发展[J]. 管理学报，2005（1）：23-32.

[14] 席酉民，韩巍，尚玉钒. 面向复杂性：和谐管理理论的概念、原则及框架[J]. 管理科学学报，2003，6（4）：1 8.

[15] 席酉民，刘鹏，孔芳，等. 和谐管理理论：起源、启示与前景[J]. 管理工程学报，2013，27（2）：1-8.

[16] 席酉民，刘鹏. 管理学在中国突破的可能性和途径——和谐管理的研究探索与担当[J]. 管理科学学报，2019，22（9）：1-11.

[17] 席酉民，张华，马骏. 成员间互动对团队绩效影响研究：基于和谐管理理论的视角[J]. 运筹与管理，2008，17（6）：134-139.

[18] 席酉民，张晓军. 挑战与出路：东西方管理智慧整合的方法论探索[J]. 管理学报，2012，9（1）：5-11，26.

[19] 席酉民，唐方成. 组织的立体多核网络模型研究[J]. 西安交通大学学报，2002，36（4）：430-435.

[20] 席酉民. 和谐理论与战略[M]. 贵阳：贵州人民出版社，1989.

[21] 熊彼特. 经济发展理论：对于利润、资本、信贷、利息和经济周期的考察[M]. 何畏，易家详，张军扩，等译. 北京：商务印书馆，1990.

[22] 张华，席酉民，曾宪聚. 网络结构与成员学习策略对组织绩效的影响研究[J]. 管理科学，2009，22（2）：64-72.

▲

下面是源自21世纪组织的一段对话。

A：我叫战略。在20世纪的后几十年我得到了别人所得不到的恩宠，在21世纪我仍然憧憬着同样美好的明天。

B：是啊，在20世纪拥有简单、稳定环境的传统组织中，你确实得到了最大程度的施展，功不可没。可是，请跟我说实话，你现在过得怎么样？

A：说实话，我现在过得很不好。在简单稳定的传统组织中，我一直在不停地告诉组织"一个口号、一组目标和一系列措施"，从而引领组织不断向前发展，我也因此而倍感自豪。可是，到了复杂快变的现代组织中，我发现自己已越来越难告诉组织如何走了，虽然我也许还能勉强告诉组织它应该往哪儿走，但我发现我已经越来越像我的哥哥们——愿景、使命、战略意图等，我已经不是原来的我了。

B：是的，你现在越来越朝你的哥哥们转变，这对你、对现代组织而言都不是件好事，因为尽管你的哥哥们对组织的发展是必要的，却是远远不够的，更何况对很多现代组织而言，能拥有你的哥哥们也属奢望。与你和你的哥哥们不同，我并不寄希望于十分长远的所谓的预见和谋划，而是更关注组织的现在。作为组织特定发展阶段亟待解决的"核心问题"及要害所在，你和你的哥哥们能做到的我也能做到，但与你和你的哥哥们相比，也许我将更能代表现代组织管理的真谛——目的性、人类干预性和可操作性。希望我的到来能解决你和你的哥哥们在现代组织发展方面的失效与乏力问题，希望我能为现代组织的有效管理带来新的希望。

A：那么你是……？

B：我的名字叫和谐主题。

CHAPTER 5 ▶ 第 5 章

和谐主题的行动纲领

管理研究与管理实践的两个重要特征是目的性与可操作性。和谐主题一方面是对这种目的性及可操作性的集中体现,另一方面是我们所一贯倡导的管理研究与管理实践"问题导向"原则的一个重要标志。本章首先在对早期和谐理论进行反思的基础上对和谐主题进行了诠释,阐述了和谐主题提出的背景与意义,界定了其内涵,讨论了其八个基本性质,并对其与组织使命、愿景、价值观、目标和战略等五个相关概念进行了辨析。其次介绍了主题辨识的概念及操作要点,建立了包含环境特征、组织状态及领导者特性等三类基本要素的和谐主题辨识的概念模型。再次探讨了主题漂移的含义及其表现特征,分析了主题漂移的客观动因及主观动因,考察了主题漂移的支撑条件及阻力因素,并构建了和谐主题漂移过程的描述模型。最后,概述了近些年围绕和谐主题的研究与应用的进展。

5.1 对和谐主题的诠释

自 1987 年和谐理论提出之后,早期和谐理论从社会上的不和谐现象出发,认为社会经济系统中的不协调性主要表现为缺乏能充分发挥系统成员与子系统积极性和创造性的机制,从而导致系统出现了一系列负效应(要素负效应、构成性负效应、精神性负效应、内外失调性负效应和总体性负效应)。理论的核心是：任何系统之间及系统内部的各要素都是相关的，并且存在一种系统目的意义下的和谐机制。对"和谐"的界定为，"系统和谐性描述系统是否形成了充分发挥系统成员和子系统能动性、创造性的条件及环境，以及系统成员和子系统活动的总体协调性"（席酉民，1989）。

随着管理实践和研究的深入，特别是社会经济活动日益复杂多变，传统管理理论遇到了前所未有的挑战，和谐理论提倡的管理思想和理念日益显示出其理论价值和应用价值。从提出到现在，和谐理论不断完善，逐步发展出一个较为完整和一致的理论框架，并建立了包括"和谐主题""和则""能动致变的演化机制""谐则""设计优化的控制机制""优化""不确定性消减""和谐机制""主题和谐""系统和谐"等在内的一套独特的概念体系（席酉民、尚玉钒，2002），与早期的理论构架相比有了较大改观。其中，"和谐主题"的提出使和谐理论的视角从仅考虑组织整体意义上的"泛和谐"当中解放了出来，更加关注和谐所应具有的"方向性"和"切入点"。本节就和谐主题提出的背景、基本含义、基本性质以及它与一些相关概念的区别与联系等基本问题给出了一个初步阐释。

5.1.1 和谐主题的提出

和谐理论的产生有其特殊的背景。它从对社会上"内耗"现象的关注开始，一方面借鉴中国古代哲学中关于"和谐"的思想，另一方面得益于20世纪80年代中期新老三论的盛行，重点从系统工程角度建立了一种通过和谐机制减少内耗、提高组织运行效率和管理绩效的理论体系，理论的基础假设是存在一种被称为"和谐态"的最优状态，系统通过建立和谐机制可以从不和谐逐步逼近和谐态。因此，早期研究更多的意义局限于思想和方法论层面，虽然也给出了一般系统如何演化到和谐状态并维持和谐运转的思路和方法，但对于具体管理问题的解决尚未做出回答。之后的一些理论和应用研究（黄丹、席酉民，2001；席酉民、尚玉钒，2001；尚玉钒，2001；王洪涛、席酉民、周云杰，2001）也未突破"泛和谐"的理论框架。所以人们感到"和谐"的含义过于笼统，"和谐机制"缺乏方向性，缺乏应用价值。但需要注意的是，早期和谐理论强调"存在一种系统目的意义下的和谐机制"，这里的"系统目的意义"虽然较为宽泛、尚不够精确，但为和谐主题的提出奠定了思想基础。

另外，与其他实践性较强的学科一样，管理研究必须坚持"问题导向"，即必须面对实际现象和问题，避免一入手就陷入某种方法或理论的约束中（席酉民，2000）。这是作者长期以来一贯倡导和坚持的研究思路。与"问题导向"相对应的是"工具导向"，对管理研究而言，得心应手的工具、方法永远是为解决现实的管理问题服务的，亦即在管理研究中，永远是先有现实问题后有工具、方法，"问题"（而不是"工具、方法"）永远是管理研究的切入点和最终归宿。事实上，管理研究一开始就具备理论与实践的双重意义，管理学家往往基于当时的社会生产和生活背景，从某一个或某一类管理现象和问题入手，发展出各式各样的管理理论。这启示我们，一方面，和谐理论应立足于解决实际管理问题，不仅应注重回答为什么、是什么，更要注重回答怎么样；另一方面，和谐管理应当具备某种参照中心，作为"系统目的意义"之所在。

鉴于以上对早期和谐理论的反思，我们提出"和谐主题"的概念，简称"主题"，从而和谐管理可被定义为"组织为了达到其目标，在变动的环境中，围绕和谐主题的分辨，以设计优化的控制机制和能动致变的演化机制为手段提供问题解决方案的实践活动"，和谐管理理论成为在一定环境下紧密围绕和谐主题的"问题解决学"（席酉民、韩巍、尚玉钒，2003）。基于和谐主题，"和则""谐则"体系及其互动产生的"和谐机制"真正具有了现实意义。

5.1.2 和谐主题的内涵界定

1. 和谐主题的基本含义与性质

组织在其成长过程中的不同时期和不同阶段,面临着特定的内外部环境,因而存在着特定的工作重心,围绕这个重心,组织面临一系列必须解决的管理问题。从管理咨询公司典型的成长过程来看,创立初期资金、人才、信息等各种资源匮乏,尚未形成一套行之有效的工作模式,客户群体很小,因而在这一时期发展的主题是"生存";渡过生存关之后,公司迅速打开局面、提高市场份额,但资源储备不能够满足客户群体迅速扩张的需求,因而需要缩短项目周期、提高工作效率,在短时间内提供更多的服务,因而这一时期的主题是"效率提升";进入稳定成长期,市场份额增长速度放缓,各类资源经过前期的储备变得相对充裕,客户群体相对稳定,此时公司更关心所提供的服务能否真正为客户创造价值,发展的主题转变为"质量提升";进入成熟期,市场份额不再增加,作为知识服务型企业,公司进一步的发展需要较高的品牌价值,因此发展主题转变为"品牌提升",以为开拓新业务做好准备。

由此,可以对和谐主题做出如下界定:和谐主题是指在组织特定的发展时期和情境下所出现的为了实现组织的愿景、使命、战略意图等而需要进一步寻求确定性以及存在优化必要的核心问题或亟待解决的核心任务。和谐主题是组织发展的要害所在,因此是组织在一定时期内的工作重心或中心工作议题。和谐主题有主观与客观之分,前者是领导者通过对组织外界环境与自身状态进行信息加工、过滤、判断和选择而主观提炼出来的和谐主题,后者是由于环境特征、组织状态及领导者特性发生突变而客观涌现出来的和谐主题,现实中存在二者不一致的情况,二者的一致程度决定了下文所述的和谐主题辨识的质量。如果我们把管理看作"在变动的环境中依赖人与物的互动而获得组织绩效改进的人类实践"(席酉民、韩巍,2002),那么和谐主题可被理解为:在特定情境下,在组织中人要素与物要素互动过程中所产生的核心问题。围绕这一核心问题，和谐管理通过两条路径达到组织发展或绩效改进的目标，一方面对"活跃而不确定"的人要素通过"能动致变的演化机制"加以应对，另一方面对"相对确定"的物要素通过"设计优化的控制机制"进行处理，从而实现组织可持续发展的初衷。

基于和谐主题的含义与使命可以看到，我们所谈的和谐主题至少应具备如下八个基本性质。

（1）**反映全局中的关键问题特性**　和谐主题表明组织的整体行动意向，它对特定阶段的组织发展具有全局性的影响，是组织整体和谐所参照的中心。组织任何局部问题的解决都应围绕和谐主题进行，否则可能因为"只见树木，不见森林"而使组织整体和谐遭受破坏。

（2）**目的性**　和谐主题提供了组织特定阶段工作的重心及中心议题，使组织始终处于一定程度的问题导向及目的驱动的动态运转状态之下，从而有效减少组织决策及组织活动的盲目性，同时也为组织运转和谐性及组织绩效的评判提供了参照系。

（3）**相对稳定性**　由于和谐主题是在组织与环境或者人要素与物要素互动过程中产生的某种深层次的、本质的或核心性的问题，所以它具备一定程度的稳定性。也正是因为和谐主题具备相对稳定性，它才能为组织发展提供某种重心意义上的指导。但是，和谐主题并不是一成不变的，组织在发展的不同阶段和不同时期应具有不同的主题，组织应注意根据自身状态和环境的变化做出适当调整。当然，主题的转换有时是突发的，组织领导者有时是被动的。

（4）**涌现性**　随着现代组织问题复杂程度的提高和环境变化速度的加快，组织领导能事先明确和谐主题的空间愈来愈小，而不得不更多地依赖于组织在人为干预下的自主演化。这种管理现实决定了和谐主题不可能完全是基于设计的，而是在很大程度上体现出涌现性特征，这种涌现性对应于和谐主题的漂移。

（5）**情境依赖性** 主题的凸现依赖于特定时期组织的内外部环境，环境要素的变化将直接导致原有主题不再适应组织发展，新的和谐主题将凸现出来（包含显性漂移和隐性漂移两种情况）。

（6）**可操作性** 与战略、愿景、使命等概念不同，和谐主题着眼于现在，在组织发展过程中强调此情境下、此阶段内组织的要害而不是寄希望于对未来的预见与谋划，因此，和谐主题更具可操作性。可操作性是和谐主题与战略、愿景、使命等概念的主要区别之一，也是和谐主题优越性的集中体现。

（7）**主观认知性** 组织面临的管理问题纷繁复杂，要从中提炼、归纳、判断出组织发展的核心问题，有赖于组织成员尤其是组织领导的主观认知。

（8）**多样的可能性与反思性** 不同的组织面临不同的外部环境和内部特征，具有各自发展的特色，因而主题呈现出多样化可能性的特点，"质量""销售""规模""流程""权力""品牌""客户""文化""能力"等都可能成为某个组织在某个发展阶段的和谐主题。同时，对多样化可能性的认识，隐含了更深层次反思的倾向和机制。从这个意义上讲，和谐主题这一概念的外延相当广泛。

2. 与相关概念的辨析

易与和谐主题联系起来的概念有使命、愿景、价值观、目标和战略，在此我们可以给出和谐主题与这五个相关概念在几个基本维度上的比较（见表5-1）。（由于对这些概念的研究成果相当丰富，学者们的观点也不尽相同，因此表5-1中对各比较项目的解释仅取其最基本的含义，目的在于与和谐主题进行一个简明的比较。）

表5-1主要列示了和谐主题与其他五个概念在几个基本维度上的区别，这是诸概念间关系的一个方面。另一个方面则是，组织的使命、愿景、价值观、战略、目标与和谐主题之间存在着一定的联系。首先，组织

表 5-1 和谐主题与相关概念的比较

	使命	愿景	价值观	目标	战略	和谐主题
基本含义	简明组织存在和发展的根本原因和基本性质	组织着力实现的一种未来状态的描述或设想	组织及其成员对自身行为意义的认识体系	组织在一定时期所要达成的、可衡量的具体结果	贯穿于组织任一时期内的决策或活动中的指导思想或重大谋划	领导基于组织和环境分析所确定的或在组织的演变过程中所涌现出来的此时、此情境,此组织或领导核心问题或任务
子概念	宗旨 信条 原则 经营哲学 组织形象	无	组织精神 经营方针 组织信条 行为准则 座右铭	长期目标 短期目标 个人目标 群体目标 组织目标	战略规划 战略实施 战略控制 战略决策 战略评价	主题辨识 主题的显性漂移 主题的隐性漂移
时间维度	存在于组织的整个生命周期	在相当长的时期内不会改变,可能与使命经历同样的时期	随着组织的发展不断被充实和固化	着眼于特定时点组织应当达到的某种标准或结果	存在于组织的特定发展阶段(一般时间跨度较长),会随环境变化而调整或转换	存在于组织的特定发展阶段(一般时间跨度较短,随着环境、组织或领导的变化而"漂移"
作用	体现组织的根本目的和意向	潜在的导向能力和激励能力	决定组织成员的行为取向和判断标准	使组织成员明确自己的任务,是一种业绩衡量标准	在宏观上导引组织在发展过程中如何决策和行动	提供组织在特定行动目的;为"问题导向"的管理实践及管理研究提供更具可操作性的"问题"而不是"意向"或"重大谋划"
举例(某管理咨询公司)	为中国企业的成长与变革提供实效性解决方案	成为中国最受尊重的大型管理咨询企业	合作、创新、敬业、诚信	2004年,销售额比2000年翻一番,2008年销售额达到全国第一	以战略咨询业务为核心,谨慎拓展其他业务	生存 效率提升 服务提升 品牌提升

使命和愿景阐述了和谐主题存在的意义，并为和谐主题的辨识提供了方向和动力，而和谐主题的实现是完成或实现使命和愿景的具体途径。其次，价值观对组织成员的影响根深蒂固，它一方面影响领导对主题的辨识，另一方面影响组织成员对主题的理解和认知，即影响组织成员能否就某一管理问题被作为组织的工作重心达成一致。再次，组织中的目标往往会形成一个有层次的体系，各级组织和组织成员有其不同层次的具体目标，而这些目标有时不相协调，从而可能导致组织内部、班组内部甚至个人之间的矛盾（孔茨、韦里克，1993）。而由于和谐主题更强调在组织全局范畴内的指导作用，因而可有效解决组织不同层级之间的冲突问题，有利于组织整体和谐的实现。另外，和谐主题显然预设了一系列有待实现的目标，这些目标往往是衡量主题是否实现的标准。例如，某制造企业确定"质量提升"为和谐主题后，一系列的目标可能被制定出来，包括产品合格率、客户投诉率、产品寿命等，这些目标的实现预示着"质量"问题将不再是影响企业发展的要害所在，需要辨识新的和谐主题。最后，和谐主题具有的"全局性"和"相对稳定性"，决定了它与战略似乎具有某种"天然的联系"，但应该看到，和谐主题的着眼点更倾向于组织当前的管理问题，而不是战略意义上的某种谋划或指导思想，因此和谐主题是面向现在的，而战略则是面向未来的。战略与和谐主题的这种根本性的差别使得战略在处理简单、稳定环境下的组织问题时可以起到与"战略意图＋和谐主题＋和谐机制"同样有效的效果，但在处理复杂、快变环境下的现代组织中的管理问题时战略则不可避免地陷入失效、乏力的境地，而只能被"战略意图＋和谐主题＋和谐机制"替代。

5.2　和谐主题的辨识

和谐主题的辨识是具有不同认知过程、思维特性与主观愿望的组织领导者基于对组织外部环境特征及内部状态的扫描、分析，明确组织当前和谐主题的过程。和谐主题的辨识是一个搜索与判定的过程，其期望得到的结论是组织现阶段"应该"将什么作为其要解决的核心问题或要完成的核心任务，即和谐主题的辨识解决的是组织"应该"做什么的问题。辨识和谐主题应考虑组织的外部环境、内部状态及领导者特性等诸多因素，并对这些因素进行有机整合。和谐主题是组织发展过程中特定阶段的工作重心，是和则机制、谐则机制及二者实现有效耦合所围绕的中心，是组织整体和谐所参照的标准，因此，和谐主题与组织外部环境特征、内部状态、领导者特性及组织战略意图的匹配程度直接关系到组织在特定发展阶段是否在做正确的事情，从而关系到组织的运行状态及最终的绩效水平。正是基于此，和谐主题的辨识对组织的和谐发展至关重要。

5.2.1 组织外部环境扫描

每个组织都存在于某一特定的并且必须适应的经济、科技、文化和社会环境中。对企业而言，环境包括所有与企业发生社会经济关系的组织（如供应商、销售商、竞争对手、企业联盟、相关的国际组织），以及社会制度、文化、法律等。

组织理论的很多学派都对环境对于组织的意义给予了充分重视。权变理论强调环境的复杂性和不确定性，认为如果组织的内在特征能够满足不同环境的要求，组织就具有最好的适应性。种群生态学理论强调环境的选择性，认为经过变异（组织变革或创新）、选择（环境选择适宜的组织）和存留（组织生存）三个阶段后，一些组织消失，另一些组织得以延续。资源依附理论认为环境提供了组织生存所需要的关键性资源，对资源的需求构成了组织对外部环境的依附，资源的稀缺性和重要性决定了这种依附程度的大小（邱泽奇，1999）。而新制度主义则让人们注意到社会制度以及某些制度化的规则与模式对组织的控制和深刻影响，例如法律严格地控制着组织行动的路径和方式。

因此，不能脱离组织环境探讨和谐主题的辨识，辨识和谐主题所要进行的基础工作之一便是"环境扫描"（environmental scanning）。环境扫描是战略研究中的一个常用概念，它是指"获取关于事件、趋势以及组织与环境关系的信息，这些信息将有助于高层管理者识别、理解战略性的威胁与机会"（Aguilar，1967）。在和谐管理理论中，环境扫描被理解为辨认和确定环境中对和谐主题的辨识产生重要影响的某些趋势、问题、事件和信号的过程，并对环境变量做出框架性界定（见表5-2）。当然，对于战略理论中用于环境分析的一系列成熟的思想工具，在和谐主题的辨识过程中可以有选择地加以利用。例如可利用波特的"五力模型"（Porter，1980）对行业的竞争结构进行分析，从而为主题辨识提供足够有效的信息。

表 5-2　影响和谐主题辨识的环境变量

宏观社会环境	政治态势	中观行业环境	技术发展
	政府干预		市场容量
	经济周期		市场结构
	自然环境		顾客行为
	风俗文化		供应商行为
	人口结构		潜在进入者
	社会舆论		替代品厂商
	社会责任		互补品厂商
微观竞争环境	竞争对手	制度环境	国家法律
	合作伙伴		相关政策
	中介机构		市场规范

5.2.2　组织内部特征分析

组织既是管理的主体又是管理的客体，因此，辨识和谐主题不能仅仅基于环境扫描的结果，即不能孤立地分析环境变量本身，而应当与组织的内在特征相结合。

对组织内部特征进行分析，首先要考察的是组织资源，这是因为：第一，资源是实现和谐主题必要的物质基础；第二，既然组织的异质性来源于资源的不可分割性（Penrose，1959），因此资源差异就是和谐主题"多样性"的一个原因；第三，组织中缺失某种资源因而需要对其进行开发与获取这一问题本身就可能成为组织的和谐主题，例如建立"良好的信誉"

（一种无形资源）可能成为某个企业的和谐主题。

虽然某种意义上组织是一个"资源集合体"，但是正如Loasby（1994）所说，"高能力的个人集合体并不能自动形成有效的组织"，必须有一种特殊的能力把这些资源在行动上组合起来。与资源不同，能力是组织的"经验基础"，它必须经过"积累性学习"才能获得，是组织特殊历史进程的产物。作为某种"管理遗产"（Bartlett and Ghoshal，1992），能力对组织的行为特征和路径选择具有重要影响，例如，Collis（1991）指出，企业的管理遗产可能会诱导企业参与无吸引力的产业部门的竞争。因此，和谐主题的辨识还必须考虑到组织现在的和潜在的能力特征。

需要考察的另一个组织内部特征是组织惯性。组织惯性是指组织作为一个有机整体在运作过程中所表现出来的不为周围变化所动而保持原有运作状态的特点，它主要内生在组织结构和组织文化两个层次上（许小东，2000）。随着组织规模的扩大和工作复杂性的增加，组织特有的结构系统不断生成和相互纠缠，组织成员的行为和工作流程对这种结构系统形成紧密的依赖，导致组织结构惯性的形成。组织文化是组织成员所共享并作为公理传承给组织新成员的价值观、指导信念、理解能力和思维方式（达夫特，1999）。组织的文化认同越强烈，组织的惯性就越大。组织惯性对和谐主题的影响表现在：第一，组织惯性可以在一定程度上提高组织的工作效率，保证组织持续稳定的发展，从而有利于和谐主题的实现；第二，组织惯性对新主题的辨识会产生一定的阻碍，很多有待解决的管理问题在组织惯性的掩饰下变得难以辨认；第三，当组织试图从原有主题转换到新主题时，组织惯性的存在会导致组织中与实现主题漂移相配套的机制难以形成，因而成为主题漂移的阻力因素，不利于组织整体和谐的实现。

既然和谐主题是某种意义下的管理问题，那么在对组织内部特征进行考察时，除了上述的组织资源、组织能力以及体现在组织结构及组织文化上的组织惯性以外，还必须分析组织的活动。任何组织都可以看作为实现某种目标而进行的一系列活动的集合体，组织的管理问题在活动中产生也在活动中解决。对组织活动的分析可以利用一些业已成熟的思想工具。例如，波特的"价值链"从组织活动的角度为我们勾勒了一个企业组织创造价值的完整过程，我们可以把它当作一个研究企业组织活动的认识框架，用来搜集和分析相对完整的信息，从而为辨识和谐主题提供帮助。

5.2.3 和谐主题辨识的关键要素：领导者特性

组织的外部环境深刻地影响着组织的发展主题，同时，组织的内部特征尤其是组织的活动、资源、能力、结构和文化亦是辨识主题所必须考察的要件。但是，组织内外的客观信息必须经过领导的辨识、理解和确认，才能对和谐主题的提出有所贡献。换言之，即使是同样的信息，如果传递给不同的领导者，亦可能由于领导者各自认知过程、思维特性及主观愿望的不同而有不同的和谐主题被提出。因此，领导者的认知过程、思维特性及主观愿望等是组织外部特征及内部状态对和谐主题影响关系的关键调节要素，是和谐主题辨识的关键之所在。

领导者在认知的基础上，通过思维过程逐步形成自己对组织发展的主观愿望，并结合组织内外部的客观信息进行分析，确定组织在特定发展阶段所面临的管理问题及管理任务网络，从而最终提炼出组织在该阶段所应具有的和谐主题。这里，领导者被认为是处于组织核心位置并对组织发展有决定意义的人或团队，是和谐主题辨识的责任主体。

认知心理学认为，人的知觉并不是对外界事物的直接认识，而是一种间接的、解释信息刺激继而（对信息）进行组织并明确其意义的过程（索尔索，1990）。从这个意义上讲，和谐主题的辨识是在客观认识基础上的一种主观设定，它既是一个"辨"（强调客观分析和确认）的过程，又是一个"识"（强调主观认知和设定）的过程。因此，和谐主题或多或少地体现了领导者的偏好、价值观、期望、能力、智慧以及社会关系等特性。在这一过程中领导者的作用体现在：一方面，领导者的"非线性思维"发挥着重要作用，非线性思维隐含着对大量不同的并且可能是相互矛盾的信息进行概念化进而加以分析思考的能力；另一方面，领导者的主观设想和愿望，或者领导者为组织建立的某种愿景为辨识和谐主题提供了方向和动力。

5.2.4 和谐主题辨识的概念模型

综合上述分析，我们在和谐主题辨识的概念模型里引入了三类不可或缺的要素：环境、组织和领导。主题辨识，首先要对组织面临的宏观、中观、微观以及制度环境进行全方位扫描，并对组织业已存在的资源种类、能力特征、组织活动以及组织文化特征进行考察，经过领导的综合分析，识别出一系列有待解决的管理问题，并从中提炼出一个核心问题作为当前组织的中心工作议题，即和谐主题（见图5-1）。

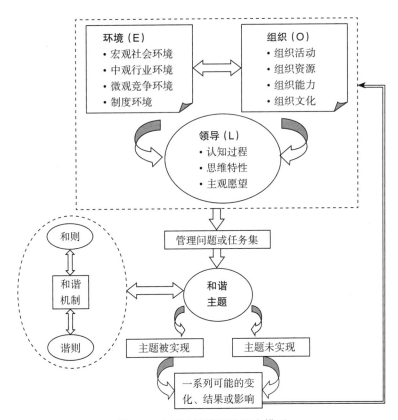

图 5-1　和谐主题辨识的概念模型

和谐主题被辨识出来以后，基于这一主题，一方面按照对物要素"优化"的思路，设计优化的控制机制（谐则体系）得以建立，例如组织结构得以调整、工作流程重新设计、相关制度的制定等；另一方面按照对人要素"不确定性消减"的思路，能动致变的演化机制（和则体系）得以建立，例如新的组织观念得以贯彻、某些组织成员的责任受到关注、权力关系的再分配等。"和""谐"并举形成的和谐机制在组织运行过程中不断与和谐主题互动，组织呈现出该主题下的一种动态演进的过程，不断向被称为"和谐态"的理想状态逼近，从而有效支持和谐主题的实现。

5.3　和谐主题的漂移

　　当组织按照所辨识出的和谐主题向前发展时，组织外部环境、内部状态及领导者特性的变化将导致新的和谐主题的凸现和对原有的和谐主题的替代，我们把这种替代、更迭的过程称为和谐主题的漂移。和谐主题的漂移有客观和主观两方面原因，组织资源的柔性、动态能力、学习机制、创新理念和变革型领导是主题漂移的支撑条件，组织惯性则对和谐主题漂移过程有较大的阻碍作用。和谐主题的漂移是其"情境依赖性"的具体体现。需说明的是，我们使用"漂移"并无特别意义，可以理解为转换、变迁或更迭，不必在其字面意义上过多纠缠。

5.3.1　和谐主题漂移的含义及其表现特征

　　和谐主题漂移是指组织领导者为了动态适应外部环境和自身特征的变化而主动将组织从原有主题转变到新的主题，或者由于外部环境、组织自身状态及领导者特性发生突变而自动演化、涌现出新的发展主题的过程，简称主题漂移。和谐主题的辨识过程试图回答的是组织在此时此景下"应该"具有的发展主题是什么，与此对应，和谐主题的漂移过程则体现了组织"事实上"的发展主题发生了怎么样的变化。主题漂移使得组织结束了在原有主题下的动态演进过程,开始了围绕新的和谐主题动态演进从而不断逼近和谐状态的过程。

从和谐主题、和则、谐则出发,组织的和谐至少需要满足两个条件:①和谐主题与组织环境、组织自身状态、组织领导者的特性以及组织的战略意图相匹配,即有一个正确的和谐主题;②所构建的设计优化的控制机制及能动致变的演化机制与当前的和谐主题相匹配,即所构建的和谐机制能够保证和谐主题的顺利实现。在和谐管理理论中,"谐"是指各种要素配合得当、高效运作,与西方学者提出的协调(coordination)意义相近;"和"是指亲密和睦,反映人们心理上的感受和生活处世的态度,与中国古代哲学提倡的"和"意义相近。所以,对组织来说,既要有一个正确的和谐主题,又要达到要素的匹配、一致和优化,还要达到成员满意、自我激励和相互协作,才算达到了和谐状态。不同的和谐主题下,组织和谐状态的表现形式是不同的,达到和谐状态的途径也是不同的,因而主题的漂移也意味着两种不同的演进过程的更替。从组织和谐所要满足的两个匹配性条件出发,组织可能存在四种状态(见图 5-2)。值得一提的是,当组织的和则、谐则体系与一个错误的主题保持匹配时,对组织来说达到了表面上的和谐,但由于主题错误,这种伪和谐更容易使组织陷入困境,因而其主题更应当尽快漂移。

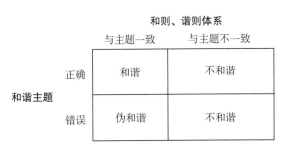

图 5-2 和则、谐则体系与和谐主题的匹配状况同组织和谐状况的对应关系

主题漂移既可能是突变的过程也可能是渐变的过程。和谐主题的突变是指原有主题在并未完全实现的情况下即被新主题替代,新主题可能是由于环境、组织或领导中任何一个要素发生重大突变而产生的。例如,国有

企业领导层的更换往往使得企业对发展核心问题的把握发生重大调整。和谐主题的渐变是指在原有主题基本实现之后自然过渡到新主题,每个主题实现的过程就是产生新主题的过程,与此同时,所有新主题的产生都是过去主题实现的延续,后者为前者的产生提供了必要的条件。

在实际中,主题漂移可能表现出这样一种特征,即在某个和谐主题的实现过程中,组织不知不觉地开始围绕另一个和谐主题运作,新的主题并未被清晰表述出来甚至尚未被意识到,但组织实际的工作重心已经向这一新主题发生了偏移,这种漂移过程被称为和谐主题的隐性漂移。与此相对应,组织领导者基于对组织外部环境及自身状态的分析和把握而有意识地实现的主题漂移过程被称为和谐主题的显性漂移。主题的显性漂移是管理中人的能动作用的集中体现,而主题的隐性漂移则是管理演化特性的必然结果。

在组织的发展过程中,和谐主题不断被辨识、不断被实现、不断进行漂移,使得组织经历了不同和谐主题下的动态演进过程,从而导致了组织绩效的提高或降低,产生了组织特有的生命线(见图 5-3)。当组织从 HT_1 发展到 HT_2 时,假设辨识出和谐主题 HT_3,那么组织很可能沿着"HT_1—HT_2—HT_3—…—HT_n—…"的路径发展下去;如果辨识出和谐主题 $HT_3{}'$,那么组织将可能沿着"HT_1—HT_2—$HT_3{}'$—…—$HT_n{}'$—…"的路径向前发展。

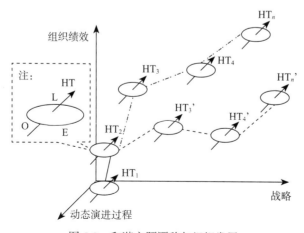

图 5-3　和谐主题漂移与组织发展

5.3.2 和谐主题漂移的基本动因

1. 和谐主题漂移的客观动因

和谐管理认为,组织中的管理问题可被划分为可物化问题和不可物化问题两类。可物化问题是指已经确知其规律性的管理问题,可以用数学模型或方程在给定的资源约束条件和目标下去追求结果的最大化。从企业组织来看,它们往往暗含在供应链、生产线、销售、研发等职能体系的流程、制度、结构等要素中,可以通过科学设计达到最优。可物化问题由"设计优化的控制机制"(谐则体系)进行解决。不可物化问题是指组织中不能确知其规律性或者要确知其规律性需要付出极大成本的那些管理问题,它们往往与组织中人的行为、意愿、能力、信任、权力以及更高层次的领导过程、文化、价值观和激励等要素密切相关。不可物化问题由"能动致变的演化机制"(和则体系)加以应对。组织的和则体系与谐则体系共同收敛于和谐主题,和则体系、谐则体系以及二者围绕和谐主题的互动耦合构成了和谐机制,和谐机制的构建一方面使得组织本身逐渐趋近内部和谐状态,另一方面使得组织与环境之间逐步达到外部和谐的状态。一旦这种不断趋近和谐态的演进过程被打破,组织便产生主题漂移的压力。能够打破组织和谐进程的导火索可能是组织本身以及组织所处环境方面的许多要素,例如行业衰退、竞争者增多、政策变动、技术创新、领导更替、制度过时等,这些变化使得原有和谐主题与新的环境特征及组织自身状态的匹配性遭到破坏,从而产生了使主题发生漂移的压力(见图5-4)。主题漂移的客观动因经常导致组织的实际发展主题在组织领导尚无意识的情况下发生转换,因此,这些组织本身或组织所处环境方面的客观要素是促使和谐主题发生隐性漂移的重要原因。

20世纪90年代初,互联网和电子商务的迅猛发展给IBM带来了巨大冲击,一方面其臃肿的组织结构体系与强调快速反应的企业环境不相适应,另一方面其固有的价值观和文化理念与其所处的行业环境更是格格不入。郭士纳接任首席执行官后,组织的和谐主题转变为建立客户导向的管理体系,从而全面提高其灵活性和对市场的适应性,这使 IBM 的管理发生了巨大改变,导致了在价值观、文化、结构、薪酬体系等各个方面的大规模变革,这些变革事实上是对组织在新主题下的和则体系、谐则体系及二者间的互动耦合机制进行了重新构建,从而使 IBM 进入了一个全新的演进历程。

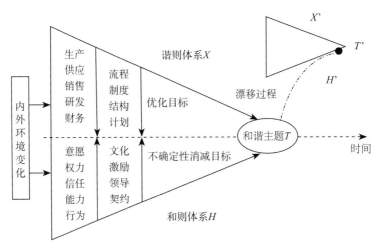

图 5-4　和谐主题漂移的客观动因

2. 和谐主题漂移的主观动因

从组织产生主题漂移的压力到新主题被明确表述出来进而开始发生漂移(显性漂移)并不是一个必然的过程。和谐主题显性漂移的实现,有赖于组织领导在感知到压力后所经历的创造性思维过程。领导一般根据由过去的经历、经验、知识所形成的思维定式来了解环境或感知压力,同时领导对组织有一幅期望的未来图像,当压力越来越大,领导会逐渐产生一种实施变革的内在动力,产生一系列对未来可选状态的假设,进而产生一系列具有创造性的"如果—将是—"(what-if-)问题以及"如果—那么—"(if-then-)问题(Liedtka,2000)。基于上述假设,领导对一系列潜在的新主题进行评价，一个最为满意的主题将被明确表述出来，然后组织就会开始一个主题漂移的过程。因此，事实上和谐主题的显性漂移过程中包含了主题的辨识。领导的创造性思维、洞察力、应变力、解释力等因素成为主题漂移的主观动因，客观动因通过领导交由主观动因进行处理，最终主观动因直接对新主题的提出产生影响（见图5-5）。

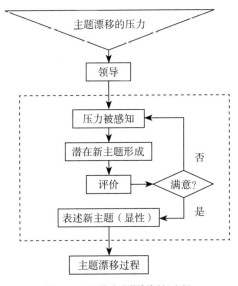

图 5-5　和谐主题漂移的过程

5.3.3　和谐主题漂移的支撑条件

和谐主题漂移不仅是组织所面临的核心问题或核心任务发生了变化，从广义的视角来看，它是组织的两种整体演进过程之间的更替，涉及组织和谐机制的更新或调整，因此组织结构、工作流程、组织文化等将发生调整或改变。组织向新和谐主题的过渡不是一蹴而就的，必须在一定的支撑条件下才能顺利进行，如果组织不完全具备这些支撑条件，主题的漂移将发生困难，效率和效果都将受到影响，甚至导致组织由于不能很快适应新和谐主题而面临管理混乱和业绩滑坡。

1. 资源柔性

潘罗斯（Penrose，1959）认为企业不仅是一个管理单元，而且是一个具有不同用途且随着时间推移由管理决策决定的生产性资源的集合体，因此资源是组织进行任何活动的最根本的基石。企业的实践证明，组织资源保持较高的柔性可以在一定程度上解决在不确定的动态环境下展开经营管理所遇到的难题。而且，从系统的观点看，柔性是资产在存量层面的一个关键特性，因为它有助于克服动态反应时间的系统效应，在一定程度上弥补管理认知中存在的局限性（王迎军、王永贵，2000）。组织的核心管理问题发生漂移，现有资源的用途需要进行相应的转变或调整，这就对组织资源的柔性提出了较高要求。桑切斯（Sanchez，1997）对资源柔性的研究认为，资源的使用范围越大，资源进行用途转换的成本越低、时间越短，则组织资源的柔性就越强。因此，组织需要建立一个可广泛使用的资源集合，且使各种资源在进行用途转换时所需的成本和时间最少。Intel 公司的人力资源建设提供了一个很好的例证，该公司长期为员工提供免费的自愿发展项目，包括语言、技术等方面的培训，很多员工利用了这些机会并使自己在更广泛的范围内成为可用之才。后来当公司的业务严重衰退时，90%的员工被派往新业务部门开展工作并保持了高效率。Intel 公司人力资源的柔性特点有效支持了其主题的漂移。此外，资源柔性的概念不仅涉及存量资源的可选择性、适用性、用途转换成本和时间等，还应涉及现在不是企业资源但通过采取一些行动会成为企业资源的资源的潜在可利用性（汪应洛、李垣、刘益，1998）。因此，进行主题漂移的组织不应当把视野仅仅局限于组织现有资源的柔性，还要提升其识别、开发、整合资源的能力。

2. 动态能力

许多研究表明，高度竞争的环境下核心能力可能成为一种核心刚性（Leonard-Barton，1992；Barnett，1994；Burgelman，1994）或能力陷阱（Levinthal，1993）。从组织进化理论的观点看，企业是由各种独特并且难以转让的技巧组成的宝库，这种技巧是组织特殊能力的来源，但也是组织惰性的来源（沃尔贝达、巴登富勒，2000）。能力是嵌在独特的协调和整合方式之中的，长期依赖某种核心能力将导致企业过时和僵化，限制企业的生存空间，从而不能承受主题漂移的压力。因此组织的能力不能保持静态和刚性，而必须是动态和柔性的，它们必须被持续不断地开发出来，才能为主题漂移提供有效支撑。动态能力强调蕴藏在组织规则中的受企业资产地位和路径影响的惯例和流程，这些惯例和流程包含了企业的协调与整合能力、学习能力和重构能力（Teece, Pisano and Shuen, 1997），这些能力是企业应对变化的有力武器。在原有和谐主题下，这些惯例和流程是组织和谐运转的有力载体，在向新和谐主题过渡的过程中，一部分旧惯例需要被抛弃，新的惯例必须不断形成。因此，动态能力对进行主题漂移的组织来说至关重要。

3. 学习机制

主题的漂移还需要学习机制的支撑。某种意义上我们可以把主题漂移的过程看作一个学习驱动的过程，一方面领导提出新和谐主题的过程本身就是一个信息加工、假设和评价的循环过程，在这一过程中领导的学习能力起着至关重要的作用；另一方面组织中的每个成员都有各自特定的学习程序，通过持续的学习过程，组织成员不断更新自己的知识库和价值体系，从而满足主题漂移和新和谐机制构建的需要。因此，建立一个适应主题漂移的学习机制对组织来说是必要的。

能够对主题漂移进行支撑的不是宽泛意义上的组织学习。阿吉里斯和斯肯曾经定义了两类组织学习，即单回路学习（single-loop learning）和双回路学习（double-loop learning）。单回路学习不对系统运行规则提出疑问，是一种低水平的学习方式（王其藩、蔡雨阳、贾建国，2000），它对主题漂移没有支撑作用。双回路学习就是创造性学习（creative learning），它的特点是积极主动地应对环境及条件的变化。创造性学习要求对世界拿出新看法，质疑和挑战公认的假设、目标和准则，其应变取向是重新为系统运行确定规则，它着眼于系统成员的合作以及经验和知识的共享，是一种较高水平的学习方式。主题的漂移显然要求组织进行这种创造性学习——不仅要对从新和谐主题的视角看来不合理的程序、条例或特定能力进行修正，而且要生成有利于新和谐主题实现的新知识。此外，企业内外部环境构成了一个混沌的系统，特别是当企业刚开始向新和谐主题过渡时，系统要素之间充斥着复杂的因果关系以及非线性的相互作用，使得组织学习变得非常困难，这就凸显了普拉哈拉德和贝蒂斯所称的"元学习"（meta-learning）的重要性。元学习是将不同的而且矛盾的知识同时概念化，它把知识、启发式特有技能和能力等整合成一个系统的观点，进而能够挖掘出潜在的知识并取代过时的知识。因此，主题漂移要求组织能够同时进行创造性学习与元学习，持续生成新知识并在组织内传播。

4. 创新理念

组织文化是最容易导致组织惯性的一种要素，在许多情况下它因难以做出相应变革而成为主题漂移的障碍。正如罗杰·马丁（1999）所说，公司之所以没有从新机遇中获得最大效益，是因为它们（认为）通过老办法获得了最大回报。因此，让创新成为组织的理念之一就显得十分重要。当组织发展所围绕的和谐主题发生改变时，组织很可能需要改变或调整自己决策和行动所依赖的深层假设和隐含前提，这种深层基础是企业成员形成的所有结论的总和，是他们过去经历和解释体系的产物，它常常没有用言语明确表述出来，却决定了组织的行为方式和可能的未来前景（高斯、帕斯卡尔、亚瑟斯，1999）。所以为了尽量摆脱旧的组织文化对主题漂移的消极影响，必须把创新植根于组织规范和共同认可的价值观之中，为主题漂移提供深层动力。例如，郭士纳在对IBM进行改革的初期就废除了IBM笃信了近百年的"三大信仰"，代之以八项基本原则，强调公司应当关注行业变化并主动采取措施有效应对，使臃肿迟缓的IBM变成了"一只可以跳舞的大象"（郭士纳，2003）。

当然，保持创新理念并不要求全盘否定或抛弃已经形成的某些文化要素，而是要抛弃某些机能不良的要素，并在原有基础上创造或培养出一些新的文化要素。例如，当某企业从原来的"提高产品质量"这一和谐主题转变为"提高品牌价值"这个新和谐主题时，对企业来说产品质量问题已经不再是其当前最核心的管理问题，但前期所形成的"质量文化"仍然需要保留，而文化的创新应体现为怎样在原有"质量文化"的基础上注入对品牌价值的关注。这也正如郭士纳所言："你既不能下命令取消这种公司文化，也不能创造一种新公司文化，你所能做的就是为公司转型创造条件。"

5. 变革型领导

变革型领导在主题漂移过程中处于核心地位，发挥着不可替代的作用，变革型领导具备四个特征，即魅力、激励、个体考虑和智力刺激（Bass, 1985）。魅力是领导能够产生具体象征意义的力量或能力，员工愿意认同这种能力；激励是指领导充满激情地描述组织的某种目标，随后员工会积极地实现该目标；个体考虑是指领导把员工的个体需要视为异质的，并为员工所关心的事情提供支持；智力刺激描述的是领导通过刺激员工运用新的思考方式，使其质疑自己的原有思想，从而尝试创造性地解决问题。

变革型领导的这些特征对组织进行主题漂移来说是非常必要的，具体表现在以下几点。首先，领导必须对新和谐主题进行清晰的描绘，与组织成员进行大量有说服力的沟通，让新和谐主题被组织成员充分理解和共享，成为他们前进的方向和动力（即激励）；其次，领导还要运用权威或个人魅力影响员工的思想和行为，保证员工忠诚，让他们有责任感和归属感（即魅力和个体考虑）；再次，与规范性的管理工作不同，领导还要鼓励员工通过一系列相机抉择的行为应对主题漂移过程中的不确定性（即智力刺激）；最后，领导还要采取一定的控制机制，在组织向新和谐主题过渡与组织发展的连续性之间寻找平衡，以防止主题漂移过程的失控或崩溃，这一观点与德鲁克先生关于变革领导（change leader）的有关观点是一致的

（张隆高，2001）。由此可见，组织拥有一个变革型的领导或领导团队是主题漂移的重要支撑条件。

6. 支撑条件的内在逻辑

事实上，上述五个支撑条件并不是相互孤立的，它们相互联系、相互贯通，共同形成了一种稳固的对称架构（见图5-6）。提出这五个支撑条件背后的思路是，着眼于人（领导与其他参与者）—人的想法（理念）—个体及群体间的行为（学习机制、组织文化等），而动态能力或资源柔性是对人（个体和群体）的想法和行为以及其他非人事物的一种"看法"。这五个支撑条件的互动关系是：首先，变革型领导与其他四个支撑条件均有一定联系，它对资源柔性的获取、动态能力的开发、学习机制的构造以及创新理念的建立均肩负重要责任，例如，资源柔性的获取需要企业领导和其他管理人员具有重新确定资源分配方向、构造资源用途和配置资源结构的能力；其次，资源柔性是开发动态能力的基础，动态能力反过来促进了资源柔性的获取与运用；再次，学习机制是获取动态能力的源泉，动态能力促进了学习机制的构建；最后，学习机制和创新理念之间亦是一种相辅相成、相互促进的关系。这五个支撑条件的内在逻辑保证了它们相互之间在本质上没有冲突，这种内在统一的关系有利于发挥五者的协同作用，从而在最大程度上对主题漂移的过程提供支撑。

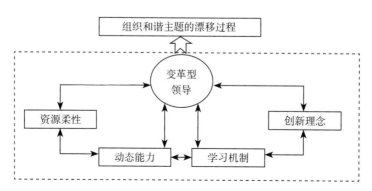

图5-6 和谐主题漂移的支撑条件与互动关系

5.3.4 和谐主题漂移的阻力因素

组织进行主题漂移的过程显然不是一帆风顺的,它会受到组织内许多因素的阻碍,我们将这些对主题漂移有较强负面影响的诸多因素归结为组织惯性的存在。

前已述及,组织惯性是一种内存于组织之中的保持或维护现有工作活动模式与习惯的工作行为倾向,分为存在于组织结构层面上的及存在于组织文化层面上的两种。组织结构层面上的惯性根植于组织的内在结构系统及操作流程中,受组织内在结构系统的模式、复杂性、相互依存关系的影响,进行组织变革往往需要付出极大的成本。组织结构层面的惯性的存在将阻碍新和谐主题下设计优化的控制机制的构建,对结构、流程等进行优化将变得非常困难。组织文化层面的惯性体现为:随着组织的成功与成长,人们的思想与行为往往会受困于组织群体的共同期望,这种期望来自组织长期形成的群体的非正式规范、价值观念、群体意识以及传奇性事件和精神人物。一个组织的历史越是成功,它的观念和认识就越容易固化,就越容易助长组织文化层面上惯性的产生。组织文化层面的惯性对组织成员行为规范和思维方式的控制将阻碍新和谐主题下能动致变的演化机制的构建,使通过构造某种环境氛围来诱导组织成员的思想和行为变得困难。

另外,若组织在其发展过程中的某一阶段处于图 5-2 所示的伪和谐状态之下,那么组织将会围绕一个错误的和谐主题构建相应的控制机制及演化机制。很显然,这种错误的和谐主题下的和则、谐则体系与主题的匹配程度越高,由此所产生的组织惯性对组织的破坏性作用会越强,对组织主题漂移的阻力亦会越大。

在组织围绕原有主题和谐运作的过程中,结构与文化层面上的组织惯性也许会有助于组织和谐主题的实现,因为这种惯性有助于强化组织的管理控制系统、保持组织内部诸要素的匹配并有效协调组织成员的行为。然而，组织惯性将会对组织的适应性、组织运作的效率、效果及合理性等方面产生较大的负面作用，这样，当组织需要为从原有和谐主题漂移到新和谐主题进行一系列变革时，这种曾经使组织成功的结构与文化将会迅速形成变革中的障碍，使组织成为自身历史的牺牲品。

5.3.5 和谐主题漂移过程的描述模型

综合上述分析及介绍，我们将和谐主题的显性漂移过程概括为描述模型（见图5-7）。由该图可以看到，我们可以把和谐主题的显性漂移过程划分为三个阶段：首先，在围绕原有和谐主题的动态演进过程中，随着组织外部环境及自身状态的变动，原有和谐主题与变化后的组织内外诸要素间的匹配程度逐渐下降从而产生了主题漂移的压力，这种压力的积累与增加最终表现为对和谐主题进行漂移的客观要求，这种要求被组织领导者感知，经过领导者的创造性思维过程，一个全新的和谐主题被明确表述出来，这一阶段称为新和谐主题提出阶段（事实上这一阶段的工作是一个

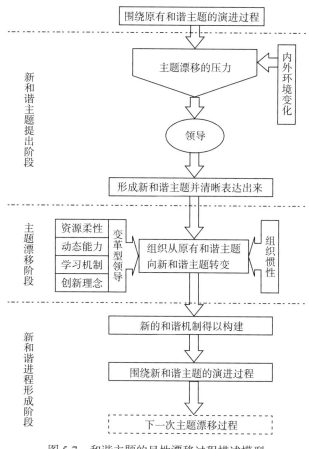

图 5-7　和谐主题的显性漂移过程描述模型

主题辨识的过程）；其次，在资源柔性、动态能力、学习机制、创新理念的支撑及变革型领导的驾驭下，组织整体从原有和谐主题向新和谐主题进行过渡，这一过程将受到组织惯性的阻碍，该阶段称为主题漂移阶段；最后，围绕新和谐主题，新的设计优化的控制机制、能动致变的演化机制以及二者互动产生的和谐机制得以构建，组织于是开始一个围绕新和谐主题的新的动态演进过程，整个主题漂移过程结束，这一阶段称为新和谐进程形成阶段。新和谐进程的形成标志着组织顺利地从原有和谐主题过渡到了新和谐主题，组织发展进入了一个新阶段，同时为下一次主题漂移做准备。

5.4 和谐主题的深化研究

在和谐主题的开创性研究基础上，近年来的深化研究从两个方面展开。一方面，进一步阐释和谐主题的内涵、辨识和漂移过程，厘清和谐主题与相似概念的区别；另一方面，将和谐主题运用到多个具体研究与实践领域。

首先，和谐主题是组织在特定时期或阶段迫切需要解决的和谐问题与关键任务，是管理决策（问题解决）过程的首要环节。韩巍和席酉民（2021）在阐明"方向"这一术语后，提出和谐主题是一种（组）落实组织方向且体现决策者"问题意识"的具体事项，问题意识突出了事项被处理时的"优先顺序"，即首先、重点该做什么。从这个角度不难理解，和谐主题的选择包括"从长计议""按部就班"和"当务之急"三个类型。围绕这些类型的互动组合、漂移，以及对和谐耦合的导引、匹配、反馈调整等，打开了和谐主题在研究与实践中应用的广阔天地（更多的讨论参见第11章）。王亚刚等（2011）围绕复杂快变环境下组织如何进行整体性快速应变这一管理难题，对现有的和谐主题相关研究进行了拓展，得出和谐主题在本质上体现为组织领导者对不确定情境的"意义"的主张这一研究结论。在此基础上，通过与其他组织要素的比较，系统阐释了和谐主题的功能特征，提出和谐主题是在复杂快变环境下组织进行整体性快速应变的一种有效工具，并以知识理论为基础对和谐主题的辨识与表征过程进行了考察，从而从知识学视角揭示了这两个过程的内在机理。其他有关和谐主题的研究还指出了它与愿景、使命、战略等概念的差异与联系，它在战略形成中的作用，以及在领导意义给赋中的框定作用（王亚刚、席酉民，2008；尚玉钒、张晓军、席酉民，2009；尚玉钒、席酉民、赵童，2010）。

其次，和谐主题已应用于多个管理研究议题，产生了富有启发的成果。比如，在国家创新体系建设中，和谐主题包括巩固企业的技术创新主体地位、确立政府与市场的互动关系、发挥中介机构的成果转化桥梁效用（王亚刚、席酉民，2007）；在宏观—中观—微观层面，流动人口研究的和谐主题分别体现为流动人口与环境、城市居民的和谐，以及流动人口内在的和谐（贾小玫、李峰，2007）；知识社会中人力资本管理的和谐主题是面向复杂环境的知识能力与运用（戚振东等，2008）；信息化时代企业的和谐主题是提高业务与 IT 的融合（戚桂杰、顾飞，2012）。针对和谐主题的辨识、选择与漂移过程，杨栩和周瑜（2011）构建了主题漂移诱导的企业持续创新实现模式，分析了企业持续创新模式的运行流程。许成磊等（2014）系统归纳了创新团队和谐管理机制主题辨析的复杂属性，提炼了主题辨析的情境特征，对比探讨了不同环境状态下的创新团队和谐管理机制主题涌现特质，给出了主题辨析认知优化的两个层次的策略，构建出了能够有效应对目前主题辨析困境的创新团队和谐管理机制主题辨析优化模型。魏晓卓、金丽馥、吴君民（2015）从粮食年鉴"大事记"中甄选与归纳了 2004～2012 年粮食财政直接补贴体系中的主要活动，辨识出粮食财政直接补贴"实际实施的和谐主题"（增产为首要，增收为主要），并与通过 EOL 模型判定的"理应执行的和谐主题"（增产与增收应并举）进行对比，结果显示两者有较大差别；检验了"实际实施的和谐主题"与 EOL

的一致性程度，通过回归分析等方法进行绩效评价，发现增产绩效较好、增收绩效较差，指出"实际实施的和谐主题"需要尽快漂移，应将"增收为首要，稳产为主要"作为下一阶段粮食财政直接补贴和谐主题的漂移方向。可以看到，这些研究丰富了和谐主题的内涵与外延，给出了和谐主题辨识、选择与漂移过程的生动案例，把和谐主题的思路与价值展现了出来，为未来的研究奠定了扎实基础。

5.5 本章小结

和谐主题的提出，既是对管理现实的真实反映（更"逼真"的反映），也是从理论研究中寻找问题解决途径的直接尝试。和谐主题的缺失或模糊必然会导致组织整体和谐失去方向，而只有不断明确影响组织发展的核心问题，才可能最大程度地发挥和谐管理的优势。和谐主题被定义为在特定时期、特定情境下组织的核心问题或核心任务，是该时期、该情境下对组织而言最为关键、最为迫切的问题，是组织发展的要害所在。不同于使命、愿景、价值观、目标和战略等概念，和谐主题至少具有全局性、目的性、相对稳定性、涌现性、情境依赖性、可操作性、主观认知性及多样性八个基本性质。

组织在发展过程中必须不断回答"本组织当前最应解决的问题或最应完成的任务是什么？"这一问题，亦即必须不断对组织所应具有的和谐主题进行辨识。辨识和谐主题应全面扫描组织所处的宏观、中观、微观及制度环境，详细考察组织自身在资源、活动、能力、结构及文化等各个方面的状态，并强调领导者在处理组织外部环境及自身状态信息时的认知过程、思维特性及主观愿望。由于领导者的主观特性在主题辨识中发挥着重要作用，因此，和谐主题的辨识不像传统的战略规划那样局限于由"内外匹配"或"精确预测"主导的机械研究，而更强调具有能动性和创造性的"人"在这一过程中的重要作用。

组织外部环境、自身状态或领导者特性的变化会导致新和谐主题的凸现和对原有和谐主题的替代，在和谐管理理论中我们将这个过程称为和谐主题的漂移，分为显性漂移和隐性漂移两种情况。促进并实现主题漂移的因素既有客观动因也有主观动因，相对于源自外部环境及组织自身变化的客观动因而言，领导者的创造性思维、洞察力、应变力、解释力、反思力等主观动因对主题漂移的影响更为直接、更为关键。和谐主题的漂移对组织来说是一种革命性变化，在这一过程中，组织的资源柔性、动态能力、学习机制、创新理念、变革型领导是组织能否顺利过渡的支撑条件，组织领导成为这些支撑条件发挥作用的核心，组织结构及组织文化层面上的组织惯性则对主题漂移过程有较大的阻碍作用。和谐主题的漂移过程可分为新和谐主题提出、主题漂移以及新和谐进程形成三个阶段。

本章对和谐主题研究的一些基本情况及基本结论进行了介绍与分析，并扼要地概述了近期的一些新研究成果，作为一种理论探讨，还有很多问题有待进一步的深入研究。例如，和谐主题与"双规则"机制之间的互动关系、和谐主题在理论和实践中的优越性、主题辨识与漂移的可操作的方法和工具、主题漂移的五个支撑条件不完全具备时对主题漂移的影响或限制、主题漂移时机的合理把握等。上述问题的解决要求和谐管理理论的研究者及实践者具备更加深邃的洞见并付出更为艰苦的努力。

本章参考文献

[1] AGUILAR F J. Scanning the business environment [M]. New York: Macmillan, 1967.

[2] BARNETT W P, GREVE H R, PARK D Y. An evolutionary model of organizational performance [J]. Strategic Management Journal, 1994, 15 (S1): 11-28.

[3] BARTLETT C, GHOSHAL S. Transnational management [M]. Homewood, IL: Irwin, 1992.

[4] BASS B M. Leadership and performance beyond expectations [M]. New York:

Free Press, 1985.

[5] BURGELMAN R A. Fading memories: a process theory of strategic business exit in dynamic environments [J]. Administrative Science Quarterly, 1994, 39 (1): 24-56.

[6] COLLIS D. A resource-based analysis of global competition: the case of the bearing industry [J]. Strategic Management Journal, 1991, 12 (S1): 49-68.

[7] LEONARD-BARTON D. Core capabilities and core rigidities: a paradox in managing new product development [J]. Strategic Management Journal, 1992, 13 (S1): 111-125.

[8] LEVINTHAL D A, MARCH J G. The myopia of learning [J]. Strategic Management Journal, 1993, 14 (S2): 95-112.

[9] LIEDTKA J. Strategic planning as a contributor to strategic change: a generative model [J]. European Management Journal, 2000, 18 (2): 195-206.

[10] LOASBY B. Organizational capabilities and interfirm relations [J]. Metroeconomica, 1994, 45 (3): 248-265.

[11] PENROSE E T. The theory of the growth of the firm [M]. New York: Basil Blackwell, 1959.

[12] PORTER M E. Competitive strategy [M]. New York: Free Press, 1980.

[13] SANCHEZ R. Preparing for an uncertain future: managing organizations for strategic flexibility [J]. International Studies of Management & Organization, 1997, 27 (2): 71-94.

[14] TEECE D J, PISANO J G, SHUEN A. Dynamic capabilities and strategic management [J]. Strategic Management Journal, 1997, 18 (7): 509-533.

[15] 郭士纳. 谁说大象不能跳舞?[M]. 北京：中信出版社，2003.

[16] 孔茨，韦里克. 管理学：第9版[M]. 郝国华，金慰祖，葛昌权，等译. 北京：经济科学出版社，1993.

[17] 韩巍，席酉民. 再论和谐管理理论及其对实践与学术的启发[J]. 西安交通大学学报（社会科学版），2021，41（1）：39-50.

[18] 哈默，帕拉哈莱德，托马斯，等. 战略柔性：变革中的管理[M]. 朱戎，段盛华，胡明，等译. 北京：机械工业出版社，2000.

[19] 黄丹，席酉民. 和谐管理理论基础：和谐的诠释[J]. 管理工程学报，2001，15

(3): 69-72.

[20] 贾小玫,李峰. 基于和谐理论的流动人口和谐度测量模型[J]. 统计与决策,2007(20): 7-9.

[21] 达夫特. 组织理论与设计精要[M]. 李维安,等译. 北京: 机械工业出版社,1999.

[22] 索尔索. 认知心理学[M]. 黄希庭,李文权,张庆林,译. 北京: 教育科学出版社,1990.

[23] 科特,等. 变革[M]. 李原,孙健敏,译. 北京: 中国人民大学出版社,1999.

[24] 戚桂杰,顾飞. 基于和谐管理理论的提升业务与IT融合研究[J]. 山东大学学报(哲学社会科学版),2012(2): 53-59.

[25] 戚振东,曾宪聚,孙晓华,等. 基于和谐管理理论的人力资本管理: 一个理论框架[J]. 科研管理,2008,30(4): 34-40.

[26] 邱泽奇. 在工厂化和网络化的背后——组织理论的发展与困境[J]. 社会学研究,1999(4): 3-27.

[27] 尚玉钒,席酉民,赵童. 愿景、战略与和谐主题的关系研究[J]. 管理科学学报,2010,13(11): 4-11.

[28] 尚玉钒,张晓军,席酉民. 领导对不确定情境的意义给赋: 谈和谐主题及其框架效应[J]. 管理学家(学术版),2009(5): 3-12,76.

[29] 尚玉钒. 基于信息流协调的组织和谐管理思考[J]. 中国软科学,2001(10): 55-59.

[30] 汪应洛,李垣,刘益. 企业柔性战略——跨世纪战略管理研究与实践的前沿[J]. 管理科学学报,1998,1(1): 24-27.

[31] 王洪涛,席酉民,周云杰. 组织中秩序的起源与和谐管理[J]. 系统工程理论方法与应用,2001,10(4): 276-279.

[32] 王其藩,蔡雨阳,贾建国. 回顾与评述: 从系统动力学到组织学习[J]. 中国管理科学,2000(S1): 237-247.

[33] 王亚刚,席酉民,尚玉钒,等. 复杂快变环境下的整体性应变工具: 和谐主题[J]. 管理学报,2011,8(1): 19-27.

[34] 王亚刚,席酉民. 国家创新体系的构建与评估: 基于和谐管理理论的系统探讨[J]. 中国软科学,2007(3): 53-58,75.

[35] 王亚刚，席酉民．和谐管理理论视角下的战略形成过程：和谐主题的核心作用［J］．管理科学学报，2008，11（3）：1-15．

[36] 王迎军，王永贵．动态环境下营造竞争优势的关键维度——基于资源的"战略柔性"透视（下）［J］．外国经济与管理，2000，22（8）：23-25．

[37] 魏晓卓，金丽馥，吴君民．基于和谐管理的粮食财政直接补贴和谐主题研究［J］．系统工程理论与实践，2015，35（11）：2721-2739．

[38] 席酉民，韩巍，尚玉钒．面向复杂性：和谐管理理论的概念、原则及框架［J］．管理科学学报，2003，6（4）：1-8．

[39] 席酉民，韩巍．管理研究的系统性再剖析［J］．管理科学学报，2002，5（6）：1-8．

[40] 席酉民，尚玉钒．和谐管理理论［M］．北京：中国人民大学出版社，2002．

[41] 席酉民，尚玉钒．和谐管理思想与当代和谐管理理论［J］．西安交通大学学报（社会科学版），2001，21（3）：23-26．

[42] 席酉民．管理研究［M］．北京：机械工业出版社，2000．

[43] 席酉民．和谐理论与战略［M］．贵阳：贵州人民出版社，1989．

[44] 许成磊，段万春，孙永河，等．创新团队和谐管理机制的主题辨析优化［J］．管理学报，2014，11（3）：390-395．

[45] 许小东．组织惰性行为初研［J］．科研管理，2000，21（4）：56-60．

[46] 杨栩，周瑜．基于和谐管理的企业持续创新实现模式研究［J］．中国科技论坛，2011（7）：64-68．

[47] 张隆高．德鲁克论21世纪管理的挑战——变革领导者［J］．南开管理评论，2001（4）：68-72．

▲

  管理者经常遇到这样的问题：问题的复杂性或者不确定性使得管理者难以给出解决问题的具体行为路线或者规则；虽然人们能够按照规定的路线或规则解决问题，但不如放手让他们自主解决更为经济或者更符合时效等要求。本章旨在研究这类问题的对策——以"能动致变的演化机制"为核心的和则体系。

  运用和则解决问题的效果取决于行为者与问题求解相匹配的能力、行为者完成问题求解目标系统的意愿、组织为问题解决提供的条件支持，这三方面要素的作用关系又发展出和则的工具、方法。和则不仅是针对具体问题的解决方法，也是在组织层次上建立和则平台，培育良好的组织文化和信任氛围的有效方法，从而从根源上消除组织不和谐问题。类似于处理人体的病症，对症下药是最有效的方法，通过积极锻炼身体、提高机体免疫力也是身体健康的有效保障。

———

CHAPTER 6 ▶ 第 6 章

和则体系：能动致变的演化机制

前文中，我们认为管理活动的基本机理包括"设计优化的控制机制"与"能动致变的演化机制"两类，并将"和则"定义为有关"能动致变的演化机制"的机理、规律或者主张，可见和则体系的构成是以"能动致变的演化机制"机理为核心的；并分别从几个方面分析了"能动致变的演化机制"的由来：其一，从管理理论演进路径分析了管理理论的作用机理是"能动致变的演化机制"和"设计优化的控制机制"及其互动、耦合；其二，人们在管理中应对不确定性的思路同样是"能动致变的演化机制"和"设计优化的控制机制"的组合；其三，管理哲学中演化和建构秩序的分类分别对应于"能动致变的演化机制"和"设计优化的控制机制"的机理。

6.1 和则的理论与实践基础

前文的研究着重于和则与谐则体系的整体构架，本部分着眼于和则的理论与实践基础、机理、工具和方法。

6.1.1 与和则相关的管理理论及其特征

虽然近百年来科学技术的进步有目共睹，而且管理理论研究的发展尤令人瞩目，形成了基于各类不同研究方法和研究视角的管理丛林，但不可否认的是，以有人参与的各种组织为研究对象形成的知识，相对于自然科学，因为人为的不确定因素增加，在理论形式上不可能达到如纯粹的自然科学般严谨（严密推理）；而相对于纯粹的以人为研究对象的社会学科，组织管理学又具有其一定的特征和范围。因此，在目前的管理丛林中，不乏在具体的假设前提下经严密推理形成的管理科学、数理学派，它们视组织中的人要素为机器部件，不将来自人要素的差异纳入考虑；当然也有逐步演进积累形成的知识，如对人性的思索、人际关系的研究等。Woof（1965）认为"管理丛林"中的管理理论根据研究角度的不同可划分为以组织为中心的管理理论和以人为中心的管理理论两类，每一类管理理论又根据研究方法的不同分为描述演绎型和分析归纳型（见表6-1）。

表6-1　Woof的管理理论分类

	以组织为中心的管理理论	以人为中心的管理理论
描述演绎型	法约尔的经营理论、管理过程、管理原理	决策理论、人性理论、经理人角色
分析归纳型	泰勒的科学管理、运筹学、数理学派	激励理论、人际关系理论、群体行为

席酉民、韩巍（2002）对管理理论进行了系统性再剖析，无论不同管理理论存在什么样的差异，但组织管理的目的都是组织绩效（集）的增进。组织可被视为由人要素（个人特征、群体行为）和物要素（物及可物化的要素，没有人实施影响的要素）构成，{**人与物**}不同的演变方向可划分"人与物要素的互动关系（秩序）"（路径1）及其分支"行为认知"（路径2）和"方法优化"（路径3）三个主要路径。根据这三个不同路径带给我们的知识景观，管理理论相应地被划分为三类，普适性理论、混合性理论和局部性理论。我们给出一个简单的比较（见表6-2）。

表6-2　基于管理研究路径的管理理论分类

	普适性理论	混合性理论	局部性理论
理论形成	物要素及其关系的优化	人与物的互动关系	对人及人群的认知
理论前提	视人要素为类似于机器部件的确定性的投入	人、物要素在具体管理过程中均不可偏废	物要素在具体的管理过程中的作用确定
作用机理	通过优化提高效率	合理的规则与能动致变的演化机制相结合	激励或约束人的行为以提高人的能动作用
典型理论	数理学派、狭义的管理科学、系统工程、运筹学	一般管理研究：结构、组织、领导或计划、指挥、执行、控制或财务、营销、战略、人力资源	人际关系、群体行为、领导（个人特质）、行为、文化等

Woof以组织为中心和以人为中心的管理理论二分法关注的是研究对

象的不同，我们提出的三分类方法本质上是基于管理过程的不同特征，更有助于揭示不同管理方法的根本机理。而且，因为组织与人的不可分割性，Woof 简单的二分类表非常尴尬，他把管理过程、管理原理归类为以组织为中心的管理理论，而经典教科书中管理原理的表述，如孔茨的"计划、组织、人事、领导及控制"，斯蒂芬·罗宾斯的"计划、组织、领导、控制"，以及托马斯·S.贝特曼等的"计划与战略、组织和人事、领导、控制和变革"，其中的人事、领导等都是以组织中的人为中心的研究，只不过是对其在组织中的特定活动范畴的研究。

既然和则是有关"能动致变的演化机制"的机理、规律或者主张，那么我们认为除了那些视人为机器部件般的确定性的投入要素的管理理论（普适性理论），其他的管理理论都是与和则相关的管理理论，特别是局部性理论，它直接以人的活动为研究对象。我们知道普适性理论如运筹学是非常严谨的，不可能因为历史、情境的变迁而不成立，或者存在两个完全不一样的答案。我们尝试从纵向和横向通观与和则相关的管理理论，不难发现它们具有如下特征。

（1）**与和则相关的管理理论的发展是社会演进的体现和选择**　自从人类有了集体劳动，管理就产生了。组织的发展对这一特征的形成起到了重要的作用，它一方面是社会演进的体现，另一方面又决定了与和则相关的管理理论的特征（见表 6-3）。

表 6-3　社会演进以及与和则相关的管理理论

社会时期	组织形式	核心关注点	与和则相关的理论重心
个体手工业	作坊式	偷懒、质量问题	视人为经济人，防止偷懒
工业革命时期	大量工厂	车间生产的效率、人们的工作动力	开始考虑人的多方面的需求和行为
二战后	职能健全的工业组织	开拓、发展组织各方面的管理职能	人们如何完善各项管理职能
20世纪七八十年代	大规模的生产组织	企业的竞争力	团队合作、组织文化
计算机在组织中的应用	大企业	利用信息技术组织大规模的生产经营	计算机替代许多手劳动、流程改造
网络技术的应用	网络组织、虚拟组织	关注变革、核心竞争力等	员工学习、信任、合作等

注：以上划分并非对实际时期的划分，而是以组织在不同时期的显著特征为标准。

我们不难看出，与和则相关的管理理论的发展和进步是与社会演进趋同的，有什么样的社会需求，就有与其相对应的组织形式及管理理念，它是社会演进的体现，也是社会发展的选择。在不同的社会条件下，管理的理念和规则是不尽相同的。

（2）与和则相关的管理理论往往在同一问题上呈现出百家争鸣之势

与和则相关的管理理论不同于普适性理论，由于人的复杂性以及认知的局限性，且不论从不同研究视角形成的管理丛林，就算在某一特定的研究范畴内，不同研究者也很难持有相同的观念。典型的如人性理论之争经久不衰：我国古代孟子与荀子的人性善恶之辩；亚当·斯密提出了"经济人"假说并被泰勒运用到管理领域；梅奥提出了"社会人"的概念，奠定了行为科学理论的基础；麦格雷戈分析了两种完全不同的人性假设，提出了X理论和Y理论，在此基础上威廉·大内又提出了他的著名的Z理论；此外还有复杂人、文化人、理性人、有限理性人等概念。郭士伊等（2004）曾对人性假说做了深入的分析，提出了"智能体"观点，即在充分肯定其他各种不同人性假设正确的一面的同时，更加强调随着科技、社会的发展，蕴藏在人脑中的智能属性对创造财富的作用变得越来越显著，在人性假设的历史变迁基础上，对应于"经济人""社会人""文化人"和"人的智能特征"，人的经济属性、社会属性、文化属性和智能属性共同构成了管理中的智能体。

与和则相关的管理理论一方面在不同条件和环境下并不相同，另一方面不同研究者的知识基础、偏好和价值观等的差异导致他们在研究同一问题时也会产生迥然不同的观点，这些差异很难说孰是孰非，似乎每个理论或观点都有其产生的土壤（不同特征和环境的组织）。我们认为正是因为组织在实际生产活动中会遭遇难以计数的因素带来的影响，愈来愈强的复杂性、不确定性使其难以忽略外部变化的扰动，所以管理理论并非如自然科学般明确和易于证明。理论表面上的繁荣和多样性实则是对现实的反映和研究者的选择。而且，与和则相关的管理理论最终形成的规则或者建议也并非针对某一现象的明确的规定,研究者们更多的是分析问题,给出解决问题的建议或者需要注意哪些因素的影响,如对于"是否实行多元化战略"这个热门话题,虽然大多数研究者都建议采取多元化战略要慎重,但从来没有人否定过多元化战略,而是从多维视角来剖析其适用条件以及利弊和风险等。

(3) **目前与和则相关的管理理论的缺陷** 与和则相关的管理理论的整体演进和"百家争鸣"的特征是相关理论的重要性和繁荣的表现,但同时也是其缺陷的来源。管理研究是为了解决管理实践问题的,与和则相关的管理理论的主要缺陷在于其实践价值不足。

1)重视细致的过程分析,但缺乏在实践中可操作的方案。随着心理学、社会心理学等学科的繁荣,对人及人群的行为研究成果也大量涌现,但遗憾的是,所有这些理论都难摆脱学术研究的偏好,即过分重视理论的推演及证实过程,缺乏对实践价值的开发。首先,其研究问题大都来自学术文献,缺乏深入的实践意义;其次,对实践者关心的重要问题的解决不够重视,致使部分有价值的理论也难以迅速在实践中得到扩散和应用。

2)理论的演化性和"百家争鸣"特征使得在同一问题领域积淀了大量近似的理论,而且不乏许多实践人士的经验,实践者常常因为在同一问题上遭遇到不同的观点和主张而无所适从。事实上,各种管理理论的提出都有其背景和前提,因此,缺乏对不同理论适用性的研究也降低了理论的实践价值。

3)理论分布相对零散,缺乏针对问题的有目的的综合集成。理论(特别是许多由研究方法衍生出来的理论)研究问题的分散使研究成果相对分散,它们分布在各类缺乏特定主题的学术杂志中,难以形成某一领域的整体性成果。而目前的综合集成工作,如各类经典的教科书都是以某领域学术自身的结构体系展开的,类似于研究成果的展示。而实践者往往是根据某一特定问题来寻求理论支持的,因此,针对某一问题领域的综合集成更富实践意义。

综上，与和则相关的管理理论更多展示的是其丰富成果的一面，但这些成果是否有实践价值、如何操作，特别是人们运用与和则相关的管理理论解决问题的行为规律是什么，这些问题却未被研究者重视。同时我们也注意到，既然和则并不倾向于给出确定的解决路线，那么我们有理由相信，这些理论正是通过其分析过程、建议或者如经验学派的案例剖析而使管理实践者从中得到有益的知识、启发的。当然，不同的人因为其阅历、价值观的差异在同一个学习过程中得到的教益或者领会的深刻程度也并不完全相同。

6.1.2 与和则相关的管理实践支持——和则适用的管理问题

和则与谐则是两种作用机理不同的解决问题的方法，如果单纯从方法视角看，方法与问题的匹配程度越高则效果越好，即方法首先要能够正确地解决问题，其次在正确的基础上越准确越好（也许有人会问，倘若不准确，那么何来正确可言？但管理问题的求解不同于数学问题，我们认为如果某方法能够解决管理问题，那么该方法就是正确的，但不同方法在解决问题的准确度上存在差异。比如我们用成熟的计算机系统处理会计账务，显然其准确度要比完全手工处理会计账务的要高，但两者都能够解决处理会计账务这个问题，都是正确的方法），这是方法唯上的观点，但现实中并非如此。第一，解决实际管理问题的目标不仅仅是使问题得以解决，它更多地表现为一个目标系统，受到费用、时间等各种资源的限制；第二，解决问题的过程并不会像事前设计好的闭环系统一样，其间必然会受到组织环境要素变化的影响；第三，管理问题的解决是通过组织中的人来实现的，需要更多地考虑来自人的各方面的不确定性因素。因此，对于很多管理问题，我们很难运用事前设计的确定性方法去解决。我们可以简单地把管理问题分为两类。

（1）**问题本身不能够运用确定性方法（设计优化）解决**　这类问题的复杂程度和不确定程度都非常之高，涉及问题的要素众多且关系复杂，或者行为者对相关的规律不了解，抑或对未来结果无法判断。因此，行为者对这类问题很难做到事前设计好确定性的解决方案，而是往往根据自己的知识、经验以及偏好解决问题。如企业战略问题，企业战略涉及的外部因素众多且难以明确，各要素之间的作用规律很难确定，我们不可能由一个类似数学推理的过程，得出该企业的详细行动计划，而只能在了解企业内外部信息的基础上结合企业战略的相关理论，给出一些有益的战略建议。至于决定做什么或者适合做什么，还得充分考虑企业战略高层的意图及偏好。

（2）问题既能够运用确定性方法解决，亦可运用和则方法解决，但运用和则方法更优 这类问题涉及的因素较少且关系明确，问题的结果也能够预测，能够运用确定性方法解决。但这类问题同样也可以运用和则方法解决，而且和则方法具有确定性方法所不可比拟的优势。这是因为确定性方法追求解决问题的精确性、科学性，方法复杂、烦琐，在成本、时效、资源等方面不具有优势或者超出了解决问题的目标范围，甚至，这个问题的解决就是下一个问题产生的原因。在管理领域内，这样的事例也是不胜枚举的，所谓的"大企业病"就是典型代表。在大企业里，各种制度、规程都非常健全严谨，虽然这是企业秩序的保证，而且使企业在相对稳定的行业环境中取得了极大的成功，但也造成了如官僚习气以及反应慢的问题，而小企业里许多非正式的沟通或人为协调就相对减少了前述的弊端。目前采用柔性组织概念使得组织扁平化，正是为了解决大企业的这个弊端。虽然过程中可能会滋生一些人为性的错误，但为了企业的更高目标（如提高竞争力），这样的改革显然是必需的，特别是在快速多变的行业环境中，组织结构扁平化能使团队工作更为合理有效。

与确定性方法相比，和则方法显然具有更广的适用范围和更强的灵活性，因为后者的核心是利用人的智识去处理问题，而不是将人视为机器部件般的确定性的要素，仅仅按照流程和规则机械地执行任务。我们不难预料，利用和则方法无论在处理过程还是结果中，都具有更高的不确定性。

值得注意的是，尽管我们认为大部分管理理论不可能成为普适性理论，但目前的管理研究大都是按分析问题、提出假设、概念、建立模型、推理（实证）结论这样的过程进行的，其目标是降低组织的不确定性，使得组织如同机器一样精确，并且为此不惜设置大量的假设条件，去推理在现实中可能并不存在的问题。虽然这样烦琐复杂、数学化的研究可能提供了理论意义上的知识，但实践意义的缺乏使得一些理论很少被实践者关注。我们观察到现实中有大量与传统理论研究趋势不相一致的现象，如利用谐则去处理很多确定性方法可以解决的问题，利用和则去处理一些高度不确定的问题。特别是和则，如果管理者能够恰当运用，那么在许多方面都能起到良好的杠杆作用。和谐管理理论的研究更贴近实践。

6.2 和则的作用过程及机理研究——能动致变的演化机制

上节给出了和则成立的理论支持，即人们可以运用演进形成的经验、管理理论和文化传统等有效解决问题，本节则从应用和则解决实际管理问题的过程出发具体分析其特征及作用机理。

6.2.1 和则的作用过程分析

根据问题求解的一般逻辑，管理问题的求解过程包括认识（描述）问题、搜寻规则、解决问题。其中涉及三个主要的概念，即管理问题、行为者和规则。运用和则的过程同样也不例外。

1. 运用和则进行问题求解的基本概念

（1）**管理问题** 和谐管理是针对和谐主题的问题解决学，在前文中，我们也不惜笔墨分析了与和则匹配的管理问题，即确定性方法不能解决的问题（理性不及）和确定性方法虽能解决但和则方法更优的问题（理性可及，但不够经济或超出目标范围）。在复杂性和不确定性愈来愈强的趋势下，第一类问题将会大面积涌现，甚至原来适宜用确定性方法解决的那些问题，也会因来自环境的要求或者压力而变得无法解决，这使得管理者必须做出变革；第二类问题也一样，和则方法灵活、快捷的特点将是对循规蹈矩的传统方法的一种挑战。

（2）**行为者**　运用和则的行为者，在问题解决过程中主要依赖于以经验为特征的演进性知识。组织环境的复杂多变以及愈来愈强的不确定性使得能够通过"建构"的知识完全解决的管理问题愈来愈少，愈来愈多的管理问题需要行为者运用自己的智识去研究、判断、选择，而不是简单地循章办事。知识工作者是行为者中的典型，提高其生产率被德鲁克（1999）称为21世纪管理学的最大挑战。与传统的体力工作者不同，知识工作者的工作任务更复杂，对创新要求高，贡献难以量化，工作方式以目标为导向，行为隐蔽，因此较难评估。

（3）**规则**　规则不同是和则与谐则在解决问题上最大的区别。从形成来看，和则的规则来自社会进化逐步积累形成的知识，往往表现为价值观、经验、惯例、行为模式等，它们之所以能为行为者理解、掌握，是因为它们因曾经帮助人们获得成功而得以被选择、保存和流传，个人内在的价值观更是通过个人的经历而得以体验、学习和选择，历久形成的。从表现形式来看，与谐则的明文章程相比，和则的规则更多表现为隐性知识，一般不以明确的文字或者语言描述，即使能够描述的也是其大概意旨，而不是对过程的精确计算及控制。

2. 和则的作用过程

按照问题求解的一般逻辑过程，我们给出和则的作用过程（见图6-1）。

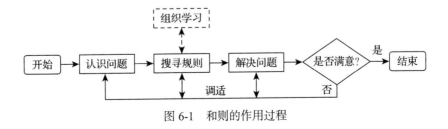

图6-1　和则的作用过程

由图 6-1 可见，和则的作用过程即行为者运用和则规则解决问题的多重反馈过程。

（1）**认识问题** 对问题的认识大致包括对问题的目标、问题的有关知识和规律、相关组织环境因素等的认识，当然认识问题也并非把所有这些事情——书面化并仔细求证，而是行为者在认识到问题的基本特征及要求后，根据自身需求有意识地探寻某些自己认为重要的信息。明茨伯格（1973）认为管理者解决管理问题只凭借对问题性质的模糊印象，很少对最终的结果有明确的认识。

（2）**搜寻规则** 类似于系统求解中的解决方案的提出，搜寻规则是指行为者根据对问题的认识和判断，结合自身掌握的有关进化性的规则，搜寻与之相匹配的行为模式、惯例。如果他认为解决问题所需的规则知识远超出自己的知识储备，那么行为者会自觉学习。有目的地组织学习也是解决这个问题的有效方法。同时，在此期间如果行为者认为对问题的认识还有不足之处，那么他会随即有意识地反馈到认识问题的环节中。

（3）**解决问题** 当行为者对问题的认识及对规则的搜寻感到满意后，就正式地进入到解决问题环节，行为者并不需要列出精确的计划方案，而是在关键环节根据相应的规则做出判断、选择。如果在解决问题的过程中行为者认为对问题的认识或者规则搜寻不足，那么他也会随即反馈到认识问题、搜寻规则两个过程中。

（4）**判断反馈** 对于某些不可逆的问题，当问题解决过程完成后，判断反馈就成为事后的评价，而对于某些可以返工的问题，判断反馈即成为整体总结后的反馈过程。如果行为者或者评价者对问题的解决不满意，那么行为者可对前面的环节进行修正。

以上运用和则解决问题的过程在实际应用中更多地表现为一个逻辑过程，是行为者自觉或者不自觉地运用和则的逻辑路径，而并非一定表现为书面计划或者能够明显地将各个环节区分开来。从以上过程我们不难得出运用和则解决问题的方法具有如下特征。

其一，运用和则方法解决问题的核心在于行为者。因为过程中的作用规则来自行为者自己掌握的知识、惯例和经验等，而且该过程的中间环节也难以进行控制和考核，所谓判断反馈的标准更多来自行为者自己的判断，因此，当给定一个具体的管理问题时，一旦确定了行为者，整个问题解决的效果（水平）就直接取决于行为者的工作表现，前者是后者的函数。可用式（6-1）表示如下：

$$V_q = f(B_p) \qquad (6-1)$$

式中，V_q 为问题解决的效果；B_p 为行为者的工作表现。

其二，既然问题解决的效果取决于行为者的工作表现，那么管理者即可以通过影响行为者的工作表现来提高问题解决的效果。这就是和则方法的核心机理，下节展开详细的讨论。

6.2.2 行为者的能力、意愿与组织条件支持

上节讨论了问题解决的效果直接取决于行为者的工作表现。企业管理者总是希望能够获得 V_q 的最大化，而要达到这个目标，只有通过对 B_p 施加影响以使 $f(B_p)$ 递增，因而施加什么样的影响、如何施加影响以及何种影响力度才能使得 $f(B_p)$ 递增并达到一个满意的水平，是我们要考虑的核心问题。

管理者通过对行为者的工作表现的影响来提高问题解决的效果，实则还需从运用和则方法解决问题的过程来寻找答案，因为行为者的有效活动均包含在该过程中，而且各环节相互关联，某个环节处理得好，不仅能够增进该环节的效果，而且对其他环节也是有益的促进。因此，我们不妨分析一下决定各个环节工作表现的关键因素是什么。如果静态地看，可以分析决定各环节工作表现的关键因素（见图6-2）。

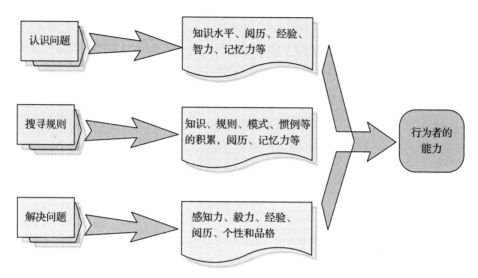

图 6-2　运用和则方法求解管理问题过程中的关键因素分析

图 6-2 大致列出了行为者的种种内在因素对各个环节的影响，我们可以将这些内在因素统称为行为者的能力。因为一般心理学理论把能力视为符合活动要求、影响活动效果并完成种种活动所需具备的个性心理特征，包括感觉、知觉、注意力、记忆力、形象思维、抽象思维等，我们的分析也符合这样的结论——行为者的个性心理特征集合必须符合解决管理问题的要求，能够影响解决问题的效果而且解决问题。当然，这些心理特征集合是由那些与问题求解相匹配的能力要素构成的。从中可见各环节的工作表现 (B_p) 取决于在求解过程中行为者的实际能力（记为 C_p^1），用式（6-2）表示。

$$B_p = f_1(C_p^1) \tag{6-2}$$

假设行为者拥有客观的与问题求解相匹配的能力水平并记为 C_p，那么他在解决问题时的表现 C_p^1 就取决于他在 C_p 基础上的发挥，先不管这个过程的具体细节，那么从结果来看，不外乎三类情况：① $C_p^1 > C_p$；② $C_p^1 = C_p$；③ $C_p^1 < C_p$。显然，在从 C_p 到 C_p^1 这个过程中，C_p 受到了两类

作用的影响，其一是正向的强化提高，其二是负向的抑制减弱。情况②存在的可能性较小，表现为组织对其影响程度较弱。而如果从主观角度和客观角度来看，我们不难找出影响 C_p 到 C_p^1 的过程的因素。

首先，从主观角度来看，行为者在问题解决过程中的态度将直接影响 C_p^1 的水平。对于人的活动所遵从的规律，心理学目前有基本公认的"三大思想"：第一是因果思想，即认为人类行为是由外因引起的，就像物理实体（物体）的行为是由作用在其上的力引起的一样，因果关系的实质是相信环境和遗传影响行为，外在因素影响内在因素；第二是定向思想，就是说人类行为不仅受外界影响，同时还指向某一事物，即行为是指向目标的，人总希望达到某一目的；第三是动机思想，即人们发现，"推动""动机""欲求""需要"或"驱动力"是行为的原因。在利用和则方法解决问题的过程中，因果思想体现为行为者受组织目标的要求而从事指向解决特定问题的活动；定向思想则表现为行为者所有的活动的目的都是完成为了问题设置的目标系统；就动机思想而言，虽然行为者可能并不想去做某件事，是被组织安排的，但这也是一种动机的表现（受完不成工作的压力的驱使）。我们认为动机不但是人们行为的原因，而且是影响人们行为表现的主观因素。为了不与心理学中的动机概念混淆，此处运用"意愿"来表示，即行为者解决问题的积极、努力、动力程度（记为 W_p）。基于此，我们提出假设1：具有同样 C_p 的行为者，其解决问题的意愿程度（W_p）越高，那么 C_p^1 越高。

其次，从客观角度来看，管理者在问题解决过程中提供的组织条件支持（记为 S）也将直接影响 C_p^1 的水平，组织条件支持包括工具、场所、资源等。客观能力 C_p 相对于实际能力 C_p^1，也可称为潜在能力。在行为者的 W_p 恒定的情况下，潜在能力的发挥显然受制于组织条件支持 S，S 良好，则能为 C_p 的实现提供良好的支持。基于此，我们提出假设2：具有同样 C_p 和 W_p 的行为者，如果组织的组织条件支持 S 越有效，那么 C_p^1 越高。在此，我们给出对假设1和假设2的分析（见表6-4）。

表 6-4　工作意愿与组织条件支持对行为者实际能力的影响分析

问题解决过程	工作意愿	组织条件支持
认识问题	积极努力的态度有助于多方搜集信息，提高认识水平；反之，懒散的态度将可能导致认识不足或者错误认识	良好的信息系统、专家支持制度和无障碍的沟通无疑能够提升对问题的认识水平；反之，落后的技术手段和封闭的沟通制度，将是错误认识的温床
搜寻规则	强烈的动机将促进行为者主动学习，提升原有水平；反之，故步自封、自以为是会导致错误或者不足	全方位的组织学习是提升这一环节运作质量的有效保障；反之，组织则会成为个人自由思想的练兵场
解决问题	积极的意愿将会促使行为者提高注意力，减少错误发生；反之，懒散将会导致错误或者低效	良好的工具、制度和资源支持是问题解决的保证；反之，落后的组织条件是导致低效和错误的直接原因
判断反馈	高意愿水平将提高满意度水平，促使行为者以更高的目标要求自己；反之，懒散的态度将降低满意度水平，从而降低最终效果	良好的组织条件支持有助于提高行为者的满意度水平；反之，落后的组织条件会成为工作绩效不佳的借口

由表 6-4 分析可见，上文我们所提的两个假设都是成立的。其实，这也是我们对这个问题的根本看法，但由于在讨论假设 1 时没分析组织条件支持，因此将其重新修订如下。

1）具有同样潜在能力（C_p）的行为者，在同样的组织条件支持（S）下，其达到目标的意愿程度（W_p）越高，那么其实际能力（C_p^1）表现越好。

2）具有同样潜在能力（C_p）和意愿程度（W_p）的行为者，组织条件支持（S）越有效，其实际能力（C_p^1）表现越好。

在这些变量中，还有 C_p 同 C_p^1 的关系没有论述，但显然下面这个假设的成立是毋庸证明的。

3）具有同样意愿程度（W_p）的行为者，在同样的组织条件支持（S）下，如果其潜在能力（C_p）越强，那么其实际能力（C_p^1）表现越好。

由以上的三个假设我们可得出式（6-3）。即行为者的实际能力是由其能力、意愿和组织条件支持共同决定的，而且与三个变量呈递增关系。

$$C_p^1 = f_2(C_p, W_p, S) \qquad (6\text{-}3)$$

结合式（6-1）：$V_q = f(B_p)$；式（6-2）：$B_p = f_1(C_p^1)$

我们可推理得到式（6-4）：

$$V_q = F(C_p, W_p, S) \qquad (6\text{-}4)$$

可见在用和则方法处理问题时，最终效果取决于行为者与问题求解相匹配的能力、行为者完成问题求解目标系统的意愿、组织为问题解决提供的条件支持。管理者可以通过对这三方面要素的正向作用来达到提高问题解决最终效果的目标。而且，根据组织行为学中的分类可以把行为者分为个体、群体、组织，虽然群体由个体构成，然后与个体共同形成了组织，但三者具有不同的活动特征、行为模式，管理者对其能力、意愿以及组织条件支持的作用都具有不同的规律。我们可以从这三者的角度给出和则作用的概念模型（见图 6-3）。显然，关于和则的研究就是围绕图 6-3 展开的，即如何能够根据不同的管理问题提升各类行为者的 C_p、W_p、S 的表现。

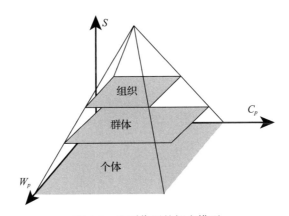

图 6-3　和则作用的概念模型

6.2.3　对行为者的能力、意愿与组织条件支持的作用程度的均衡分析

在分析了管理者可以通过对行为者的 C_p、W_p、S 作用来影响问题解决的效果后，接下来应研究如何对这些要素进行正向作用，本节先从对要素作用的整体规律来看如何达到适宜的作用程度，从而为如何对这些要素进行正向作用提供相应的理论支持。

自由与约束是一对相对的概念，相对于使用谐则方法（确定的行为路线）的行为者，应用和则方法的行为者享有较高的自由度，如较高的决策权和资源配置权。行为者的自由度对管理者来说同样是一柄双刃剑，行为者的自由度高意味着管理者对行为者的控制程度低，容易滋生各类风险，如行为者懒散、无法胜任甚至存在道德风险，同时也包含如果没有采用相应的作用而导致最终效果 V_q 的损失的风险，我们将其统称为风险；但对于一个适宜用和则方法去解决的问题，如果管理者减小行为者的自由度，如限制其决策权和活动范围，那么这既与和则方法的初衷不符，也会带来较大的管理成本。权衡其间的利弊，决定作用程度是管理者必然要面对的问题。

在和则方法中，行为者的自由度（记为 F_p）会随着管理者对其工作的影响（干预）程度加大而减小，当管理者为其规定了确定的行为路线（谐则方法）时，其 F_p 将达到最小；而当管理者完全授权或放任时，行为者的 F_p 将达到最大。行为者的自由度最大或最小都不利于 V_q 的最大化。F_p 越大，管理者越难使行为者向其期望的方向发展，管理风险就越大；F_p 越小，管理者的干涉就越多，而这要么使得问题不能高效解决，要么不能利用和则方法解决问题的优势，而且使得管理者在该问题上的投入增大，增大了解决问题的成本，我们将其统称为管理成本（可能会有人质疑，如果不对行为者加以控制或者控制程度很小，那么也可能会在解决问题的过程中增大实际成本，这种可能性在上文中被归入了"风险"的概念范围）。可见对 W_p 施加影响的程度也是我们考虑的目标之一。

如图 6-4 所示，粗黑色曲线 $S1$ 表示影响程度与 F_p 的实际关系，影响程度越大，其自由度越小，同时 $S1$ 也代表了管理者面临的风险趋势；与之相对的是管理成本线 $S2$，管理成本随着影响程度加大而增加，随行为者的自由度增大而减少。F_p 越小，该方法越倾向于谐则方法；同理，F_p 越大，该方法越倾向于和则方法。图中的 P 点表示管理者总是希望追求风险与成本的均衡。

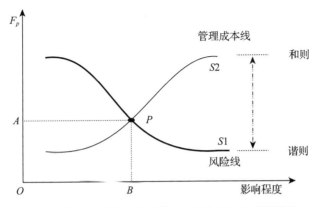

图 6-4　管理者对行为者的影响与行为者自由度的关系

按照经济学理论和决策理论，如果管理者属于风险中性型，那么我们不难得出管理者应采取管理成本与风险相等时所对应的影响程度水平 B，此时，行为者具有与相应的点 A 的自由度。如果管理者属于风险偏好或者风险规避型，那么管理者同样会选择管理成本与其感知风险相等的点作为均衡点。

6.3　行为者的能力、意愿与组织条件支持的作用规律研究

能力、意愿与组织条件支持这几个概念作用规律不尽相同，而且每类因素在不同层次的行为者中的作用规律也不尽相同。能力与意愿是组织行为学中的核心概念，已有相当丰富的研究基础。本节的目标主要是分析管理者如何影响各因素的表现以及相关的规律、工具等。

管理者对以上各因素作用的目标就是花费最少的管理成本而达到最大的降低风险的作用。假设达到某一程度的对行为者的影响总是需要一定的管理成本，即图 6-4 中的管理成本线 $S2$ 保持不变，当风险线向左移动或者风险线整体比现在的 $S1$ 线向左倾斜时，也能达到较好的均衡水平（见图 6-5）。这样的曲线变化规律有助于寻求更为有效的促进方法。

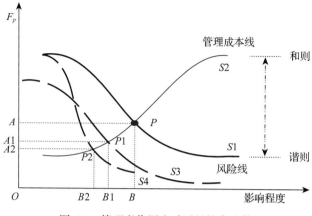

图 6-5　管理者作用变动后的均衡比较

6.3.1　对行为者与问题求解相匹配的能力的作用分析

1. 作用手段

管理者对行为者能力影响的目标即为投入最小的成本赢得最大的能力提升。假设图 6-5 中的 $S1$ 线表示常规手段，即管理者通过普通的影响手段来提升普通行为者能力的活动过程，影响程度表示运用普通手段的力度；行为者在能力提升后，其选择更具目的性，活动范围会因此减小，自由度也将减小。此时，管理者在达到力度 B 时即达到了均衡。

那么与图 6-5 中 $S1$ 相对的非常规途径有二，其一是选择基础能力更为突出的行为者，其二是通过对能力提高更为敏感的手段达到提高现有人员的能力水平的目的。第一种非常规手段对应图 6-5 中的 $S3$ 线，对照 $S1$ 线可见，管理者施加同样程度的影响，$S1$ 线对应较大的自由度（风险），同样，当两条曲线在同一个风险水平上时，$S3$ 却只需要比 $S1$ 更低的影响程度（管理成本），显然 $S3$ 对应的非常规途径在提升行为者能力时比常规方法更为有效。第二种非常规手段对应图 6-5 中的 $S4$ 线，同样也具有上述的优越性，较大的斜率表示风险对管理者的影响程度非常敏感，管理者能够施加较小的作用力度而实现较大的风险降低效果。

以上分析一方面说明了管理者对能力的作用具有以上三个途径，同时也提醒管理者要更为重视后两类高效的途径，即通过人力重组或者通过行为者更为敏感的能力作用方式来提高行为者的能力水平。

2. 专业能力与一般能力

行为者与问题求解相匹配的能力可以分为专业能力和一般能力，专业能力是对以问题为中心的专业性的知识、规律、方法等的掌握，是相对显性的能力；而一般能力则指个人的与解决问题相关的个性心理特征集合，如思维力、记忆力、注意力、学习能力、价值观系统、个人处理事情的模式或风格，是相对隐性的能力。显然，专业能力对人的附着程度远没有一般能力深刻、持久，专业能力可以通过简单的培训、学习获得，可以因解决问题需要而临时性地获得，而当问题解决完成后，这类专业能力就逐渐减少甚至丧失；而一般能力一方面是来自个人先天的智力，另一方面主要是在漫长的社会实践过程中，经过个人的演进选择而形成，一旦形成，非常难改变，组织中知识性的学习对一般能力的影响不大，管理者主要通过组织文化系统来达到改变个人一般能力的目的。

3. 管理者的直接作用方式与间接作用方式

无论哪种作用方式，管理者都是希望行为者增进组织所期望的能力，减少或者改变那些组织所不期望的能力表现。直接作用方式的特征是管理者确定行为者所需的目标能力内容，然后通过某项直接活动使得行为者提高目标内容，典型模式是培训、学习。而间接作用方式是指管理者能够使得行为者通过参与一些活动而达到对目标内容的体会、领悟和接受，典型的模式如实习、学徒、愿景共享等。我们给出行为者的能力类型与管理者的作用方式的比较（见表6-5）。

通过表6-5的分析，显然间接作用方式无论对一般能力还是专业能力都具有作用深刻的优势。结合图6-5，我们有理由相信如果直接作用方式

对应图中常规手段 $S1$ 曲线，那么间接作用方式就对应于图中的 $S4$ 曲线，即行为者对该作用方式更为敏感。这也提示我们在促进行为者能力增长时，应多方探寻有效的间接作用方式，以起到事半功倍的效用。

表6-5　行为者能力类型与管理者作用方式的比较

行为者能力	直接作用方式	间接作用方式	比较
一般能力	以口头或制度形式多次重复宣教组织的偏好，如价值观、行为惯例、办事模式	通过行为者的参与、体会、领悟等达到组织的期望，如文化系统、组织提倡的个案	在一般能力上，前者的作用程度不如后者深刻，而且范围有限
专业能力	管理者直接将所需能力通过各种活动让行为者了解、掌握，如授课式培训、咨询、学习	同样是通过行为者的体验与自我学习实现专业能力的增进，如案例分析、现场示范	在专业能力上，前者的适用范围广，得到大量运用，而后者作用深刻，值得推广

6.3.2　对行为者实现问题求解目标系统的意愿的作用分析

1. 作用手段

同样，管理者对行为者意愿作用的目标为投入最小的成本赢得最大的意愿增进。假设图 6-5 中的 $S1$ 线表示常规手段，即管理者通过普通的作用手段来提高普通行为者意愿的活动过程，影响程度表示运用普通手段的力度；行为者在提高意愿程度后，其选择更趋向于管理者的期望区域，活动范围会因此缩小，自由度也将减小。此时，在 P 点达到了均衡。

同理，与图 6-5 中 $S1$ 相对的非常规途径有二，其一是选择达到组织目标意愿更为强烈的行为者，其二是运用对意愿提高更为敏感的手段。第一种非常规途径对应图 6-5 中的 $S3$ 线，相较 $S1$ 线可见，管理者施加同样的影响力度，$S1$ 线具有较大的自由度（风险），同样，当两条曲线在同一个风险水平上时，$S3$ 却只需要比 $S1$ 更低的影响程度（管理成本），显然 $S3$ 线对应的第一种非常规途径在提高行为者意愿时比常规方法更为有效。第二种非常规途径对应图 6-5 中的 $S4$ 线，同样也具有上述的优越性，较大的曲线斜率表示风险对管理者的影响程度非常敏感，管理者施加较小的影响就能获得较大的风险降低效果。

同样地，以上的分析也说明管理者对行为者意愿的作用包括三个途径，而且后两类非常规途径更为高效实用。

2. 期望意愿强化与不期望意愿消减

相对于能力概念，意愿无所谓专业、一般性的区分，对所有的管理问题来说，意愿都是指行为者对于实现问题求解目标系统的动机水平，表现为情感、认知和行为的倾向性，因而意愿概念对于所有问题或者行为者都具有一般性。管理者对行为者意愿的作用的目标即希望行为者能够提高组织期望的意愿水平，抑制那些不良动机的表现。因此，可见管理者对意愿的作用分为两类：其一是期望意愿强化，即管理者通过相应工具、手段提高期望的意愿表现；其二是不期望意愿消减，即管理者通过相应工具和手段来抑制、消减不期望的意愿表现。

对期望意愿来说，研究者曾经广泛调查了"大五"人格因素与绩效的关系，得出了富有责任心、独立、毅力和成就驱动的员工的绩效比缺乏这些特质的员工的绩效更佳。相应地，组织希望员工在工作中能够表现出这样的特质：较高的努力程度、积极地投入、对工作富有兴趣、坚持不懈、富有自信、责任心强、良好的学习态度、与组织提倡的观念保持一致等。行为者在这些方面的倾向都需要强化，即增加这些期望事物的发生频次，强化方法包括事后强化和事前强化。事后强化是指，当行为者出现上述良好的表现时，管理者应该及时给予令其愉快的结果，如各种激励奖赏手段，以提高行为者的意愿程度。事前强化根据组织中存在的一些与意愿表现相关的事物，可以分为两类。第一，某些事物可能令行为者感到不快，那么需要消减这类事物，以加强期望意愿的强度。如组织希望员工能够加强学习，但学习需要一定的成本，如果是在工作时间内的学习，可能会使得员工需要加班才能完成工作量，这是一个令人不愉快的事物，但如果管理者事先承诺工作时间内学习可以抵减相应的工作量，那么就会起到有效地驱动员工学习的作用。第二，也可能这些事物本来就是行为者意愿的驱动力，令行为者感到愉快，那么可在事前强化这些令行为者感觉愉快的事物，一样可以达到增强期望意愿的目的。如员工对工作的积极性很多是由工作本身决定的，即其对感兴趣的工作显然积极性就高，因此，如果我们事先就按照其兴趣安排工作，那么这一令人愉快的事物的强化，势必会提高员工的积极性。通过事前强化令人愉快的相关事物来达到提高员工意愿的方法，看起来似乎与事后强化的方法类似，关键区别在于一种是事后提供的，而另一种是事前提供的，而且我们不难看出，事前强化更具有针对性，事后强化则适用范围更广。

不期望意愿包括这些表现：懒散、无所谓、缺乏兴趣、应付、推卸责任、畏惧困难、与组织提倡的观念相对立，甚至有败德倾向（如欺骗、隐瞒、不当牟利等）。减少、抑制行为者在这些方面的表现的手段包括惩罚和移除。惩罚是指当行为者表现出不期望愿意时，管理者会及时给予其一个不愉快的结果，如物质上的扣罚、精神上的批评，甚至是开除以达到对其他人的威慑的目的。移除是指，根据强化理论，那些不期望意愿的产生同样是由于某种强化物的存在，如果消除了该强化物，那么导致不良意愿产生的行为频次自然会减少。比如，懒散的形成很大程度上是管理者分工不科学或者员工工作量不饱和造成的，这就使得员工能够享受工作闲暇这一快乐事件，如果工作安排合理而且管理控制到位，那么就势必消除了工作闲暇这一强化物，懒散表现也就自然被消除了；再如，本来许多员工没有扯皮、推卸责任的趋向，但如果组织对工作中发生的错误的惩罚非常严厉，做得多自然也就错得多，这就驱使员工产生了扯皮和推卸责任的倾向，对于这个问题一味地采取惩罚必将激化矛盾，那么这里的"对工作中的错误的惩罚严厉"就是强化物，如果能够消减这个强化物，即减小对工作中发生的错误的惩罚力度，鼓励员工多承担工作，就会从根本上减少工作中的扯皮和推卸责任现象。可见移除手段不仅能够移除快乐事件，还能移除不快乐事件，关键在于移除的是行为的真正强化物。移除方法解决问题更具针对性,而惩罚方法则实用性更强。

按照直接作用方式和间接作用方式的标准划分,正强化与惩罚都属于直接作用方式,都是管理者通过奖赏和惩罚直接影响行为者的选择;而负强化与移除则是通过修正组织中的强化物,间接地实现对期望意愿的加强和不期望意愿的消减(见图6-6)。

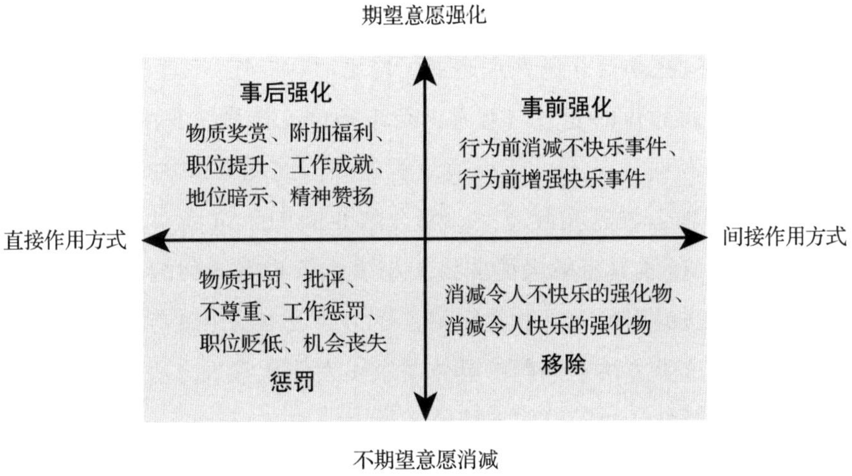

```
                    期望意愿强化
                         ↑
        ┌────────────────┼────────────────┐
        │  事后强化       │  事前强化       │
        │  物质奖赏、附加福利、│ 行为前消减不快乐事件、│
        │  职位提升、工作成就、│ 行为前增强快乐事件   │
        │  地位暗示、精神赞扬 │                │
直接作用方式 ←─────────────┼─────────────→ 间接作用方式
        │  物质扣罚、批评、  │ 消减令人不快乐的强化物、│
        │  不尊重、工作惩罚、 │ 消减令人快乐的强化物  │
        │  职位贬低、机会丧失 │                │
        │  惩罚           │  移除           │
        └────────────────┼────────────────┘
                         ↓
                    不期望意愿消减
```

图 6-6 管理者对员工意愿的作用模式及工具

通过上文的分析,我们同样发现间接作用方式无论对期望意愿的强化还是对不期望意愿的消减都具有良好的针对性。结合图6-5,我们同样有理由相信如果直接作用方式对应图中常规手段 $S1$ 线,那么间接作用方式就对应于图中的 $S4$ 线,即行为者对该作用方式更为敏感,这也提示我们在促进行为者意愿提高时,更应从其发生的环境中寻找具体的强化物,而不是采用一般的奖赏或者惩罚。

当然我们的工具库中还有比事前强化和移除更为间接的间接方法,组织希望员工能够通过长时间的工作经历,选择和接受企业文化、企业伦理中的相关使命、愿景、价值观、企业惯例等,并将其转化为自觉的行动。

6.3.3 对组织条件支持的作用分析

1. 作用手段

管理者提供组织条件支持的目标为,投入最小的成本赢得最大水平的组织条件支持提升。假设图 6-5 中的 $S1$ 线表示常规手段,即管理者增强和充实了常规意义上的组织条件支持,影响程度表示提升组织条件支持的力度,组织条件支持提升后,行为者可选择的活动范围缩小,自由度减小,对应的风险减小,并在 P 点达到了均衡。

不同于前面分析的能力与意愿,组织条件支持最初是由组织决定的,在解决管理问题时,是不可能更换组织的,因此图 6-5 中的 $S3$ 线在组织条件支持这一项上没有实际意义。那么图 6-5 中的 $S4$ 线对应于一种非常规手段,相比 $S1$ 线具有较大的曲线斜率表示管理者面临的风险对该类组织条件支持方法的影响力度非常敏感,较小的成本支出就能获得较大的风险降低效果。这类方法从问题的具体需求出发,比常规方法对管理问题的支持更具有针对性,对问题的支持效用最大。

2. 一般组织条件支持与专业组织条件支持

管理者解决问题所需的组织条件支持亦可分为一般组织条件支持与专业组织条件支持。专业组织条件支持是以问题解决为中心所需的组织条件支持,如相关的机器、设备、场所、各类资源等支持。一般组织条件支持则是以组织为中心,完善、发展组织所需的条件支持,如先进的信息系统、生产条件、办公条件。一般组织条件支持虽然从作用方式上看不如专业组织条件支持对解决问题的直接性和针对性强,但可以通过提高组织其他环节的效率来提高问题解决的最终效果,而且因为其全面的影响能力,对行为者来说也具有一定的吸引力(如综合办公条件水平的提高)。不过本书是以问题解决为中心的,因此,我们还是建议提供组织条件支持要根据具体问题具体筹办,并以专业组织条件支持为主(见图 6-7)。

图 6-7 管理者对组织条件支持的作用模式及工具

综上,通过和则的能力、意愿以及组织条件支持作用机理分析可知,首先,管理实践者可以根据具体问题的特征从这三方面寻找适宜的管理理论和手段方法;其次,相关研究者也可以据此定位自己研究问题的实践价值;最后,我们可以根据和则的框架更有针对性地综合、集成相关研究文献,形成系统化的知识。

6.4 组织中的信任与和则作用

和则的作用是提高人们的能力和做事的意愿,以及提供适宜的组织条件支持。那么除了根据和谐主题(具体问题)设计适宜的环境诱导行为者的表现外,我们认为还有一个很重要的方面,那就是不随和谐主题变化的组织环境,如组织的核心价值观、惯例等,这些要素对组织的每一位员工都有着潜在的影响,我们可称其为组织基础环境。积极、健康的组织基础环境对员工们的能力和意愿都起着良好的正向作用,能够有效促进员工的沟通、合作、学习等,我们认为组织基础环境的核心在于形成良好的组织信任氛围!如果说上节研究的是针对具体问题的和则策略,那么本节研究的就是组织层面的和则平台。

6.4.1 组织中和则作用不力的情形分析

根据上节的分析，和则作用不力包括以下情形，即没能发挥好个体的能力、个体的意愿程度低下（因为信任是与个体、群体或者组织紧密相关的，本节暂不考虑组织条件支持）。单一和则作用不力仅仅是某个问题的解决受到影响，普遍和则作用不力则直接影响到组织层面的利益。我们将和则作用不力的现象简称为"不和"。和则在组织层面上的普遍作用不力不仅会使组织的利益受损，也会使组织成员的利益受到损害（见表6-6）。

表 6-6 组织与组织成员的"不和"现象过程的分析

利益受损方		作用过程		
		工作前	工作中	工作后
组织	关系	组织选择组织成员	组织安排成员工作	组织为成员提供报酬
	可能的不和现象	能力不满足、缺乏工作经验、缺乏工作动力、不认同公司理念、由于选择错误而造成公司的冗员……	员工工作低效或完不成任务；对组织分配的工作缺乏兴趣，消极应付；与其他员工的合作不好（工作扯皮、推诿）；推卸责任……	给予过高或过低的报酬，接受虚假成绩信息，分配不恰当影响其他员工的积极性……
	原因	员工提供虚假信息，组织没有确知员工的真实信息……	工作能力不够，工作动力不足，缺乏责任心、职业道德……	组织没有确知成绩信息，员工提供了虚假信息……
组织成员	关系	员工选择组织	员工完成组织工作	员工接受组织报酬
	可能的不和现象	对组织信息的认识不充分，组织提供了虚假信息，组织没有达到其预期，因不满意组织而消极怠工……	组织没有提供预期的条件，来自员工的支持少，组织文化影响了工作积极性……	内部分配不公、没有达到预期、报酬相对外部没有竞争力、缺乏关心……
	原因	组织提供虚假信息，员工没有确知组织的真实信息	组织在工作分配、硬环境和软环境方面没有达到员工的预期	来自领导、结构和文化等多方面的原因

可见，消减组织不和现象应该从两个方面入手。从组织的角度，组织成员应该提供真实信息，并具备相应的工作能力、动力、合作意愿和职业道德，以提高组织对人的合意程度。从组织成员的角度，组织应该提供真

实信息，并改善组织硬环境和软环境，提高绩效考评的合理性，为组织成员营造满意的工作环境。本书立足组织视角，研究如何通过组织活动来消减组织的中不和现象，组织应努力提高员工对组织的满意度并通过对组织成员的部分特征的影响降低组织对组织成员的不合意程度。

6.4.2 关于信任理论的简单回顾

信任是社会科学领域中的一个重要概念，相关研究主要集中于社会学、社会心理学、经济学、组织行为学等学科领域。

社会学基于社会关系的构成研究微观层面的信任关系（人际信任或者说是私人信任）和宏观层面信任关系（社会信任，亦称系统信任或制度信任），认为信任是基于人际交往建立起来的。Giddens（1984）认为基本信任根植于社区、亲缘纽带和友谊的个人化信任关系之中；Lewis 和 Weigert（1986）直接将信任理解为人际关系的产物，是由人际关系中的理性计算和情感关联决定的人际态度，他们认为，理性（rationality）与情感（emotionality）是人际信任中的两个重要维度。

社会心理学从交往个体的角度研究信任概念：首先，从信任者（trustor）的角度来研究信任他人的性质及程度；其次，从被信任者（trustee）之可信性的角度来研究被信任者的能力、才干、行为一致性、可靠性、动机、责任感等信任构成因素。

基于交易费用理论和契约理论的经济学者们认为信任可以节约交易成本，而基于博弈论观点的经济学者认为信任关系能够促使博弈双方双赢，但建立该关系较为困难。Coleman（1990）认为信任是社会资本的一种形式，它可以降低监督与惩罚的成本，信任关系的建立涉及行动者是否甘冒风险自愿转让资源或者资源控制权。Axelrod（1984）指出信任成立的两种情况：第一，博弈双方希望持续重复博弈关系；第二，博弈双方都与以其他形式相联系的第三方有较强的相互作用，而且希望维持声誉。

组织行为学对信任的研究更贴近管理实践。许道然（2001）梳理前人的研究发现，影响组织内信任气氛的前因变项可分为信任者特质、被信任者特质、组织因素和情境因素四项。西方组织行为学对信任的研究集中于两个方面：其一，以信任者与被信任者关系（trustor-trustee relationship）或是领导者与成员交换关系（leader-member exchange relationship）诸类的对偶关系（dyadic relationship）为研究对象，将信任视为双边关系的一种指标；其二，研究领导者或部属个人特性等要素对信任以及对个体效能、群体效能及组织效能等后果变项的作用关系。

以上各学科分别就本学科的理论和研究方法对信任的内涵、要素、类型以及产生机制进行了研究。社会学认为信任产生于社会因素（社区、亲缘纽带和友谊）等，社会心理学则认为信任产生于双方的心理特征（能力、才干、行为一致性、可靠性、动机、责任感），经济学认为信任的建立是理性人基于降低交易成本和持续合作的目的的选择，组织行为学则在社会心理学的基础上研究对不同管理情境下不同类型信任的表现、原因以及对组织绩效的影响。以上领域的研究基本集中于对人际信任的研究，缺乏对其他主体之间信任关系的深入研究，如组织对组织成员的信任和组织成员对组织的信任。

信任的本质是信任者对被信任者的一种预期（expectations）或者信念（beliefs），Deutsch（1960）指出这种预期和信念是在以下情境中产生的：①今后存在一系列不确定性行为。因为假使未来是确定性行为，即完全可以准确预测对方行为，那么就无所谓信任与否。②未来的结果是由被信任者的行为决定的。如果信任者可以控制未来的结果，同样无所谓信任与否。结果的不可控增加了信任者受损的脆弱性，导致了信任风险的存在，一旦信任不成立，则信任者遭受损失。③可能有害性事件的影响力大于有益性事件。如果有益性事件的影响力大于有害性事件，那么根据期望理论，无论信任与否，信任者都可以做出与被信任者合作的决定。由此可见，信任是一种非理性行为。综上，所以Hosmer（1995）才会认为信任是个体在面临一个预期的损失大于预期的得益之不可预料的事件时，所做出的一种非理性选择行为。

6.4.3 组织中的和则与信任关系分析

如果把构成信任关系的双方定义为组织成员与组织，那么在双方分别作为信任者时就产生了组织成员对组织的信任和组织对组织成员的信任两种类型。我们分析组织不和与信任情境的关系。

1）在组织成员与组织的关系（工作前、工作中和工作后）发生之前，组织与组织成员都很难准确预测对方的未来行为。信任情境中也存在行为不确定性特点。

2）组织成员与组织的关系结果在一方看来依赖于另一方的行为，依赖方利益是否受损或者受损害的程度取决于对方的行为。此时如果一方信任另一方，那么信任方利益受损的风险不可避免。

3）组织不和最终导致双方关系无效或者低效，而且这对组织来说会直接影响其内部工作的连续性和整体性，对组织成员来说会直接影响其工作表现、业绩甚至职业前景。其损害性大于可能的有益性。信任情境中同样如此。

可见，组织不和与信任有着紧密的关联。首先，构成组织不和的双方即为信任的主体要素，组织成员作为可能受损方对应于组织成员对组织的信任，组织作为可能受损方对应于组织对组织成员的信任。其次，组织成员与组织的关系结果也可视为信任关系发生后的结果，前者包括"组织和"或"组织不和"两类。信任关系中信任方可选择信任，亦可选择不信任，而被信任方的特征也包括不可信任和可信任两类。

根据信任方的信任行为选择和被信任方的信任特征类型的对应，信任关系产生了四类状况，我们分别将其命名为盲目不信任、合理信任、盲目信任和合理不信任。所谓"盲目"是指不应该发生，"合理"是指应该发生（见图6-8）。

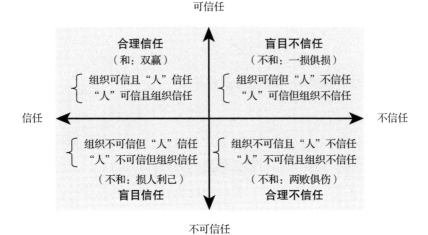

图 6-8　不同信任类型状况与"组织和""组织不和"的关系

注：横轴表示信任方，纵轴表示被信任方。

组织与组织成员的信任关系的结果为"组织和"的信任类型是合理信任。而结果为"组织不和"的信任类型包括其余三类：盲目不信任本质上是由信任者的盲目怀疑造成的，组织的盲目怀疑可能使其得不到优秀的人才或者人不能尽其用，人的盲目怀疑在组织中表现为存在部分员工挑三拣四、不服从分配等现象（不排除组织成员故意为之）；盲目信任本质上源于信任者的盲目乐观，在图 6-8 的第三象限中，组织作为受损方的组织不和现象基本上是由这种盲目乐观导致的，同样，组织成员的盲目乐观是图 6-8 第三象限中组织成员作为受损方的组织不和现象的主要原因；合理不信任造成的组织不和现象可能包括人员闲置、冗余，组织难以挑选到合适的人才、劣币驱逐良币等。

合理信任产生的"组织和"对信任关系双方是"双赢"的。而三类造成"组织不和"的信任类型的利益结果却因不和原因的差异而大不相同：盲目不信任由于单方面错误的怀疑导致了组织成员与组织的合作低效或者无效，对双方都构成了损失，可谓"一损俱损"；合理不信任其结果同样是组织成员与组织合作不理想，而且由于双方在下一次的合作中也不会立刻得到改观，反而有愈演愈烈的可能，可谓"两败俱伤"；盲目信任往往表现为信任方在合作中转让了资源或失去了对资源的控制权，而被信任方则获得了资源或对资源的控制权，最终结果一般是被信任方损害了信任方的利益牟取私利，是一种典型的"损人利己"。

合理信任能够产生"组织和"现象，而且不同学科研究者指出了有效的信任关系有助于提高个人绩效和组织绩效，促进组织学习；同时，良好的信任关系可以降低交易成本，促进关系双方持续重复合作，并保持良好的声誉。因此，在组织成员与组织的合作中，应该努力做到彼此间合理信任。同样，对"组织不和"现象的消减可通过消减组织中的盲目不信任、合理不信任和盲目信任三种无效信任类型，或者将它们转化为合理信任类型实现。

因此，通过本节的论述可证实上文中提出的假设：良好的组织与组织成员的信任关系有助于"组织不和"现象的消减。接下来，我们探讨如何建立组织与组织成员的两类信任关系。

6.4.4 组织成员对组织的信任研究

1. 组织成员对组织信任的内涵分析

根据信任的定义，组织成员对组织的信任是前者对后者持有的一种信念或信心，组织成员相信组织在与其合作的不确定关系中不会做出有损于其利益的行为。

组织成员的利益包括物质利益和精神利益，有效的利益是组织成员需求的组成部分。从另一个方面讲，组织成员之所以信任某些组织，而不信任另一些组织，其根本原因是前者对其需求的满足程度要大于后者。表现在特定的组织活动时，组织成员对组织有一定的预期，该预期可能不直接构成组织成员的需求，但间接支持了组织成员需求的实现。如组织成员在工作中总是期望组织能够提供良好的工作条件，按照马斯洛的需求层次理论,良好的工作条件虽然不是直接的需求构成,但满足了组织成员的工作自我实现和获得尊重的需求。组织成员对组织的预期的实现程度影响其对组织信任的付出、调节、保持和撤回。

当组织成员对组织给予了信任因而处于风险之中时,他们会特别关注该组织是否值得信任的种种特征。如果组织一次次实现了组织成员对其的预期,那么信任会被逐渐培养和巩固。反之,当组织不能满足组织成员的预期时,信任会消减以至变成不信任。因此,对那些想要获得来自组织成员的信任的组织来说,提升组织成员关注的可信任特征水平是获取人才、消减"组织不和"现象的关键。本部分则从被信任者角度来研究组织成员对组织信任的影响因素及其作用关系。我们引入一个概念——可信任度,它是指一方值得被给予信任的程度(Barney,1994)。

2. 组织可信任度的影响因素分析

已有文献对影响信任度的因素做了大量研究。具有代表性的是 Bulter(1991)提出的十种能够促进他人信任的条件,包括有效性、能力、一致性、谨慎、公平、正直、忠诚、开放性、诺言履行、接受能力。结合组织的特征,我们认为影响组织成员对组织信任度的因素可以用利、理、情三方面因素概括表示。需要注意的是,在中国历史文化情境下,"义""孝"等也比较重要,且不能被"利、理、情"完全涵盖,后续的研究需要重视。

(1)利 孔子所言"君子喻于义,小人喻于利"(《论语·里仁》),虽然为"利"贴上了"小人"的标签(如"见利忘义"),但从另一个方面也说明了利从来就为人们所关注和需求,君子也只是恰当地处理了义与利的关系。本书中"利"的含义是财利、利禄。组织的利包含两方面意思,其一是组织的获利能力,其二是组织满足组织成员期望利益的能力。

1)组织的获利能力。能力是指能够产生信任影响的被信任方的技能、特征的集合。Deutsch(1960)与 Sitkin(1998)都认为能力(ability)是影响信任的重要因素。其他学者也用 competence 来表达类似的意思。Join

（2004）指出能力是在商业情境下信任的最关键决定因素。Gabarro（1978）定义了九个信任的基础，包括特殊能力、人际能力、商业触觉、判断等，其实质是围绕能力这个核心概念的展开。组织的能力更多是指其获利能力，也即使得组织成员能够相信组织可以取得期望效益的能力。

组织成员关注的组织的获利能力不仅仅是其利润、市场份额等财务效益数据，更包括组织的成长能力（有无明确的激励性组织目标和计划）、组织在实际工作中为组织成员提供的支持。总之，良好的组织获利能力能够有效提高组织成员对组织的信任水平。

2）组织满足组织成员期望利益的能力。组织具有良好的获利能力并不能直接保证组织成员能够得到期望的利益，这取决于组织的分配制度。许多优秀的人才从大企业离职而选择创业（单独或合伙）或接受中小企业的高薪挖聘等，其原因并非原组织的获利能力低，而是组织员工的期望利益得不到满足。这些人才的流失给原组织造成了重大的损失，有些人才甚至直接成为原组织的竞争对手。这种现象在大型的国有企业中屡见不鲜。

（2）**理**　本书中的"理"，意为道理、合理。社会和国家用于调节关系的工具是法律和道德，组织的调节工具则包括组织的制度、组织文化、惯例等，那么这些工具所蕴含的内在特征，即为组织的理。组织成员期望组织能够以合理的方式处理利与理之间的关系，只有这样组织成员才会相信组织不会单方面损害其期望利益的获得。我们认为组织成员所期望的组织行为应该具有正直、公平的特征。

1）正直。正直是指被信任者具有强烈的公正感并言行一致。Butler 和 Cantrell（1984）认为正直和一致性是信任的决定性因素，Butler（1991）在后续研究中还认为一致性、正直和公平是信任的基本条件。Dasgupta（1988）总结了被视为影响员工对管理者信任的两种关键的正直行为：陈述事实和遵守诺言。行为一致和行为正直都能够减少员工对管理者信任的可感知风险，前者反映了在以往活动的基础上，管理者行为的可靠性和可预测性；后者则反映了在面临不确定性的情况时，管理者损害员工利益的可能性很小。组织的正直同样包括忠于事实、信守诺言和处事公正，组织的正直风格将会影响组织成员对其利益关系风险的判断，组织的正直程度越高，组织成员的可感知风险就越低，随之对组织的信任度也就越高。

2）公平。公平是指信任者相信能够获得被信任者公正、平等的对待。公平因素也常被研究者作为影响信任的因素来讨论。组织的绩效评价系统、职业发展机会以及工作保障等这些可感知的公平表现，反映了公平对信任的影响。如果员工感受到组织提供的待遇是公平的，即员工的付出和回报之间的对应关系是比较合理的，则组织成员对组织具有较高的信任度。

（3）情　在管理中常见"以情留人""感情管理"等方法，本书中的"情"，意为感情、情谊、人情等。信任在一定程度上是感情的产物。Mishra（1996）认为交往双方在感情及认知上的相互认同，使得双方之间的关系达到亲密无间的程度，才能建立起真正的相互信任。感情影响组织信任的机制是，组织成员所感知的来自组织的感情、情谊降低了他们对风险的预期。因此，采取使得组织成员感觉到来自组织的感情、情谊的组织行为，是提高组织成员对组织信任程度的有效手段。本书中"情"主要包括两个方面。

1）关心。关心是指被信任者被认为会做出对信任者有利的事情，而并非受私利的驱动。关心表现在，即使在信任者没有要求帮助的情况下，被信任者仍然无私地想要帮助信任者。组织成员总是希望组织对其的关心能够扩展到家庭、工作团队中。关心的可信行为由以下三个方面构成：其一，对员工需求和利益保持敏感和关心；其二，与员工建立亲密的联系和进行经常性的对话；其三，避免为了组织利益而损害他人利益。这些方面可以促使员工感受到组织的善意和关心。组织对组织成员的关心在本质上是前者对后者的付出：能够及时想到组织成员的需求，甚至不惜舍弃自身的利益。这些行为都能够赢得组织成员对组织的感情。

2）忠诚。"员工忠诚度"是管理中的重要概念，员工忠诚是指组织成员对组织的认同并自觉维护组织利益的态度和行为。员工的忠诚降低了组织对员工流失、员工损害组织利益等风险的感知，使得组织对组织成员感觉安全。同样，组织对组织成员的忠诚也可以被认为是，前者对后者的认同并自觉维护后者的利益的态度和行为。组织对组织成员忠诚的建立可通过如下三个渠道：其一，建设有归属感的企业文化；其二，具备周密的职业生涯规划；其三，为组织成员提供有效的工作以外的保护和帮助。组织的这些"忠诚"行为能够有效提高组织成员对组织的忠诚度，能够降低组织成员对组织背叛组织成员、组织损害组织成员利益的风险的感知，使得组织成员感知到在组织中的安全。

3. 组织成员对组织信任的支撑要素分析

组织的利、理、情三因素基本涵盖了影响组织成员对组织信任度的因素。那么，接下来便要探讨组织如何对这三个因素的组合进行作用，即组织通过哪些支撑要素来支撑信任的产生。我们认为在组织可控的要素中，组织领导、组织结构和组织文化是最重要的支撑要素，它们对影响可信任度的因素（简称影响因素）的作用分析如下。

（1）**组织领导**　领导者通过其特殊的角色影响力影响了组织的信任水平。Dirks和Ferrin（2002）系统回顾了以前对信任的实证研究，发现对领导者的信任与变革型领导力、可感知的组织支持、相互交往中的公正、过程公平、分配公平、决策参与性，以及满足下属的程度等具有很强的相关性。同样，领导者的特征和行为对于组织成员对组织可信任度的影响因素来说，具有极大的影响力。

在"利"的影响因素方面：领导者通过制定和宣扬组织的使命、愿景和战略意图等使组织成员相信组织有良好的未来规划和实现规划的途径，同时领导者的能力也是组织成员判断组织获利能力的重要因素。而领导者的信用、守诺以及慷慨程度是组织成员判断其期望收益能否得到满足的重要根据之一，出尔反尔或对组织成员吝啬的领导者会导致组织成员对组织信任的丧失。

在"理"的影响因素方面：领导者是否忠于事实、处事公正是组织成员判断组织正直与否的重要依据，同样，组织是否能够坚持平等、行为一致也是组织成员感知组织公平的直接来源。

在"情"的影响因素方面：组织对组织成员的关心更多是通过组织领导来实现的，组织领导与组织成员的关系紧密、急员工之所需能够使组织成员感受到来自组织的关心和温暖；组织领导关注组织成员的长久发展并保护其利益，会使得组织成员感受到来自组织的归属感和安全感。

（2）**组织结构**　本书中所说的组织结构是指在组织中可控、可设计的要素，不仅包括达夫特（1990）在《组织理论与设计精要》一书中所提到的组织的结构性维度——规范化、专业化、标准化、权力层级、复杂性、集权化、职业化和人员比例，也包括组织的目标战略、制度体系（计划、沟通、协调、人事、控制）、工作流程等。

富有激励性的组织目标以及规范化的工作程序、工作描述、规章和政策手册等都可提高组织成员对组织获利能力的信心；组织中科学、合理的分配制度能够提高组织成员对期望利益实现的信心，进而提高组织可信任度的影响因素"利"的实现程度。组织规则（包括制度、流程等）特别是组织成员的责、权、利必须以事实为基础，同时保证规则公正、平等，这样才能够提高组织成员对组织的"理"的感知程度。组织层级增多和复杂性增加，客观上会拉大组织成员与组织的距离，而良好的组织沟通协调体系能够体现组织对组织成员的关心；组织为组织成员建立良好的职业生涯规划和长期激励计划（住房、福利和社会保险）等都能够直接提高员工的归属感和安全感，有助于组织成员对组织"情"的感知程度的提高。

（3）**组织文化**　组织文化是为一个组织中所有成员所共享并作为公理传承给组织新成员的价值观、指导信念和思维方式（Andrew，1994），这是组织中不成文但可感知的部分。文化包括两个层次：其一是可观测的表征，如仪式、故事、口号、行为等；其二是深层次的价值观，如信念、态度和感觉等。

组织追求卓越的信念，是其获利能力的信号之一，而合理的收益分配理念是组织满足组织成员的期望利益的前提保证,两者共同构成了组织文化对"利"要素带来的信任的支撑。组织对待事物遵循事实、公正、公平、一贯坚持的表现,是组织成员判断在组织中面对不合"理"风险程度的关键要素。"人"对组织关心的判断来自组织在团结、沟通、合作、帮助等文化因素方面的表现,而富有吸引力的人才发展、长期激励和人才保护方面的理念使组织成员感知到来自组织的忠诚,两者共同构成了组织成员对组织"感情"感知的主要渠道。

由此,我们可以给出组织可信任度的影响因素及支撑要素作用模型(见图 6-9)。

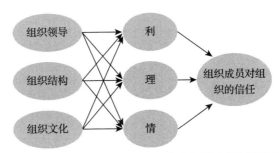

图 6-9　组织可信任度的影响因素及支撑要素作用模型

我们在对组织成员对组织信任的最初研究(杜永怡,2003)中,提出可信任度因素为能力、正直、关心,其支撑要素为领导层、组织结构、组织文化,并进行了严谨的实证检验,结果表明通过这样的建构模型,可以有效解释组织成员对组织信任的构成及作用关系。进一步结合中国文化情境,我们认为利、理、情是以能力、正直、关心为核心的,而且内涵更为丰富的解释因素。

6.4.5　组织对组织成员的信任研究

1. 组织对组织成员信任的内涵

根据信任的定义,组织对组织成员的信任是前者对后者的一种信念或信心，即组织相信组织成员在与其合作的不确定关系中不会做出有损于组织利益的行为。如果组织对组织成员的信任水平高，而且组织成员的行为也一次次印证了信任的成立，那么组织不仅可降低监督组织成员的活动的成本，而且能够有效减少"组织不和"现象。

组织成员给组织带来的利益损失主要包括两个方面：其一，因能力、意愿不足而导致的工作任务未完成或低效；其二，组织成员在信息不对称的状况下向组织提供虚假信息。这也是组织对组织成员的信任风险。由两类可能的利益损失我们可以归纳出组织对组织成员的期望：其一，组织希望组织成员能够表现出足够的能力和意愿；其二，组织希望组织成员诚实，杜绝欺骗行为。因此，在组织考察是否要给予组织成员信任时，组织会关注组织成员是否值得信任的特征。本书不考虑从组织成员的角度来改善组织对其的信任，而是通过组织的管理活动来提高信任水平。我们相信组织不仅能够通过对可信任度影响因素的分析来判断组织成员是否值得信任，而且也能够通过组织的管理活动改善组织成员的行为特征，使之值得信任。

2. 组织成员可信任度的影响因素分析

前文已经讨论了大量的关于影响信任度的因素，如能力、一致性、公平、正直、忠诚等，结合组织对组织成员的期望，我们认为影响组织成员可信任度的因素主要包括诚信、能力和责任感（责任心）。

（1）**诚信** "诚信为本"是现代企业奉为圭臬的经营理念。同样，诚信也是组织成员的道德基础，是组织成员获取组织信任的基本要素。诚信包括两层含义：诚实和信用。

在组织处于信息不对称的劣势状况下时，组织对组织成员提供的信息有两种可能的选择：其一是信任并接受，其二是怀疑或否定或重新调查。显然，组织成员的诚实品格有助于组织做出第一种决策，而给人不诚实的印象的组织成员即使提供真实的信息也会遭到来自组织的怀疑。

孔子所言"人而无信，不知其可也"（《论语·为政》），告诫人们要言而有信，即信守承诺、言行一致。组织成员的良好信用能够降低组织对委托组织成员从事活动的风险感知，组织相信信用良好的人会努力完成任务，而不会做出有道德风险的行为。

（2）**能力** 组织中管理者与下属及其他管理者之间的合作关系良好，可视为彼此之间相互信任，而这种信任是建立在能力胜任的基础上的。此处的能力是指能够使组织产生信任的组织成员的技能和特征，在人力资源管理的工作分析中，通常可将其划分为专业技能（专业知识、教育背景）、工作经历和个性特征（性格、管理素养等）。组织总是寻求符合其期望能力的员工来承担相应的工作，员工能力低于期望是组织对员工不能有效完成工作的风险考虑的主要要素之一。然而值得注意的是，能力过高特别是专业技能、工作经历非常突出的员工也会造成组织的担忧，因为在日渐完善的人才市场上，这部分员工往往是人才流动大军中的主角，所谓"小庙留不住大佛"，当然，这类风险不构成因为工作是否胜任而产生的信任问题。

（3）**责任感（责任心）** 在德鲁克的著作《管理：任务、责任、实践》一书的索引中，"责任"一词出现了36次，而"权力"一词一次都没有出现，德鲁克在书中大量讨论了职工的责任、管理者的责任以及组织的社会责任问题。责任感是组织成员对待自身应做事情的态度，是构成可信任度的常见要素之一。Martins（2002）认为影响上下级之间信任的个人因素包括五大维度，其中之一即为责任感。

组织成员对工作或任务的责任感的强烈程度直接决定了其对工作的投入程度，组织成员强烈的责任感能够有效降低组织对工作完成风险的感知。相对于工作动力，责任感更值得让组织信赖，一个动力十足的员工可能因为其偏好的原因，不喜欢自己所负责的工作，导致相关任务的整体完成的低效或失败，这种情况常见于那些自负地期望能做些大事情的年轻员工中，他们并不缺乏工作热情，但组织更愿意选择富有责任感的员工。

诚信、能力和责任感结合了信任产生过程的实际特征，基本涵盖了组织对人的需求条件（诚实、意愿和能力），具有较强的解释力和全面性。

3. 组织对组织成员信任的支撑要素分析

组织成员的诚信、能力和责任感并非不可改变，我们认为组织可通过三个层次的活动改变组织成员可信任度的影响因素的状态，分别为分工、合作与认同。

（1）**分工** 亚当·斯密在《国富论》中对分工曾经有过这样的表述："劳动分工使生产力获得了最大程度的提高，并且使劳动技能和判断力在工作中发挥了更大的作用。"我们认为组织分工是指依据组织的工作任务情况，对组织员工进行的角色分配和任务分配。角色分配是为了让组织成员准确无误地知道自己在组织中的位置及其责、权、利。只有在每一位组织成员都明白自己的角色并履行自己的职责时，组织才能发挥完整的功能。角色不清或者角色冲突会造成成员的压力增大，成员间的摩擦增多，不利于成员之间良好的沟通协作。任务分配是规定员工具体从事的活动以及目标要求，任务分配不明确必然会造成工作中互相推诿扯皮，工作效率降低甚至很难完成任务。

（2）**合作** 合作是指组织成员自愿协调行动、共同努力以实现单方的或共同的目的。合作以高度合作（满足组织的需要）以及高度自信（满足自己的需要）为特征，典型情境是合作设计找到使双方都满意的方案并选择最令人满意的一个方案来解决问题（Thomas，1979）。人们对彼此目标的相互依赖性的认识，会影响他们的互相沟通和共同工作，进而影响他们的成功。研究表明，合作和沟通与信任存在很强的正相关关系（Anderson，1990）。合作是组织高效完成工作任务的保障。在良好的工作环境下，人们会共享各种信息，整合各自的知识和能力，并能以各种观点的碰撞激发创新，快速应对环境的变化，从而取得良好的成效。彼得·圣吉（1994）认为合作是创造出最大精力和责任感的方法。合作要求组织成员之间彼此做出有意义的承诺，这种承诺可以激发出强烈的责任感和忠诚感。

（3）**认同** 认同是指认可与模仿他人以及组织整体的态度或行为。我们认为认同主要包括两个方面，即组织成员之间的相互认同以及组织成员对组织的认同。组织成员之间的认同判断主要基于对成员的能力、角色、行为、态度、价值观等几个因素的考察和理解，成员会对在这些因素方面与自己一致程度高的其他成员产生较高的认同感；而组织成员对于组织的认同判断则是以工作条件、工作环境、组织文化等几个方面为主要依据的。认同不是从众，而是基于自身情况的个人判断。认同能够提高对他人回报的期望（Brewer，1981），具有高度认同感的组织成员在行为上会表现出高度的凝聚力和一致性，他们共享信息、相互支持，完成任务的效率极高。认同也是一个不断学习与修正的过程，组织成员会根据环境的变化以及自身认识的改变而不断地调整他们的认同判断。

在此，我们给出这三个组织对组织成员信任的支撑要素对组织成员可信任度影响因素的作用简析（见表6-7）。

表6-7 组织对组织成员信任的支撑要素对组织成员可信任度影响因素的作用简析

影响因素	支撑要素		
	分工	合作	认同
诚信	科学、周密的分工促使组织成员明晰自己的责、权、利，降低欺瞒的客观可能	不具有诚信品格的组织成员很难获得与其他成员合作的机会，强调合作的基础就是员工的诚信	没有诚信的员工是很难赢得其他员工和组织的认同的，因此，高认同度要求高诚信
能力	合理的分工是人尽其能的基础	有效的合作是建立在员工个人能力的基础之上的，而且合作有助于互通有无，共同学习	能力是认同的基础，也就是要想赢得高度认同，那么必须具有一定的能力基础
责任感（责任心）	科学的分工是组织成员的责、权、利清晰的前提，也是培养责任感的条件	合作的目标是通过大家协作劳动共同达到目标，责任感是合作的基础	对工作和组织的认同、成员之间的认同，有助于进一步明确个人的使命，从而提高责任感

综上，科学、严谨的分工，有效的合作，高度的认同，对组织成员的可信任度影响因素具有积极的作用。最后，我们可以概括出组织对组织成员信任的影响因素及支撑要素作用模型（见图6-10）。

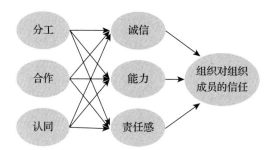

图 6-10　组织对组织成员信任的影响因素及支撑要素作用模型

6.4.6　基于组织与组织成员信任的"组织不和"消减路径及模型构建

以上分别从信任的影响因素和组织对影响因素的作用两个方面研究了组织成员对组织的信任和组织对组织成员的信任，对影响因素的研究为信任方提供了信任决策的理论支持，而对影响因素的支撑（作用）研究有助于提高被信任方的可信任度水平，使得不信任转变为可信任，低信任度转变为高信任度。因此，我们可以据此研究如何消减三种信任类型对应的"组织不和"。

1. "组织不和"现象消减路径分析

在形成"组织不和"的三种信任类型中，盲目不信任和盲目信任都是因为信任方对被信任方的可信任度判断失误而形成的，那么我们可以通过对这两类信任关系的可信任度影响因素的考察来避免这两种无效信任的发生，这便是消减"组织不和"现象的途径之一。虽然信任是一种非理性行为，但一方对另一方建立信任的过程是理性的，组织成员对组织建立信任需要考察组织的"利、理、情"，组织对组织成员建立信任需要考察组织成员的"诚信、能力和责任感"。无论信任方对被信任方的考察结果是信任对方还是不信任对方，都建立在相对理性的基础上，避免了盲目信任或盲目不信任。通过对可信度影响因素的考察，盲目不信任类型转移到合理信任区域，而盲目信任类型转移到合理不信任区域（见图 6-11）。此时，组织已经成功地减少了盲目不信任和盲目信任两种信任类型形成的"组织不和"现象。其转移路径为图 6-11 中标记①的箭头。

组织在两类信任关系中都可通过自身的管理活动来提高被信任方的可信度,因此图 6-11 中的合理不信任类型将转移到合理信任区域,组织成功地通过自身的管理活动消减了合理不信任类型所产生的不和现象。其转移路径为图 6-11 中标记②的箭头。

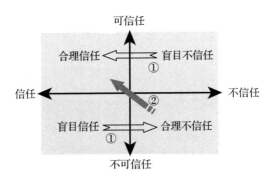

图 6-11　基于组织与组织成员信任的"组织不和"现象消减路径

2. 基于提高可信任度的"组织不和"消减模型构建

通过考察信任的影响因素来消减"组织不和"现象相对简单,本部分主要讨论第二类"组织不和"(合理不信任)现象消减的作用过程。

在组织成员对组织的信任关系中,组织可通过管理组织领导行为、组织结构设计和组织文化提高组织的可信任度;在组织对组织成员的信任关系中,组织可通过分工设计、合作与认同提高组织成员的可信任度。这六类消减"组织不和"现象的方法,我们按照可设计程度可以将其分为两类:组织结构设计和分工设计为可设计程度高的方法,其余的均为可设计程度较低的方法。可设计程度较低的方法之中,组织领导的行为特征是由其自身个性和组织环境共同影响形成的;组织文化和合作部分可设计,部分是演进形成的;组织认同受到组织成员的影响,事前设计也很难起到预期效果。

和则、谐则是根据特定的问题,选择和安排相应的和或谐的工具和方法的规律与规则。谐的方法是指方法的执行者能够按照优化设计的确定的路线解决问题，如制定规则、设计结构和流程；和的方法则指方法的执行者具有相对的选择空间，能够发挥自身的能动作用，如文化、领导行为等。因此，以上六类方法中组织结构设计、分工设计与合作属于谐的方法，受谐则支配；组织领导行为、组织文化、合作、认同属于和的方法，受和则支配。以上方法的作用对象是组织层面，即打造组织使其建立多方信任关系的平台。

因此，可以归纳出基于提高可信任度的"组织不和"消减模型（见图 6-12）。

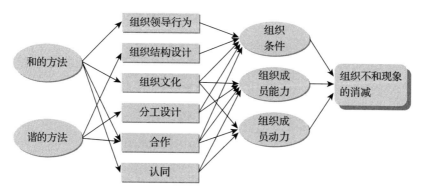

图 6-12　基于提高可信任度的"组织不和"消减模型

6.4.7　信任与和则作用总结

学者、企业领导们心目中最理想的组织应该是资源充分、配置得当的，而且组织中的成员各司其职、团结合作、人尽其才、积极进取。但这样的组织几乎是不存在的，管理者必须面对组织中大量的不和谐的现象，优秀、卓越的组织相对于其他组织也仅是不和谐现象较少或者不和谐程度较低。应对不和谐现象是和谐管理理论的出发点。

本节研究的"组织不和"是指那些包含组织成员的因素在内的不和谐现象，由于组织成员的不确定性（有限理性、不稳定性等），导致"组织不和"现象的因素就更为复杂，更加难以分析和预测。本节第一部分根据不同受损方列出了大量的"组织不和"现象及其原因，但未就某一具体的不和现象给出其明确的可能原因（因果关系不确定或者作用关系复杂），即使确定了原因和解决方法，我们也难以保证最终的结果就是我们所预期的。因此，直接根据原因来消减"组织不和"现象很难达到理想的目标。

"组织不和"现象具有组织成员的行为特征，信任在本质上也是人的心理活动，而且已有对信任的研究证实信任能够减少"组织不和"现象，因此，借鉴信任理论消减"组织不和"现象是可行的。通过信任消减"组织不和"现象，犹如锻炼身体，虽然不针对某一具体的疾病（不和谐现象），但可起到有效的治疗和预防（整体高度的信任能够有效减少"组织不和"或降低"组织不和"程度）作用，保持身体（组织整体）健康。

6.5　和则的深化研究

和则利用的是不确定性的机制（通过营造信任等氛围激发组织成员的能动性与创造性，或者应对那些相对确定性机制力所不及的其他情况），在应对当下 UACCS 时代的管理挑战中发挥着越来越重要的作用。韩巍和席酉民（2008）进一步阐释了和与和则，"和"指一个或一群具有意愿及行动不确定性（复杂性）的组织参与者让渡自由的部分控制权，遵循组织的"规定性"，与他人建立并保持一种相对稳定的"合作关系"的选择性行动，在某种程度上，这种行动所呈现的（理想）状态，也可以命名为"和"；作为该理解的延伸，和则是指组织借以建构合作秩序的（正式与非正式）制度安排。或许是因为研究有难度——和则与谐则在管理实践中常常纠缠在一起构成和谐耦合过程，或许是因为有不同的表述表达了近似的意思，对和则本身的研究近年来并未得到很大程度的拓展，较多的研究是在现有的界定框架内探讨和则机制。我们概括了和则在应用研究中的具体体现（见表6-8）。这些具体化的体现可能会启发后续对和则本身的深化与应用研究。

表 6-8 和则在应用研究中的具体体现

应用研究的领域	研究对象	具体体现	典型研究
企业管理与经营	组织成员间交互的动态性、非线性以及成员行为的差异等对团队绩效的影响作用	和则管理模式倡导宽松的团队氛围，团队成员拥有较大的行为自主权，成员可根据环境的变化随时对自身的策略进行调整	席酉民、张华、马骏（2008）
	海尔集团的管理变革	通过文化与制度工作环境建设等，形成信任与合作的工作氛围	井辉（2009）
	企业信息化过程中业务与IT 的融合过程	信任关系、工作环境、企业文化	戚桂杰、顾飞（2012）
	商业模式	组织内构建激发创新的组织文化，组织外创造生态系统的适宜环境	李会军、席酉民、葛京（2015）
	西交利物浦大学（简称西浦）处理"求同还是存异"问题的办学实践	通过与中英合作母校、董事会、合作伙伴、各级政府、教育部以及西浦同事、学生和家长在法律、制度、体系、文化、习惯等方面进行充分协商和沟通，使其对融合式教育（syntegrative education, SE）的未来市场、社会价值、可行性以及西浦持续突破创新和不断突破满足的精神充满信心	席酉民、张梦晓、刘鹏（2022）
组织行为与领导意度	某集团下属设计院的员工工作满意度	信任关系、工作环境、组织文化	李子叶等（2008）
	人力资本管理	合作与信任：组织公民行为、组织公平、人道主义文化	戚振东等（2008）
	知识型人才管理	利用人的知识、经验和综合能力在不确定性状态下做出较好的判断和选择，如为了节省成本招聘可以采取主观预测法	张向前（2009）
	劳动关系	开展民主管理，企业文化建设和劳动争议可以采取主观预测法工作	李春生（2014）

分类	子类	内容	作者
创新管理	领导方式	两种方式，第一，领导者可以通过构建和共享组织的愿景，使命与核心价值观等可能内化理念同接影响组织成员，引导组织成员在尽可能内化理念的基础上自行做出符合领导预期的行为；第二，领导者围绕组织内部情境，结合具体的人和事直接与组织成员互动，从而激发组织成员的能动性并引导其做出符合领导者预期的行为	李鹏飞、葛京（2016）
	国家科技计划知识产权管理	"和"的负效应构成因素：知识产权管理基本意识的缺乏、诚信反馈机制的忽视、知识产权条款的缺失或不明确	汤晨、朱国军（2006）
	国家创新体系	塑造创新创业精神及合作意识等文化、营造开放、透明、竞争、公平的创新氛围、搭建创新主体间合作的平台	王亚刚、席酉民（2007）
	危机管理	全面树立企业危机意识，贯彻诚信、自律的理念，积极主动的应对态度，形成内部信息共享氛围等	刘静静、席酉民、王亚刚（2009）
特定领域的研究	战略网络	通过创造一定的环境条件，组织范式及信任度，使战略网络内部的其他节点（企业）在确保网络稳定性的前提下，为实现整个网络的战略总目标，遵循核心节点（企业）的组织行为范式，充分发挥各自的主观能动性，以应对外部环境的不确定性	苏越、阮平南（2009）
	武器装备采购质量管理	建立激励机制、完善组织文化、理顺人际关系等	张晓军、席酉民、毛景立（2012）

6.6 本章小结

本章我们研究以"能动致变的演化机制"为核心的和则机理、工具和方法。因为人的复杂性、不确定性、有限理性的影响,以"人"为核心的管理理论分布零散、实践意义差,缺乏有目的的整合。适合采用和则的管理问题是确定性方法难以解决的问题(理性不及)和确定性方法可以解决但采用和则更优的问题(理性可及,但不够经济或超出目标范围)。根据和则解决问题的过程分析,问题解决的最终效果取决于行为者与问题求解相匹配的能力、行为者完成问题求解目标系统的意愿、组织为问题解决提供的条件支持,管理者可以通过对这三方面要素的正向作用来达到提高最终解决效果的目标。根据敏感性分析,我们给出了这三方面的作用模式和工具。

和则不仅是一种针对具体问题的解决方案,也是通过营造良好的组织信任氛围促进组织建设的重要策略体系,因为积极、健康的组织基础环境能够对提升员工的能力和意愿水平产生正向作用。根据对组织成员对组织的信任和组织对组织成员的信任的研究,我们发现提高盲目不信任和盲目信任这两类信任关系的可信任度水平,有助于消减组织不和现象。

本章参考文献

[1] ANDERSON J C, NARUS J A. A model of distributor firm and manufacture firm working partnerships [J]. Journal of Marketing, 1990, 54 (1): 42-58.

[2] ANDREW D B, STARKEY K. The effect of organizational culture on communication and information [J]. Journal of Management Studies, 1994, 31 (6): 807-828.

[3] AXELROD R. The evolution of cooperation [M]. New York: Basic Books, 1984.

[4] BARNEY J B, HANSEN M H. Trustworthiness as a source of competitive advantage [J]. Strategic Management Journal, 1994, 15 (S1): 175-190.

[5] BREWER M B. Ethnocentrism and its role in interpersonal trust [M] // BREWER

M B, COLLINS B E. Scientific inquiry and the social sciences. San Francisco: Jossey-Bass, 1981: 214-231.

[6] BUTLER J K, CANTERLL R S. A behavioral decision theory approach to modeling dyadic trust in superiors and subordinates [J]. Psychological Reports, 1984, 55（1）: 19-28.

[7] BUTLER J K, JR. Toward understanding and measuring conditions of trust: evolution of a conditions of trust inventory [J]. Journal of Management, 1991, 17（3）: 643-663.

[8] COLEMAN J S. Foundations of social theory [M]. Cambridge: The Belknap Press of Harvard University Press, 1990.

[9] DASGUPTA P. Trust as a commodity[M]// GAMBETTA D G. Trust: making and breaking cooperative relations. New York: Basil Blackwell, 1988: 49-72.

[10] DEUTSCH M. Trust and suspicion [J]. Journal of Conflict Resolution, 1958, 2（4）: 265-279.

[11] DIRKS K T, FERRIN D L. The role of trust in organizational setting [J]. Organization Science, 2001, 12（4）: 450-467.

[12] DRUCKER P F. Knowledge-worker productivity: the biggest challenge [J]. California Management Review, 1999, 41（2）: 79-94.

[13] GABARRO J. The development of trust, influence, and expectations [M] //ATHOS A G, GABARRO J J. Interpersonal behavior: communication and understanding in relationships. Englewood Cliffs, NJ: Prentice Hall, 1978: 290-303.

[14] GIDDENS A. The constitution of society: outline of the theory construction [M]. Berkeley: University of California Press, 1986.

[15] HOSMER L T. Trust: the connecting link between organizational theory and philosophical ethics [J]. Academy of Management Review, 1995, 20（2）: 379-403.

[16] JONI SAJ-NICOLE. The geography of trust [J]. Harvard Business Review, 2004, 82（3）: 82-88.

[17] LEWIS J D, WEIGERT A. Trust as a social reality [J]. Social Forces, 1985, 63（4）: 964-985.

[18] MARTINS. A model for managing trust［J］. International Journal of Manpower，2002，23（8）：754-769.

[19] MINTZBERG H. A new look at the chief executive's job［J］. Organizational Dynamics，1973，1（3）：21-30.

[20] 克雷默，泰勒. 组织中的信任［M］. 管兵，刘穗琴，等译. 北京：中国城市出版社，2003.

[21] SITKIN S B. On the positive effect of legalization on trust［J］. Research on Negotiation in Organizations，1998，5：185-218.

[22] STEVEN K. Organization behavior［M］. New York：John Wiley，1979.

[23] WOOF D A. The management theory jungle revisited［J］. Advanced Management Journal，1965，30（4）：6-15.

[24] 圣吉. 第五项修炼：学习型组织的艺术与实务［M］. 郭进隆，译. 上海：上海三联书店，1994.

[25] 达夫特. 组织理论与设计精要［M］. 李维安，等译. 北京：机械工业出版社，1999.

[26] 席西民，杜永怡，刘晖. 组织成员对组织信任的影响因素及其作用关系研究［J］. 经济管理，2004（18）：40-46.

[27] 郭士伊，席西民. 和谐管理的智能体行为模型［J］. 预测，2004（2）：9-13.

[28] 韩巍，席西民. 和谐管理组织理论：一个探索性的分析框架［J］. 管理学家(学术版)，2008，1（1）：3-16，95.

[29] 井辉. 海尔集团的管理变革实践：和谐管理视角的分析［J］. 管理案例研究与评论，2009，2（4）：245-254.

[30] 李春生. 我国民营企业劳动关系和谐管理模式研究——基于和谐管理理论的视角［J］. 中国劳动关系学院学报，2014，28（3）：17-21.

[31] 李会军，席西民，葛京. 基于和谐管理理论的一种整合商业模式概念框架［J］. 管理学报，2015，12（9）：1255-1262，1285.

[32] 李鹏飞，葛京. 基于和谐耦合的领导方式互动过程：一种新的阐释［J］. 西安交通大学学报(社会科学版)，2016，36（6）：34-39.

[33] 李子叶，席西民，尚玉钒，等. 提高员工工作满意度机制的系统分析：和谐管理理论的启示与价值［J］. 南开管理评论，2008（4）：70-77，96.

[34] 刘静静，席酉民，王亚刚．基于和谐管理理论的企业危机管理研究［J］．科学学与科学技术管理，2009，30（1）：138-142．

[35] 戚桂杰，顾飞．基于和谐管理理论的提升业务与IT融合研究［J］．山东大学学报（哲学社会科学版），2012（2）：53-59．

[36] 戚振东，曾宪聚，孙晓华，等．基于和谐管理理论的人力资本管理：一个理论框架［J］．科研管理，2008，30（4）：34-40．

[37] 苏渺，阮平南．基于和则机理的战略网络关系控制度研究［J］．科技进步与对策，2009，26（12）：22-24．

[38] 王亚刚，席酉民．国家创新体系的构建与评估：基于和谐管理理论的系统探讨［J］．中国软科学，2007（3）：53-58，75．

[39] 席酉民，张华，马骏．成员间互动对团队绩效影响研究：基于和谐管理理论的视角［J］．运筹与管理，2008，17（6）：134-139．

[40] 席酉民，韩巍．管理研究的系统性再剖析［J］．管理科学学报，2002，5（6）：1-8．

[41] 席酉民，张梦晓，刘鹏．和谐管理理论指导下的合法性与独特性动态平衡机制研究［J］．管理学报，2022，19（1）：8-16．

[42] 杨晨，朱国军．立项阶段国家科技计划知识产权管理的和谐研究［J］．科技进步与对策，2006，23（1）：29-31．

[43] 杨莉．基于和谐管理思想的复杂管理问题求解研究［D］．西安：西安交通大学，2003．

[44] 张向前．基于和谐管理理论知识型人才管理机理分析［J］．科学学与科学技术管理，2009，30（1）：168-174．

[45] 张晓军，席酉民，毛景立．基于和谐管理理论的武器装备采购质量管理研究［J］．管理工程学报，2012，26（2）：48-57．

▲

秩序既可以是理智控制下设计的产物，也可以是自发进化的产物，与前者相对应的是"理性设计"或"建构"的秩序，与后者相对应的是"自生自发"或"演化"的秩序。哈耶克认为"理性设计"或"建构"的秩序是人类"审慎思考之设计的产物"，其认识论基础是"建构论的唯理主义"，这种"唯理主义"坚持理性至上，认为通过理性的智慧可以建构整个社会秩序，其表现就是承认通过理性可以有效地规划组织（或社会）中要素的行为和活动，控制其行为方式，形成特定的秩序。

谐则研究正是基于"理性设计"思想，从组织要素投入组合关系的影响因素分析出发，构建特定和谐主题下的组织管理系统，并最终形成"从工具到结构—制度—流程—资源配置机制，再到和谐主题"的谐则作用机制路径，这一路径是和谐管理理论所倡导的"优化设计"控制机制的基本内容。从主体与主体间关系的角度看，存在一种情况，即在和谐主题的指导下，领导会相对确定地把组织管理的一些内容纳入理性设计（结构—制度—流程）的

"刚性"秩序，再借由多种优化方式去处理，从而达到预期。比如，组织中的审批原来需要盖上百个图章，现在采取一站式服务，甚至全部网上办理，去除了人的因素（或者物化了人的因素），透明度、可控性、效率得到大幅提升。

———

CHAPTER 7 ▶ 第 7 章

谐则体系：设计优化的控制机制

如前几章中提到的那样，谈到和谐，我们不能简单地把它视为"匹配、一致"的同义反复，或者说预设为中文字面上的那个"和谐"。"和"体现为人及人群的观念、行为在组织中的"合意嵌入"，着意于人的主观性、能动性；"谐"是指物要素在组织中的"合理投入"，着意于要素的被处理过程和所产生的一种客观状态。在此基础上，有必要对"谐"与"谐则"的含义做一步的阐释。

7.1 谐则的含义及其哲学基础

7.1.1 谐与谐则的含义

《辞海》对"谐"给出了三种解释：①和合、协调。《书·舜典》："八音克谐，无相夺伦。"戴名世《野香亭诗序》："取之于心而谐之于韵。"②办妥、办成。李渔《凤求凰·避色》："功名未偶，姻事难谐。"③诙谐。如：亦庄亦谐。《汉书·东方朔传》："上以朔口谐辞给，好作问之。"

《现代汉语词典》则指出：①谐强调配合匀称，如《尔雅》："谐，和也。"《左传·襄公十一年》："如乐之和，无所不谐。"②谐当，有妥当之义；谐和，意指各组成部分之间协调地相互联系在一起；谐奏，指和协地演奏；谐律，谐合于音律等；③言语或行为有趣而引人发笑，如《汉书·东方朔传》："上以朔口谐辞给，好作问之。"④办妥，办成功，如《三国演义》："恐事不谐，反遭其害。"《宋史》："今事不谐，不过赤族，为社稷死，岂不快乎？"

在《和谐理论与战略》一书中，席酉民把"谐"定义为"配合得当"，同"协调"有相近的含义。

从这些解释不难看出，在很多种情况下，"谐"是指事物之间的一种协调配合程度，或者说是事物之间的一种组合搭配状态，如谐和、谐当、谐律等。因此，可以抽取其主要含义，把"谐"界定为事物之间的一种组合状态或协调配合程度，比如我们通常所说的"谐音"㊀、"谐振"㊁等概念，都反映了这样一种组合状态和协调配合程度。

在组织管理系统中，管理的研究对象有两种：一是不涉及人的（主观因素的）要素（也称"物的要素"或"物要素"㊂，后同），如企业组织中的炼油装置系统、武器系统、股票价格系统、财务数据系统等；二是涉及人的（主观因素的）要素（简称"人要素"），如人的行为与心理等。对这两种要素进行管理的方法也有所差异，第一类要素的管理方法更多的是基于数学等工具，如运筹学方法、统计学方法等，第二类要素的管理方法更多的是基于心理学方法和行为科学方法，如心理测评方法、对比实验方法、激励方法等，组织通过对这些方法的应用，寻求高效的管理方案（马庆国，2002）。对第一类要素的管理，是对要素之间的投入关系进行搭配组合、设计与协调优化，实现合理的投入组合结构，提高组织的运行效率。对于第二类要素，存在如下的可能性：组织完全可以将人的主观性压缩到近似"物"的状态，也就是说，人是"可物化"的，从而使人跟其他物一样，服从所谓的"理性设计"秩序。

㊀ 发音体的振动一般都是复合振动，如在周期性的振动中，除频率为 f 的振动外，还有频率为 f 的整数倍如 $2f$、$3f$ 等的振动，则这些振动产生的音称为谐音（《大辞海·数理化力学卷》）。

㊁ 振荡电路在某种频率的外加电动势（或电流）的作用下，其中电感性与电容性电抗（或电纳）相消，因而呈现纯电阻性的现象（《大辞海·能源科学卷》）。

㊂ 这里的"物要素"指的是与人相对应的客观存在，它不仅仅指组织中的物质资料和生产力中的物的因素，也指在组织系统中作为管理对象的一切物质成分，其中包括已经物化和可物化的技术。

基于上述阐释，在和谐管理理论中，组织系统中"物要素"之间的组合搭配状况可用"谐"来指代，这一状况是需要通过一定的管理措施和方法实现的，这些管理措施和方法统称为"谐则"（机制）。

换言之，如果以 $x_1, x_2, \cdots, x_n$ 表示 n（$n \geq 2$，下同）种"物要素"，那么它们在特定时期的组合关系可表示为 $X_i = f_i(x_1, x_2, \cdots, x_n)$。

其中：

X_i 表示 $x_1, x_2, \cdots, x_n$ 经过组合后形成的"谐"的状态；

$f_i(x)$ 表示要素 $x_1, x_2, \cdots, x_n$ 的组合关系函数（谐则机制）。

另外，如果我们以 $X^* = f^*(x_1, x_2, \cdots, x_n)$ 表示管理要素之间的最佳组合，那么从状态 $X_i = f_i(x_1, x_2, \cdots, x_n)$ 到达状态 $X^* = f^*(x_1, x_2, \cdots, x_n)$，必须通过对组织要素及其组合关系的不断优化和调整安排，这些优化和安排手段就是谐则机制。

根据这一分析，可推导出"谐"的如下性质。

1）"谐"是指组织"物要素"之间的一种组合关系。

2）"谐"是指"物要素"之间的组合搭配状况和协调程度，任何物要素的变动都会引起"谐"发生变化，因此具有可无限优化的特性。

3）"谐"是指组织要素投入组合关系的理想状态，是相对的，必须通过谐则机制促使要素组合关系向理想状态逼近。

7.1.2 谐则研究的哲学基础

在前面的内容中，我们也曾论及，和谐管理理论的思想要旨在于：在变动的环境中，围绕和谐主题的分辨，以"优化设计"的控制机制和"能动致变"的演化机制为手段，提供问题解决方案，促使组织系统螺旋推进与和谐运行。其中，和谐代表了一种组织秩序，而和则与谐则是指和谐管理理论所倡导的两种秩序形成方式。对此，我们也可从相关研究著作中找到相应的立论基础。

近代以来，通过经济学、政治学、社会学、人类学和其他分支理论深入而广泛的研究与人们的社会实践，人们逐渐掌握了有关在一定规则下社会秩序形成的知识。康德以来的学者们对秩序的形成问题进行了异常细致、深入的辨析和提炼，并形成了两种传统：秩序建构论和秩序演化论。前者以笛卡尔的研究为代表，后者以哈耶克的研究为代表。在哈耶克的研究中，他旗帜鲜明地推崇秩序演化论，主张限制甚至反对笛卡尔传统的秩序建构论。

在哈耶克看来，秩序既可以是"人之计划"的结果，也可以是"人之行动"的产物，与前者相对应的是"组织"或"建构"的秩序，与后者相对应的是"自生自发"或"演化"的秩序。哈耶克认为"理性设计"或"建构"的秩序把社会秩序看作人类理性建构设计的产物，其认识论基础是"建构论的唯理主义"，这种"唯理主义"坚持理性至上，可以说是理性上的"自负"，认为通过理性的智慧和审慎的思考可以建构整个社会秩序，规划文明发展的未来。其表现就是承认通过理性（无论是个人理性，还是群体理性）可以有效地规划社会秩序中要素的行为和活动，控制整个社会层面，通过集中指导保证秩序的实现。

同时，哈耶克也指出了"理性不及"的领域，认为虽然我们会无意识地遵循某些规则，但我们的理性却不一定对这些规则有充分的理解和把握。以此认识论为出发点，哈耶克提出了"演化论的理性主义"，认为我们在对待社会秩序时，只能尊重历史的发展规律，注重传统留给我们的合理因素，而且任何文明的发展都是在不断试错、不断积累中进化的，演化是社会秩序的主要形成方式。

当然，这样说并不是排除建构秩序存在的必要性，哈耶克也特别强调指出，演化论的理性主义并不认为理性毫无作用，而是认为，"如果有必要对理性之用途寻求确当的限度，那么发现这些限度本身就是一项极为重要的且极为棘手的运用理性的工作"（邓正来，1997）。基于此，哈耶克（2000）确立了他关于理性的立场："我们所为之努力的乃是对理性的捍卫，以防理性被那些并不知道理性得以有效发挥作用且得以持续发展的条件的人滥用。这就要求我们真正地做到明智地运用理性，而且为了做到这一点，我们必须维护那个不受控制的、理性不及的领域；这是一个不可或缺的领域，因为正是这个领域，才是理性据以发展和据以有效发挥作用的唯一环境。"

正因为如此，在分析秩序的时候，并不能排除秩序的建构途径，秩序的形成是演化和建构互动作用的结果。

另外，从微观层面上讲，秩序就是事物或要素之间的一种关系或状态的反映。韦森（2001）认为，哈耶克使用的秩序概念是人们在社会活动与交往中的一个个原子事态，或是以一定的有序方式结合起来的整体，因而在某种程度上，也可以把哈耶克的秩序理解为诸多类似的或相同的原子事态组成的结构本身，组织要素之间的组合关系或状态就是组织秩序的一种表现形式。

既然不能否认理性建构在秩序形成中的作用，就应当给予其足够的关注，将它视作秩序形成的一个重要方式。谐则体系的研究就是在此理性建构思想的指导下，试图在理性范围内构建一个能够促进组织系统向预期秩序状态转变的秩序结构模式。因此，分析谐则机制的作用机理，探讨影响组织秩序建构或"物要素"投入组合的因素与组织支持系统要素是谐则体系研究的基本内容。

7.1.3 谐则机制的作用机理

从秩序构建的角度讲，谐则机制就是运用理性建构思想对组织管理系统进行设计和优化的过程，其作用机理表现为：在理性建构思想的指导下，以组织中的"物要素"为研究对象，分析影响"物要素"投入组合的因素及支持系统要素，并对该支持系统要素进行建构设计和优化，形成合理有效的组织管理系统（见图7-1）。

第一，"谐则"是组织在解决其面临的管理问题过程中所遵循的一种规则，或制定的一种问题处理机制，是组织秩序形成的一种方式。由于它是以理性建构思想为基础的，关注的对象是客观的或具有相对稳定性的组织要素,因此,组织中的"物要素"及其投入组合关系分析是谐则体系研究的出发点。

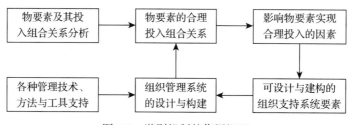

图 7-1　谐则机制的作用机理

第二,"谐则"机制的根本目的是在理性的范围内,通过设计的方式,促进组织中"物要素""合理投入"组合关系的实现,提高组织运行效率,因此系统地分析影响组织"物要素"投入组合关系的因素也是谐则体系研究所关注的主要问题之一。

第三,通常情况下,要素投入组合的影响因素是不可直接观测或设计控制的,此时必须考察其支持系统要素,如组织结构、运行流程等,通过对这些因素的设计、优化和控制,实现"物要素"的合理投入组合。

第四,经过设计、优化后的组织支持系统要素综合在一起构成了组织管理系统的一部分,如组织结构系统、制度系统、流程管理系统等,它们是保证组织高效运行的必要条件。

第五,必须指出的是,谐则体系研究也是以现有的管理科学研究成果为基础的,比如已有的各种管理优化技术、方法与工具等,它们都是谐则作用机制优化设计思想的实践体现和具体应用,这些技术、方法与工具为谐则机制研究奠定了基础。

7.2　影响组织物要素投入组合的因素辨析

经过对百年管理研究的系统性再剖析,在和谐管理理论中,对"物要素"的管理，旨在实现"物要素在组织中的'合理投入'"。先撇开组织系统不谈，引用吉登斯（1988）的观点，在社会学理论中，"物要素"的"合理投入"就是指要素的"结构化"（structuring）和"规范化"过程，而"结构"则是指系统运转过程中所涉及的规则与资源。组织属于一类特殊的社会系统，故可推而言之，组织系统中的"物要素"的"合理投入"就是指活动安排（规则）与资源配置（资源）的结构化与规范化过程。

罗宾斯（1997）也指出：管理是指同别人一起，或通过别人使活动完成得更有效的过程。这一方面表明管理是通过他人（或和他人一起）完成组织任务的过程，另一方面也表明管理是正确有效地配置资源和协调活动以实现组织目标的过程。

如此而言，在组织系统中，"物要素"的"合理投入"是通过结构化和规范化的组织活动安排与资源配置实现的，活动安排与资源配置情况是影响组织要素组合投入的两个根本性因素。进一步地，如果抽取出组织系统中人的主观行为因素，活动可以被视为是具有智能性质的agent，活动安排就是确定agents之间的工作关系结构的要素管理过程，同样，资源配置就是把资源在agents之间进行合理分配与协调的要素管理过程，二者的共同作用体现为组织中"物要素"的优化处理过程。

如果以活动安排与资源配置作为"物要素"管理机制的两个维度，在结构上，可以产生四种不同类型的要素投入组合关系，暂以组合关系A、组合关系B、组合关系C、组合关系D指代（见图7-2）。

组合关系A指的是活动安排合理但资源配置不合理情况下的要素组合关系，它通常表现出资源缺乏、资源利用效率低等现象。

组合关系B指的是活动安排与资源配置都不合理情况下的要素组合关系，它通常表现出组织管理系统混乱无序、工作效率低下、资源浪费严重等现象。

组合关系C指的是活动安排不合理但资源配置合理情况下的要素组合关系，它通常表现出管理系统混乱无序、资源浪费严重等现象。

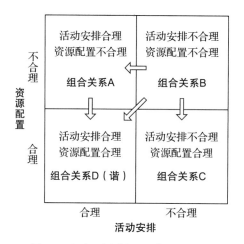

图 7-2 组织要素投入组合关系类型

组合关系 D 指的是活动安排与资源配置都十分合理情况下的组织要素组合关系,即实现了组织中的"物要素""合理投入"的组合关系。此种情况下的资源利用效率最高,组织要素之间实现了较优的组合。

概而言之,活动安排与资源配置情况是影响组织中的"物要素"投入组合的两个基本因素,要想优化组织要素之间的投入组合关系,必须从活动安排与资源配置两个方面出发(见图 7-3),改进活动安排

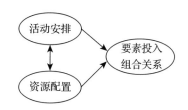

图 7-3 要素投入组合的影响因素及其关系

与资源配置效果,使组合关系 A 向组合关系 B、组合关系 C 转化,进而向组合关系 D 转化,最终实现要素的较优投入组合关系,提高组织运行效率。接下来我们分别对组织要素投入组合的影响因素进行分析。

7.2.1 活动安排问题

科学主义之于管理最显著的特征是,运用分析方法对劳动和管理进行分工和再分工,通过不断分解把复杂的活动还原为简单、微小的组成部

分，以此提高效率。这个论点的经典陈述来自亚当·斯密1776年对别针生产过程中劳动分工的描述。斯密观察到，一个没有恰当工具的非熟练工人，即使付出最辛勤的劳动，一天也几乎难以生产出一个别针，但如果将这一工作恰当地分成多个部分，就会得到完全不同的结果，这一过程就是劳动分工过程。斯密指出劳动分工可以提高工人的熟练程度，节约转换时间，进而提高组织运行效率。古利克和厄威克则认为"劳动分工是组织存在的基础，甚至是组织产生的理由"（斯格特，2002）。

对劳动分工这一概念加以发展，活动安排就是指为了实现既定的组织目标或完成既定的组织任务，对任务进行分解、明确任务结构的过程。通常情况下，如果能够根据组织目标事先对任务进行明确的分解，并进行合理的活动安排，使其成为多个固定的模块化小单元，那么组织运行过程中受不确定性因素的影响就相对较小，运行效率就会提高；反之，如果劳动分工或活动安排不合理，模块化效果较差，组织运行过程中难以控制的不确定性因素较多，运行效率就会较低，必须对任务或活动进行重新设计和安排。

同样，问题的解决或任务完成过程也是由许多活动组成的，活动是指具有明确范围的独立工作单元，每一个组织中都会有成千上万项活动，这些活动形成了一个复杂的网络。为了完成既定目标下的任务，在分工的前提下，必须对关键路线上的活动进行安排。比如，较常见的活动安排方式有计划制订、编制进度和调整控制等。计划制订是按照每一项活动所包含的内容估计其工作量和完成时间，并在此基础上构造组织的活动结构图；编制进度的目的是确定每项活动的时间进度安排及优化，并在理性的基础上选择最优的活动路径，编制活动路径图和进度计划；调整控制则是将计划进度不断地与实际完成情况进行对比和检查，并进行调整和优化等。所有这些内容都构成了任务分工基础上的活动安排。

通过活动安排既能够确定组织要素的行动秩序，又能够把要素的行为约定在一定的范围内，使之按照预期的行为模式行动，进而实现不同要素之间行动的一致性，实现要素的较优投入组合关系。因此，活动安排情况是影响组织要素投入组合的一个基本要素。

7.2.2 资源配置问题

什么是资源？沃纳菲尔特（Wernerfelt，1984）在《基于资源的企业观》（"A Resouce-based View of the Firm"）一文中将资源描述为："任何可以被认为是一个给企业力量或弱点的东西，更正式地说，一个企业的资源可以被定义为企业所永久性拥有的（有形和无形的）资产。资源的例子包括品牌、内部的技术知识、高技能的雇员、贸易联系、机器、高效的程序、资本等。"而巴利（Barney，1991）则把资源定义为"一个企业所控制的所有资产、能力、组织过程、企业特性、信息、知识等"，他根据传统的分类方法，将企业的资源分为物质资本资源、人力资本资源和组织资本资源三大类。物质资本资源包括企业所用的物质技术、企业的工厂和设备、地理位置和原材料等；人力资本资源包括培训、经验、判断、智力、关系以及管理人员和员工的个人眼光；组织资本资源包括企业的正式报告结构、正式和非正式的规划、控制和协调系统，也包括企业内部群体和企业与其所处环境中的群体之间的关系。

企业资源理论的鼻祖彭罗斯（Penrose，1959）在其影响深远的著作《企业成长理论》中提出了一系列后来成为企业资源理论基本思想的看法和见解。一是将企业看成是资源的集合。彭罗斯认为，"企业不仅仅是一个管理单元，同时还是生产性资源的集合"。二是认为企业就其所拥有的资源来说是异质的。彭罗斯认为，企业的资源构造可以相同，但通过投入使用资源所提供的生产性服务不可能相同，资源生产性服务的异质性造成了企业的异质性。三是企业资源影响企业绩效。彭罗斯认为实物资源和人力资源与企业绩效存在着相关性，资源与企业绩效之间的相关性正是企业资源理论所关注的重要问题。

本书中的资源概念，指的是所有能够为企业所利用的、以实现特定时期组织发展目标的人、财、物等。无论如何界定资源的范围，有一点不能忽略，那就是如何有效地利用稀缺资源实现资源的最优配置，这是经济学和管理学研究中永恒的话题。

何谓资源配置？一般而言，资源配置就是指把组织系统中的各种资源（包括人、财、物等）在组织部门及任务、活动之间进行合理分配的过程。研究资源配置的目的就在于对有限的组织资源进行合理的配置，以提高资源使用效率。

由于资源是组织"物要素"的主要构成部分，因此为了实现组织"物要素"的合理投入，除了活动安排以外，还必须考虑资源的合理分配与有效使用问题，比如在多项活动都需要某种资源的情况下，需要确定多种资源的最优使用计划等。在此情况下，组织必须根据任务或活动的具体要求，对组织中的人、财、物等资源进行合理分配，为各项活动的顺利完成提供资源保障，这也是资源配置所要解决的关键问题。

资源配置对组织运营过程的影响突出地表现在对组织要素"投入－产出"效率的影响上，也即资源的整合利用与组合优化上。在组织运行过程中，为了实现某一任务目标，资源在任务或活动之间的分配方式有多种，或者利用既定资源实现组织目标的途径有多种，而到底哪一方式或途径最为合理或较优，是资源配置所不得不考虑的问题。如果资源能够在各项活动之间得到合理的配置，发挥出不同资源的最大效用，那么就能够有更多的产出，产出效率就高；反之，则产出效率较低。比如，Child在考察企业组织绩效影响因素的过程中，发现组织资源在不同职能部门之间的合理配置是决定组织绩效的一个重要因素。他举了一个非常简单的例子：如果企业在市场销售方面的资源投入增加，那么企业的产品销量就会增加；如果企业在研发方面的资源投入增加，那么企业的创新能力也会提高（Child，1974，1975）。

因此，资源配置也是影响要素投入组合，进而影响组织运营绩效的根本因素，必须根据特定时期的组织任务对资源进行合理的配置和使用。

7.3 影响组织活动安排与资源配置效果的支持系统要素

活动安排及资源配置状况是影响组织"物要素"投入组合关系的两个基本因素，但在组织管理系统中，活动安排和资源配置并不直接体现为具体的管理措施和方法，它们通常通过一定的载体发挥作用，这种载体就是组织支持系统要素，组织支持系统要素是为了实现组织的主题目标而进行的组织安排（席酉民、尚玉钒，2002）。

根据现有的组织理论及相关研究文献，可以认定组织结构、组织制度与规定、工作流程以及资源配置机制是影响组织活动安排与资源配置效果的四个必要因素，也是最便于设计控制的基本的组织系统因素，对这些因素的规划设计是解决组织活动合理安排和资源配置问题、实现"物要素"合理投入的必要条件。

7.3.1 结构设计

霍尔（Hall）认为，组织结构在某些方面类似于房屋的结构，都可以通过建构的方式来构造（2003）。弗里德曼和基尔（Friedman and Gyr，1998）给组织结构下了这样一个定义："结构被定义为支持及协调工作中心步骤的设置和系统。结构因素的例子有，管理系统、汇报关系、工作描述、团队结构、政策、程序、计划过程、决策系统、奖励系统和其他的人力资源系统、沟通系统、金融系统、技术信息系统、会议系统，以及诸如设备一类的物质系统。"巴赫拉克和艾肯（Bacharach and Aiken，1976，1977，1979）指出，组织结构是指那些不能从组织成员特性中简化或推演出来的组织的客观特性本身。

霍尔认为可以从两个层面解释组织结构：一是专业分工，即人们在组织中被分配不同的任务或工作；二是组织是分等级的，即对于每一个职位，均有规章在不同程度上对人的行为方式做出规定，组织结构"建构"了发生在组织内部的各活动之间的关系及相互作用。

明茨伯格（1979，1981）认为组织是一种自然的结构，组织结构的各个组成部分之间的合理搭配是组织取得成功的关键，并把结构因素分为：任务专业化、程序形式化、正式文件说明、组织单元规模、行动计划和绩效控制系统、权威链等几个方面。

一般在组织设计时，需要考虑六个有关结构的关键问题：工作专门化、部门化、命令链、控制跨度、集权与分权、正规化。罗宾斯则把它们总结为以下六个关键问题（见表7-1）。

表 7-1　设计组织结构需要回答的六个关键问题

关键问题	答案提供
1. 把任务分解成各自独立的工作应细化到什么程度？	工作专门化
2. 对工作进行分组的基础是什么？	部门化
3. 员工个人和工作群体向谁汇报？	命令链
4. 一位管理者可以有效地指导多少个员工？	控制跨度
5. 决策权应该放在哪一块？	集权与分权
6. 应该在多大程度上利用规章制度来指导员工和管理者的行为？	正规化

资料来源：席酉民，尚玉钒．和谐管理理论［M］．北京：中国人民大学出版社，2002：198．

本书中要分析的组织结构是指正式的组织结构，它既是一种为了完成特定目标而设计的工具，也是一种为了明确组织内部权力和任务职责所采用的组织结构形式，或为了处理组织中的各种问题而对组织过程的结构化设计，其内容如皮尤（Pugh，1968）等在著作里提到的专业化（specialization）、形式化（formalization）、标准化（standardization）、集权化（centralization）和配置（configuration）等几个方面的因素。

至于组织结构化程度对活动安排的影响，小阿尔弗雷德·钱德勒（2002）对此有过比较精辟的论述。他认为，结构和过程是管理系统的两大要素，结构是实现组织战略的基础和保障，过程是实现组织战略的具体程序和步骤，二者统一于组织的战略。另外，结构对活动的影响还包括对组织活动及任务的形式化和程序化规定，比如科层制结构意味着权限范围的独特性，恰当程序的重要性、条理性、可预测性以及"非道德标准"的态度，而且结构也指明了资源在组织部门及人员任务之间的分配方法与关系（Moch，1976）。Tharumarajah（2001）分析了层级制结构和网络化的分布式结构等对组织资源配置方式的影响等；霍尔认为组织结构具有三个基本功能，其中最重要的一项就是，结构有利于产生组织输出并达到组织目标；而明茨伯格则认为，"一个组织的结构可以被简单地定义为一种方法的总和，用这种方法把组织的工作分为不同的任务，然后在那些任务之间实现它的协调作用"。

赫尔赖格和斯洛科姆（Hellreigel and Slocum，1992）指出，结构是指正式的系统，用来帮助管理者划分工作、协调任务、委任权力与责任，以便最有效地完成组织目标。换言之，一种结构就是一个用来组织各活动的系统，它将影响管理的效率。

从这些分析可以看出，任务导向的结构设计是实现组织活动合理安排及资源有效配置的重要途径，它包含层级结构设计、部门职责结构设计和任务分工设计等多方面的内容。对组织结构这些方面内容的合理设计与优化调整是改进组织活动安排与资源配置效果的重要方面，也是促进组织中的"物要素"向合理投入组合关系转化的根本途径。

7.3.2 制度安排

组织制度与规定是指在组织中存在的管理方式和文件规范等的集合。本书中所提及的制度与规定不包括组织本身作为一种制度形式的存在，按照斯科特的说法，"制度是规则体系或管理体系"，而组织结构则是"形式化"或"结构化"的制度实体，但制度又包括诺思（1994）所说的"正式的成文规定和支持、补充正式规定的不成文行为准则等"。

诺思认为，"制度是一系列被制定出来的规则、守法程序和行为的道德伦理规范，旨在约束个人行为"，这种约束包括人们有意识地设计出来的正式规则约束，如宪法规则、产权规则和契约制度等，以及习俗、惯例、社会规范等非正式规则约束，这些正式和非正式的规则约束定义和限制了个人的决策集。也正如诺思自己所言："制度是人所发明设计的对人们相互交往的约束,它们由正式的规则、非正式的约束和它们的强制性所构成。"这类制度体现了新古典经济学工具理性在制度分析中的运用,显示出理性建构的倾向。

当然,与经济学理论中的制度概念相比,本书中的制度与规定则是指微观层面的、组织内部的成文与不成文的规定,它们构成了一套确保组织活动稳定和有序运行的普遍符号体系和共同规则框架,其中既包括明文规定与非明义规定的规则规范,也包括证书文件和文化制度,它们通常体现为组织中的各种章程、条例、守则、程序和标准等,是设计出来约束组织成员的各种规则。

制度和规定作为一种规范化的组织规则,决定着组织的基本工作过程和程序,它同样也能够起到明确任务分工、活动安排及有效配置组织资源的目的,其作用主要体现在以下几个方面(郑石桥、马新智,2004)。

1)严密的规章制度可以使组织运行过程合理有序,部门和人员职责分明,避免冲突。

2)规章制度的严格执行,便于协调组织成员、群体之间的关系,促进合作的达成。

3)制度与规定往往制定了一定的工作标准,对组织成员的工作进行量化控制,大大简化了工作过程的监控。

就此而言,如果一个组织能够在任务目标的指引下,利用制度与规定对组织活动过程进行详细的规定和设计,那么活动安排和资源配置的不合理现象就会大大减少。但现实的情况是,人们往往无法对组织活动过程中的各种事情进行详细的、无限的规定,这一方面是由于人的行为不确定,另一方面也是由于无法对事物未来的发展状况进行非常准确的预测,因此只能以组织制度与规定作为一种替代方式对组织活动进行规定。一般来说,组织中的各种制度与规定设计得越完善,对组织过程的控制效果就越明显,组织的运行效率就越高,当然设计的成本也会相应地提高。

因此,制度与规定同样是决定组织活动安排及资源配置效果的重要因素。一个设计良好的组织制度与规定体系既能够为组织提供一个规范化的行为准则和活动秩序，也能够实现组织资源的最优配置。组织制度与规定通常包括战略规划、价值链设计、业绩评价机制设计、岗位工作规范设计、管理手册设计、财务管理制度、技术管理制度等众多内容，它们都是保证组织活动合理安排、资源有效配置的基础。

7.3.3 流程规划

谈到流程，首先需要了解什么是流程。Davenport 和 Short（1990）认为，流程是产生特定输出的一系列逻辑相关的活动。Kaplan 和 Murdock（1991）指出，流程是一系列相互关联的活动、决策、信息流和物流的集合。Davenport（1993）进一步指出，流程是一系列结构化的可测量的活动的集合，并为特定的市场和特定的顾客产生特定的输出，它是一个行为的结构，重点强调工作在一个组织内是如何进行的。Hammer 和 Champy（1993）指出，流程是把一个或多个输入转化为对顾客有用的输出的活动。

综合各种定义，可以将组织中的工作流程理解为由一系列相关活动组成的并按照一定的先后次序发生的、具有某种特定输出的业务过程，即将输入转化为输出的一组相关的活动。

针对特定的组织实体，从微观层面看，流程是指组织中一系列活动或任务的执行或操作程序，或完成组织任务的程序和方法，它关注的核心问题是如何完成既定的任务；从表面来看，组织是以部门分工为基础进行运营的，显现的是组织的职能，而非流程；但从实际来看，组织的绝大多数工作都是在部门分工的基础上，通过各部门之间的合作来完成的，不同部门之间合作完成工作的过程就是一种流程。任何组织的活动过程，如企业产品开发、会议议程等都依附于组织活动的运转，而成为组织内部的流程，可以说组织是依赖各种各样的流程运作的（席酉民、尚玉钒，2002）。

在组织中，流程所扮演的角色与结构和制度相比更为具体，比如梅绍祖和 Teng（2004）认为流程有三种基本功能：一是能够实现不同分工和活动的结果连接，二是能够反映活动间的逻辑关系，三是能够界定活动的相关人员的关系。

另外，流程管理通常包含两个环节的内容，一是流程设计，二是流程优化。如果说流程设计是确定组织工作活动顺序、方法及准则的话，那么流程优化就是对组织工作活动顺序、方法和准则进行持续、动态的调整和改进。事实上，在大多数情况下，组织问题都是动态变化的，依据设定的流程并不能有效地解决，必须进行持续的优化。

同样，在组织中，如果我们能够根据特定的组织发展目标对组织工作或活动流程进行详细的描述与设计，那么就能够降低流程本身的不确定性，进而有助于提高组织问题的解决效率。因此，组织内部的工作流程设计也是保证组织活动顺利进行和资源有效配置的支持系统要素，规范化的工作流程与工作描述一般都能够对组织活动中人的行为进行有限的限制，降低不确定性对组织活动过程的影响。工作流程设计通常包括BPR（企业流程再造）、CRM（顾客关系管理）、TQM（全面质量管理）等众多的流程规划方法和技术，它们同样是保证组织活动合理安排、资源有效配置及组织目标有效实现的支持系统要素。

7.3.4　资源配置机制设计

资源配置是组织运行过程中的一项重要任务，而完成该任务的支持系统要素是资源配置机制。在宏观层面上，早在18世纪时，以亚当·斯密为代表的古典经济学家就开始了对资源配置机制问题的研究，并提出了"看不见的手"市场资源配置机制；而在企业组织系统内部，则更多地体现为以科斯等所提倡的管理协调手段配置组织资源。除此之外，还有居于二者之间的其他的资源配置方式和机制，如组织网络和战略联盟等。

在微观层面上，组织资源配置方式更多地体现为ERP（企业资源计划）、SCM（供应链管理）等资源规划系统的设计与安排。在协调理论模型中，Malone和Crowston（1990）认为组织系统中的资源配置方法作为一类协调机制是普遍存在的,除了常见的"先入先出"、优先顺序、预算、竞标等机制,还有建立在信息技术基础上的各种资源规划系统工具,如 ERP、TPM、TBM、EC、HR、R&D 等。无论资源配置机制以什么样的形式出现,其作用都无外乎为组织活动开展提供足够数量和高质量的资源,保证活动或任务的有效完成。

总结上述分析,可绘图简要地呈现活动安排与资源配置的支持系统要素及其关系(见图 7-4)。

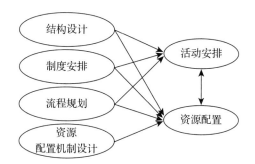

图 7-4　活动安排与资源配置的支持系统要素及其关系

7.4　谐则作用机制的路径结构

7.4.1　实现要素合理投入的路径结构

回顾本章第二节、第三节的内容,活动安排与资源配置是影响组织"物要素"投入组合关系的两个基本因素,而要改善活动安排及资源配置状况,必须从影响活动安排及资源配置效果的组织支持系统要素分析出发,考察这些因素的性质与形式,并进行合理的规划与设计。

组织支持系统要素通常体现为结构设计、制度安排、流程规划与资源配置机制设计的安排和选用等多个方面,而结构设计、制度安排、流程规划与资源配置机制设计等又包含层级结构设计、部门结构设计、岗位制度设计、组织章程设计,以及 ERP、BPR、SCM 等众多的管理工具和方法,这些支持系统要素综合在一起就形成了谐则机制下的组织管理系统。

至此,可以得出实现组织要素合理投入的路径结构(见图7-5)。

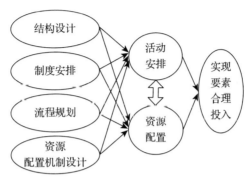

图 7-5　实现组织要素合理投入的路径结构

该结构图表明:首先,要根据组织特定时期的发展目标和任务,分析影响组织中的"物要素"投入组合关系的因素,这些因素主要体现为组织的活动安排与资源配置情况;然后,考察影响活动安排及资源配置效果的组织支持系统要素,它们主要体现为结构设计、制度安排、流程规划与资源配置机制设计等多个方面,并用理性设计的方法对这些系统因素进行合理的设计和优化,构造与组织目标相匹配的管理系统;最后,从要素投入组合影响因素的分析到组织支持系统要素的设计,再到组织目标的实现或任务的完成,这一路线构成了促进组织中的"物要素"向合理投入组合关系转化的基本路径结构。

7.4.2　和谐管理之谐则机制的构建

当然,作为设计与建构的结果,组织要素合理投入组合关系是谐则机制所追求的"谐"的状态,也是组织发展状态或运行状况良好的体现。在有些情况下,"谐"的状态是清晰可见的,比如工厂流水线的"谐"是一览无余的。但在有些情况下,"谐"的状态或良好的协调是不可见的,只有当其缺乏的时候才会显现出来。例如,当人们因为找不到登机入口处而在机场候机厅等了很长时间的时候,当人们满以为可以订到宾馆房间却最终落空的时候,或者当企业在新产品开发过程中屡次失败的时候,人们才会意识到协调的存在和重要性。这是因为在组织管理中,面临着太多的不确定性因素的干扰,导致要素合理投入关系不断发生着变化,同时也给有效的管理带来了很多难题(Malone and Crowston,1990;Crowston,1991;Malone and Crowston,1999)。

正是在这种情况下,和谐管理从组织面临的日益增加的不确定性和复杂性入手,在认识环境特征的基础上分析管理难题,并最终探寻到一系列的应对方法,而成为"围绕和谐主题的问题解决学"。其中,"优化设计"的谐则控制机制正是用来促进组织系统实现协调发展的根本机制。"谐则"是指那些可用来优化处理组织中的确定性要素及其间相对确定性关系的基本规则,面对的管理对象可以是人也可以是物,其作用途径主要是通过设计和规定管理对象的行为,实现"要素在组织中的'合理投入'"。推而言之,谐则机制具体可理解为活动安排与资源配置的规范化与结构化过程,其目的就在于对组织中的确定性要素(包括资源与活动)及其间相对确定的关系进行合理安排和调整优化,使之配合合理、运作有序,促进组织的顺畅运转。而在组织管理实践中,活动安排与资源配置通常表现为结构设计、制度安排、流程规划及资源配置机制设计等形式。如何设计结构、安排制度、优化流程和配置资源等是"谐则"所要解决的主要问题。

因此,实现"物要素"的"合理投入"的路径结构构成了谐则机制的基本内容,在引入和谐主题的情况下,可以给出谐则机制产生作用的路径结构(见图7-6)。

对于这一结构,可做如下解释。

1)谐则机制的目的是在和谐主题的指引下,促进组织中"物要素"实现合理投入,和谐主题决定了组织近期的发展方向和需要解决的核心问题。

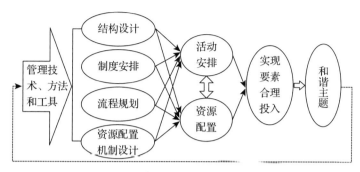

图 7-6 谐则机制产生作用的路径结构

2）影响组织中"物要素"投入组合关系的根本因素是组织的活动安排和资源配置情况，因此，必须从这两个因素出发设计"谐则"作用机制。

3）在组织系统中，影响组织活动安排与资源配置效果的支持系统要素通常表现为结构设计、制度安排、流程规划与资源配置机制设计等形式，而这些要素是可以使用建构的方法加以设计和优化处理的。

4）对结构、制度、流程要素的设计和优化，既可利用已有的优化技术、方法与工具（如规划论、库存论、排队论等），还可依据问题特征和需要开发新的技术、方法与工具（如 ERP、BPM 等）。

5）从工具到结构、制度、流程，再到活动安排与资源配置，"物要素"的"合理投入"的实现，直至实现和谐主题所指向的组织任务目标，这一过程构成了和谐管理谐则作用机制的基本路径结构。

在此必须强调的是，和谐管理理论自身"围绕和谐主题的问题解决学"的鲜明问题导向性，使得问题解决过程与和谐主题之间所存在的动态互动关系应引起人们的进一步重视。和谐主题是指组织在战略实施过程中所面临的具有一定阶段稳定性、可操作性和全局指导意义的核心任务与核心问题，它既是解决组织问题的根本出发点，又是组织过程的产物。换言之，和谐主题是组织战略下的核心任务与核心问题，指导着组织的运营过程，但由于其来源于环境、组织和领导的特性，不可避免地会受组织过程的影响，因此又是过程的产物。图 7-6 中谐则机制所达成的结果与和谐主题的相互作用即是和谐主题与组织过程之间动态互动关系的体现。

在此基础上构建的"谐则"体系所隐含的基本假设就是：如果组织根据当前的和谐主题需求，在结构、制度、流程及资源配置方式上进行合理的设计，那么以此为基础构建出来的组织管理系统就有可能是有效的[○]。

7.4.3 谐则机制的理论与现实意义

上述内容构成了谐则体系研究的基本内容，也为我们分析、认识和解决组织管理问题提供了一种理性建构模式。但谐则体系研究的主要意义当然并不局限于它对管理问题解决途径的独特分析，或是对管理问题理性建构解决思路的概括、分析与提炼，也体现在其对现实管理问题解决方式的解释力及与现有理论的契合上。

在实践上，谐则作用机制通过对影响组织要素投入的因素进行分析，围绕和谐主题，利用现有的或新开发的管理优化技术、方法与工具，从结构、制度、流程、资源配置机制等多个方面，设计与构建适用于特定组织发展主题的组织管理系统，这是与现实的管理问题解决方法和过程相符合的，因而具有很强的现实指导意义。

在理论上，它根植于现有的管理理论并力求有所发展。比如，在管理理论的发展历程中，以泰罗、法约尔和韦伯等为代表的古典管理学家尤为关注组织管理中的"物要素"管理问题研究，他们把管理活动中的人看作"非人格化"的"机械人"，并认为通过一系列的动作研究和设计等方法，可以把人设定为如同机器一样的要素，纳入既定的工作程序之中，采用科学的手段对其进行设计处理。而现代管理科学则在吸收古典管理学派的思想并结合其他学科研究成果的基础上，以自然科学与技术的最新成果（如先进的数学方法、电子计算机技术以及系统论等）为手段，对管理活动中

[○] "谐则"体系只是构成管理系统的一个基本方面，是决定管理系统是否完善的必要条件之一，只有在与"和则"体系结合在一起的时候，才能形成衡量组织管理系统是否完善的充要条件。

的人、物、财等进行系统的、定量的分析，构建用于管理决策的数学模型。其目的都是通过对组织活动过程进行合理的设计与优化，寻求最优的问题解决方案，实现管理效率最大化。所有这些思想都包含在和谐管理理论的谐则机制之中。

而且，在谐则体系结构中，一方面，可针对特定和谐主题下的任务需求，利用已有的我们称之为"管理科学"[①]的那套思想、工具、方法和技术，从战略规划、价值链设计、治理结构设计、组织结构设计、部门与岗位设计、流程设计与优化、绩效评价机制设计等方面出发，并衍生出SRM（系统运行管理）、SCP（供应链计划）、CRM、TQM、SCM、ERP、MRP（物料需求计划）等工具和技术，设计组织结构、制度、流程和资源配置机制，实现组织活动的合理安排及资源的有效配置；另一方面，也可针对特定的和谐主题，根据问题特征，寻找或开发适用特定情境的"秩序管理"和"优化设计与控制"工具，解决面临的复杂管理问题，这也正是推动管理理论不断发展的根本动因。

就此而言，谐则体系是关注组织系统本身的合理安排与优化设计的理论与方法，它"包括技术改造的可行性分析、技术评估、效果评估、环境评估、改进技术的经济效果的一般理论与方法（如价值工程的理论与方法、部分分步正交实验的理论与方法）等分支"，以及"运筹学方法、统计学方法"等（马庆国，2002），它不仅来源于已有的管理理论、技术与方法，而且推陈出新、有所发展，寻求组织发展与管理问题的解决路径，实现组织要素合理投入情况下的谐的结果与状态。

无论怎样，利用谐则的方法设计组织管理系统的目的无非是"希望能从实务经验中萃取出某种分析架构或推理程序——就像波特所提出的'钻石模型'（diamond model）或波士顿顾问公司所发展的'组合分析模型'

[①] 这里的"管理科学"指的是狭义上的管理科学，是与管理理论中的"行为科学"相对应的理论内容，侧重于研究"物"的方面的管理科学化问题。而广义的"管理科学"指的是整个管理学理论体系。

（portfolio model）那样——对于某些原属非结构性的问题，能够依循一种被称为启发式（heuristic）的途径，将一种艺术化的工作转变为可程序化的分析步骤，并普遍应用"。

7.5 谐则机制的技术、工具与方法支持

当然，谐则体系的研究，并非脱离了已有的管理理论和工具支持，而是深植其中。在当前管理理念、观点、思潮层出不穷的情况下，各种管理技术、方法和工具（如 BPR、BSC（平衡计分卡）、CRM 等）不断冲击着人们的大脑，如果缺乏足够的鉴别能力和独立的思考判断，人们很容易就会在管理的丛林中迷失方向，如果仔细分析把握，不难从中找到一些线索。

比如，在管理理论丛林中，有一支重要的管理学派，孔茨（1961，1980）称之为管理科学学派，其理论渊源可追溯到 20 世纪初泰勒的"科学管理"。这一学派的显著特征是将数学，尤其是运筹学大量引入管理领域，用定量化的方法与工具研究组织管理问题，追求过程的合理性与结果的优化性。这一学派的观点认为，管理就是用数量方法分析组织经营活动，并依据科学方法和客观事实，按照最优化标准为管理者提供问题解决方案的组织活动；其目的是设法把科学的原理、方法和工具应用于管理过程，增强可控性，降低管理中不确定性的影响，追求经济和技术上的合理性，保证投入的资源发挥最大的效益。这代表了管理研究的一条基本路线，即管理的科学化研究。

以管理的科学化为研究主线的各种管理思想正是"谐则"体系研究的理论基础之所在，而且它们也为谐则体系研究提供了大量的技术、工具和方法，例如网络计划技术、BPR、PDCA 循环、线性规划、目标规划、图与网络分析、灵敏度分析、决策论、对策论、库存论、排队论等。尽管这些管理方法与工具所涉及的领域较广，适用的范围也并不相同，但完全可

以归纳出一些共同特征。

（1）**解决的问题有明确的目标** 切克兰德在软系统方法论中曾提到，这些偏"硬"的方法与工具在本质上存在一个共性，那就是已知问题存在一个目标状态 S_1 和当前状态 S_0，以及从 S_0 到 S_1 的各种途径，运用上述方法和工具解决问题的过程就是定义 S_1，搞清 S_0，并选择缩小二者差距的最好方法（杨建梅，1994）。

（2）**建立模型** 上述所有方法和工具均认为模型——主要是数学模型，可以在组织管理中像实验室在自然科学中那样发挥作用，可以被设计成能够捕捉现实世界基本特征的工具。即使有时这些特征体现为行为上的规律性，也可以通过细致的观察与测量揭示出来。建立某种形式的模型被认为是这些方法与工具的基本要求（Jackson，2005）。

（3）**理性决策，人机结合** 从上述两个特征可以看出，管理优化方法与工具解决实际问题首先要根据已知目标建立对应的数学模型，这个模型应该把所有的重要因素都包含在内，并能反映问题的本质，给出对问题的完整描述。在这一过程中，如果把人看作具有理性思维能力的智能人，那么对这一问题的描述和建模过程就是具有智能特性的人的理性决策过程。

而数学模型建立以后，就要用最优化的方法求解。一个实际问题的数学模型，所含变量往往很多，求解过程也比较复杂，因此要寻求计算机等智能工具的支持，实现人机结合，才能得到较优的结果。实际上，也正是计算机技术的发展，才使得复杂问题的优化解决成为可能，也为管理优化方法与工具的进一步发展提供了保障。

上述方法与工具寻求将科学上的严谨带入管理问题的解决过程，希望通过定量化的分析和优化产生一种能够避免人的主观因素影响的客观结果。这些方法与工具正是通过对组织中要素及其关系进行优化调整来实现组织中"物要素"的"合理投入"的，为谐则作用机制提供了强有力的管理优化技术和工具支持。

7.6 谐则的深化研究

谐则的内涵与逻辑相对成熟，也易于理解，针对其本身概念与机制的深化研究较少，主要的相关研究集中在对现有概念在多个管理研究议题上的应用。我们概括了谐则在应用研究中的具体体现（见表7-2）。值得注意的是，谐则是采取"优化设计"相对确定的方法应对"物要素"或可物化的人要素的机制，它通常是作为激发人的积极能动性、创造性的"和则机制"的对立面存在的。显然过度滥用谐则机制势必会产生不利于激发能动性、创造性的效应。然而，许多研究也低估了谐则机制对于耦合实践过程中促进产生能动性、创造性的价值。未来需要加强对这方面的研究，强化对谐则与和则互动过程的深入考察，深化对二者相互转化与协同的过程的研究。

7.7 本章小结

在实际的组织问题解决过程中，人们总是希望能够利用理性建构的方法对组织及其运行过程进行科学合理的设计，使之能够像机器一样稳定地运行。但由于组织是有人参与的开放系统，人的行为具有不规律性，不可捉摸，而外部环境又是复杂多变的，因而无法完全设计和控制组织的运行过程。尽管如此，在问题面前，人类也并没有止步于"人的不确定性"和"环境的复杂多变"而无所作为，而是在理性的范围内，对组织活动过程进行细分和解构，抓住主要环节和主要影响因素，按照科学的方法进行规划、建构和设计。

本章正是基于这种考虑，从影响组织中的"物要素"投入组合关系的因素出发，寻求影响组织活动安排与资源配置效果的支持系统要素，如结构、制度、流程等，将它们作为构建特定和谐主题下的组织管理系统的基础，并最终形成"从工具到结构—制度—流程—资源配置机制，再到和谐主题"的谐则作用机制路径，这一路径是和谐管理理论所倡导的"优化设计"控制机制的基本内容。

表 7-2 谐则在应用研究中的具体体现

应用研究的领域	研究对象	具体体现	典型研究
企业管理与经营	组织成员间交互的动态性、非线性以及成员行为的差异等对团队绩效的影响作用	在谐则管理模式下，团队成员的行为都已限制好了，在制度框架下完成，讲究人对制度的适应	席酉民、张华、马骏（2008）
	海尔集团的管理变革	通过结构、制度与流程设计等，构建完善的管理控制体系	井辉（2009）
	企业信息化过程中业务与IT融合过程	结构设计、制度安排、流程规划、绩效考核	戚桂杰、顾飞（2012）
	商业模式	组织内优化流程、资源配置，组织外完善契约，降低机会风险	李会军、席酉民（2015）
	西交利物浦大学处理"求同还是存异"问题的办学实践	说服董事会批准，请英国部长、大学校长、中国有关政府领导等书，设计了发展愿景、使命、商业模式、运营模式、课程架构、学立结构、训练过程等，选定了企业伙伴，确定了多赢的合作模式，明确了校园建设投资与运营方式，并做了长期财务均衡分析和规划等	席酉民、张梦晓、刘鹏（2022）
组织行为与领导研究	某集团下属设计院员工工作满意度	组织结构、薪酬制度、绩效管理	李子叶等（2008）
	人力资本管理	流程优化：组织机构、控制程序、制度规范	戚振东等（2008）
	知识型人才管理	通过规定选择相对满意的行为路线，排除其他干扰，低效选率，比如在招聘规则方面可以采取优化的方法（借鉴运筹学方法实现）	张向前（2009）
	劳动关系	薪酬福利制度、劳动合同制度、工会组织建设和劳动员期望行为约制变	李春生（2014）
	领导方式	谐则指领导者通过约束能动性，让组织成员展现期望行为的领导方式，其作用机制是不确定性为确定性	李鹏飞、葛京（2016）
创新管理	国家科技计划知识产权管理	"谐"的负效应构成因素："知识产权态势分析报告的缺失、知识产权审查过程中"谐"的失调、知识产权实质审查过程中"谐"权责、的失调	杨晨、朱国军（2006）
	国家创新体系	设立必要的机构、流程，明确各执行机构的分工与职责，设置具体措施、设置明确的NIS评价的指标等	王亚刚、席酉民（2007）
特定领域的研究	危机管理	成立危机管理小组，确定新闻发言人，迅速而准确地披露信息，与政府、媒体及公众等利益相关者有效沟通，设计危机解决系统等	刘静静、席酉民、王亚刚（2009）
	武器装备采购质量管理	制定不同层次的法律法规，构建管理架构和流程，具体机构如结构设计、流程管理、制度设计	张晓军、席酉民、毛景立（2012）

本章参考文献

[1] BARNEY J B. Firm resources and sustained competitive advantage [J]. Journal of Management, 1991, 17 (1): 99-120.

[2] CHILD J. Managerial and organizational factors associated with company performance-part I [J]. Journal of Management Studies, 1974, 11 (3): 175-189.

[3] CHILD J. Managerial and organizational factors associated with company performance-part II [J]. Journal of Management Studies, 1975, 12 (1-2): 12-27.

[4] CROWSTON K. Towards a coordination cookbook: recipes for multi-agent action [D]. Cambridge, MA: MIT Sloan School of Management, 1991.

[5] DAVENPORT T. Process innovation: reengineering work through information technology [M]. Boston: Harvard Business School Press, 1993.

[6] DAVENPORT T, SHORT J. The new industrial engineering: information technology and business process redesign [J]. Sloan Management Review. 1990, 31 (4): 11-27.

[7] HAMMER M, CHAMPY J. Reengineering the corporation: a manifesto for business revolution [M]. New York: Harper Business, 1993.

[8] KAPLAN R B, MURDOCK L. Core process redesign [J]. The Mckinsey Quarterly, 1991 (2): 27-43.

[9] KOONTZ, H. The management theory jungle [J]. Academy of Management Journal, 1961, 4 (3): 174-188.

[10] KOONTZ, H. The management theory jungle revisited [J]. Academy of Management Review, 1980, 5 (2): 175-187.

[11] MALONE T W, CROWSTON K. What is coordination theory and how can it help design cooperative work systems. Proceedings of the 1990 ACM Conference on Computer-supported Cooperative Work, September, 1990 [C].

[12] MALONE T W, CRWOSTON K, LEE J, et al. Tools for inventing organizations: toward a handbook of organizational processes [J]. Management Science, 1999, 45 (3): 425-443.

[13] MINTZBERG H. Organization design: fashion or fit? [J]. Harvard Business

Review，1981，59（1）：103-116.

[14] MINTZBERG H. The structuring of organizations［M］. Englewood Cliffs：Prentice-Hall，1979.

[15] MOCH M. Structure and organizational resource allocation［J］. Administrative Science Quarterly，1976，21（4）：661-674.

[16] PENROSE E. The theory of the growth of the firm［M］. New York：Oxford University Press，1959.

[17] PUGH D，HICKSON D，HININGS C，et al. Dimensions of organization structure［J］. Administrative Science Quarterly，1968，13（1）：65-105.

[18] THARUMARAJAH A. Survey of resource allocation methods for distributed manufacturing systems［J］. Production Planning & Control，2001，12（1）：58-68.

[19] WERNERFELT B. A resource-based view of the firm［J］. Strategic Management Journal，1984，5（2）：171-180.

[20] 沃特斯. 管理科学实务教程［M］. 张志强，等译. 2版. 北京：华夏出版社，2000.

[21] 明茨伯格. 明茨伯格论管理［M］. 燕清联合组织，译. 北京：中国劳动社会保障出版社，2004.

[22] 罗宾斯. 管理学：第4版［M］. 黄卫伟，等译. 北京：中国人民大学出版社，1997.

[23] 霍尔. 组织：结构、过程及结果［M］. 张友星，等译. 8版. 上海：上海财经大学出版社，2003.

[24] 斯格特. 组织理论：理性、自然和开放系统［M］. 黄洋，等译. 4版. 北京：华夏出版社，2002.

[25] 诺思. 制度、制度变迁与经济绩效［M］. 刘守英，译. 上海：上海三联书店，1994.

[26] 钱德勒. 战略与结构：美国工商企业成长的若干篇章［M］. 孟昕，译. 昆明：云南人民出版社，2002.

[27] 哈耶克. 法律、立法与自由［M］. 邓正来，等译. 北京：中国大百科全书出版社，2000.

[28] 吉登斯. 社会的构成 [M] 李康, 李猛, 译. 北京: 生活·读书·新知三联书店, 1998.

[29] 杰克逊. 系统思考: 适于管理者的创造性整体论 [M]. 高飞, 李萌, 译. 北京: 中国人民大学出版社, 2005.

[30] 陈莞, 倪德玲. 最实用的管理工具: 涵盖企业管理各个层面的 10 个管理工具 [M]. 北京: 经济科学出版社, 2003.

[31] 高飞, 顾基发. 关于物理–事理–人理系统方法的事理之方法论库 [J]. 系统工程理论与实践. 1998 (9): 35-38.

[32] 井辉. 海尔集团的管理变革实践: 和谐管理视角的分析 [J]. 管理案例研究与评论, 2009, 2 (4): 245-254.

[33] 李春生. 我国民营企业劳动关系和谐管理模式研究——基于和谐管理理论的视角 [J]. 中国劳动关系学院学报, 2014, 28 (3): 17-21.

[34] 李会军, 席酉民, 葛京. 基于和谐管理理论的一种整合商业模式概念框架 [J]. 管理学报, 2015, 12 (9): 1255-1262, 1285.

[35] 李鹏飞, 葛京. 基于和谐耦合的领导方式互动过程: 一种新的阐释 [J]. 西安交通大学学报 (社会科学版), 2016 (6): 34-39.

[36] 李子叶, 席酉民, 尚玉钒, 等. 提高员工工作满意度机制的系统分析: 和谐管理理论的启示与价值 [J]. 南开管理评论, 2008 (4): 70-77, 96.

[37] 刘静静, 席酉民, 王亚刚. 基于和谐管理理论的企业危机管理研究 [J]. 科学学与科学技术管理, 2009, 30 (1): 138-142.

[38] 马庆国. 中国管理科学研究面临的几个关键问题 [J]. 管理世界, 2002 (8): 105-115, 140.

[39] 梅绍祖, TENG T C JAMES. 流程再造——理论、方法和技术 [M]. 北京: 清华大学出版社, 2004.

[40] 戚桂杰, 顾飞. 基于和谐管理理论的提升业务与 IT 融合研究 [J]. 山东大学学报 (哲学社会科学版), 2012 (2): 53-59.

[41] 戚振东, 曾宪聚, 孙晓华, 等. 基于和谐管理理论的人力资本管理: 一个理论框架 [J]. 科研管理, 2008, 30 (4): 34-40.

[42] 王琦, 席酉民, 尚玉钒. 和谐管理理论核心: 和谐主题的诠释 [J]. 管理评论, 2003, 15 (9): 24-30.

[43] 王亚刚，席酉民. 国家创新体系的构建与评估：基于和谐管理理论的系统探讨 [J]. 中国软科学，2007（3）：53-58，75.

[44] 韦森. 社会制序的经济分析导论 [M]. 上海：上海三联书店，2001.

[45] 席酉民，张华，马骏. 成员间互动对团队绩效影响研究：基于和谐管理理论的视角 [J]. 运筹与管理，2008，17（6），134-139.

[46] 席酉民，尚玉钒. 和谐管理理论 [M]. 北京：中国人民大学出版社，2002.

[47] 席酉民，张梦晓，刘鹏. 和谐管理理论指导下的合法性与独特性动态平衡机制研究 [J]. 管理学报，2022，19（1）：8-16.

[48] 席酉民. 管理研究 [M]. 北京：机械工业出版社，2000.

[49] 许国志. 现代管理科学手册 [M]. 北京：北京大学出版社，1994.

[50] 斯密. 国富论 [M]. 唐日松，等译. 北京：华夏出版社，2005.

[51] 杨晨，朱国军. 立项阶段国家科技计划知识产权管理的和谐研究 [J]. 科技进步与对策，2006，23（1）：29-31.

[52] 杨建梅. 切克兰德软系统方法论 [J]. 系统辩证学报，1994（3）：86-91.

[53] 张向前. 基于和谐管理理论知识型人才管理机理分析 [J]. 科学学与科学技术管理，2009，30（1）：168-174.

[54] 张晓军，席酉民，毛景立. 基于和谐管理理论的武器装备采购质量管理研究 [J]. 管理工程学报，2012，26（2）：48-57.

[55] 郑石桥，马新智. 管理制度设计理论与方法 [M]. 北京：经济科学出版社，2004.

▲

和谐管理理论强调"问题导向",直面丰富多彩的管理实践,从"不确定性"和"确定性"这类看待世界本质的根本观点出发,自然而又雄辩地提出了一条带有管理特征的复杂问题求解思路:从管理所要完成的核心任务或所要解决的核心问题入手(体现了管理的合目的性),将问题的求解之道交付"相对确定性"下设计优化的控制机制和"不确定性"下能动致变的演化机制以及两种机制的耦合互动(体现了管理的人为干预特性和可操作性)。如果说谐则可以被看作工具理性的产物,其所造就的秩序是一种"蓄意的强制秩序"(a willfully imposed order);和则可以被看作情感逻辑的产物,其所造就的秩序是一种"目的导向的演化秩序";和谐耦合则可以被看作组织生存发展的系统动力,经由和谐双规则的交互作用(同时也是组织成员进行组织学习和知识积累的过程),磨合出了作为"人类集体行动核心"(Friedberg,2005)的协作秩序,此种秩序具有在实践中适应性扩展的特性,经由和谐主题的引导,促使组织系统螺旋式地逼近和实现其所期望的和谐状态与管理绩效,此种秩序及其运行可以看作"哈耶克问题"被赋予管理的根本特征后,在微观组织中的具体体现。

CHAPTER 8 ▶ 第 8 章
和谐耦合：在线干预的迭代升级

我们生活的这个世界充满了 UACCS 特征，其间的组织的形态乃至性质、管理方法以及模式都发生着前所未有的重大变化。"组织如何才能在日益复杂多变的条件下更好地生存和发展"则更加成为管理研究者和实践家衷心希望可以解答的一个根本问题（席酉民，2000）。如果说旧世界的特点是管理事务的话，那么新世界的特点就是需要处理复杂性（比尔，1991）。在管理活动和管理过程中，诸多系统、层次以及因素的关联互动交织成了一个复杂的网络，突出的例证是企业可以被看作由一系列紧密关联且相互作用的要素组成的系统（Milgrom and Roberts，1990；Porter，1996；Whittington and Pettigrew，1999），管理研究和实践活动都迫切需要探明这一复杂网络中诸多系统、层次以及因素的耦合机制和作用机理。本章基于和谐管理理论的思想，借鉴脑科学和生物进化理论的相关研究成果，对和谐耦合的模式及其机制进行分析与探讨。

脑科学的研究成果为我们观察和认识现实世界中的经济、管理现象和规律提供了新的视角和工具。西蒙的经典著作就借鉴了脑科学的研究成果（Simon，1997；Newell and Simon，1972）。从 20 世纪 90 年代开始，认知科学、脑科学取得了长足进展，Vernon L. Smith 因研究"实验经济学"而获得 2002 年的诺贝尔经济学奖，其研究领域实际上就是脑科学与经济学的交叉，Vernon L. Smith（2003）将其称为"神经元经济学"（neuro-economics）。明茨伯格（1976）曾经试图通过对人脑区域的了解，来揭示在管理过程中分析和直觉之间的关系。尽管西蒙和明茨伯格存在争论（Simon，1987），但这并不影响他们在基本结论上达成共识，即管理的效率，最终取决于分析进程和直觉进程的结合程度（Mintzberg，1977）。汲取其中的科学营养，对于寻求日益复杂的管理问题的解决之道，有着重要的理论意义和实践意义。

人脑作为世界上已知的最精巧、最复杂的物质器官，向我们呈现出了一幅左右脑之间既分工明确、各司其职又耦合得天衣无缝、无懈可击的奇妙景象，数目庞大的脑细胞和脑区怎样构成了功能网络或者说功能系统呢？其内在的功能原理又是什么？这可以为管理研究提供哪些有益的启示呢？

本章的结构安排如下。8.1 节，对和谐管理理论进行简要的回顾。8.2 节，介绍大脑处理问题的基本模式和脑功能原理，一方面，为分析和探讨和谐耦合的大脑模式提供借鉴；另一方面，也试图为和谐管理的耦合模式寻找认识论上的依据。8.3 节，考察和谐管理和大脑系统在复杂问题求解上的基本模式，从规则系统水平上探讨和谐耦合的"机制—秩序"模式。8.4 节和 8.5 节，利用系统分析和模块化设计的思想，并借鉴适应度景观概念和 NK 模型，分析了和谐耦合机制所具有的在局部最优和全局最优之间"适应性游走"的特征，考察了其复杂性的涌现。8.6 节，从整体的高度指出了，和谐的耦合过程是一个和则与谐则围绕和谐主题在组织网络不同层级间相互作用的适应和演化的过程，而组织整体一致性的达成也正是"环境诱导"和"理性设计"在一定条件下相互耦合的结果。8.7 节，给出了一个生产线上的例证。8.8 节，概述了和谐耦合研究的最新进展。8.9 节，即本章小结部分，给出了相应的结论与进一步的研究方向。

8.1　面向复杂性：和谐管理理论

在管理理论的共生丛林中，不论是极具认识论价值的"科学管理""行为主义""权变主义"，还是范式意义上的"科层""一般管理职能——管理过程",或是欠缺范式意义但影响深远的"组织再造""全面质量管理""领导变革"等管理运动,确实都为管理实践提供了各自视角下的有益的指导,也丰富和推动了管理研究的发展。但是,必须承认,在直面复杂的管理现实时,这些传统管理理论或者新兴的管理运动在理论上所产生的问题以及由此导致的实践上的问题似乎比它们所解决的还要多。毕竟,明确地宣告"确定性的终结"(普利高津,1998),开始"探索复杂性"(普利高津,1986),从而要求管理实践者和研究者具有"复杂性中的思维"(Mainzer,1997),其历史并不比管理学这门"年轻的"学科长。正是在"面向复杂性"的意义上,我们创立了一种新的管理理论体系——和谐管理理论,经过不断的探索和进一步的研究与深化(席酉民等,1987~2005),和谐管理理论逐步形成了较为完整的基本框架(见图8-1)。

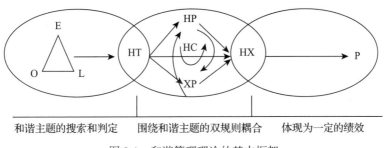

图 8-1 和谐管理理论的基本框架

和谐管理就是组织为了达到其目标,在复杂多变的环境中,围绕和谐主题,以"优化"和"不确定性利用"及两者的耦合为手段提供问题解决方案的实践活动。和谐主题(HT)是指组织在一定时期内所要完成的核心任务或解决的核心问题,和谐主题的搜索与判定主要受环境(E)、组织(O)和领导(L)因素的影响。在和谐主题确定之后,围绕主题的实现,谐则(XP)主要着眼于行为路线的事先规定和安排,以形成一种在相对确定性下进行理性设计和优化的控制机制;和则(HP)主要着眼于不确定性的消减和利用,激发组织成员的积极性、主动性和创造性以形成能动致变的演化机制；而和谐耦合（HC）则体现了和则与谐则围绕主题在不同条件下、不同层次间的相互作用、相互转化及系统整体的涌现特性，体现了目的导向下的适应性演化。

在现实世界里，不和谐是绝对的，而和谐总是相对的，和谐管理的目的就是使系统由不和谐状态逐步趋向和谐状态（HX），不断地逼近和实现组织所期望的管理绩效（P）。对于可以事先进行充分或较为充分（在成本–收益分析的意义下）的认识从而可以进行科学设计和控制的管理任务，就交由谐则解决，谐则提供了具体规定的行为路线。对于那些因环境的变化和人的有限理性造成的不能事先规定行为路线的管理任务，则交由和则解决，和则提供了组织中可以自由选择的环境空间。而围绕和谐主题的和谐耦合则为动态一致性即和谐的达成提供了条件。对和则的深化部分在一定条件下会转化为谐则，而人在谐则运用过程中的能动反应又会产生新问题，需要运用新的和则来解决。实际上，和则与谐则的耦合过程是一个在互动中不间断地螺旋式推进的过程。在新的管理系统观下，围绕和谐主题的和则与谐则的耦合被看作管理的灵魂，它充分而又鲜明地反映了管理的科学性和艺术性的有机统一。

8.2 最复杂的网络：脑整体网络

作为宇宙中已知最复杂的器官，大脑中存在着数量巨大的脑区，这些截然不同的脑区基于脑功能的分离（dissociation）与整合（integration），携手在不同的功能中发挥作用（Frackowiak R et al.，1997）。作为一个整体网络，人的左脑和右脑分工明确、各司其职[⊖]（见图8-2）。

⊖ 研究表明，这种区分受到了脑功能定位观念的影响，并不十分严格，但并不是对脑功能制约下的结构复杂性和脑结构制约下的功能复杂性的否定。参见：哈肯.大脑工作原理：脑活动、行为和认知的协同学研究[M].郭治安，吕翎，译.上海：上海科技教育出版社，2000:13。

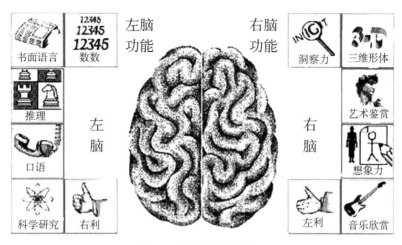

图 8-2 左脑和右脑的分工

资料来源：席酉民，曾宪聚，唐方成.复杂问题求解：和谐管理的大脑耦合模式[J].管理科学学报，2006，9（3）：88-96。

脑科学的研究表明：人脑的复杂性主要体现在其组成单元之间极其复杂多样的、非线性的相互联系和相互作用上。Klaus Mainzer（1997）也指出，"复杂性和非线性是物质、生命和人类社会进化中的显著特征，甚至我们的大脑也表现为受制于我们大脑中复杂网络的非线性动力学"。那么，在这种非线性的作用之中，就某一具体问题或任务而言，大脑是如何进行分工设计的？左右脑之间又是如何进行交流沟通的呢？为探明这一问题，科学家们设计了一个独特的试验，借助功能性磁共振成像技术（fMRI）和特殊手段对受试者的脑部活动进行追踪观测，发现了大脑内部协调左右脑工作的"管理中心"及其控制交流机制。大脑前扣带回皮层（anterior cingulate cortex，ACC）作为大脑的"管理中心"，是决定要将某一具体问题或任务交由左脑还是右脑解决的功能中心。ACC 作为大脑的管理中心首先判断具体问题的性质，然后根据问题的不同性质"通知"相应的负责的脑半球，将任务"分配"下去，并同时承担着左右脑之间互相交流、相互协调的功能（Klaas et al.，2003）。

唐孝威（2003）从物理学角度在系统水平上探讨了脑功能原理，指出系统水平上的脑功能活动是由诸多功能各异而又相互作用的脑功能子系统的分工整合的动态活动过程构成的，并与物理现象做类比，提出了"意识涌现的相变模型"。从过程的角度来看，作为大脑高级功能的意识的涌现过程是表征内容的脑区和调节系统、控制系统的脑区联合行动的过程，而和谐的耦合过程本身也是和则与谐则围绕和谐主题在组织网络不同层级间相互作用的适应和演化的过程。在"确定主题—分解问题—将问题交由谐则或（与）和则处理，并围绕主题进行沟通和协调"这一运用和谐管理理论解决问题的过程中，我们可以看出其中所蕴含的逻辑与大脑处理问题的逻辑相同。我们将在下文借鉴意识涌现的相变过程来考察和谐耦合的过程。

8.3 和谐耦合的大脑模式：规则系统水平上的探讨

8.3.1 意识涌现与和谐耦合的过程分析

首先，我们将和谐耦合的过程与意识涌现的过程作类比，借鉴意识涌现的相变模型来描述和分析和谐耦合的过程（见表 8-1）。

表 8-1 意识涌现与和谐耦合的过程描述

	意识涌现	和谐耦合
过程	外界的物理刺激 ↓ 一定的脑区被激活 ↓ 依次向高一级脑区传递 ↓ 发生相变：意识涌现	复杂多变的环境的影响 ↓ 围绕主题的和则、谐则 不同层级间的关联互动 ↓ 组织的整体秩序
特点	整合性 复杂性 个体私密性 流动性 适度性	整合性 复杂性 组织特性 不同主题下，和则、谐则主导地位的变动性 不同主题下，和则、谐则之间的动态一致性
模型	意识涌现的相变模型	和谐原型

意识涌现的相变模型认为，在大脑受到刺激后，一定的脑区被激活，并将刺激传递到更高一级的脑区，然后，更高一级的脑区被激活并再次将刺激向上传递，当激活水平达到一定的临界值时，就发生了从无意识状态到有意识状态的相变。只有被注意到的刺激才会引起意识，意识内容的选择取决于注意的机制（Jacoby et al., 1993），强烈的神经元兴奋模式体现的是最重要的信息进入意识并在意识中取得支配地位的过程（黄秉宪，2000）。

而和谐的耦合过程也存在这样的"注意机制"：在复杂多变的环境中，面对同时输入的多种信息，组织必须运用其所拥有的企业家才能，致力于对组织生存发展最为有利的和谐主题的搜索和判定。而要达到这一点，则至少应满足两个条件：其一，必须使信息传递和处理的多通道成为可能；其二，必须选择约束条件下最重要的信息。确定一定时间段内的和谐主题，实际上相当于在综合考察了环境、组织、领导等方面的情况之后，让最重要的任务处于被"注意"的状态和支配地位。围绕主题的和谐双规则的运用，则为组织管理问题的解决提供了新的途径。

同时，在意识涌现的过程中，也表现出了整合性、复杂性（Tononi and Edelman, 1998）、个体私密性、流动性（Murphy and Kouach, 1972）、适度性（汪云九等，2003）等意识活动的特点。而和谐耦合过程也相应地表现出了整合性、复杂性、组织特性，以及"不同主题下，和则、谐则主导地位的变动性"和"不同主题下，和则、谐则之间的动态一致性"等特点。其中，意识活动的"适度性"意指，正常的、清醒的意识状态必定是适度兴奋的状态，与之相对的是，有时候人的意识会处于丧失状态，比如耗能极度低下的活动状态（休克、昏迷等）或者癫痫发作时的极度耗能的高亢奋状态等。在现实世界里，我们也能够观察到，运用和则、谐则，并不必然保证组织的管理问题得到圆满解决。实际上，在组织管理的实践活动中，和谐耦合也常常出现这样那样的问题——或者表现为经验主义、系统内过多的关联造成的"复杂性灾难"，或者表现为割裂主义、系统逐渐丧失适应性造成的"失误性灾难"（Brown and Eisenhardt，1998）。只有围绕特定的和谐主题，使和则、谐则保持一种动态的整体一致性，才能达至组织的"正常的、清醒的"和谐状态。

8.3.2 大脑系统与和谐管理系统的对比分析

从系统水平的层次来看，脑功能活动表现为功能子系统的分工整合，而和谐的耦合表现为和则与谐则围绕主题的关联互动，所以，我们可以通过脑科学的相关研究成果与和谐管理的理论体系，将大脑的结构–功能系统与组织的和谐管理系统做一个对比分析（见表 8-2）。

表 8-2 大脑系统与和谐管理系统的对比分析

		对大脑的刻画	对和谐管理的分析
相互制约、相互作用的结构–功能系统		生物大分子	作为基本单元的人、物要素
		单个神经元、神经元簇和神经元簇回路	要素组合：{人与人}、{人与物}
		脑功能子系统	和则：不确定性的消减和利用 谐则：确定性下的设计和优化
		脑整体网络	组织整体系统
管理中心		大脑前扣带回皮层： 使左右脑协调运作	和谐的耦合： 使和则与谐则展开"对话"
模式		结构–功能模式	机制–秩序模式
特性		层次性、整体性、复杂性	

表 8-2 没有简单地从"脑结构"入手，而是突出了脑功能制约下的结构复杂性和脑结构制约下的功能复杂性（沈政，2004）。这是因为，一方面，不能说脑的某一功能（比如记忆）就是某一脑区（比如海马区）所独有的功能，它实际上是全体脑细胞的普遍功能，因为脑是整体的（holistic）。正如赫伯特·西蒙（1997）在评论"双脑模型假说"时所指出的那样，"生理学研究只是证明了脑半球有某种程度的分工"，但并没有证据暗示说"左右脑半球能够相互独立地解决问题、制定决策或做出重大发现"。另一方面，我们不能也不应该将和谐管理中的"和则"与"谐则"不断地细分，以使之与难以计数的脑区机械地一一对应。我们在此给出和

谐管理和大脑系统在复杂问题求解上的基本模式（见图8-3），可以较为直观地体现和谐管理和大脑系统在处理问题的方式和逻辑上的相似性。

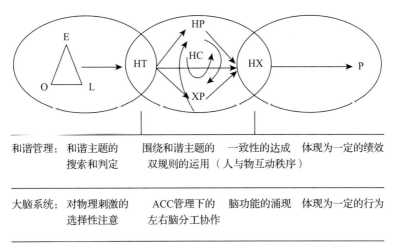

图8-3　和谐管理和大脑系统在复杂问题求解上的基本模式

在大脑系统的问题求解模式中，存在着典型的"涌现"特征：神经系统整体的表现是无法被简单地还原到单个神经元层次上去的；在和谐管理中的"机制-秩序"模式中亦然，通过和谐耦合机制所涌现出的秩序，也不能被简单地还原到人与物的基本要素上。因为"个人行动形成的秩序，并不产生于个人所追求的具体目的，而产生于他们对规则的遵循"（哈耶克，1978）；但这并不意味着耦合后所产生的秩序就一定是一种井然有序的稳定态、一种"和谐"的秩序。这是因为，本来应随不同的时间区段、地域、行业变化的和则与谐则，会由于资源上的约束，尤其是组织成员（包括组织的领导者、管理者和一般成员）的有限理性，造成运用上的缺憾乃至错误。也就是说，耦合本身存在一个程度的问题，耦合程度的高低决定了组织绩效实现程度的高低。关于这一点，意识活动的"适度性"特点已经给我们提供了有益的启示。

同时，必须进一步加以解释的是和谐耦合的"机制-秩序"模式。所谓的和谐机制是指，和则与谐则围绕和谐主题耦合后所形成的能反映组织内在整体性且具有环境应变能力的机制。而模式中的"秩序"，则是哈耶克意义上的"对任何一种复杂现象来说都不可或缺的""用以描述复杂现象的最为妥适的术语"。"所谓'秩序'，我们将一以贯之地意指这样一种事态（state of affairs），其间，无数且各种各样的要素之间的相互关系是极为密切的，所以我们可以从我们对整体中的某个空间部分或某个时间部分（some spatial or temporal part）所做的了解中学会对其余部分做出正确的预期，或者至少学会做出颇有希望被证明为正确的预期"（哈耶克，2000）。

基于上述分析，我们提出"复杂管理问题求解：主题导向下的和谐耦合模型"，其中包含四个基本要素：策略性思考、程序及步骤思考、文化及人际思考和系统性思考（见图8-4）。

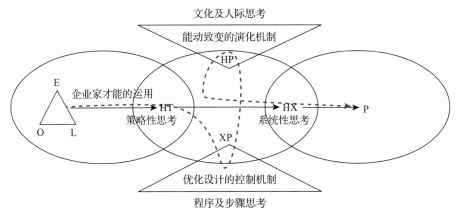

图8-4 复杂管理问题求解：主题导向下的和谐耦合模型

与传统的计划、组织、协调、控制不同的是，和谐管理首先提供了一套针对不同管理任务或问题的应对策略。当管理任务能够被事先充分认识并被理性设计时，主要适用谐则实现和谐主题；当由于环境不确定性和管理者有限理性，无法事先规定行为路线，或者即使做出规定也无法进行有效的监督和衡量时，主要适用和则。类似于大脑的问题处理模式，在面对和谐主题时，策略性思考先分析哪些管理活动交由谐则处理，哪些交由和则处理，并在处理的过程中进行相应的协调；程序及步骤思考是在理性设计的指导下，对当前条件下能够确定和优化的工作，规定具体的行为路线及测量评价的方法和标准；文化及人际思考则是针对任务中难以理性设计的部分，考虑通过创造信任氛围等环境手段，鼓励组织成员密切沟通和配合以及对组织做出承诺，自主地寻找解决方案；系统性思考将程序及步骤思考和文化及人际思考有机地耦合一起，决定有利于实现和谐主题的行动方案，并付诸实施。上述思考模型强调围绕和谐主题的双规则耦合，在特定的情境约束变量下，既不一味地追求最优化，也不仅仅追求满意解，而是不断地将环境诱导下自主演化过程中通过积极尝试和多样化选择发现的规律性内容纳入理性设计的体系，使企业经营知识和技能得到动态调整和持续增长，从而更好地应对来自环境和组织内部的复杂性挑战。

围绕和谐主题的和则与谐则的耦合是一个动态的、非线性的复杂科学问题，现实中这一过程往往由富有创造性的企业家或领导完成，但科学地揭示其中的机理或思维过程也会有助于管理的提升，尽管这种揭示是局部的或是很不完善的。

那么，和谐耦合机制具有什么样的特征呢？我们借鉴 Wright 的适应度景观概念和 Kauffman 的 NK 模型，利用系统分析和模块化设计的思想，针对和谐管理中和谐主题、和、谐以及环境这四个模块之间的关联互动对组织绩效的影响进行仿真。研究结果表明，和谐管理的耦合机制具有在局部最优和全局最优之间"适应性游走"的特征，并涌现出值得关注的复杂性。和谐的耦合将确定性优化和不确定性利用过程中丰富多彩的管理活动展现在人们面前，如果没有和谐的耦合，和则与谐则只是孤零零的两套规则体系，而绝不是能够良性互动、推动组织向着所期望的秩序发展的"和谐统一体"。

8.4 和谐耦合机制：和谐景观的生成

8.4.1 适应度景观与 NK 模型

Wright 于 1932 年提出了适应度景观的概念，并将它作为研究生物有机体进化的基本框架。适应度景观是通过将基因型（genotype）的适应值分配给基因型空间中对应的点而得到的，由于各基因型的适应值差异，就形成了类似"山峰状"的景观（见图 8-5）。图 8-5 中适应度景观的峰（peak）对应着基因型的高适应度，而适应度景观的谷（valley）则对应着基因型的低适应度。Kauffman 的研究认为，在人

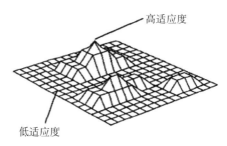

图 8-5 一个适应度景观的结构图示

口遗传学中，适应度景观的拓扑是由一个有机体的各种属性（基因）适应性的相互依赖程度决定的。于是，Kauffman 发现了一个能简练地生成适应度景观的 NK 模型。其中，N 指的是一个物种所包含的基因总数，K 表示这些基因间的互动程度或上位互动㊀数。由于 K 的大小决定了各基因的适应度贡献，而 K 的取值范围为：$0 \leqslant K \leqslant (N-1)$。因此，一个基因的适应度贡献就取决于 $K+1$ 个基因（自身与 K 个其他的基因）的适应度值。这样就产生了 2^{K+1} 种可能性。而一般情况下，上位互动的影响是未知的，所以就通过在 [0,1] 上的一致性分布中随机地抽取数值的方式来为 2^{K+1} 种可能性中的每一种可能性赋值。NK 模型的主要特征在于：通过相对于 N 的大小来改变参数 K 的值，从而调整相应的适应度景观的平滑性和粗糙性。比如，如果 $K=0$，这时不存在上位互动，那么每个基因的适应度贡献就是

㊀ 一个新基因能对一个物种做出的全部贡献取决于物种现存的基因，人口遗传学家 Smith（1989）把基因之间的这种互动关系或互动程度称为上位互动（epistatic interaction）。遗传学家们描述了这种强性互动过程，并认为一个新基因通过与物种的其他基因间的连接或"耦合"而成为一个物种存在的基因网络。

独立于所有其他基因的；而如果 $K=N-1$，那么每个基因的适应度贡献就取决于所有其他的基因。

适应度景观作为生物进化理论的概念，通过 Kauffman（1993，1995）的开创性工作引起了社会科学领域研究者们的巨大兴趣。而对这种相互依赖性的研究中最突出的例子是钱德勒（1962）对一个公司的战略和组织结构之间的关系的研究工作。Miller（1996）发展了一个更为宽泛的关于一个公司的战略性策略和组织结构的整体配置的概念。麦肯锡咨询公司（McKinsey）提出的 7S 框架就是对这种思想的著名应用，其重要性在于对各种组织策略相互强化的程度的考虑和理解。在早期，Simon（1978）首先通过"从干草堆中寻针"的问题，按照计算复杂性考虑了组织的问题。正如 Simon 指出的，频繁地从方案中做出的选择显示出在计算成本与决策改进之间的折中，而结果往往随着问题规模的大小而变化。组织层面的适应性将以提高其适应度的企图来引导组织变易其既存的结构形式。而如果是这样的话，在 Wright 的适应度景观框架下，March（1991）的邻域搜寻概念就可以被看作局部性的"爬山"活动，其中，山的高度反映了相互关联的组织形式的适应度值。正如 Nelson 和 Winter（1982）在演化分析精神下，成功分析了现有技术和新技术发现之间的精妙关系一样。但是，一个物种在其适应度景观上的作用并没有消减不确定性，因为它对其所面临的环境的控制作用很有限。物种通过选择和变异过程进化，同样，管理者的作用也并没有消减环境的不确定性（Thompson，1967），或只是简单地考虑到结构惯性的选择（Hannan and Freeman，1984）从而促进了同时选择和适应，这样就在所有组织成员的景观上平衡了爬山和探索。另外，学者们苦苦寻求的是"紧密"或"松散"耦合的组织（Burgelman，1991），应如何找到概念上的灵感，以及一个组织的上位互动程度应如何反映在其自身环境中的相互关联程度上。虽然关于绩效景观的分析框架（Levinthal，1997；Rivkin，2000）使得我们能强调这些选择之间的互动所形成的组织结果，但是一个绩效景观是公司所有可能的选择集到绩效值的一个映射,并且选择集之间的互动程度会影响绩效景观的粗糙性（Kauffman,1993）。

8.4.2 和谐景观的内涵

在和谐管理理论中,和谐主题、和（H）、谐（X）以及环境四者是相互关联互动而又相互依赖的,只有前三者之间在一定时期内保持相对的动态一致性并伴随环境共同演化,才能促进组织的适应和发展,从而使组织获取竞争优势。这样,一个组织可以基于这四个模块（或称为维度）来表示为:

$$组织 = \{和谐主题,和,谐,环境\} \quad (8-1)$$

而组织和谐管理的耦合机制正是这四个维度相互依赖和互动形成的一种组织整体性的配置状态。显然,耦合机制本身是动态调适的,它可以根据各模块或维度自身的状态进行调整,通过各模块间状态的替代来强化它们相互间的依赖程度,从而使组织逼近于某种满意的配置状态。正如钱德勒（1962）所认为的,组织在创新过程中不存在最优路径,相反,只有在确定了一个企业基本的长期目标和目的,以及为实现此目标所必须采取的行动和对资源的分配后,才能有效地促进组织的发展。而 Andrews（1971）更强调"目标模式"和"企业业务活动的框架"的一致性,认为有效组织的实质就在于其具有这种一致性的行为。在这点上,Itami（1987）的视野则更为开阔,他认为只有决定了企业业务活动的框架并指导其协调活动,以使得企业能应对并影响不断变化的环境,企业所偏爱的环境和它所希望成为的组织类型才能有机地结合起来。因此,我们利用 Wright 的适应度景观的思想来分析管理系统的和谐景观。所谓和谐景观,是对组织所关注的和谐主题、和、谐以及环境之间的配置状态的一种形象的描述,这四者之间的互动程度以及内部一致性、匹配性共同作用于组织绩效并对组织绩效做出贡献,而其各自间的相互关联和依赖性就形成了 HT-H-X-E 的和谐景观。由此,可以给出和谐景观的定义:

定义1（和谐景观）：和谐主题、和、谐以及环境四者间互动程度的变化，使其各自对组织绩效的贡献具有差异性而形成高低各异的"类峰"似的配置状态。

根据和谐景观的定义，我们可以把和谐主题、和、谐以及环境作为和谐管理系统的四个要素或模块，那么和谐景观的结构就可以利用NK模型生成。即考虑$N=4$的情况下，四要素间的互动程度的变化对管理系统整体绩效的贡献的影响。

8.4.3 和谐景观构建的NK模型描述

根据NK模型的基本思想，系统的四个模块——和谐主题、和、谐以及环境都具有两种状态，分别用0和1表示。如果用S_{HT}、S_H、S_X、S_E分别表示四个维度的状态，那么0和1状态的选取就对应着各模块在组织中的实际场景。如可简单标明为：

（1）$\begin{cases} S_{HT}=1,\text{ 表示和谐主题已得到明晰的确认或和谐主题是适切的} \\ S_{HT}=0,\text{ 表示和谐主题未得到明晰的确认或不适切} \end{cases}$

（2）$\begin{cases} S_H=1,\text{ 表示行为主体的合作或统一性行为} \\ S_H=0,\text{ 表示行为主体的冲突或非合作行为} \end{cases}$

（3）$\begin{cases} S_X=1,\text{ 表示物要素合理的配置} \\ S_X=0,\text{ 表示物要素不合理的配置} \end{cases}$

（4）$\begin{cases} S_E=1,\text{ 表示环境的相对稳定性} \\ S_E=0,\text{ 表示环境的多变性} \end{cases}$

因此，可能性空间（不妨用Ω表示）就总共包含了$2^4=16$种组织状态，这些可能的组织配置状态根据式（8-1）可以表示为：

Ω= {0000,0001,0010,0011,0100,0101,0110,0111,1000,1001,1010,1011, 1100,1101,1110,1111}

从形式上讲，一个和谐景观包括了两个部分：

一个映射$f:\omega \in \Omega \to \Re$；

一个在 Ω 上的度量结构。

其中，Ω 是组织的配置空间，ω 是一个解，$\Re$ 对应着组织在某种配置状态之下的绩效。更一般地，和谐景观包含了从组织的任何域 X 到 X 上的度量结构的映射。度量结构所起的作用是在搜寻空间的元素之间定义有意义的概念"距离"。

由此，利用 NK 模型，每个模块的特征值（如各自的质量或作用，不妨用 $v_i (i=1,2,3,4)$ 来表示）就可以按照从单位区间中随机取值的方式进行仿真，而每种组合状态的特征值就是所有模块的特征值的平均值：$v = \sum_{i=1}^{4} v_i / 4$。这样，如果一个模块的作用不受组织系统中其他模块的影响，就有 $K=0$，而如果一个模块的作用要受到组织系统中所有其他模块的影响，那么 $K=3$。由于这两种情况是组织配置状态的两个极端状态，反映了组织系统中各模块间不存在互动和完全互动的情况，因此，下面分别就此两种情况进行仿真，并对其结果进行分析。

8.4.4 仿真结果

下面分别针对 $N=4$，即在和谐主题、和、谐、环境等组织系统的四个模块的情况下，对 $K=0$ 和 $K=3$ 这两种组织系统的互动程度，利用 Borland J Builder 7.0 进行仿真，先后两次所得到的均值结果如下（见图 8-6、图 8-7）。

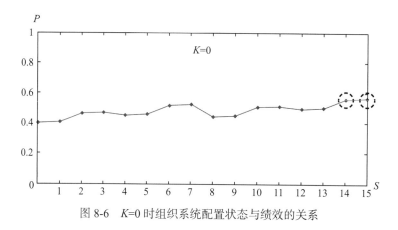

图 8-6　$K=0$ 时组织系统配置状态与绩效的关系

1. $K=0$ 时组织系统的状态

$K=0$ 时，一个模块所处状态的作用不受其他模块所处状态的影响，而一个模块的作用是按该模块所处的状态从 [0,1] 中随机地选取数值。在这种情况下，模块状态间不存在相互依赖性或相互影响，这就使得任何一个模块在与其他三个模块的每种组合中具有相同的作用，即各模块相互独立地对组织系统产生作用。这时具有最高绩效的最优组织状态只需要所有模块具有最高的绩效贡献即可。从图 8-6 可见，当组织系统处于配置状态 1111 时，对组织的绩效具有最高的贡献，次高的为 1110 这个配置状态（如图 8-6 中圈号所示），而最低的配置状态为 0000。这个仿真结果表明当各模块不相互发生关系时，只要组织的和谐主题模块适切，管理系统中的人与人之间已达成合作或统一性，并且谐模块已使"物要素"得到合理配置，环境也处于稳定状态，组织系统就可以取得最高的绩效，而与之相邻的次优配置状态为 1110。同时，组织系统在这些状态之间不断地搜索，逼近最优配置状态。

2. $K=3$ 时组织系统的状态

$K=3$ 时，一个模块状态的作用受到组织系统中所有其他模块状态的影响，这时，组织系统处于最具复杂性的状态，因为所有模块的作用或质量都是相互依赖的。为分析复杂组织系统的功用，每个模块状态的作用必须各自从每种可能的组合中进行抽取。从图 8-7 可见，组织系统在配置状态为 0110 时，组织系统可以达到最优状态，而次优状态的组织配置为 1110（如图 8-7 中圈号所示）。结果表明，当各模块间均有相互作用时，只要和模块已达成了合作或统一，谐模块的配置状态也处于合理状态，不管外部环境是稳定的还是不确定的，组织都是能达到最优状态的。而次优状态表明，只要和谐主题明确，和模块已达成目标统一或合作的状态，且谐模块处于合理配置状态，就可以对许多由环境多变与和谐主题不明晰带来的随机震荡提供一种缓冲。另外，图 8-7 还表明，当四个模块间相互作用时，除了组织系统已探寻到的最优状态之外，组织总可以通过调适或取代其中的一个或一个以上的模块所处的状态来改进组织的绩效。利用这种反复试验的替代程式，就能使组织系统的整体状态在和谐度景观上"爬行"，直到发现最优状态为止。

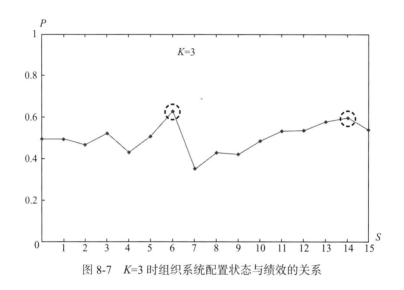

图 8-7　$K=3$ 时组织系统配置状态与绩效的关系

3. $K=0$，1，2，3 时，分别仿真 50 次的结果对比

随着组织系统中和谐主题、和、谐以及环境四个模块互动程度的增强，各配置状态对组织绩效的贡献所产生的随机震荡越来越频繁（见图 8-8）。特别地，当 $K=3$ 时，震荡最频繁。这说明系统在耦合机制状态转移的过程中，会逐渐涌现很强的随机性。同时也表明，组织在运作上的变化是由陷入局部最优配置的概率或全局次优配置来决定的。在这些情况下，互动程度的增强会提高偏离次优位置的可能性并能促使继续搜寻组织系统的全局最优状态。另外，组织系统中各模块间的相互依赖性可以令组织系统中的模块在一些情境下发挥更好的作用，而在另一些情境下却起到很差的作用。这种相互依赖的结果是可能性空间包含了几个最优解。$K=3$ 的仿真结果，正好表明了这点。根据各模块状态的反复试验，所有互动的维度就会

形成和谐景观并在和谐景观上游走直到发现一个最优解。值得注意的是，这种搜寻程式未必就能使组织获得全局最优解，而最大的可能是使组织获得局部最优。

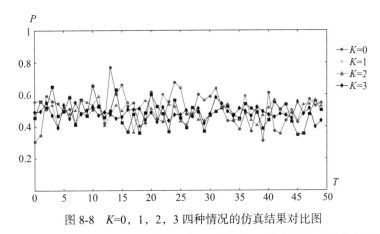

图 8-8　K=0，1，2，3 四种情况的仿真结果对比图

注：T 表示时间步（time step），在仿真过程中，它代表系统状态随时变化的动态表现。

8.5　和谐耦合中复杂性的涌现

对组织系统中四个模块间的互动程度的仿真模拟表明，组织系统的耦合机制的状态转移会逐渐面临着不可回避的随机性，同时由于耦合使组织的总价值功能大于原子层级体系的价值功能之和，这说明在对外功能的迭合上非线性在其中起作用，这是耦合层次间、各维度间非线性相互作用的反映。四个维度的内部层次间、构成要素间以及层次和要素间除了直接作用，还有间接作用；除了一级作用，还有多级作用；既能相辅相成，又能相反相成。另外，非线性的存在，也使组织系统在四个维度的耦合的演化道路上存在许多不确定性。即使排除了"测不准"及信息的不对称，非线性作用仍会导致一种内禀随机性，即复杂性，而在系统突变的关节点上未来有多种选择，系统的历史、目的和涨落都会起作用。不确定性是对和谐耦合程度的检验，也是促使耦合机制随着组织的发展而产生动态适应性的动因之一。不确定性使组织发展充满了机会,但同时也使得四个维度的耦合充满了复杂性。

但是,和谐耦合机制不能像企业的制度或法规那样,能够按照人们的意志进行有意识的设计。因为耦合过程本身是一个适应和演化过程,是沿着景观"适应性游走"的过程。而这种"游走"又是路径依赖的,并且在和谐景观上只存在一条曲折的"道路"可以引领耦合机制往上"游走",直到发现满意解。可是适应性游走致命的缺陷是,耦合机制所达到的峰点或许只是一个局部最优值,即它是相对其邻接的其他点而言最高的点,但不是在一个更大的区域内的最高点,即连次优都尚未发现便不再游走了。那么,我们将如何规避这种游走到小范围的局部最优就停止的"陷阱"呢?答案正如麦肯锡公司在研究了世界上三十家领先成长的公司后所得出的结论——这些公司的战略是将短跳和长跳结合起来(Beinhocker,1997)(见图8-9)。图8-9中的a)所表示的情形是要回避的,因为这样按部就班地进行,企业非常容易陷入局部最优的陷阱;b)表示企业通过对市场的敏锐把握和认识,开发新的企业能力或涉身于尚未存在而又颇具市场潜力的新行业,从而获取超常规发展;c)表示企业为了规避一些风险,既顾及轻重缓急,也能拓展其新的能力,从而获得稳健的增长,这种情形常见于成功的成长型企业。

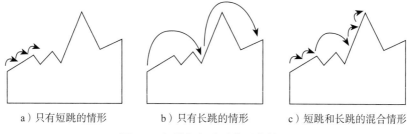

a)只有短跳的情形　　b)只有长跳的情形　　c)短跳和长跳的混合情形

图8-9　短跳与长跳及其混合情形

利用短跳和长跳混合的方法,表明和谐管理对局部最优陷阱的规避必然是对已有的耦合一致性的打破或对一致性程度的加强。而耦合的一致性程度是在有限理性的范围内，首先对和谐主题进行辨识以及对环境进行定位，以便引领企业"做正确的事情"，然后是改进、扩展和优化物要素的现行配置状态。其次是调适现行的"致和"措施，如调整激励与约束的制度安排，使组织形成"和而不同"的氛围，以利于企业"正确地做事情"，这样就基本上确保企业能在一定时期内"正确地做正确的事情"，企业开始在漫漫和谐景观上"适应性游走"。最后，通过反复地调整，不断地提高四个维度耦合的一致性程度或打破已有的一致性，从而推进组织系统新的"序"的出现（见图8-10）。

图8-10描述的是，通过反复地调适组织系统的四个维度，不断地随时间强化四个维度在时间上的耦合一致性程度或打破旧的一致性以促进更高程度的耦合机制的建立，组织系统不断地进入良性循环的轨道。

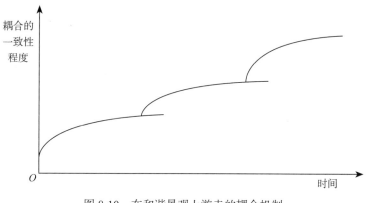

图8-10　在和谐景观上游走的耦合机制

8.6　和谐耦合：整体一致性的达成

在新的认识论的指导下，和谐管理理论主张"两条腿"走路——如果把"和则"即"不确定性利用"比作一条腿，把"谐则"即"确定性下的优化"比作另一条腿的话，那么和谐的耦合就是要解决如何才能做到步调一致、协调有序，即如何才能走得又稳又快又好的问题。和谐耦合的关键是揭示在特定的环境下所涌现的组织问题或任务如何通过"和则""谐则"及其组合来解决。在此我们给出一个有人参与的系统（组织）通过和谐耦合而达成动态的整体一致性的过程（见图8-11）。

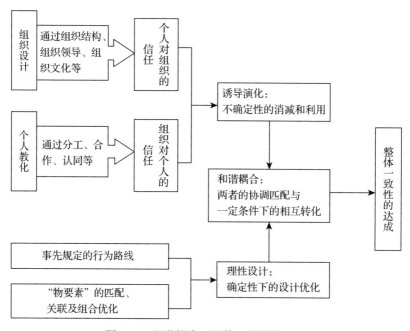

图8-11　和谐耦合：整体一致性的达成

从图8-11中可以看出，"谐"是建立在组织对个人行为路线的预先设定以及物要素关系优化的基础之上的，而实现"和"的基础则是组织与个人之间的相互信任（尽管它并非"和"的全部）。信任是重要的，是交易中的关键组成部分（Arrow，1972；Coleman，1990；Korczynski，2000），若没有个人对组织的信任（当然这涉及一个程度的问题），则契约的"联结"将得不到实现；若没有组织对个人的信任，则组织所面临的风险将大增，因为组织应对和利用不确定性的风险实际上是来自个人的。若组织中缺乏信任的根基，说明其原有的和则存在缺陷，形成并实施新的有成效的和则正是该组织管理者所应着手解决的重大问题之一。

对图 8-11 中需要加以解释的地方似乎是——何以在强调环境诱导、自主演化的和则的运用中，出现了"设计"的思想。通过考察现实我们可以发现：与其说这是一种"设计"，不如说这是一种"目的导向的适应性演化"。因为进行环境设计，是为了通过此种环境下组织成员主观能动性的发挥来达到组织对不确定性利用的目的，这正是一种具有管理特征的"目的导向的适应性演化"。所谓自发秩序或者自发演化，只是说没有任何个人可以从根本上改变或者完全理性地操纵这一演化过程，并不是说在这种秩序的形成过程或演进过程中，就不需要人的设计、人的决策（杨小凯、张永生，2002），而在和谐管理中所强调的设计正是此种意义和演化框架下的设计。只要不破坏内部规则的正常运行，也就是说只要遵守不会令"理性的自负"产生"致命的"后果的边界，此种设计亦是人类发挥主观能动性、创造性地利用"分立的知识"的一种表现。

要想真正地激发组织成员的积极性、主动性和创造性以消减和利用不确定性，那么，在相对确定性的情况之下，对人的行为路线进行事先规定、对"物要素"的匹配和组合优化进行理性设计就是必不可少的；同时，如果没有全体成员的动力和能力做支撑，如果没有组织为其成员所提供的自由选择的空间和条件做支撑，再好的理性设计，再好的优化控制，面对充满不确定性、模糊性、复杂性的不断变化的现实，也只能是纸上谈兵，沦为僵化、机械的"教条"。换言之，和则、谐则必须在一定条件下能够相互转化，否则，和则、谐则只是两套僵死的规则体系。和谐的耦合过程是一个和则与谐则围绕和谐主题在组织网络不同层级间相互作用的适应和演化的过程，而组织整体一致性的达成也正是"环境诱导"和"理性设计"在一定条件下相互耦合的结果。

实际上，"和"与"谐"本身即是你中有我、我中有你的统一体，之所以将二者分开并引申出"和则"与"谐则"这样两套规则系统，一方面是出于理论建构时所必须遵循的可分析要求；另一方面也是从"不确定性"和"确定性"这一看待世界的根本观点的划分中，自然而然地提出的一条复杂问题的求解思路。主客观情况都说明，管理问题的有效解决无法简单（有时也没必要）将主观情感的一面归结或转化为客观科学的一面，管理活动是在一定时间和条件下的具有操作性的行为，也就是说管理活动有成本上的限制，不能无限追求科学和理想。同时，又因为人的行为具有不可确知性以及在条件或情境引导下产生能动反应的特征，所以即使有些活动在理论上是可以实现理性设计和控制的，在现实实践中，也并不对其进行理性设计，而只是为组织成员提供自由选择的空间和条件。也就是说，管理必须遵循两个规则，即用优化的思路解决客观科学的问题，用减少和利用不确定性的思路解决主观情感的问题，并设法使二者有机地结合起来、互动作用，实现整体的一致性和更高的绩效。这一点其实是和谐管理理论与传统管理理论的本质区别之一，即和谐管理理论遵循双规则，并不企图将所有的管理现象统一到一个优化原则之下。

8.7 来自生产线上的例证

我们以一条生产线上任一操作人员的任务完成过程为例，考察其中所体现的和谐管理的问题求解方式以及和谐的耦合过程。

相对于一个组织运用其企业家才能来搜索和判定组织的和谐主题来说，生产线上一名操作人员所要明确的主题要更为简单和容易确定一些。（当然，如果你随机对一名操作人员进行访谈，得到的回答可能会是"贴标签""生产产品"以及"创造价值"等。这样的回答并不仅仅只是观念上的不同，它更是管理水平高低和组织文化差异的综合反映，但这是一个重要的、"另外的"问题。）在通常意义上，我们将操作人员当前的核心任务表述为"生产产品"。

为了这一核心任务的完成，每一道工序上的操作人员会在任务到来之后，根据事先的培训、观察、学习，或者是以往的经验和知识积累，将任务加以分解：首先，哪些是事先规定好的，事先规定好的就按照操作章程中的程序化设计来；其次，（可能会）同时存在着一些事先根本预料不到的、突发的任务或问题，需要操作人员根据情况发挥能动性和创造性加以解决；最后，在围绕当前生产任务展开的分工协作的基础上进行系统整合。系统整合与任务分解可以说是一个问题的两个方面，在操作人员的大脑中几乎是同时完成的。但作为任务分解的逆过程，系统整合的成功与否，在一定意义上取决于任务分解的目的、方式和手段及其一致性的达成与否。如果它们能够达成一种动态的整体一致性，则"生产产品"这一任务就能较好地完成。

对某一工序上的操作人员来说，该工序的任务按照事先的设计和规定完成得好，就为下一道工序乃至整条生产线的任务完成降低了返工率或者不合格率，从而降低了风险和不确定性。同时，操作人员主观能动性的发挥会产生新的需要用和则解决的问题，需要对当前条件下谐则所规定的具体行为路线做出相应的调整。这体现了谐则对和则的支持以及在一定条件下向和则的转化。同样，操作人员主观能动性和创造性的发挥，可以发现和弥补原有设计的不足和漏洞，以实现原有设计的进一步优化，对和则的深化部分则会转化为新的谐则。否则，原有设计就有可能陷入"锁定"状态，从而不利于任务的完成。这实际上体现了和则对谐则的支持以及在一定条件下向谐则的转化。

不仅如此，管理活动是在一定时间和条件下的具有操作性的行为，也就是说管理活动有管理成本的限制，不能无限追求科学和理想，因此，即使有些活动在理论上是可以实现理性设计和控制的，在现实作业中，也并不对其进行理性设计，而只是为组织成员提供自由选择的空间和条件。同时，又因为人的行为具有不可确知性以及在条件或情境引导下产生能动反应的特征，所以，不应该也不能将操作人员简单地视为生产线上的一个部件。本来靠制度安排甚至是硬性规定来解决的问题，经过对组织成员正规、严格的培训和训练，事先规定的行为路线已内化到组织成员的行为规范之中，使组织成员具备了在相应情形和任务之下的问题解决能力，因而就不需要进行事先规定和设计了，转而通过激发组织成员的动力、提高其能力并为其提供相应的平台和条件，可以更有效率、更有创造性地实现组织的主题和目标。如果还是寻求设计规定的解决办法，则几乎不可避免地要增加执行相应规定的人手与成本。

通过对生产线作业过程的考察，我们可以看出，围绕和谐主题的和则、谐则的运用及其耦合不仅鲜明地体现了管理活动中自主演化和人为干预（设计）的特性，而且也提供了面对复杂问题时有效的问题解决之道。

8.8　和谐耦合的深化研究

和谐耦合是和谐管理理论框架中最具整体性、涌现性和充满实践智慧的概念，在激发人们想象力的同时，也常会让人觉得捉摸不定、难以驾驭。积极地看，作为对前文构建的和谐耦合概念与机制的延伸，许多应用研究已经出现，并逐步形成了一套分析模式，即围绕和谐主题的和则、谐则的"互动作用，相互转化，有机整合与协同"（王亚刚、席酉民，2007；李子叶等，2008；刘静静、席酉民、王亚刚，2009）。消极地看，这套分析模式较为有限地理解与应用了"和谐耦合"，类似于"把蝴蝶制作成标本而不是让它飞舞着进行研究"的方式，其分析结果势必无法展现和谐耦合的精义。

和谐耦合的深化研究持续进行着，尽管还需产生更具突破性的成果，但已有的一些探索富有启发性。韩巍和席酉民（2008）把和谐耦合理解为对和则–谐则的扩展，并在针对"组织合作秩序及参与者"的分析中，提出了"识别—验证—强化—分享—冲突—修正"的动态过程。这一思路在应用于医患关系研究的过程中，展现了洞察力并产生了有趣的研究结果（周宏珍等，2017）。在对战略转型的研究中，和谐耦合得到新的阐释——被理解为临界状态下"持续作用—自动催化—朝着相邻可能扩展"的过程（刘鹏，2019；席酉民、刘鹏，2019）。梁朝高等（2020）在针对组织化

（organizing）的"组织规定性—成员能动性"与"确定性—不确定性"双重交互过程研究中，提出了和谐耦合过程中"同化、问题化、标准化"三种交互机制。

韩巍和席酉民（2021）在讨论与和谐主题相关联的和谐耦合时（参考第 11 章），以反思的口吻写道：和谐耦合无关形容词的"和谐"，它指称的只能是和谐主题确定后"和则—谐则"间的关联。组织关键决策者（领导）是具体关联方式的设计者、推进者和调整者。也就是说，是关键决策者（领导）主观建构了一种合作秩序。在理想状况下，"和则—谐则"间的关联服从组织的方向——和谐主题，凝聚决策者的经验、知识，又与期待的结果关联。然而，现实世界中除了常态主导型组织状态外，决策者至少面临两种极端的挑战：一是无法确知该以什么样的"和则—谐则"间关联方式处置特定的和谐主题——不是显然／可能对或者显然／可能错，而是不确定（考虑了当局者迷的情况）；二是原则上确知该用什么样的"和则—谐则"间关联方式处置，在实践中却选择显然／可能错的方式来处理（即揣着明白装糊涂）。按照这样的精神，和谐耦合的未来研究，除了试图在"结构化—机制化—可控性"方向上努力，或许也需认真考虑"去结构化—去机制化—失控性"的方向，以及接受或主动促成一个谱系构造中所隐含的内在张力。

8.9　本章小结

本章基于和谐管理理论的思想，借鉴脑科学的相关研究成果，对比分析了脑功能原理与和谐的耦合机制，在规则系统的层面上初步描述和提出了和谐管理在复杂问题求解上的全脑耦合模式。该模式指出：和谐的耦合过程是一个和则与谐则围绕和谐主题在组织网络不同层级间相互作用的适应和演化的过程，而组织整体一致性的达成也正是"环境诱导"和"理性设计"在一定条件下相互耦合的结果。并通过借鉴 Wright 的适应度景观概念和 Kauffman 的 NK 模型，利用系统分析和模块化设计的思想，对和谐主题、和、谐和环境这四个模块间的相互关联性以及互动程度的变化对组织系统绩效的影响进行了仿真，仿真结果表明：和谐管理的耦合机制具有在局部最优和全局最优之间"适应性游走"的特征，并涌现出值得关注的复杂性。

耦合现象不仅存在于大脑的功能活动之中，组织管理的实际操作乃至人类社会的演化中都有此类现象，所以总结耦合现象并揭示其规律对人们认识和处理复杂问题有着重要的理论和现实意义。通过前文对各构成组织系统的模块或维度的组合试验，可以发现这些模块能通过不同的互动和相互依赖程度，并利用替代各模块的状态来不断地进行调适。在和谐景观上的局部搜索和适应的过程必然会导致几种主导的组织一致性或形式的出现。这些一致性在其组织形式的空间中对应着局部性的山峰。在这个意义上，耦合机制的适应性就产生了系统的异质性，并形成了为组织系统进行差别选择的基础。最后，如果组织正在相同的环境中运作，这些组织形式中的某一种将逐渐主导组织群体。即一旦找到一个局部最优解，组织系统更希望沿着"和谐的轨迹"进一步深入地挖掘这些模块之间的耦合。为此，组织系统会更多地寻求管理目的导向下的、强有力的和谐耦合机制，以便形成一种具有独特性或差异化的预期，从而为组织系统获取可持续的竞争优势。

当然，不管我们怎样"理性地分析"，和谐耦合的本质应该是一种"奇妙的东西——比如洞见、灵感或直觉"，我们理性的研究不可能找到一个这样的构造或机制从而生产出"和谐耦合"，我们更倾向于通过组织学习和知识积累，为此种"洞见、灵感或直觉"的产生和带有管理特征的协作秩序的扩展开辟一条道路。本章在相关研究的基础上，指出了关于复杂问题求解的和谐耦合模式，从而分析了和谐耦合中所涌现出的复杂特性，并给出了现实中经验层面的例证及其所应遵循的分析参照点。但这还只是在规则系统层面上的初步分析，对于组织管理中耦合因素的构成、处理以及耦合过程的动态机理等，都有待进一步深入的研究。

本章参考文献

[1] ANDREWS K R. The concept of corporate strategy [M]. Homewood: Dow Jones-Irwin, 1971.

[2] ARROW K J. Gifts and exchanges [J]. Philosophy and Public Affairs, 1972, 1(4): 343-362.

[3] BEINHCCKER E D. Strategy at the edge of chaos [J]. McKinsey Quarterly, 1997, (1): 24-39.

[4] BURGELMAN R A. Intraorganizational ecology of strategy making and organizational adaptation: theory and field research [J]. Organization Science, 1991, 2(3): 239-262.

[5] CHANDLER A D. Scale and scope: the dynamics of industrial capitalism [M]. Cambridge: The Belknap Press of Harvard University Press, 1990.

[6] CHANDLER A. Strategy and structure: chapters in the history of the industrial enterprise [M]. Cambridge: MIT. Press, 1962.

[7] COLEMAN J S. Foundations of social theory [M]. Cambridge: The Belknap Press of Harvard University Press, 1990.

[8] HAYEK F A. New studies in philosophy, politics, economics and the history of ideas [M]. Chicago: University of Chicago Press, 1978.

[9] FRACKOWIAK R, FRISTON K, FRITH C, et al. Human brain function [M]. San Diego: Academic Press, 1997.

[10] SIMON H A. Administrative behavior: a study of decision-making processes in administrative organizations [M]. 4th ed. New York: Free Press, 1997.

[11] SIMON H A. Making management decisions: the role of intuition and emotion [J]. Academy of Management Executive, 1987, 1(1): 57-64.

[12] HANNAN M, FREEMAN J. Structural inertia and organizational change [J]. American Sociological Review, 1984, 49(2): 149-164.

[13] MINTZBERG H. The new science of management decision [J]. Administrative Science Quarterly, 1977, 22(2): 342-351.

[14] MINTZBERG H. Planning on the left side and managing on the right side [J].

Harvard Business Review, 1976, 54 (4): 49-58.

[15] ITAMI H. Mobilizing invisible assets [M]. Cambridge: Harvard University Press, 1987.

[16] JACOBY L L, TOTH J P, YONELINAS A P. Separating conscious and unconscious influences of memory: attention, awareness, and control [J]. Journal of Experimental Psychology: General, 1993, 122 (2): 139-154.

[17] KAUFFMAN S A. Escaping the red queen effect [J]. The McKinsey Quarterly, 1995 (1): 119-129.

[18] KAUFFMAN S A. The origin of order: self-organization and selection in evolution [M]. New York: Oxford University Press, 1993.

[19] STEPHAN K E, MARSSHALL J C, FRISTON K J, et al. Lateralized cognitive processes and lateralized task control in the human brain [J]. Science, 2003, 301 (5631): 384-386.

[20] MAINZER K. Thinking in complexity: the complexity dynamics of matter, mind and mankind [M]. New York: Springer, 1997.

[21] LEVINTHAL D A. Adaptation on rugged landscapes [J]. Management Science, 1997, 43 (7): 934-950.

[22] MARCH J G. Exploration and exploitation in organizational learning [J]. Organization Science, 1991, 2 (1): 71-87.

[23] MAREK KORCZYNSKI. The political economy of trust [J]. Journal of Management Studies, 2000, 37 (1).

[24] MILGROM P R, ROBERTS J. The economics of modern manufacturing: technology, strategy and organization [J]. The American Economic Review, 1990, 80 (3): 511-528.

[25] MILLER D. Configurations revisited [J]. Strategic Management Journal, 1996, 17 (7): 505-512.

[26] MURPHY G, KOUACH J K. Historical introduction to modern psychology [M]. 3th ed. New York: Harcourt Brace Jovanovich Inc, 1972.

[27] NELSON R R, WINTER S G. An evolutionary theory of economic change [M]. Cambridge: The Belknap Press of Harvard University Press, 1982.

[28] NEWELL A, SIMON H A. Human problem solving [M]. Englewood Cliffs: Prentice-Hall, 1972.

[29] PORTER M E. What is strategy? [J]. Harvard Business Review, 1996, 74(6): 61-78.

[30] RIVKIN J W. Imitation of complex strategies [J]. Management Science, 2000, 46(6): 824-844.

[31] SHONA L B, KATHLEEN M E. Competing on the edge: strategy as structured chaos [M]. Boston: Harvard Business School Press, 1998.

[32] SIMON H A. On how to decide what to do [J]. The Bell Journal of Economics, 1978, 9(2): 494-507.

[33] THOMPSON J. Organizations in action [M]. New York: McGraw-Hill, 1967.

[34] TONONI G, EDELMAN G M. Consciousness and complexity [J]. Science, 1998, 282(5395): 1846-1851.

[35] SMITH V L. Costructivist and ecological rationality in economics [J]. American Economic Review, 2003, 93(3): 465-508.

[36] WHITTINGTON R, PETTIGREW A, PECK S, et al. Change and complementarities in the new competitive landscape: a european panel study, 1992—1996 [J]. Organization Science, 1999, 10(5): 519-600.

[37] WRIGT S. The roles of mutation, inbreeding, cross-breeding and selection in evolution [C]. Proceeding XI International Congress of Genetics, 1932, 8: 209-222.

[38] XI Y M, ZENG J. Complex problem solving: HeXie management theory from China. Proceedings of the First World Congress of the International Federation for Systems Research, Kobe, November, 2005 [C].

[39] XI Y M, ZENG X J. Model of HeXie management based on the brain coupling: evidence from Fotile[C]. Inchon: International Conference on Management & Engineering, 2005.

[40] 费埃德伯格. 权力与规则——组织行动的动力 [M]. 张月, 等译. 上海: 上海人民出版社, 2005.

[41] 哈拉尔. 新资本主义 [M]. 冯韵文, 黄育馥, 杜红卫, 等译. 北京: 社会科学文献出版社, 1991.

[42] 哈耶克. 法律、立法与自由 [M]. 邓正来, 译. 北京: 中国大百科全书出版社, 2000.

[43] 韩巍, 席酉民. 和谐管理组织理论: 一个探索性的分析框架 [J]. 管理学家 (学术版), 2008, 1 (1): 3-16, 95.

[44] 韩巍, 席酉民. 再论和谐管理理论及其对实践与学术的启发 [J]. 西安交通大学学报 (社会科学版), 2021, 41 (1): 39-50.

[45] 许国志. 系统科学与工程研究 [M]. 上海: 上海科技教育出版社, 2000.

[46] 黄丹, 席酉民. 和谐管理理论基础: 和谐的诠释 [J]. 管理工程学报, 2001, 15 (3): 69-72.

[47] 李武, 席酉民. 管理控制与和谐控制 [J]. 管理工程学报, 2002 (2): 83-85.

[48] 李子叶, 席酉民, 尚玉钒, 等. 提高员工工作满意度机制的系统分析: 和谐管理理论的启示与价值 [J]. 南开管理评论, 2008 (4): 70-77, 96.

[49] 梁朝高, 韩巍, 刘鹏, 等. 规定性与能动性、确定性与不确定性的双重耦合理论研究 [J]. 管理学报, 2020, 17 (1): 40-49.

[50] 刘静静, 席酉民, 王亚刚. 基于和谐管理理论的企业危机管理研究 [J]. 科学学与科学技术管理, 2009, 30 (1): 138-142.

[51] 刘鹏. 战略创业实现企业转型的作用路径与动力机制——基于自组织临界性理论的研究 [D]. 西安: 西安交通大学, 2019.

[52] 尼科里斯, 普利高津. 探索复杂性 [M]. 罗久里, 陈奎宁, 译. 成都: 四川教育出版社, 1986.

[53] 沈政. 与认知、思维相关的脑功能复杂性 [J]. 系统辩证学学报, 2004 (1): 19-23.

[54] 唐方成, 马骏, 席酉民. 和谐管理的耦合机制及其复杂性的涌现 [J]. 系统工程理论与实践, 2004 (11): 68-75.

[55] 唐孝威. 脑功能原理 [M]. 杭州: 浙江大学出版社, 2003.

[56] 汪云九, 杨玉芳, 等. 意识与大脑——多学科研究及其意义 [M]. 北京: 人民出版社, 2003.

[57] 王琦, 席酉民, 尚玉钒. 和谐管理理论核心: 和谐主题的诠释 [J]. 管理评论, 2003, 15 (9): 24-30.

[58] 王亚刚, 席酉民. 国家创新体系的构建与评估: 基于和谐管理理论的系统探讨

［J］．中国软科学，2007（3）：53-58，75．

[59] 席酉民，曾宪聚，唐方成．复杂问题求解：和谐管理的大脑耦合模式［J］．管理科学学报，2006，9（3）：88-96．

[60] 席酉民，韩巍，尚玉钒．面向复杂性：和谐管理理论的概念、原则及框架［J］．管理科学学报，2003，6（4）：1-8．

[61] 席酉民，韩巍．管理研究的系统性再剖析［J］．管理科学学报，2002，5（6）：1-8．

[62] 席酉民，尚玉钒．和谐管理理论［M］．北京：中国人民大学出版社，2002．

[63] 席酉民，尚玉钒．和谐管理思想与当代和谐管理理论［J］．西安交通大学学报（社会科学版），2001，21（3）：23-26．

[64] 席酉民，王洪涛，唐方成．管理控制与和谐管理研究［J］．管理学报，2004，1（1）：4-9，1．

[65] 席酉民，刘鹏．管理学在中国突破的可能性和途径——和谐管理的研究探索与担当［J］．管理科学学报，2019，22（9）：1-11．

[66] 席酉民．和谐理论与战略［M］．贵阳：贵州人民出版社，1989．

[67] 席酉民．新世纪：中国管理科学界的挑战、机遇与对策［J］．管理科学学报，2000，3（1）：7-14．

[68] 杨小凯，张永生．新兴古典经济学和超边际分析［M］．北京：中国人民大学出版社，2000．

[69] 普利高津．确定性的终结［M］．湛敏，译．上海：上海科技教育出版社，1998．

▲

　　领导力是人类发展至今少数经久不衰的话题之一。有关领导力的研究、故事数量之多、分析之细，常常令人叹为观止，然而，领导力的内涵与作用似乎挖掘不尽、常讲常新。如著名篮球教练伍登先生所言："成功领导力的方法绝不是单一的、千篇一律的，因为领导者各有特点和风格，团队中队员的天分、性格和品质也不尽相同，可以说，世界上有多少团队，就有多少种领导方法。"尽管如此，伍登还是总结十次获得全美（国）冠军的卓越成就，提炼了一个简单的领导力组合公式：$10=C+F+U$（状态＋技能＋团结）。

　　领导力是和谐管理理论框架中的一个重要部分。近年来，和谐管理理论的研究者不仅在自身框架的构建与深化中对领导力进行考量，还不断给出对和谐领导力的新见解，参与到领导力研究的相关讨论与对话中。本章将呈现部分工作成果，期待能够有助于读者较为完整、深入地理解和谐管理理论。

―――

CHAPTER 9 ▶ 第 9 章

和谐领导力研究

和谐管理理论的核心与其说是和谐主题，不如说是领导力。正如前文所指出的那样，领导者的认知、思维及主观愿望等是和谐主题辨识的关键所在，同时也是主题漂移的重要主观动因。领导者在和谐耦合的方式选择、资源调配等过程中扮演着关键角色。和谐耦合过程中一部分功能的实现也依赖于领导者，因为耦合操作起来存在很多难点，领导力是应对的关键。当然，领导过程有很大部分依然是黑箱，现在所有的领导力理论都试图把这个黑箱打开，增进一点认知。基于和谐管理理论的领导力研究已经开展了多年，除了在和谐管理框架内讨论领导力的内涵（如和谐领导力的特征、支配权等）和作用之外，还研究了制度领导力、战略领导力、领导行为的有效性、领导者特质的动态变迁、领导的情境理性与普适理性、领导者和下属互动与社会建构过程、数字领导力、生态领导力等。很多成果发表在国内外期刊上，一些成果已经或正在结集成书。本章主要从两个方面讨论基于和谐管理理论的领导力研究成果，一是概述和谐管理理论视角下的领导力研究，二是选取两项较有代表性的和谐领导力研究，展现我们的思考成果。

9.1　和谐管理理论视角下的领导力研究概述

和谐管理理论视角下的领导力研究可以分为三类：第一类是运用和谐管理理论的主要观点和概念去阐释领导力，比如对和谐主题的辨识、高层领导者的作用等的研究；第二类是从和谐管理理论的哲学思想、认识论等出发，直面领导实践（特别是中国本土情境中的领导实践）的现象与问题，采用不同于主流实证主义的范式与方法，揭示领导的新特征、新类型等；第三类是把和谐管理理论运用于对某类领导力的研究中，给出新的阐释，比如对战略领导力等的研究。

第一类研究获得的成果通常是在和谐管理理论指导下针对领导力某些未被重视的方面进行研究形成的新成果。比如，针对在发现问题并根据问题特征选择相应的解决策略方面，现有的领导力理论普遍缺乏问题导向的分析机制，尚玉钒等（2008）借鉴和谐管理理论发现和解决问题的基本逻辑框架，提出了基于和谐管理理论的领导行为有效性整合模型。该模型突破传统理论中领导者在面对复杂情境时任务选择确定性的假设，分析了领导者在现实环境下的和谐主题选择问题，并将领导者关心人和关心生产的两类行为通过和则与谐则的对应匹配进行了深入的理论阐释，最后通过在管理过程中的耦合实现领导行为的有效性。在基于和谐管理理论的动态能力新阐释中（张晓军等，2010），领导者是影响动态能力形成的重要因素。按照和谐管理理论指导下的组织运行思路，领导者可以在和谐主题的形成、主题的实现和反馈学习等阶段发挥不同的作用。比如，在和谐主题的形成阶段，领导者需要在对组织外部环境和内部条件进行分析的基础上确定和推行和谐主题，包括领导者获取、分析来自组织内外部的重要决策信息，并在此基础上确定组织本阶段的新和谐主题，以及根据自身经验和知识对这些信息进行分类，从中识别出重要的变化，并评估这些变化对组织的影响，如果变化导致内外部不匹配，领导者还需要决定是否改变组织的和谐主题。还有一些研究者在和谐管理理论视角下，把领导力与战略、组织结合起来进行研究（李鹏飞等，2014）。

第二类研究着重揭示中国本土领导的类型与作用机理，较有代表性的成果比如对不确定性和支配权的研究（韩巍、席酉民，2009），运用和谐管理理论对领导的情境理性、普适理性研究（张晓军，2012）。韩巍和席酉民（2009）从"领导"概念的语义学角度入手，结合对个人生活经验的扎根性反思，指出对领导的理解必须以"不确定性"为前提，而将中文里的"支配权"与"不确定性"联系在一起是重新定义"领导"的更好选择；通过构建个人层面以及组织层面的"不确定性来源"模型，给出了和谐管理理论对领导的重新解读，并总结了一组既能较好地整合现有的研究成果，又能解释其中存在的问题的研究命题。在对本土领导现象的研究中，韩巍、席酉民（2012）提出了机会型领导、幻觉型领导的概念。这些研究采用与实证主义研究截然不同的研究路径，用多种方法挖掘中国本土领导现象，以新概念诠释中国本土领导。

第三类研究通常运用和谐管理理论剖析领导力的概念内涵与机制。比如，李鹏飞等（2013）以和谐管理理论对领导的诠释为基础分析战略领导力的内涵，指出战略领导力具有强调"提供引导"和"调配资源"两个维度的耦合、研究定位于组织层面、强调组织的长期可持续发展、基于未来方向配置当前资源四个特点。王文龙等（2024）运用和谐管理的思路，结合复杂适应系统理论，对数字化领导力的内涵、结构维度和涌现机制进行研究，研究指出数字化领导力包括数字化愿景、数字化技能以及数字化实施的影响过程，其主要影响因素包括国家政策、技术变革以及关键领导者的特质；同时，揭示并构建了数字化领导力的涌现机制，即包含接受刺激、演化学习、涌现、适应性反应等环节。在和谐管理理论的启发下，生态领导力正在得到深入的剖析和研究。这类研究有助于弥补现有研究的缺陷，促进领导力现有议题的深化或新议题的研究，从而拓展领导力研究的版图。

9.2 和谐领导：双重理性与和谐管理

本节讨论领导者驾驭双重理性所需的能力、运用双重理性的行动框架以及利用双重理性促进组织发展的主要途径。和谐管理的研究者（张晓军）

通过深度的、长时段的扎根式个案研究,从大学校长(西交利物浦大学执行校长席酉民教授)的视角描绘了一幅中国组织领导者在西方的职业化制度和中国传统的制度相互交织的复杂制度环境中,如何守住底线"智慧生存"的丰富现实图景,提出在复杂制度环境中有效领导的双重理性领导模式,进而阐述双重理性领导与组织发展之间的关系。尽管双重理性描述了二元制度环境中有效领导的特征,但领导者如何运用双重理性促进组织发展才是根本。尽管双重理性领导的概念源自对中国本土大学领导者的研究,但其描述的领导现象和问题极具广泛性,其逻辑和思路亦是任何文化和情境以及其中各类组织都可以共享的,只是有一定程度的差异而已。因此,我们还试图将双重理性领导的概念拓展提升为一种广义的(适用于任何情境)领导理论——和谐领导。

9.2.1 双重理性领导与和谐管理

双重理性领导本质上揭示了在特定情境中领导者的行为方式和领导逻辑:既要考虑作为领导者的本质性需求(普适理性),还要考虑特定情境中的独特领导意涵和需求(情境理性),体现了在特定情境下整合不同逻辑的领导智慧。但理论研究不能停留在依赖领导者以智慧来整合双重理性的层次,而应在理论和实践上提炼出可供借鉴和操作的整合的理论框架,和谐管理理论及其领导模式为我们提炼这种整合的理论框架提供了基础。

和谐管理理论本质上也是一种研究如何整合组织管理中不同逻辑的理论。它将人类应对管理现实的途径归结为两种逻辑:谐则与和则(关于和谐管理理论的详细介绍,请参阅本书前几章)。其中,谐则主要对应管理中物与可物化的、可以通过优化设计解决问题的"普适性"方法,例如组织管理当中的制度设计、组织架构设计和流程优化等;和则关注的则是与人有关的、涌现的、难以通过科学的方法设计解决的组织管理问题,倡导采用诱导的方法来引导人的行为向有利于组织目标实现的方向演化,因此解决的是特定的人和团队的"情境性"问题。

和谐管理理论的精髓不仅在于挣脱了科学导向的优化设计逻辑，承认不确定性和人难以科学化定义的行为逻辑，并构建了通过这两种逻辑的互动耦合解决管理问题的方法论，而且在于构建了一个根据愿景和使命，围绕和谐主题，有机耦合谐则（普适法则）与和则（情境法则）解决管理问题、促进组织健康发展的管理体系。无疑，致力于复杂组织管理的双重理性领导与和谐管理体系的对接将会产生更高阶的领导理论，我们称之为"和谐领导"！

9.2.2 和谐领导的五步行动框架

和谐管理的要义是面对复杂、模糊、多变的环境，始终坚信人类发展是在有限干预下的演化过程，领导或管理的作用是帮助这种演化围绕组织的目标实现从好到更好，所以行为上一直坚持主题导向（愿景和使命驱动下的各时期的（和谐）主题思维）下的双重理性互动与耦合，并在这一过程中不断反省、及时反应、在线干预、动态提升。

和谐领导利用和谐管理理论框架，能够较好地运用双重理性领导来自普适理性和情境理性的影响力，这种运用并不是对两种理性的简单加总，而是根据组织的愿景和使命，根据不同发展阶段的情境及其选定的和谐主题，将两种理性有机地融合于谐则体系与和则体系的构建中，并根据情境的变化与和谐主题的漂移，进行动态的调整和耦合。由此可见，和谐领导是和谐管理理论在领导领域的具体化。

基于和谐管理理论的基本观点，和谐领导的行动框架包括五步：愿景和使命引导、主题思维和导向、谐则优化、和则诱导、和谐耦合（围绕和谐主题的谐则与和则的有机匹配）的动态调整。这五步行动框架描绘了领导者如何通过有逻辑的运作来把握和整合双重理性。

和谐领导的五步行动框架的要义是，第一，领导者要为组织制定愿景和使命，使所有组织成员能够清楚地知道组织的核心价值和发展的方向，并指导组织的日常运作和决策。第二，领导者要根据变化的环境，瞄准愿景和使命，不断调整组织的阶段发展主题即和谐主题，通过一个一个的阶段目标来实现长期目标。第三，在阶段目标的引领下，对那些可事先规划和设计的管理活动，通过谐则建立保证目标实现的制度、流程和组织体系。第四，对那些无法事先设计的、突发的管理问题，通过和则制定相应的政策、创建必要的机制和规则、营造文化环境，激发组织成员的能动性和创造性以应对不确定性，从而促进谐则体系的落实和组织目标的实现。第五，在通过谐则体系的设计优化与和则体系的诱导演化两种途径将阶段主题分解为具体的行为和方案的基础上，领导者还要不断根据组织内外的变化和主题的调整演变，调适两种规则体系的匹配模式，实现双规则围绕和谐主题的持续动态优化。

双重理性本质上是解释二元制度环境中当领导者认知权力与行为权力（恶性）分离时如何实现组织目标的领导理论，通过"普适理性"和"情境理性"融合和折中，使认知权力和行为权力尽可能方向一致地对准组织目标。对照和谐领导的五步行动框架，我们不难发现双重理性理论对实现组织核心目标的支撑作用（见图9-1）。领导及其行为方式均与情境相关，和谐领导要充分发挥作用，在愿景和使命确定、和谐主题选择以及谐则与和则体系构建时一定要根据组织所处的环境以及具体的管理情境选择适合该情境的规则、机理和机制。一般来讲，愿景和使命的确定主要与领导者的追求及其世界观和价值观密切相关，而对管理情境敏感度不高。但和谐主题与谐则、和则及其耦合对管理情境敏感度很高。因此，双重理性领导理论使和谐领导在进行和谐主题选择以及谐则与和则体系构建时更加关注情境，并依据不同情境选择与情境更匹配的规则、工具、激励和机制，从而进一步提升领导的有效性。

另外，在和谐领导的五步行动框架中，愿景和使命引导以及主题思维和导向两个环节主要是认知层面的活动，双重理性当中用来修正认知权力问题的实事求是、系统认知、反思学习和自知之明四个要素可支持这两个和谐领导步骤；谐则优化、和则诱导以及和谐耦合的动态调整这三步主要是行为层面的活动，双重理性中的规则意识和人际认可有助于支持谐则体系的设计，底线意识、言行一致和相机妥协有利于和则体系的构建，革新精神则是谐则与和则体系动态调整与耦合的基本原则。

和谐领导			双重理性	
			普适情境	本土情境
			普适理性	情境理性
愿景 + 使命	和谐 主题	谐则	普适谐则和机理	情境谐则和机理
		和则	普适和则与机制	情境和则与机制

图 9-1　和谐领导与双重理性

由此可见，和谐领导本质上可通过双重理性精细掌控其管理体系的构造，并以其围绕和谐主题的双规则耦合框架有机地解决普适情境与本土情境中领导者认知权力与行为权力分离的问题。

例如，席酉民任职西安交通大学管理学院院长时，正值组织剧烈变革和调整阶段，他在确定把管理学院建成育人中心、研究中心和社会服务中心这一愿景后，就利用两种理性来实现这一目标。在系所架构以及人事调整这一主题下，基于普适理性的考虑重新设计了组织架构和人事激励政策，但要在当时行政化程度很高的高校开展这样的改革，必须与学校领导和主要管理者进行良好的沟通，建立友好的关系，以得到学校层面的支持，因此他在这一方面花了不少工夫，巧妙地运用了多种策略，从而形成了一种学院和学校之间独特而微妙的"情境性"关系。此后，在担任副校长阶段，他根据管理对象的特点采取了搭建"平台"（为大家搭建支持长期持续发展的平台以调动员工的积极性和增强其归属感）的愿景定位，在十分重视理性的规则和机制的运用的同时，在学校党委书记与校长之间保持某种距离，艺术地营造创新和发展空间。在任西交利物浦大学执行校长时，他强调的"共生"生态的营造是知识型组织的最佳选择，他视每个人为具有能动性和独立决策能力的单元或"领导"，以和谐管理理论为学校发展的哲学和方法论，提出 MBAR2 五种管理技术、TIPSH2 五种行为模式、DRIFT 五种核心文化理念，调动所有人的能动性和创造性，并以网络化组织平台为支撑激励他们发挥更大的作用。此时的愿景是建成世界认可的中国大学和中国土地上的国际大学，为了朝着这个愿景迈进，学校每年都要制定和发布年度发展重点（leadership agenda），确定当年的发展主题，然后在主题的引领下，基于谐则与和则以及普适理性，在大学理念、组织架构、校园文化、支持体系、育人模式等方面进行周密的设计，建立一套理性的系统。同时，还需根据中国大环境中的独特性，在实现高等教育和大学管理的国际化和重塑的过程中以创新甚或艺术的方式进行适度妥协，以实现目标并坚守基本规则和底线。

9.2.3 和谐领导的五种能力

要利用和谐领导的五步行动框架来实现组织目标，在理想情况下应具备五种能力，这五种能力分别对应和谐领导行动框架的五个步骤（见图 9-2）。

图 9-2 和谐领导的"五力模型"

（1）**对应愿景和使命引导的判断力**　愿景和使命是领导者带领组织成员在对环境和未来充分认知的情况下，对组织发展方向的战略性决策。领导者的判断力直接决定组织愿景与使命的吸引力和价值，也决定了组织的发展空间和命运。领导者对组织所处的环境和组织自身的系统认知，以及基于实事求是的原则来制定组织的愿景是领导者判断力中非常关键的两点。一个组织的愿景和使命不仅描绘了组织发展的长远目标和梦想，而且是激励组织员工为组织奋斗的重要驱动力，因此，判断力是和谐领导者首要的能力。

（2）**对应主题思维和导向的学习能力**　学习能力依赖于领导者基于自身及组织的生活和发展经验，不断思考如何在现有基础上进行改进的能力。领导者能否持续而有效地进行反思和学习，以及领导者的自知之明——包括能否客观地评价自己和组织的发展水平、清楚地知道自己和组织的优势与劣势，是领导者学习能力的关键所在。学习能力强的领导者能够及时发现组织发展中的新问题，在愿景的指引下及时地厘清并调整阶段性的发展方向和工作重心，确保组织发展不偏离其梦想。

（3）**谐则优化对应的控制力**　控制力主要指领导者恰当运用双重理性构建谐则体系实现组织发展主题的能力，主要涉及构建组织架构、制度、流程以及具体的实施过程，旨在保证所有员工行为的一致性和有效性。这种能力的基础是科学理性和规则意识，而且领导者的控制力不只表现在从上到下的规制性上，更体现在组织体系的科学理性和下属在此平台上的能动性上，为此领导者作为下属工作表现的主要反馈源，要善用积极反馈和认可员工的贡献，以获得员工的忠诚和自下而上的创造性，这对形成控制力来说不可或缺。控制力强的领导者，其组织中所有的员工都能感受到很清楚的工作准则，知道自己在不同的情境中该如何行动，同时能从领导者不断的鼓励中获得工作的内在动力。

（4）**和则诱导对应的影响力**　影响力是领导者在组织的实际运行中发挥的一种无形的力量，它会让员工有方向、有信心、明确自己的责任，愿意和组织一道承担责任和面对挑战。和谐领导一般会运用双重理性构建和则体系来扩大自身的影响力，主要包括愿景的分享、使命的强化、政策的完善、文化的孕育、员工的培养等，形成无形的"势场"，使组织充满正能量和活力。按和则体系的基本原理来讲，即做到员工有动力、有能力和有条件为实现组织目标而奋斗。为此，领导者需具备极强的构建组织文化保障体系的能力和在需要时能站出来左右局势的能力。在突发情境下，影响力强的领导者首先要坚持底线意识，确保组织的愿景和使命不受损害，不以个体或者组织的发展为由而牺牲其他个体或组织的利益；其次领导者需要随时展现言行一致的形象，对准组织的愿景和发展主题，遵从组织的规则，说到做到；最后在二元制度或者多重制度的逻辑下，领导者要能够在组织的长远目标和短期目标出现无法调和的矛盾时，为了长远目标而适时适度地牺牲短期目标。

（5）**和谐耦合的动态调整对应的创造力**　不同情境下的围绕和谐主题的谐则与和则的耦合是一个极其复杂的过程，需要领导者的智慧，更需要极强的创造力。创造力主要体现为领导者根据组织的愿景和使命选定各阶段的和谐主题，并依据环境和组织的变化不断调整主题的能力。有创造力的领导者常常不受惯例约束，敢于并善于革新组织的谐则与和则体系，同时充满激情和富有挑战精神，有担当和魄力顶住来自各方面的压力，而且极具执行力。创造力的核心要素是革新精神。

9.2.4　基于和谐领导的组织的长期可持续发展五星模型

和谐领导的价值是保障组织的长期可持续发展，为此领导者必须带领组织做好六件事情（见图9-3）。

（1）**确定组织有具有远见的且支持可持续发展的商业模式**　商业模式是组织持续良性发展的基础，是组织生存最基本的逻辑，和谐领导的愿景和使命引导以及系统认知会帮助组织形成一个有竞争力的商业模式。例如,西浦的"研究导向、独具特色、中国土地上的国际大学和国际认可的中国大学"就从四个方面诠释了学校的商业模式,特别指明了学校的研究导向定位、国内和国际的市场定位、国际化等发展特色。

图9-3 基于和谐领导的组织的长期可持续发展五星模型

（2）**让愿景和使命广泛共享并得到认可** 商业模式确定了组织生存的基本空间和逻辑,而组织的愿景和使命是保证组织获得相对竞争力的基础,必须在所有成员之间共享并得到他们的认可,让组织的愿景成为所有人都追求的梦想,这是和谐领导的重要组成部分。不管是和谐领导所体现的人际认可还是言行一致,都可以促进愿景和使命在组织成员之间的传播和认可。基于和谐管理理论研究领导力的一个基本视角就是领导者与不同客体的互动,互动实际上是领导者传递组织愿景和使命必不可少的手段。当然,和谐领导不仅善于整合内部员工的力量,还重视把组织的愿景和使命同组织外的行动者分享,以争取他们的支持。

（3）**建立良性的治理结构和强大的利益相关者联盟** 好的治理结构决定了组织持续发展的资源保障、不同合作者间健康互动和制衡的权利设置、重大决策和管理团队有效性的制度基础,在此基础上如果再能形成利益相关者联盟或共同体，组织的长期可持续发展就有了根本保证。

（4）**培养强大的跨文化领导力和建立强大的管理系统**　在日益全球化和网络化的时代，任何组织都难以逃脱跨文化情境或管理团队的挑战。因此，组织发展需要能够理解和融合多元文化的领导力以及相应的管理体系。具备强大的跨文化领导力和管理系统是组织发展的一大优势。席酉民领导的西浦实践也清晰地体现了这一点，在办学中对中西方文化和教育理念的整合、与中西两方董事会成员的顺畅沟通，以及将英式教育的质量保障体系、美式教育的灵活性和中国教育重基础的理念融合在一起，都是其跨文化领导力的重要体现。

（5）**兼顾长期的战略谋划与短期的成功"战斗"**　伟大事业的发展或重大组织变革的成功都离不开长期的战略谋划。和谐领导的愿景和使命引导、主题思维和导向、实事求是，都会帮助组织形成长期的战略谋划。但仅有长期的战略谋划是远远不够的，如果没有短期的成功"战斗"，即使战略再宏伟，人们也会因看不到成功的希望而失去信心，组织甚至会因此土崩瓦解。因此组织还需要将战略谋划落实到一系列阶段性的发展主题和目标上，确保通过一系列成功的"战斗"激发斗志、凝聚队伍，最后实现组织的战役和战略的成功。

（6）**长期坚守，持续创新**　在日益复杂、不确定、模糊和多变的环境下，实现组织的长期可持续发展不可能一蹴而就，在做好上述五件事情的基础上，往往还需要长期的坚守、坚韧不拔的努力、持续不断的创新，甚至包括对自己成功经验的颠覆。

本节主要讨论了和谐管理理论与双重理性领导的互补关系，基于和谐管理理论发展出了和谐领导的五步行动框架，进而指出双重理性有利于和谐领导体系的精细和深化，和谐领导框架反过来又有助于双重理性的有机融合。然后，简单介绍了实现和谐领导需要具备的五种能力，以及实现组织长期可持续发展的五星模型，本节总体观点及其逻辑框架见图9-4。

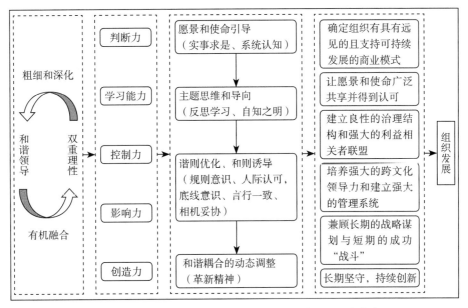

图 9-4 和谐领导与双重理性及其促进组织发展的逻辑框架

9.3 生态领导力：和谐管理理论的启示

随着时代的变迁，有关领导力的新议题层出不穷。近 30 年来，生态系统（ecosystem）的思维和模式在管理与经济领域得到了广泛的应用，形成了商业生态（business ecosystem）、创新生态（innovation ecosystem）、平台生态（platform ecosystem）、创业生态（entrepreneurship ecosystem）、知识生态（knowledge ecosystem）、产业生态（industrial ecosystem）、区域创新生态（regional innovation ecosystem）等细分领域。生态系统强调互补性、相互依赖关系，以及非层级权力的作用。这些研究导向顺应了当下数智时代的发展趋势，因此，生态系统及其衍生出来的生态管理（ecosystem management）、生态战略或商业模式（ecosystem strategy or business model）、生态领导力（ecosystem leadership）、生态治理与可持续（ecosystem governance and sustainability）等概念在研究中越来越受关注。

本节结合和谐管理理论，着重探讨生态领导力的主要研究议题。

生态领导力可以理解为围绕所聚焦的系统层面创新，有目的地构建并维持生态系统的影响力（Foss et al.，2023；Harima et al.，2024）。不论是对新生的、相对成熟的生态系统而言，还是在生态系统自身的构建、涌现过程中，领导力都不可或缺。在不同的生态情境与复杂的演化过程中，生态领导力是应对生态价值主张或愿景提炼（Adner，2016；Dattée et al.，2018；Reuter and Floyd，2023）、资源或网络编排（orchestration）(Harima et al.，2024)、多元主体协调与合作（Foss et al.，2023）、生态构建与演化（Daymond et al.，2022；Jacobides et al.，2018）等生态系统层面问题的关键。

尽管这些研究从不同方面揭示了生态领导力如何发挥作用，但它们通常是针对生态系统构建与演化过程中的某一环节或方面的问题进行研究，缺乏对生态领导力如何发挥作用的系统剖析，也未能解答如何形成相应的领导力的问题。正如 Adner（2016）所指出的，生态研究不只是探讨一组企业或个体（who）如何（how）一起工作，还要研究其为什么（why）采用特定方式在一起工作，以及分析其一起在什么情境下（when，where）做什么（what），有什么价值主张（value proposition）。在实践中，这些环节交织在一起，并不是割裂、孤立的片段。从这个角度看，这些分散的研究有待整合，以便勾勒出生态领导力较为完整的作用链条与系统性框架。和谐管理理论为系统地剖析生态领导力提供了理论基础和工具，接下来，本节会从和谐管理理论的视角剖析生态系统，为系统地理解生态领导力如何发挥作用提供支撑，进而尝试提出生态领导力形成与发挥作用的框架。

9.3.1　和谐管理理论视角下的生态系统再剖析

和谐管理理论以复杂系统方法论、有限理性理论等为基础，把复杂系统理论的抽象概念与机制运用于管理、经济与社会系统的分析，形成了从定向（愿景、使命、初心、价值取向）着手，围绕和谐主题进行布局，在主题导向下和则、谐则通过和谐耦合以营造生态，进而运用演化博弈和在线干预创获生态红利的复杂问题解决框架。针对生态系统的剖析，和谐管理理论强调，既不能抽象地把"不可能完全物化的人的影响"排除掉而只依赖于物要素的"优化逻辑"，也不能"不顾物要素和人的互动"而只依赖于对人及其所在群体的"理解"。综合分析"人及人群""人（群）及物质资源、装备等要素""人（与）结构或流程等要素""人与方法和工具等要素"是生态管理的关键特征（席西民、韩巍，2002）。

根据和谐管理理论，生态系统可以从人要素的自主能动性发挥程度（和则）、物要素的控制优化程度（谐则）以及问题解决活动的方向清晰程度（和谐主题）等方面进行剖析，这三个方面交织耦合程度的差异构成了生态系统的不同景观（见图9-5）。

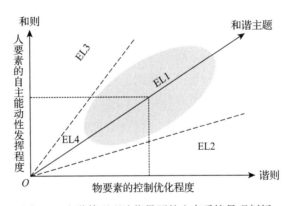

图9-5　和谐管理理论指导下的生态系统景观剖析

注：EL1对应两虚线间、框图以外部分，EL2对应下虚线以下部分，EL3对应上虚线以上部分，EL4对应两虚线之间、框图以内部分。

生态系统景观1（ecosystem landscape 1，EL1）：在此区域的生态系统呈现出高度活跃的状态，生态系统构建与演化活动的方向（愿景、价值主张、主题任务等）较为清晰，人要素的自主能动性发挥程度较高，同时，物要素的控制优化程度也较高，三者交织在一起形成高度耦合景观。

生态系统景观 2（ecosystem landscape 2，EL2）：在此区域的生态系统，人要素的自主能动性发挥程度偏低，但问题解决活动的方向较为清晰，并且物要素的控制优化程度较高——意味着资源整合、利用能力较强，物要素的控制优化效率较高，这或许是由于生态系统进入了成熟发展阶段，可称之为成熟的松散耦合景观。

生态系统景观 3（ecosystem landscape 3，EL3）：在此区域的生态系统，人要素的自主能动性发挥程度较高，但方向尚不够清晰，并且物要素的控制优化程度不高——存在资源整合能力不足、效率低等情况，这可能对应着生态系统构建或新生阶段，可以称之为新生的松散耦合景观。

生态系统景观 4（ecosystem landscape 4，EL4）：在此区域的生态系统呈现出缺乏活力的均衡状态，方向不清晰、人要素的自主能动性发挥程度较低、物要素的控制优化程度也很低，生态系统的演化难以为继，我们称之为脱耦合景观。

综上可见，基于和谐管理理论的生态系统景观剖析为深入理解生态系统提供了新的可能，也为考察生态领导力的形成与作用发挥开辟了新视角。生态系统景观类型划分是把系统的整体性、相互依赖和历时性特征封装起来进行考察的结果，而不是摘取生态系统某个部分或过程中的某个环节进行还原论研究的产物。这种差异可以通过蝴蝶研究的例子来说明，和谐管理理论的生态系统再剖析不同于还原论的分析方式，后者倾向于把蝴蝶钉在厚纸板上（制作成标本），然后再仔细观察它们，而不是在它们自由飞翔时观察它们（Waldrop，1992）。

9.3.2 生态领导力：一个探索式整合框架

生态系统景观的类型划分为探讨生态领导力的形成与作用发挥提供了支撑。在生态系统景观 1（EL1）的情境中，"人与物"之间高度耦合的状态既为领导力的形成提供了条件，又是领导力发挥作用的结果。领导力形成于充分调动人员或主体的能动性、有效的资源编排以及问题解决方向（和谐主题）的阐释与执行等。领导力的作用主要表现在能够为系统的构建与演化带来清晰的价值主张（愿景），提高多方主体参与问题解决的积极性与创造力，提高物要素（如资源）利用转化的效率，并且有助于系统的迭代和扩展。在生态系统景观2（EL2）的情境中，领导力形成于生态价值主张的执行和资源编排的过程中。领导力对生态系统的作用主要表现为维持高的物要素利用效率。在生态系统景观3（EL3）的情境中，领导力主要形成于洞悉人的能动性并设计合作结构（机制）的过程中。领导力的作用主要表现为推动价值主张（愿景、共识）的形成，形成多方协助的一致性结构与网络编排，推动生态系统层面问题解决活动的开展。在生态系统景观4（EL4）的情境中，领导力形成于对一些既定的人或物要素的保持或掌控中，由于处在脱耦合的状态，领导力发挥的作用往往会相互抵消，难以在生态系统层面产生影响力。

通过分析不难看到，生态领导力的形成与其发挥作用的过程往往是交织在一起的，这反映出生态领导力是一种生态系统问题解决活动开展过程中的涌现现象。为了深入地理解领导力对生态系统演化的影响，本节接下来重点剖析生态领导力如何发挥作用。

不论是和谐管理理论视角下的生态领导力，还是现有研究中综述分析的生态领导力，它们试图应对的都是生态系统层面的问题，主要包括生态价值主张（愿景）的形成、参与生态的多方主体如何合作、问题解决活动的进程以及如何推动生态系统的构建和演化等。现有研究对这些问题都有讨论，但尚未在一个视角下分析这些问题，也未把对单个问题的研究成果进行整合，本节尝试弥补这一不足。从问题解决的角度看，生态价值主张能够为问题解决提供方向，多方主体合作的结构、资源编排等反映的是问题解决活动的组织模式，而问题解决活动的进程则是生态系统演化的推动力。从这三个方面的组合着手，并进行适当的抽象和简化，我们可以深入剖析生态领导力的类型，并给出一个整合框架（见图9-6）。

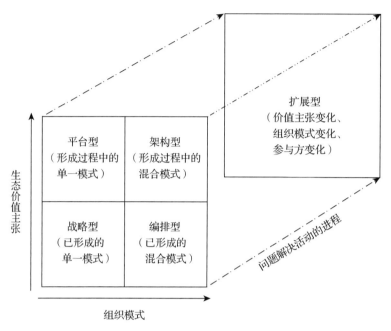

图 9-6　生态领导力类型的整合框架

生态领导力对价值主张的影响涉及推动形成新的价值主张，或者对业已形成的价值主张进行演绎、诠释。因此，生态价值主张可以分为已形成的和形成过程中的。生态领导力形塑的组织模式主要包括多方合作的一致性结构、多利益主体的治理结构和编排的资源网络等，从生态领导力影响的对象来看，可以把组织模式分为单一模式和混合模式。生态价值主张与组织模式的组合，勾勒出生态领导力在某一时间截面上的面貌，与此同时，随着问题解决活动的开展，需要考虑时间进程的特征，由此可以勾勒出生态领导力的五种类型。理解这些组合及其衍生出的五种类型是深入认识生态领导力的关键。该思路参考了战略调色板的研究，里维斯等（2016）反复强调："在绘制组织内动态的战略组合方面，领导者扮演的角色至关重要。领导者必须管理一种微妙的不平衡状态，当组织在熟悉、成熟并获得了成功的区域有自我封闭的自然趋势时，要善于打破这一局面。领导者所处的位置非常特别，需要理解外部环境，决定各个战略应用在何处,并知人善用,执行每种战略。"

生态领导力的五种类型分别是战略型、平台型、编排型、架构型和扩展型。战略型已经拥有了清晰的价值主张,并采用单一模式来解决问题,该类型生态领导力的作用主要体现为战略设计与执行、资源利用与优化以促进生态系统效率的改善。

平台型立足于单一模式,并协同多方参与者构建生态价值主张来探索解决新问题,该类型生态领导力的作用主要体现为参与方的网络编排、价值主张共识的达成以及改善参与方的相互依赖关系,从而推动生态系统的发展。

编排型侧重于围绕既定的清晰的价值主张,采用混合模式进行一致性合作结构搭建、资源编排以解决问题,该类型生态领导力的作用主要体现为互补关系构建、组织机制共创、联盟网络和资源编排、关键项目协调等,以促进生态系统的效率改善和迭代扩展。

架构型承担着塑造生态价值主张与构建混合模式的双重任务,该类型生态领导力的作用主要体现为价值主张的塑造与重塑、价值主张与混合模式的适配与调整、多方共创的一致性结构搭建等,以促进生态系统的构建与演化。

扩展型着重于生态系统问题解决活动的执行、调整与升级,以固化、优化或重构生态系统的演化路径来解决问题,该类型生态领导力的作用体现为生态系统扩展方向和路径的引导、多方网络与资源的编排与重组、系统内张力的平衡与运用,以便推动生态系统迭代、扩展到新的可能领域。

生态领导力的类型划分有助于系统地理解生态领导力的内涵与主要议题。Christensen 和 Raynor(2003)认为,正确分类是深入认识事物的关键,分类工作就是为了在复杂的现象中找到重要的差别,并对其加以强调。我们构建的生态领导力分类拓展了生态管理和领导力的知识版图。

9.4 本章小结

本节回顾了和谐管理理论视角下的领导力研究,论述了和谐领导与双元理性，同时探讨了生态领导力的研究进展，指出了其中存在的不足，并基于和谐管理理论重新剖析了生态系统，给出了对生态系统景观的分类。在此基础上，剖析了生态领导力关注的主要议题，并结合和谐管理理论构建了生态领导力类型的整合框架。针对生态领导力未来需要在两个方面进行深化研究：一方面，进一步结合和谐管理理论剖析生态系统与生态领导力，除了引入或创造更富有洞察力的概念与发现之外，还需要加强历史文化、情境等因素对生态系统演化、生态领导力形成与发挥作用的影响；另一方面，本书剖析的生态系统与提出的生态领导力类型还处在概念框架层面的开发阶段，未来需要结合经验模式和案例进行改进和完善。

本章参考文献

[1] 尚玉钒，席酉民，宋合义. 基于和谐管理理论的领导行为有效性研究 [J]. 管理学家（学术版），2008，1（2）：113-119.

[2] 张晓军，席酉民，谢言，等. 基于和谐管理理论的企业动态能力研究 [J]. 管理科学学报，2010，13（4）：1-11.

[3] 李鹏飞，葛京，席酉民. 和谐管理视角下的领导研究发展初探 [J]. 管理学报，2014，11（11）：1591-1600.

[4] 韩巍，席酉民. 不确定性—支配权—本土化领导理论：和谐管理理论的视角 [J]. 西安交通大学学报（社会科学版），2009，29（5）：7-17，27.

[5] 张晓军. 双重理性领导：基于互动和社会化视角的本土领导研究 [D]. 西安：西安交通大学，2012.

[6] 韩巍，席酉民. 机会型领导、幻觉型领导：两个中国本土领导的关键构念 [J]. 管理学报，2012，9（12）：1725-1734.

[7] 李鹏飞，席酉民，韩巍. 和谐管理理论视角下战略领导力分析 [J]. 管理学报，2013，10（1）：1-11.

[8] 王文龙，席酉民，刘鹏. 复杂适应系统理论下数字化领导力的内涵、构成及涌现机制 [J]. 管理学报，2024，21（4）：475-483，526.

[9] FOSS N J, SCHMIDT J, TEECE D J. Ecosystem leadership as a dynamic capability [J]. Long Range Planning, 2003, 56 (1).

[10] HARIMA A, HARIMA J, FREILING J. Ecosystem orchestration: unpacking the leadership capabilities of anchor organizations in nascent entrepreneurial ecosystems [J]. Entrepreneurship Theory and Practice, 2024, 48 (1): 1-46.

[11] SHI X, LIANG X, ANSARI S. Bricks without straw: overcoming resource limitations to architect ecosystem leadership [J]. Academy of Management Journal, 2024, 67 (4): 1084-1123.

[12] ADNER R. Navigating the leadership challenges of innovation ecosystems [J]. MIT Sloan Management Review, 2016, 58 (1).

[13] DATTÉE B, ALEXY O, AUTIO E. Maneuvering in poor visibility: how firms play the ecosystem game when uncertainty is high [J]. Academy of Management Journal, 2018, 61 (2): 466-498.

[14] REUTER E, FLOYD S. Strategic leaders' ecosystem vision formation and digital transformation: a motivated interactional lens [J]. Strategic Entrepreneurship Journal, 2023, 18 (1): 103-127.

[15] DAYMOND J, KNIGHT E, RUMYANTSEVA M, et al. Managing ecosystem emergence and evolution: strategies for ecosystem architects [J]. Strategic Management Journal, 2023, 44 (4): 1-27.

[16] JACOBIDES M G, CENNAMO C, GAWER A. Towards a theory of ecosystems [J]. Strategic Management Journal, 2018, 39 (8): 2255-2276.

[17] 席酉民, 韩巍. 管理研究的系统性再剖析 [J]. 管理科学学报, 2002, 5 (6): 1-8.

[18] WALDROP M M. Complexity: the emerging science at the edge of order and chaos [M]. New York: Simon & Schuster, 1992.

[19] 里维斯, 汉拿斯, 辛哈. 战略的本质: 复杂商业环境中的最优竞争战略 [M]. 王喆, 韩阳, 译. 北京: 中信出版集团, 2016.

[20] CHRISTENSEN C, RAYNOR M. The innovator's solution: creating and sustaining successful growth [M]. Boston: Harvard Business Review Press, 2003.

▲

"研究学术问题→发表学术论文→阅读学术论文→发现学术问题"的循环是学者们活动的路线,而"处理实际问题→积累经验、惯例等→运用经验、惯例→应对实践问题"是管理实践者们的工作轨迹,两者之间有效对话和碰撞的缺乏造成了学术与实践的隔阂——管理学术的一流杂志很少获得实践者们的关注。

管理学的本质是基础的社会技术科学,管理研究就是为了解决管理实践中存在的问题,而学术价值导向的传统管理研究(模式1)缺乏鲜明的实践意义,于是学者们就提出了面向实际问题的跨学科团队解决模式(模式2)。我们的研究发现,模式1与模式2分别适用于不同的管理问题,模式1的价值在于为相对确定、稳定的管理问题提供系统、综合、科学的解决方案,而模式2能够快速、应变地解决不确定性高的问题。传统学术研究应在提高实践价值的同时,进一步地综合集成加工以提供系统性的知识!和谐管理理论的问题解决导向以及双规则互动、耦合机制有助于各类研究模式的完善。此外,重视溯因推理在管理知识的生产创造和消费运用中的作用,适当地综合运用演绎、归纳和溯因推理等多种逻辑处理管理知识,将有助于提高管理研究的质量。

CHAPTER 10 ▶ 第 10 章

用和谐管理理论连接管理学术与实践○

管理学科自诞生以来,批评、质疑声不绝于耳(Mitroff, 1998; Pettigrew, 2001; Schein, 1987),特别是管理学术与实践的隔阂问题,受到了来自企业界、社会各阶层人士的广泛批评。作为研究者,我们必须正视学科中存在的问题,同时新的管理理论在这些问题的解决中能否起到重要的作用,也是检验其价值的标尺之一。

10.1 管理学的本质及管理学术与实践的隔阂

在管理学科自诞生以来所遭受的来自各方的批评中,典型的评论如:美国《新闻周刊》1993 年 5 月的一篇标题为"管理之死"的文章表达了大多数人的顾虑,"在一个企业中成功的管理模式并不能适用于另一个企业";Mitroff(1998)评论,"管理学是一流重要的十流学术",而"管理学术与实践存在很大的隔阂"则是管理学最为人诟病的缺点,正是后者引发了对管理研究本质等话题的讨论热潮。

10.1.1 管理学本质讨论的背景

BAM(British Academy of Management)在 1995 年到 1998 年发起了一场关于管理研究本质的研讨,一些焦点话题包括:管理学不同于其他相关学科(如经济学、社会学、社会心理学、心理学、人类学)的本质特征

○ 本章部分内容发表于《管理科学学报》,成书时略有改动。

是什么？如何评价管理研究的价值？管理研究的范围是什么？怎样才能获得管理实践者们的支持和参与？这项讨论最初是由 BAM 的研究政策委员会领导发起的，随后得到了理事会的推动，并于 1998 年因 Tranfield 与 Starkey 发表的研究论文达到了顶峰，这篇文章刺激了对管理研究本质的进一步讨论并且高度评价了面向实际问题解决的知识生产模式 2。其后的学者们（Starkey，Madan，2001；MacLean，Macintosh and Grant，2002）也是围绕如何完善管理知识生产模式 2 展开研究。

在美国，对管理研究本质的关注主要来自几位非常具有影响力的管理学会主席的年会致辞。Hambrick（1994）提出了"管理研究应该关注什么？"，他批评了学术界的自我循环（写论文—看论文—写论文）的模式，提倡应该关注管理实践问题，并赞扬了 AME（Academy of Management Executive）由学者和实践者共同构建的倾向于管理实践问题的研究风格。Van de Ven（1998）对管理研究的描述是，"对专业的管理研究机构来说，一方面要通过管理研究贡献科学知识，另一方面则要应用这些知识提高管理实践水平"，同样指出了管理研究实践的重要性。Van de Ven 后来于 2000 年成为美国管理学会的主席。另一个关注该问题的管理学会主席是 Huff，她在 1999 年会致辞中也高度赞赏了关注实践的管理研究方向和教学趋势，并提出了管理知识生产模式 1.5 和模式 3（Huff，2000，2001）。卡尔·维克（2001）则从管理知识消费者——实践者的角度，探讨了实践者知识消费行为特征。

总体来看，这些研究都是源于对管理学术与实践的隔阂问题的关注，从而引发对管理研究本质的探讨，并提出对策建议。因此，本章首先分析管理学术和实践的隔阂表现，然后介绍对管理本质的讨论，最后进一步提出解决隔阂问题的对策。

10.1.2　管理学术与实践的隔阂

管理学术与实践的隔阂可用两个独立的循环圈表示（见图 10-1）。正如 Hambrick 的批评，在学术循环圈中，学者研究学术问题，发表学术论文，通过阅读学术论文，发现学术问题，进行研究并发表学术论文。在实践循环圈中，实践者处理实践问题，进而积累经验，形成处理问题的惯例积累，实践者运用这些经验、惯例应对更多的实践问题，继而进一步积累相应的经验、惯例等。

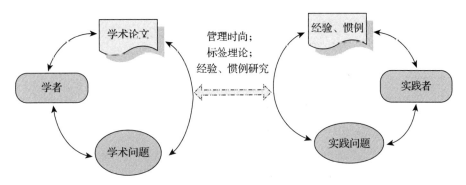

图 10-1　管理学术与实践的隔阂

如果按照前文 Van de Ven 描述的管理研究与实践的关系，那么这两个循环圈应该具有如下关系：①在学术问题与管理问题方面，要求学术问题具有相当的实践意义（即对应现实实践中的管理问题），实践问题也总能够运用适宜的学术方法来描述、研究；②在学术论文与经验、惯例方面，要求学术研究成果能够成为可学习、可操作的知识，而实践者的经验以及形成的惯例等则能够经受住学术的检验并被纳入相应的理论系统中；③在学者与实践者方面，两者具有良好的交流，学者能够从实践者处获得具有实践意义的研究问题，吸收实践者产生的经验、惯例，产出合理可行的理论性知识，同时实践者能够为自己的实践问题找到相应的学术观点，并用来指导实践。

显然理想的关系需要打破管理研究与实践的独立、封闭的自我循环模式，加强双方的交流和碰撞，但双方的碰撞事实上是由一些特别为经理人员青睐的"业界领袖""管理时尚"（management fashions）促成的。这些领袖人物、畅销书或者对成功管理模式的总结大部分是针对实践者感兴趣的问题运用简单的学术成果提出的可操作化的方案（Weick，2001），这些总结吸引了许多实践者的模仿。**但这些"快餐式"的模式往往缺乏严谨的证实，特别是忽视了不同情境下的异质性——如组织文化差异，这是使现实中存在"在一个企业中成功的管理模式并不能适用于另一个企业"现象的主要原因之一。**当然在这两个循环圈的碰撞中，也不乏一些成功的模式，如备受经理人员推崇的《哈佛商业评论》就是一本关注实践问题，运用案例等经验研究方法，为管理者提供丰富的"暗示"以及卓有成效的建议和观点的杂志。

与理想的学术与实践关系相比，现实中的简单碰撞显然难以满足双方的需求，Pettigrew（2001）也曾不无忧虑地指出，管理研究的发展可能同时面临着双重障碍——与实践的隔阂以及学术水平的低下。首先，大部分学术问题只关心理论上的价值，缺乏相应的实践意义，与此同时，一些实践者关心的问题得不到学术界的重视或者得到的答案缺乏实际的应用价值。其次，研究过程相对复杂和数学化明显、不同领域形成的"语义学丛林"、研究成果的学术偏向等，严重影响了学术论文的可读性和可操作性，同时实践者的经验和技能往往内化为个人的隐性知识，往往因缺乏学术的规范性而被学者视为"难登大雅之堂"。最后，学者大都来自高校、研究机构，而且基本上都是从高校直接就进入了研究领域，缺乏对实践的理解，而实践者一方面很少有时间学习，另一方面因理论的可学习性差，缺乏足够的动力去寻找相应问题的学术观点（许多学者调查发现，"管理实践者很少关心管理学术的一流杂志"(Schein，1987；Gopinath and Hoffman，1995；Starkey and Madan，2001)，这在国内也是成立的）。以上分析得到了来自英国的"产业学术关系报告"（HEFCE，1998）的佐证，该报告详细列出了学者与实践者之间的隔阂的表现。

1）实践者相信学术研究能使他们受益，但他们认为许多研究并没有抓住关键问题。

2）实践者并不认为研究活动能够直接对他们的目标产生很大的帮助，他们最需要的是有效的实践模式和行动建议，而不是详细的分析。

3）实践者缺乏对研究成果的应用意识，而学者缺乏系统有效的研究成果扩散方法。

管理学术与实践在理论上相关而在事实上相互独立，是由学术圈和实践圈的运行动力和规则导致的。学术圈的导向是理论价值，实践圈的导向是解决实际问题。似乎这样的隔阂是难以避免的，那么问题就成了管理研究导向的抉择：追求学术价值，还是追求实践价值？问题的答案是由管理研究的属性和本质决定的。

10.1.3　管理研究的属性和本质：管理学是应用的技术科学

Tranfield 与 Starkey 引用 Beacher（1989）的学科分析框架对管理学的属性进行了分析比较。Beacher 的分析框架包括两个基本的维度——Biglan 的学科认知维度和他自己发展的学科研究组织的社会性维度，每个基本维度又各自包含两套属性，前者包括学科的硬科学－软科学（hard-soft）、纯科学－应用科学（pure-applied），后者包括学科的收敛性－分散性（convergent-divergent）、城市化－乡村化（urabn-rural）。我们可以将其简要地表示如下（见表 10-1）。

Tranfield 与 Starkey 认为管理学的属性是软科学、应用科学、发散性的和乡村化的。在硬科学－软科学方面，管理学属于综合运用其他相关的社会科学领域的知识和方法的异质性与片断性的领域（Whitely，1984），没有一个管理范式在管理学中能够居于主导地位，能够赢得大家的一致承认，这是因为管理学虽然能够运用如物理学那样纯科学的方法（比如可以提出抽象的概念模型对变量进行测度，运用漂亮的统计程序，极力去产生客观的、不依赖人的才能和制度推行的知识），但事实上人为因素的介入、环境的快速多变、管理学先天的情境依赖特征使知识更替迭代更为迅速，很难产生一个比较稳定的统治性的范式。

表 10-1　学科属性的分析框架

学科分析维度	属性	本质特征	子属性	特征
学科认知维度	硬科学－软科学	理论范式的应用范围和得到公认的程度	硬科学	具有学科范围内公认的范式，且范式能够起到协调作用
			软科学	具有很多范式，但范式未得到公认且不能起到协调作用
	纯科学－应用科学	关注"是什么"还是"怎么做"	纯科学	其目的是研究"是什么"，其增长是逻辑线性的
			应用科学	其目的是研究"怎么做"，理论随环境变化而发展
学科研究组织的社会性维度	收敛性－发散性	学科的开放程度及对核心问题的靠拢程度	收敛性	子问题和子领域紧紧围绕核心问题，共享意识形态和价值观
			发散性	问题分散，缺乏主导的核心问题，价值观宽泛，难以确定边界
	城市化－乡村化	学科的研究人员密集度	城市化	研究较窄范围内离散、独立的问题，研究者之间交流较好
			乡村化	研究范围宽泛，缺乏明确的划分，研究者之间交流较少

在纯科学－应用科学方面，管理学不应仅关注"是什么"的问题，而更应关注"怎么做"的问题。Long 与 Dowell（1989）认为学科性质可以根据研究目的加以区分，科学学科关注事物的解释和预测性，工程学科关注问题设计和实施，工艺学则关注具体的实践和案例。管理学随着环境变化而发展的特征，使其知识积累不可能具有基础自然科学那样的不随时空变化的普遍适应性，而是具有类似于设计解决问题方案的工程学与工艺学的特征。

在收敛性－发散性方面，管理研究体现了多样化的意识形态和价值观，研究的问题是逐步发现和发展的，研究范围边界模糊，对研究质量的评价缺乏统一的标准，因此更多地表现为发散性。

在城市化-乡村化方面，管理学研究的领域涉及管理科学、社会学、行为学、心理学等广泛的相关学科领域和诸如战略、研发、生产、营销、人事、财务等企业的各个职能领域，这个庞杂的而且正在扩张着的版图上集中了来自不同相关学科的方法和理论，这使每一个子领域都很难得到较高的人员集中度，因此表现出了显著的乡村化特征。

比较以上四个特征，软科学、发散性、乡村化分别表达了管理研究领域的研究范式作用、研究问题分布以及研究人员的集成程度，它们描述的是管理研究的某几个方面的特征，而作为应用学科的属性规定了管理研究的目的，即管理研究就是为了解决管理实践中存在的问题，这是管理研究的本质特征。Mackenzie 等（2002）同样认为："管理学最好被视为一类技术学科……管理是社会的基本技术。"

因此，我们不必再纠结管理学的实践价值导向问题，既然我们不可能创造普遍适用的管理理论，那么我们就得去解决实际问题，否则管理研究将只是学术界自己玩的游戏。

如果我们从管理研究是知识生产的视角去看，那么面对传统管理研究饱受与实践隔阂的诟病时，哪些知识生产模式能够消减这个隔阂呢？除了单方面的知识生产的方式外，还有哪些方面的要素能够起作用？

10.2 知识生产模式与实践者的知识消费行为

10.2.1 知识生产模式的介绍

在 BAM 发起的这场讨论中，大部分的研究者都认为 Michael Gibbons 和他的研究团队在 1994 年提出的面向实际问题解决的知识生产模式 2 是一种有效的解决学术与实践隔阂的方法。在 Gibbons 的模式分类中，模式 2 不是对模式 1 的替代，而是几乎在各个方面都与模式 1 不相同。模式 2 的主体包括学术界人士、管理实践者、咨询人员和政策制定者等，研究过程交织了来自不同背景的理论意见和实践元素。模式 2 的跨学科团队在问题解决后就解散，成员随着问题和环境有机组织，不同于模式 1 的相对稳定、同质性。在质量控制形式上，模式 1 的质量水平是由该领域的权威专家从学术观点的角度来判断的，但在模式 2 中，实践的有效性是最终的目标，而且在知识产生过程中，事实上得到了来自跨学科团队的多角度控制和评价。

　　Huff 认为模式 1 和模式 2 都存在着难以忽视的缺点：模式 1 对现实的反应迟钝，而且分析问题的视角过于重视内在机理；模式 2 虽然能够克服模式 1 的缺点，更及时、更具实践性，但不具备模式 1 的优势，即缺乏科学严谨的理论推演。Huff 批评模式 2 的决策方式是倾向于"把它扔到墙上看它能否黏得住"，即在很少证据的基础上做出重要决策，可能出现的问题如振奋人心的组织重组在很多组织中并没有达到预期的效果。Huff 提出模式 1.5 是希望能够平衡、弥补这两者的不足，她认为商学院是实现这一知识生产模式的最佳场所，能够针对实践问题提供来自模式 1 的更多更新的综合性知识，促成实践与学术的对话，实现模式 1 和模式 2 的交融，她认为学术技巧和知识框架对实践问题的处理具有不可替代的作用。

　　Huff 对这个话题的兴趣和热情，促使她发现了另一个重大隔阂：管理研究所关注的组织与社会环境（特别是人们生存条件）之间的隔阂。无论是以上哪种知识生产模式，关注的都是有关组织内部的各类问题，而很少涉及一些对人们意义重大而且对社会、文化影响深远的议题。对于后者，知识很难通过规范的学术研究或者在解决具体问题的过程中获得，大部分是由关注这些话题的有影响力的社团或者个人总结，通过广泛对话促成了大范围的参与和影响，由此产生了所谓的知识生产模式 3。

　　在此，我们给出这几类知识生产模式的特征的综合比较（见表 10-2）。

第10章 用和谐管理理论连接管理学术与实践 313

表10-2 知识生产模式的特征的综合比较

比较项	模式1	模式1.5	模式2	模式3
产生动机	理论或方法的缺陷	平衡、补救模式1与模式2的缺点	解决管理实践问题	对社会环境的欣赏或者批评
参与者	同质性研究者、相关学科的研究者	商学院、管理教育相关参与者	以问题为中心的跨学科团队	多样的相关者（包括模式1和模式2的参与者）
目标	事物的真相、理论发展、秩序	综合性的知识框架	解决问题、提高绩效	美好未来
方法	先验的、基于因果规律的范式	综合集成	发明性的、基于经验	集体经验、对话
活动点	象牙塔（包括高校及一些科研院所），受保护的	商学院等管理教育机构	实践活动	没有固定的活动点
时间	个人驱动、时间经常不重要	知识框架驱动、时间较长	马上反应，暂时的	社团驱动，相当长的时间
边界	纯科学或应用性学科	应用性学科	跨学科、政府等	多重模式
受惠者	学术研究者	学术研究者、企业、政府等	企业、政府等	社会
质量控制	学术精英控制、学术评价	学术规范及应用价值	有用性和效果	公众认同
资助来源	大学、政府	大学、企业、政府	企业	人类学、大学、企业、政府
知识扩散	学术会议及杂志	商学院教材、实践者	实践者、会议、人际传播等	全球性讨论活动、媒体报道

10.2.2 对知识生产模式的评价

讨论知识生产模式的目的是解决管理学术与实践的隔阂，Tranfield 与 Starkey 等人的研究逻辑是，先厘清管理研究的根本性质，然后分析哪类知识生产模式（学术研究）更契合管理研究的性质，那么该模式就是人们应该提倡的研究模式。

作为管理研究的组成部分，模式 1 和模式 2 同样具有管理研究的属性——软学科、应用性、发散性和乡村化的特征。但在本质特征——管理的实践性方面，面向实际问题解决的模式 2 比模式 1 的表现更为卓越，而模式 1.5 在 Huff 看来是平衡了模式 1 与模式 2，模式 3 虽然不是直接针对问题的解决，但是对现实管理问题有着重大影响的模式，换言之，模式 1.5 和模式 3 是贴近管理实践性的知识生产模式。因此，模式 1 以上的版本似乎应该成为被提倡的研究模式。

事实上我们最关心的不是哪种模式更符合管理研究的基本性质，而是哪种知识更有助于指导决策和行动，我们不能因为一流学术杂志无人问津而全盘否定模式 1 的价值，因为存在这样一种可能：模式 1 产生的知识可以通过其他途径对管理实践做出贡献，如商学院 MBA 的经典教材正是对来自各领域的研究文献的综合集成。同样，我们不能只因为模式 2 的目的是解决实际问题就把其视为最好的实践模式，而是应该综合评价几类知识生产模式在解决实际问题中的效果。如果我们简单地从解决问题的正确性、系统性、可操作性、反应速度等几个标准来看，那么关注因果关系和系统性、整体性的模式 1，在系统性、正确性方面具有较好的优势，但反应慢、可操作性较差；运用跨学科团队解决问题的模式 2，反应速度快，且面向问题的解决方法具有较好的可操作性，但缺乏有效的证实，在系统性和正确性方面较差。也即模式 2 与模式 1 优劣互补。追求中庸的模式 1.5 希望能够通过将系统理论知识传授于实践者来解决具体的管理问题的模式，也仅仅是削弱了两者的优势，减弱了两者的劣势。至于模式 3，则是通过对意义深远的社会性问题的探讨，深化了对组织环境的认识，促使人们在决策时候更多地综合考虑模式3所产生的知识的意义。这是一类对实践问题解决有益的辅助性知识类型，从其产生渠道的广泛的社会性来看，很难被刻意的研究替代。因此，我们在后面主要对模式1和模式2进行讨论。

1）模式1在实践中的价值很难被其他模式替代，更适用于组织中相对稳定和确定的问题。Barley等（1988）的研究发现管理学术能够有效帮助实践者了解他们不知道的知识和内容。Huff（2000a）介绍了Citigroup的主席Reed对管理学术的观点，Reed认为管理学术可以分为两类：其一是运用案例研究寻求成功的模式或者不成功的模式，从中得出一般的结论；其二是追求对事物的更好的一般解释。Reed认为后者比前者更有价值，因为后者建立的理论构架能够帮助实践者更好地定位现实问题，从而在处理问题时更加有的放矢。虽然Reed是一个学者型的企业家，但他指出了模式1不可替代的优势，即学术研究在追求对事物更好的一般解释的同时，建立了相对系统、完整的理论框架，从而能够帮助实践者更好地定位问题，了解与该问题相关的、系统的知识和方法。随着理论研究的深入，大部分的实践问题都可以从相关理论中找到自己的位置。这样一来，相对严谨、系统的知识只能通过艰苦的模式1研究获得。

既然我们认为模式1的作用不可替代，那么事实上的隔阂又该如何解释呢？我们认为隔阂产生的主要原因在于模式1的劣势，即可应用性。其一，存在部分研究的实践意义差。一方面部分研究选题仅仅具有理论上的意义，而在实践中并不存在对应问题或者不重要；另一方面，虽然选题具有较好的实践意义，但缺乏对实践者实际关心的问题的探讨，如重逻辑性轻可操作性的对策。其二，虽然研究具有实践意义，但知识产生过程过于抽象化、数学化，加之语义丛林问题，使其可学习性较差。管理学的跨学科特征，使其囊括了许多来自其他专业学科（如数学、运筹学、组织行为学、心理学、社会心理学、经济学等）的概念和理论，在哈罗德·孔茨发表了他著名的《管理学丛林》一文后，在1962年加利福尼亚大学洛杉矶分校召开的管理学研讨会上，大部分的人用了大量的时间阐述术语和定义，著名的学者威尔弗雷德·布朗甚至把大会的大多数发言评价为"坦率地说，先生们，讨论中的多数内容我无法理解"（丹尼尔，1997），如果连学者们都在理解语义丛林面前望而却步，更遑论普通的实践者。其三，模式1的研究方式在应对实际问题时存在一定的局限性，模式1追求严谨和证实的特征与现实管理问题的不确定性和限制条件相冲突，如复杂快变的现实情境超出了人们现阶段的能力范围，或者即使能够通过系统研究达到对问题的认知，也需要耗费大量的资源与时间而超出问题解决的条件。

这就好像是，我们也许站在一个潜在宝石矿前，却与之擦肩而过；也许我们发现了这个宝石矿，但一直停留在如何开采的设想阶段；也许我们得到了粗砾的原矿石，却不知如何加工使之为人所用；也许在我们设计完美的开发工艺时，宝石已经大幅贬值。也就是说，模式1产生的知识需要二次加工。

2）模式2并非应对所有问题的万能钥匙，它更适用于具有不确定性或新涌现的管理问题。模式2与模式1的优劣互补，也说明了模式2适宜的管理问题恰好是模式1的补集，即具有不确定性或新涌现的管理问题。对于那些能够通过模式1给出成熟的经过证实的解决方案的问题，我们大可不必组建跨学科的团队，拿来即可；但对于那些学术界缺乏定论的问题以及新涌现的问题，通过模式2集成来自各领域的专家的知识和经验是最好的选择。但我们必须意识到，专家们的专业知识和经验很难替代科学、系统的分析过程，其解决方案并没有得到有效证实，即便在量上扩大专家规模和层次，方法上也并没有什么本质的改变。卡尔·维克（2001）教授认为模式2自诩要架起学术与实践隔阂之间的桥梁是很不可靠的，其想法过于直接、简单，这样应对理论与实践隔阂的方法可能既不能够满足理论创新的需要，也很难获得很好的实践效果。模式2的完善需要更多地融入模式1的优势特征。

在前面的讨论中我们一直忽略了管理实践者的作用，似乎我们一直在假设：一定有用的知识总能让实践者运用到问题的解决中去。但事实上，作为管理知识的客户——管理实践者的知识消费行为并没有得到应有的重视和研究，但正是他们的偏好和态度决定了什么样的知识才在管理实践中更受欢迎。

10.2.3 管理实践者的知识消费行为：追求应变管理

如果按照营销理论，实践者即为我们的客户（"上帝"），而模式1是我们的产品，如果"上帝"没有运用我们的产品，问题显然出在产品方面。但实际上知识创造与消费关系不同于普通产品的生产消费关系，模式1没有起到应有的作用的原因之一并不是其没有价值，而是受实践中管理者知识消费行为的影响。

第一，实践者总是忙于具体事务而缺乏学习时间（Weick，2001）。对知识的需求与有限时间的矛盾就产生了许多迎合其需求特点的企业图景、成功模式、企业培训等知识，这些快餐式的知识表面上看起来能够满足某些方面的需求，但实际上组织健康运作的基础（如计划、组织、领导、控制等基础性的知识）大部分是由模式1提供的，那些仅仅讨论管理者感兴趣话题的快餐式的知识对实践者来说是危险的。

第二，实践者更需要快速反应而不是对事物的准确认知。日益加块的变化速度、较少的控制、很少的深思熟虑等现象都意味着对问题的理解和信息处理已经超出人们的负担能力（Hitt，Keats and DeMarie，1998：23），正如ABB的总裁Barnevik所说："我宁要基本正确和快速反应而不是非常正确和反应迟钝。"这也提醒研究者在追求事物真相的取向上，更应关注现实管理者需要的——应变的方法。

第三，"弱情境"（weak situations）使管理者的个人作用日益显著。"弱情境"是指，随着环境变化速度的加快，组织所处的情境在制定决策方面的作用会越来越弱，管理者个人的作用将会被放大，个人价值观在组织中的作用更为显著，组织甚至会具有明显的个人性格特征。在弱情境趋势下，个人作用的显著性将是不可避免的，这是追求应变的结果，但也会为组织带来风险。正如 Collins 和 Porras 的研究所发现的，伟大的公司往往并不需要伟大的构想或者伟大的魅力型领导者，而是需要一个踏踏实实打造公司基础的建筑师。强势的魅力型领导者固然能为组织带来鲜明的性格，但如果这些性格没有发展成为企业的自觉行为，那么就会为企业后续的发展埋下相当大的隐患。

第四，对关键信息具有敏感性是实践者解决问题的重要技能之一。Dorner（1996）提出了这样一种可能，即在人们在面对不确定性时，通过搜集信息消减不确定性，但经常因为拥有更多信息而产生更多新的疑问，反而因此增加了新的不确定性。因此，鉴于决策的时效性，人们也不可能有更多的时间来搜集信息，而应在拥有必要的信息后就开始行动。能够将关键信息从信息噪声中提取出来，是实践者在决策和解决问题时的重要技能。传统的模式 1 倾向于搜集足够的信息进行分析推演，在快速多变的环境下，这显然是很难做到的。当然，或许也存在恰恰因为有鉴别力而放弃好奇心的管理实践者。

在复杂多变的环境下，实践者的核心活动是应变管理，这一管理方式既强调个人在应变中的关键作用，也关注对关键信息的精准把握，以应对复杂和不确定性带来的挑战。当然，新环境并不是凭空产生的，也并不意味着所有的规律和规则都过时了，都需要重写。事实上，我们的时代同样是在原来的基础上发展的，只不过人们应该更多地关注这些变化以及实践者的偏好，这也是检验模式 1 的实践意义的标准之一。

10.2.4 消减管理学术与实践隔阂的整体思路

影响管理知识的生产消费关系的根本因素包括两个——知识生产模式与实践者特征。知识生产模式中我们讨论模式 1 和模式 2。我们的思路是体现管理实践者需求的特征，完善各类知识生产模式，使之更好达成自身解决实践问题的使命。

（1）**加强管理研究的实践意义**　我们强烈地呼吁所有从事管理学术研究的同仁尊重管理的实践本质，不仅要使选题富有实践价值，而且应在每一个具有实践意义的课题研究中集中于实践者关心的关键问题，使自己的研究活动轨迹不再局限在学术的自我循环圈中。也许，这个问题的关键在于打破模式1的评价体系，评价标准不唯理论贡献，而应提倡将实际有用性和效果放在第一位；评价者不再是单一的学术精英，而应引入相关领域的管理实践精英。

（2）**对模式1产生的知识二次加工**　商学院经典的教材是这个方向的榜样，它们放弃了理论推演的过程和方法，把零散的研究的结论和适用条件综合集成，而且尽量避免使用论文作者自己界定的术语。但不无遗憾的是，这些教材动辄上千页，由于授课的需要，其覆盖领域过于宽泛，在其再版版本中也不可能包含大量最近的新成果。如果这些教材中的每一专题都能集结成一本综合性的专著或者手册，那么将会对推进模式1的应用大有裨益。这也要求在学者的论文导向的趋势下，能够有更多熟悉本专业领域的人来从事综合性的工作。这样的工作需要模式1与实践问题的对话——也许模式2的工作方式能够有助于模式1对知识的二次加工。

也许我们不必懊恼于管理学一流学术期刊几乎没有实践者问津的现实，但前提是我们具有良好的对模式1的知识二次加工的成果，以及我们的研究具有足够的实践意义。

（3）**完善模式2**　在跨学科团队解决问题的过程中引入更多的学术规律和技巧，如解决过程的科学安排、决策中的合理程序、假设的提出和求证，都会有效提高模式2的科学性水平。

（4）**增加符合实践者知识消费偏好的针对性研究**　实践者知识消费偏好的取向为研究者提供了富有实践意义的研究课题，如对应变、弱情境和关键信息的探寻规律的研究。减弱以情境为研究对象的传统取向，特别是对那些转瞬即逝的组织情境。

具有实践意义的管理研究是现实所需，但能够有效消减学术与实践隔阂的理论更富价值。我们认为和谐管理作为问题解决之术，本身即是针对复杂多变环境的以应变为核心的管理理论，在沟通学术与实践方面将起到有效的桥梁作用。

10.3　和谐管理理论对管理学术与实践隔阂的桥梁作用

图 10-1 展示了管理学术与实践的自我循环发展模式，我们认为学术与实践理想的关系是双方能够具有良好的对话和碰撞机制，而和谐管理理论能够有效充当这一对话的桥梁和语言（见图 10-2）。

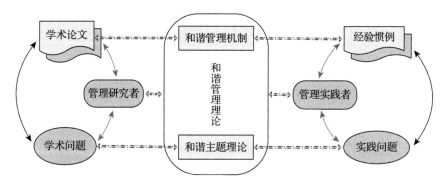

图 10-2　和谐管理理论在学术与实践对话中的作用示意

1）和谐主题理论有助于学术问题与实践问题的对话和匹配，提升学术研究的实践价值以及对关键信息的把握能力。和谐主题作为组织的核心问题或核心任务，是管理者最为关注的实践问题，而且因其显著的实践意义，理应成为重要的学术问题。和谐主题理论不仅有助于实践者识别、判定其面临的主要问题，而且能够帮助研究者定位研究对象。虽然和谐主题是特定组织的特定领导在特定的环境和时段下识别、判定的组织核心问题或任务，具有相对特殊性和演化性，但那些在实践中普遍（统计意义）存在的管理问题就是最富实践意义的研究主题。研究者也可以运用和谐主题的特征、规律，判断其从事的研究主题是否为实践者所关注的问题，那些仅仅为了完善理论框架和针对现实中不存在的现象的研究显然不具备面向核心问题和核心任务的可能。

组织环境的关键信息是正确判定组织中的核心任务或者核心问题的保障。因此，在主题识别时，一般而言，那些影响组织所处行业运行规律的信息以及组织自身优势劣势的信息，都是关键信息的来源。主题的领导选择性注意机制揭示了领导偏好、价值观、经验等个人特征在主题判定中起着非常重要的作用，我们不难想象如果组织领导在经验或能力上存在某些方面的不足，那么很可能就导致部分关键信息缺失。因此，随着和谐主题理论的成熟，主题识别与判定的规律、规则以及相关的案例有助于提高实践者在关键信息提取上的意识和水平。

2）和谐管理机制是有效的对模式1产生的知识进行综合集成的构架，也是将实践经验、惯例上升到理论的构架。目前对模式1产生的知识的综合集成仍然遵照原有知识体系的结构，更类似于知识的自我展示，而不是实践者所希望的"问题→问题解决方法"的结构。以和谐管理理论为构架的综合集成模式包括两类。其一，以不同类型的和谐主题为中心，按照各主题的规律组织"优化设计的控制的规律和方法""能动致变的演化的规律和方法"以及"优化设计与能动致变的互动耦合的规律和方法"，以这样的构架来组织相关管理理论，更符合实践者的活动习惯，能提高模式1产生的知识的可应用性，与之相近的是大量由咨询公司编著的面向管理实务的操作性书籍。其二，虽然知识集成的总体构架按照的是该知识体系的结构，但每部分内容应明确对应一定的实践问题，而且能够按照和谐管理理论的框架组织评价相应内容，使实践者理解探讨的实际问题，以及解决问题的思路和适用性，商学院的MBA教材类似于此。

目前的综合性知识要么研究基于因果关系的确定性方案（流程、制度、规则），要么研究人的动机、行为和能力，这种局限性使实践者往往倾向于某一方面的应用,而很难做到根据特定问题实现两种机制的融合。以和谐管理机制为构架的综合集成有助于打破这一局限性。

实践者形成的经验、惯例往往得不到正确的评价,这使他们往往对个人经验、价值观过度自信,这也是造成组织中个人作用(特别是领导者的作用)被夸大的原因之一。如果实践者能够对个人的有关经验、技能、价值观等恰当地运用和谐管理机制,分析解决问题的机理、评判适用性的问题,那么不仅能有效降低个人作用被夸大的风险,而且能将经验积累等转化为相应的和谐管理机制和策略,使之成为普遍的、显性化的理论。

3)和谐管理理论有助于完善模式2产生的知识。模式2是面向实际问题解决的知识生产模式,和谐管理理论则是面向实际问题的双规则问题解决学,将两者比较可见几点。首先,在问题界定方面,可通过和谐主题理论和规律判断模式2对应的问题是否为组织中的重要问题。模式2需要组织跨学科团队,这显然是组织中非常重要的行动,但如果问题界定不正确,那么组织极有可能会在非关键的事情上浪费大量的资源。其次,我们可以将模式2解决问题的方法按照"和则"与"谐则"分解,分析其"优化设计"与"能动致变"方法的合理性以及二者耦合的效果,这有助于模式2的跨学科团队根据问题特征给出适当的解决方法。事实上,模式2大都针对不确定性问题,但给出的却是易操作的确定性解决方法(如制度、流程、项目等),很少考虑利用循序渐进的能动致变方法,"和则"与"谐则"的耦合就更谈不上有意识的安排。因此,如果模式2的跨学科团队能够自觉运用和谐管理理论的理念、规律和技巧,结合自身专业知识和经验的优势,根据对应问题的不确定性特征,设计合理的"优化设计"与"能动致变"的双规则耦合机制,那么就能进一步提高解决问题的针对性和科学化水平。

4)和谐管理是复杂多变环境下以应变为中心的管理理论。传统管理要么是视"人"为机器而追求普遍适用的一般规律,要么是单纯研究组织中"人"的情感、行为等（席酉民，2002），因此，相应的解决问题的思路要么是使用忽略"人"因素的制度、流程和规则等具有确定性的工具，要么过分强调以人的动力和能力应对一切，缺乏双方的结合，特别是针对不同问题对两者有意识的安排。这不仅降低了问题解决的科学性水平，而且很难适应实践者应变要求的需要。对于大部分的不确定性问题，可以通过授权并设计相关文化、激励政策影响人们的动机、能力表现，以达到快速解决问题的目的。这样的方法也许不如设计优化方法准确，但在实践中我们发现了很多在不确定性的情境下为了快速反应而盲目决策的事例，实践者经常仅仅依赖经验或者简单模仿所谓的成功模式就设计了确定性（优化设计）的策略，结果使"许多扔到墙上的东西并没有黏得住"，但如果我们大量的投入以达到准确性，那么就又不能满足实践者快速应变的要求。因此，按照和谐管理理论对由环境的复杂多变引起的不确定性问题的解决思路，实践者可以达到"基本正确和快速反应而不是非常正确和反应迟钝"的目的。

5）成为学者与实践者的对话语言是和谐管理理论的意图尝试。在某种意义上，管理学术与实践的隔阂在于学者与实践者之间缺乏用来对话的语言。一方面，学者无视实践者的需求，继续追求普遍成立的、优雅的"阳春白雪"；另一方面，实践者也蔑视学者在现实问题上的蜻蜓点水，继续使用自家拿手的"下里巴人"。但如果学者的研究能够用"和谐管理语言"来诠释，即阐明解决什么样的问题（和谐主题）、解决问题方法的"优化设计"与"能动致变"结构（和谐管理机制），同时实践者能够自觉运用和谐管理理论来定位核心问题，并能根据问题特征设计适宜的和谐机制策略，那么学者与实践者的对话即可实现。借此，实践者得以理解研究成果的指向问题以及解决方法的结构，有利于在实践中进行应用，而学者也能洞悉大量来自现实的实践智慧并将这些实践智慧纳入相应的知识系统。

总之，和谐管理理论无意在目前花团锦簇的管理时尚中再立一面旗子，我们更希望随着理论的成熟，一方面和谐管理理论能够成为整合已有管理理论和知识的分析构架，成为管理理论的知识地图，赋予更多模式1产生的知识实践价值和应用方法；另一方面和谐管理理论能够成为实践者在解决实际问题时自觉运用的工具，并能够让实践者得到管理学术的帮助。虽然和谐管理尚未成熟、完善，但成为学术与实践对话的语言是和谐管理理论的企图！

10.4 运用溯因推理探究复杂性现象并进行理论构建

前面从管理知识的生产模式和消费的视角，剖析了作为产品的管理知识和作为客户的实践者对于管理学术（理论）应用于实践的影响，并揭示了和谐管理理论的包容和桥梁作用。经过多年的发展，管理学术（理论）与实践的隔阂问题仍继续存在，管理学顶级期刊鲜少涉及"重大的、挑战性的问题"，造成这些现象的原因多种多样（Harley and Fleming，2021）。但在进一步的考察中，我们意识到，管理知识的生产创造（理论构建）的不同逻辑对于理论与实践隔阂的形成与弥合具有重要影响。相对于人们较为熟悉的演绎、归纳推理，溯因推理对于理论构建的价值尚未得到充分重视。

量化的实证主义研究通常强调理论构建中的演绎推理，管理领域的国际顶级期刊《管理学会学报》（*Academy of Management Journal*）上的许多论文都是这方面的典型例子，相比之下，探索性理论构建研究更强调归纳推理（Eisenhardt，1989）或溯因推理（Van de Ven，2007；Locke et al.，2008）。截至目前，归纳推理已为管理研究者所熟知，而溯因推理最近十余年才在管理研究中得到讨论，接下来主要对溯因推理进行论述。

溯因推理由19世纪美国哲学家Charles Peirce最早引入现代逻辑中，是指提出一个假设以便得出一个解释的推理过程（Thagard，1996）。根据Thagard（1996）的举例，假定萨拉与弗兰克约好在一家酒吧见面，而弗兰克却没有来，萨拉可以提出一个假设，例如，"如果弗兰克病了，那么他不会来赴约"，由此，当萨拉发现弗兰克没有来时，她就可以反推出弗兰克病了，这样她便可以解释弗兰克为什么没有来。值得注意的是，萨拉所提出的假设并不只有一个（她还可以假设"如果弗兰克出车祸了，那么他不会来赴约"等），这些假设并不一定是真的，因而她给出的解释也不一定真实确切，但她会努力从许多解释中寻求一个相对更好的解释。这种推理过程便是溯因推理，它既不同于演绎推理——要求条件与结论都必须为真，也不同于归纳推理——基于大量特例概括出一个普遍规则。溯因推理的过程充满了不确定性。尽管如此，溯因推理在科学上、管理实践中及人们的日常生活里都不可或缺（Thagard，1996；Farjoun，2008）。

对管理研究而言，溯因推理作为推理的重要形式之一（归纳推理和演绎推理也是推理的重要形式），包含着生动的研究过程，它是后果式的——采取由观察到的现象到经验，再到解释现象的推理过程（Farjoun，2008；Locke et al.，2008）。这种理论构建的推理过程普遍运用在探索性研究中（Van de Ven，2007；Van Maanen et al.，2007），特别适用于对遵循幂律分布的复杂性现象进行理论构建（Boisot and McKelvey，2010）。

溯因推理为什么最适合研究遵从幂律分布的现象呢？Boisot和McKelvey（2010）认为，溯因推理有助于聚焦于微小的初始事件和不常发生的极端结果，而且，该推理过程擅长追踪某个微小事件放大而产生极端结果的无标度动态过程。一般地，溯因推理由研究大量事实出发，进而着重考察一个新的或异常的事件可以与一个背景理论联系起来的一致性，然后修正或扩展该理论以解释异常现象。此外，溯因推理并不提供基于演绎推理的预测（prediction），而是致力于提供预期（anticipation）。预期与预测都援引证据来进行佐证，都在形塑我们的期望且引导我们的反应。但是，预期与预测相比较为柔和，预期通常以一种松散的叙事方式来表达，与预测相比达到的准确性较低。当复杂系统的运作难以预测时，预期依然可以随着变化的条件与张力而变化。预期在经典物理学中的强预测性主张与不可预测的、人们生活中常遭遇的单个事件所引发的混乱消息之间架起了桥梁。

溯因推理是管理理论构建的基本逻辑之一，对弥合理论与实践的隔阂具有关键作用。Van Maanen 等（2007）的研究也为该观点提供了强有力的支撑。实际上，溯因推理在量化的实证主义研究中普遍存在，只是未被明确阐述。例如陈昭全和张志学（2008）在探讨实证研究如何构建理论的过程中给出的经验，很大程度上符合溯因推理的过程。此外，归纳式的案例研究中也常有意识或无意识地运用溯因推理（Eisenhardt and Graebner，2007）。例如，Brown 和 Eisenhardt（1997）的研究把观察到的组织持续变革现象与混沌边缘理论结合起来，产生了富有洞察力的见解，其过程实际上更符合溯因推理而不仅是归纳推理。这些例子也启发人们，管理研究中不同形式的推理过程可能同时存在，不同形式的推理可以在概念上分别加以讨论，然而，在管理理论构建实践中难以把它们完全割裂——非但难以割裂，甚至还需要审慎地同时运用不同的推理形式以提高研究的质量。

10.5　本章小结

管理学术与实践的隔阂由来已久，以往的学者往往是简单地批评传统学术研究（模式1）的独立、封闭的自我循环模式，认为模式1产生的知识缺乏实践价值，并提出了面向实际问题的解决方案——包括实践者在内的跨学科团队的知识生产模式2，认为其能够有效避免模式1的缺陷。本章从管理知识的创造与消费的视角出发，认为作为产品的管理知识和作为客户的实践者是影响管理学术能否成功地应用于实践的两个主要因素。分析发现，模式1产生的知识与模式2产生的知识具有优势互补的特征。我们认为模式1知识在实践中具有不可替代的基础性作用，但由于部分学术研究的实践意义缺乏以及理论的可应用性较差，才形成了管理学术与实践的隔阂。模式2产生的知识也不是解决所有问题的万能钥匙，更适用于具有不确定性和新涌现的问题。在复杂多变的环境下，实践者更加追求快速应变，因此，我们提出消减管理学术与实践的隔阂的整体思路是：①加强管理研究的实践意义；②对模式1产生的知识二次加工；③完善模式2；④增加符合实践者知识消费偏好的针对性研究。

和谐管理理论作为双规则问题解决学，揭示了如何抓住主要问题以及解决问题的一般规律，契合实践者的实际活动习惯。因此，我们倡导以和谐主题理论提升模式1的实践意义以及对关键信息的把握，以和谐机制为构架对模式1产生的知识进行二次加工，以和谐管理理论结构对照、完善模式2，以及以和谐管理理论指导实践者实现应变需求。进一步地，在管理知识的生产（理论构建）中，我们倡导运用溯因推理探究复杂、动态、非线性的现象与问题，适当地综合运用演绎、归纳和溯因推理等多种逻辑处理管理知识，这些努力都有助于推动管理学术与实践的对话。

本章参考文献

[1] BARLEY S R, MEYER G W, GASH D C. Cultures of culture: academics, practitioners, and the pragmatics of normative control [J]. Administrative Science Quarterly, 1998, 33 (1): 24-60.

[2] BOISOT M, MCKELVEY B. Integrating modernist and postmodernist perspectives on organizations: a complexity science bridge [J]. Academy of Management Review, 2010, 35 (3): 415-433.

[3] BROWN S L, EISENHARDT K M. The art of continuous change: linking complexity theory and time-paced evolution in relentlessly shifting organizations [J]. Administrative Science Quarterly, 1997, 42 (1): 1-34.

[4] DÖRNER D. The logic of failure: why things go wrong and what we can do to make them right [M]. New York: Henry Holt & Co, 1996.

[5] EISENHARDT K M, GRAEBNER M E. Theory building from cases: opportunities and challenges [J]. Academy of Management Journal, 2007, 50 (1): 25-32.

[6] EISENHARDT K M. Building theories from case study research [J]. Academy of Management Review, 1989, 14 (4): 532-550.

[7] FARJOUN M. Strategy making, novelty and analogical reasoning—commentary on Gavetti, Levinthal, and Rivkin (2005) [J]. Strategic Management Journal, 2008, 29 (9): 1001-1016.

[8] GOPINATH C, HOFFMAN R C. The relevance of strategy research: practitioner and academic viewpoints [J]. Journal of Management Studies, 1995, 32 (5): 575-594.

[9] HAMBRICK D C. What if the academy actually mattered? [J]. Academy of Management Review, 1994, 19 (1): 11-16.

[10] HARLEY B, FLEMING P. Not even trying to change the world: why do elite management journals ignore the major problems facing humanity? [J]. The Journal of Applied Behavioral Science, 2021, 57 (2): 133-152.

[11] HOWELLS J, NEDEVA M, GEORGHIOU L, et al. Industry-academic links in the UK [M]. Manchester: PREST, 1998.

[12] HITT M A, KEATS B W, DEMARIE S M. Navigating in the new competitive landscape: building strategic flexibility and competitive advantage in the 21st century [J]. Academy of Management Executive, 1998, 12 (4): 22-42.

[13] HUFF A S, HUFF J O. Re-focusing the business school agenda [J]. British Journal of Management, 2001, 12 (SI): S49-S54.

[14] HUFF A S. Changes in organizational knowledge production: 1999 presidential address [J]. Academy of Management Review, 2000, 25 (2): 288-293.

[15] HUFF A S. Citigroup's John Reed and Stanford's James March on management research and practice [J]. Academy of Management Executive, 2000a, 14 (1): 52-64.

[16] LOCKE K, GOLDEN-BIDDLE K, FELDMAN M S. Perspective—making doubt generative: rethinking the role of doubt in the research process [J]. Organization Science, 2008, 19 (6): 907-918.

[17] LONG J, DOWELL J. Conceptions of the discipline of HCI: craft, applied science and engineering. People and Computers, Proceedings of the Fifth Conference of the BCS HCI SIG, Nottingham, September 5-8, 1989 [C]. Cambridge: Cambridge University Press, 1989.

[18] RAHIM M A, GOLEMBIEWSKI R T, MACKENZIE K D. Current topics in management [M]. New York: Routledge, 2002.

[19] MACLEAN D, MACINTOSH R, GRANT S. Mode 2 management research [J]. British Journal of Management, 2002, 13 (3): 189-207.

[20] MITROFF I. Smart thinking for crazy times: the art of solving the right problems [M]. San Francisco, CA: Berrett-Koehler Publishers, 1998.

[21] PETTIGREW A. Management research after modernism [J]. British Journal of Management, 2001, 12 (SI): S61-S70.

[22] SAMUELSON R J. The death of management [N/OL]. Newsweek, 1993 (10).

[23] SCHEIN E. The clinical perspective in fieldwork [M]. London: Sage Publications Inc., 1987.

[24] STARKEY K, MADAN P. Bridging the relevance gap: aligning stakeholders in the future of management research [J]. British Journal of Management, 2001, 12 (SI): S3-S26.

[25] THAGARD P. Mind: introduction to cognitive science [M]. Cambridge, MA: MIT Press, 1996.

[26] TRANFIELD D, STARKEY K. The nature, social organisation and promotion of management research: towards policy [J]. British Journal of Management, 2002, 9 (4): 341-353.

[27] VAN DE VEN A H. Engaged scholarship: a guide for organizational and social research [M]. New York: Oxford University Press, USA, 2007.

[28] VAN MAANEN J, SØRENSEN J B, MITCHELL T R. Introduction to special topic forum: the interplay between theory and method [J]. Academy of Management Review, 2007, 32 (4): 1145-1154.

[29] KARL E W, Gapping the relevance bridge: fashions meet fundamentals in management research [J]. British Journal of Management, 2001, 12 (SI): S71-S75.

[30] WHITLEY R. The fragmented state of management studies: reasons and consequences [J]. Journal of Management Studies, 1984, 21 (3): 331-348.

[31] 陈晓萍, 徐淑英, 樊景立. 组织与管理研究的实证方法 [M]. 北京: 北京大学出版社, 2008.

[32] 雷恩. 管理思想的演变 [M]. 孔令济, 译. 北京: 中国社会科学出版社, 1997.

[33] 席酉民, 韩巍. 管理研究的系统性再剖析 [J]. 管理科学学报, 2002, 5 (6): 1-8.

[34] 柯林斯, 波拉斯. 基业长青 [M]. 真如, 译. 北京: 中信出版社, 2002.

▲

和谐管理理论的应用价值体现在多个方面，比如，提供一种宏观层次、动态发展的全局视野，培养对组织整体基于生成论哲学的复杂性思维，为解释复杂的管理现象提供操作意义上的规范模式，并为处理复杂管理问题提供方法论体系和整合工具等。经过多年的发展，和谐管理理论的应用已硕果累累。本章基于对和谐管理理论中几个关键概念的再解读，尝试从方向、和谐主题、和谐耦合及方向-主题-耦合（实践）关联的视角为理解组织管理勾勒一幅简洁画面。本章结合社会、组织实例重点阐释了和谐主题及选择、和谐耦合的复杂性，并提出和谐管理理论应用的8项原则，希望通过重塑人们的思维方式和工作习惯而对实践、学术界有所启发。

CHAPTER 11 ▶ 第 11 章

再论和谐管理理论及其对实践、学术研究的启发

如前所述，和谐管理理论脱胎于席酉民1987年提出的"和谐理论"，经过研究团队的多年努力，从当时旨在解决内耗问题的"两轨两场"，逐渐形成一个自成一体的解释框架。其中重要的概念，大都是自创的专门术语，如和谐主题，指特定情境要解决的核心问题；和则，指主要以不确定性消减、能动致变的演化机制处理由人主导的非物化事项，谐则，指主要通过优化-设计的控制机制处理由机器主导的物化事项（两者合称"双规则"）；和谐耦合，指和则、谐则围绕和谐主题的复杂关联，具有系统涌现性，体现了组织目的导向下的适应性演化。在和谐管理理论研究团队不同阶段的表述及框架中，我们也使用过战略、愿景、使命，以及组织-环境-领导（EOL）架构与和谐领导（力）。和谐管理理论中已基本成熟的说法具有比较直观的合理性，其中"和谐主题"和"双规则"得到的关注较多。但除了极少量的学术对话，真正剖析其学术和实用价值（包括严肃批评）的文章则很少出现。如果将复杂的管理实践转换成一种简洁的说法，还只是说出大家熟悉的东西，自然难以体现理论应有的价值。在中国当代管理学界，原本后进的本土管理学者意图建构理论的确受到自身视野、能力的局限，和谐管理理论研究者同样面临窘境。直到深入研究中国本土领导，在和谐管理理论的启发下提出对本土现象具有更强解释力的构念和机制，尤其是在具体的组织实践中体现其价值时，作者才更确信中国管理研究者除了长期向北美管理学界表达敬意之外，应该在理论建构及完善上做一些大胆的尝试。

本章主要基于 2003 年席酉民、韩巍、尚玉钒提出的"和谐管理的系统分析框架",着力阐释如何扩展和谐管理理论对于实践、学术的启发。韩巍、席酉民选择性地吸收了 10 多年来研究团队的研究成果,当然,在术语的具体使用上略有差别。与"和谐管理的系统分析框架"不同,本章刻意放弃了"结构化"的图示处理方式,重点从应用性方面剖析了"方向、和谐主题、和谐耦合"三个概念,细节化了"和谐主题的选择",梳理了"和谐主题与和谐耦合的匹配性",并提出了和谐管理理论面向实践、学术应用的 8 项原则。我们认为组织管理活动就是经由关键决策者(领导)对情境的主观诠释,为组织确定发展方向,选择和谐主题,并通过和谐耦合(即"和则(不确定性消减、能动致变)–谐则(优化设计)")建构合作秩序,并在具体的事项中发挥实践智慧(practical wisdom)解决一系列难题以达到组织目标的各种行动。直白地说,和谐管理理论旨在重新思考并解释组织应该往哪儿去,应该做什么,应该怎么做,应该有什么结果,以及在多大程度上我们能确定这一系列"应该"所蕴含的意义。

11.1　何谓方向及方向确立

如同"和谐管理的系统分析框架"一样,尽管和谐管理理论的不同版本使用过"使命、愿景、战略"等术语,但在本章所重新表述的和谐管理理论中舍弃了"战略"一词。因为我们认为"应该往哪儿去"就是要回答组织发展的方向问题。传统意义的"使命、愿景"表达了与"方向"近似的内容。一如战略设计常常依赖地图,在地图上寻找方向也顺理成章。

一般认为,现代人类起源于约 30 万年前的非洲大地。如果允许对人类丰富的历史经验删繁就简,那么我们可以粗略地勾勒出一幅近似"线性发展"的认知图示,彰显从神话、宗教到人性、理性,再到科学、技术、制度主导下的"进步或现代"图景。当然,西方资本主义社会的现代性遭到了后现代思潮的猛烈围攻,世界其他地方的社会实践,比如中国独特的制度安排及发展道路，也向西方版"历史终结论"提出了挑战。而且，无论彼此存在多大的分歧，类似呼唤"人民对美好生活的向往"的主张均可以作为人类的最大公约数。总之，人类文明发展至今的集体成果已经为人类的"实然－应然"走向奠定了比较坚实的基础。这是人类社会的重要常识（下面简称常识）。

每一个国家都有其特定的发展水平和社会形态，不同类型的组织是国家、社会得以存续和发展的基本单位。在资讯高度融通的"全球化"背景下，组织的功能、作用有相近性，而组织又与所在国的地理、历史、文化、科技、政治、经济、军事等诸多因素存在复杂的关联，因此，不同组织在特定"国家、社会"的意义上兼有一般性和本土性。

可以说，常识和社会共识为不同组织的发展提供了合法性、正当性依据，也提供了必要的约束力——"方向"。长期以来，我们已习惯使用西方战略管理中的"使命、愿景"来指称"方向"。作者认为，一方面，"方向"完全可以覆盖"使命、愿景"所表述的内容；另一方面，当我们审视特定组织的"使命、愿景"或是具体参与设计某个组织的"使命、愿景"时，容易发现在行业语境中组织的"使命、愿景"会出现明显的趋同性，而不同行业的"使命、愿景"总是围绕着国家、地区的发展方向，即使是不同的表述也会呈现出高度的向心力。你很难想象医药企业（行业）不对人类健康做出响应，高新科技企业（行业）不与改变世界（人类生活方式）产生关联。由此可见，方向具有基于常识和社会共识的"被给定性"。一般意义上，决策者为组织确定方向不会遇到很大挑战。但人类社会、组织实践的复杂性远超概念的推演。方向的选择可能难度最小，也可能难度最大。之所以呈现如此矛盾的状态，是因为常识和社会共识给定的约束力必须经由关键决策者（领导）的判断、选择才能发挥其"约束"作用。鉴于方向的未来性、不确定性，决策者确定方向的认知依据主要是"信念"而并非直接的经验知识、经验证据。众所周知，人类在信念层面的分歧或许最难以消除。信念来自宗教、哲学（伦理）、意识形态、历史观、科学观等多种源头，一经形成就会固化为个体看待世界的出发点和基本框架，并且以具有高度选择性的方式与经验知识、经验证据发生关联，以实现某种程度的自我确认。仅就个人有限的生命经历而言，我们就曾切实感受过"常识""社会共识"的反常性、分裂性，更不用说组织决策者个体身在其中的虚与委蛇、无所适从。

简而言之，和谐管理理论的"方向"就是确定组织向何处去的重大决策，它有基于常识与社会共识的给定的约束性，但最终取决于关键决策者（领导）的主观判断和选择。

11.2　何谓和谐主题及主题选择

11.2.1　和谐主题

和谐主题（以下简称主题）是一种（组）落实组织方向且体现决策者"问题意识"的具体事项，问题意识突出了处理事项时的"优先顺序"，即"首先或重点该做什么"。事项可大（复杂）可小（简单），一般意义上，大事项包括如设计组织运作模式、确定技术开发方向、重塑组织文化等，小事项包括如提升客户体验质量、调整产品结构、整肃工作纪律等。事项就是各种管理活动，比较大而复杂的事项往往具有结构化特征，是一系列简单小事项的嵌套式组合。"优先顺序"是一种简化的说法，它并不等于简单的"排序"。除了社会、组织共识"给定"的事项属性的判断依据以外，更重要的是，决策者要对事项与方向的关联（紧密度）、事项与组织运作的关联（全局性、基础性或影响力），以及事项的时间性、资源依赖性等做出综合判断。具体的管理实践极其复杂，对事项大小及优先顺序的看法存在很多变数。比如，一名女性员工因反击大客户的性骚扰而造成对对方的轻度伤害该如何处理？这算是大事项还是小事项？是顺应所谓的"职场潜规则"，严厉惩戒该员工，"以儆效尤"，而对员工个人（群体）造成更多伤害,还是强力维护,"以小见大",全面营造健康的组织文化,则要视决策者的判断和选择而定。与方向所展现的"可能性"不同,主题栖居于经验世界之中,方向为主题选择提供了基本却也抽象、空洞的依据,它们一道嵌入常识、社会共识当中。

如果说"方向"对于"使命、愿景"的替代有些刻意,用"和谐主题"取代传统的战略则体现了和谐管理理论鲜明的实践和学术意图。作者认为,无论在本体论意义上,还是从认识论视角,按照传统战略的自我期许,在事前就知道"做正确的事情"其实是不可能的。和谐管理理论拒绝接受关于人类组织的知识包含"必然因果"的判断。由于时间的不可逆,组织生活无法严格贯彻"实验组 - 对照组"的科学方法约定,以及由于与结果变量相关的"自变量集合"嵌在一个难以剥离隐性因素重要影响的复杂系统中等,管理研究根本无法回应类似的因果问题。当然,日常生活经验告诉我们可以事前判定很多事情的对错,那是因为人类至今已经积累了大量基于结果导向的事后判定为"正确的事情",毕竟人类的很多生活内容是重复性的。但如果以企业管理为例,不难发现大多数企业只有短暂的生命,活下来的"成功企业"都是极少数,而管理研究者已经积累了大量专门研究成功企业的经验 - 理论知识,至少在今天,无论是在国内还是国外,人们(尤其是实践者)并没有对管理学研究的贡献给予足够的认可。为何?企业管理领域不是完美复制人类可重复生活的领域,它面临太多的不确定性、模糊性、复杂性、快变性和稀缺性(UACCS),所以我们可以听到的精彩故事几乎还沿袭着另一条故事线:痴心妄想,九死一生……"最后"才柳暗花明。

事前判定"正确的事情"的崩塌不会阻碍人类前行的步伐,和谐主题取代战略后所描绘的决策不再是一种由战略设计者垄断、必然正确的逻辑推演(即被决策者视为客观真理),而是一种通过主观猜想规避错误、围绕具体事项分配资源和能力的动态过程。组织关键决策者(领导)需要在一堆事项中,根据确定的方向和主观判断去选择如何排列事项的优先顺序,并将其导入和谐耦合以产生所期待的结果。一旦取得某种成功的经验，也不要试图为"事项"（主题）在某种"稳定"的结构化图示中确立"特殊地位"。具体而言，比如即使华为在研发上的高比例投入取得了巨大成果，也并不表明所有企业的"成功方程式"里都应该有"高额研发费用"这个自变量。主题是当事人在特定情境下所选择的事项，事项本身是涌现的；主题是当事人主观选择的纳入优先序列的首要或重点的事项。选择哪个主题是关键决策者（领导）的主观判断的结果，整个过程是一种不可避免带有风险的决策过程。

至于最终的结果，离和谐主题的语境尚远。其中除了一条充满不确定性的链条，还有"自我实现预言""双重诠释"对事项关系逻辑推演的挑战。

11.2.2　和谐主题选择

世界上没有哪个组织在某个特定时刻只需要处理某一个事项，连个体的生活也不会如此简单。人们总是面临很多事项，其中有大量重复性的事项，在组织中靠已有的制度和习惯就能够解决。但总有些事项，出乎意料且关系重大，靠已有的经验和知识难以应对。我们可以将所有的事项设想为一个问题集合 $\{P_i\}$（i 代表不同类型的事项）。为了方便解释，把这些问题（事项）直观地划分为三种类型，并按特征用三个成语模糊命名，即"从长计议"（long term，L）"按部就班"（routinized，R）"当务之急"（emergency，E）。之所以强调命名的模糊性，是因为三类事项既有可言说的特征，也有只能意会的属性。它们不是客观给定的（尽管可能有来自社会共识的参考性"约束"）而是主体间性的（intersubjective），也就是要靠当事人的主观判断和相互交流才能形成的一种"集体意识"。当然，我们还是可以对这三类事项给出描述性的定义："从长计议"是指组织中"功成不必在我"的重要事项，"按部就班"是指保障组织正常运行的重要事项，"当务之急"是指组织必须及时应对否则会危及组织正常运行的重要事项。

主题选择是组织确定方向后针对"事项"的决策，会受到方向的左右和影响。和谐主题选择的具体内容涉及问题类型的判定、主题状态组合的排列及耦合连接（实践）。这里重点讨论前两个内容。"判定—排列—连接"是一系列组织决策的重要内容，曾被我们的研究团队以"和谐领导（力）"的名义探讨过，后来"和谐领导（力）"又被延伸为一种理想型的"和谐心智"。表面上，我们同传统战略设计者一样，突显了某种领导力（权力）作用的合法性、正当性。但其实，我们更看重的是一种"组织能力和资源"，组织能力和资源不应该被垄断于特定的层级或岗位，而且我们也不认为做出事项优先序的排列组合与结果之间存在必然的联系（即使有耦合的"中介"）。

1. 问题类型的判断

从关键决策者（领导）个人角度讲，对组织面临的重要问题的判断，与方向的选择类似，会受到宗教、哲学（伦理）、意识形态、历史观、科学观等多种因素的影响。更重要的，所谓"栖居于经验世界"就是强调"现实性、可行性"，这与决策者的组织、行业经验关联密切，同时会涉及常识、社会共识的期待。

具体而言，对于任何进入问题集合的事项，先判断其类型是属于"从长计议""按部就班"还是"当务之急"。判断的主要依据是组织选择的方向、决策者的主观看法及组织共识、社会共识，其中决策者的主观看法与社会共识应该有相近的认知来源，比如"常识、知识、权威"等，决策者还有专业经验、专业知识，甚至自身权威的独立性。在大多数组织决策场合，进行主题选择并不困难，过程中会出现常识、社会共识、组织共识及决策者的主观看法的"重合"，比如要搞好中国的足球运动，不可能一蹴而就，"从娃娃抓起"就既是常识，也应该是社会共识。而各类大学都热衷于"拼指标"的日常化会带来怎样的结果就不容易达成共识，前文提及的"惩戒反抗性骚扰的员工"则根本不可能成为社会共识（见表11-1）。

如果情况变得复杂，就必须引入专业知识，引入专业权威。

表 11-1　问题类型判断

问题类型	主题选择的可靠性			判断依据
	显然或可能对	不确定	显然或可能错	
从长计议（L）	足球"从娃娃抓起"	……	……	常识、社会共识
按部就班（R）	……	大学"拼指标"	……	知识、权威
当务之急（E）	……	……	惩戒反抗性骚扰的员工	个人独断、组织共识

2. 主题状态组合的排列

问题类型划分以后，决策者需要做出事项优先顺序的综合判断，从而让问题集合中的事项变成和谐主题。理想状态下，决策者的个体选择最终应该成为组织共识。我们暂时忽视方向与常识、社会共识的关系，且假定组织共识与方向一致，聚焦在组织共识下的"具体事项的排列组合"，进一步设想实际的管理活动与主题相匹配。考虑表述的简明性，我们分别用理想、常态、救火对应从长计议、按部就班、当务之急得到三类（六种）组合方式。换一个角度来讲，这些组合方式其实是在从一个特定时间段近似"截面化"地观察组织的日常运作时所看到的动态演化中的"组织化"片段。第一类组合方式对应的是常态主导型组织状态，包含常态－理想－救火型组织状态 {R-L, E} 及常态－救火－理想型组织状态 {R-E, L} 两个子类；第二类组合方式对应的是理想主导型组织状态，包含理想－常态－救火型组织状态 {L-R, E} 及理想－救火－常态型组织状态 { L-E, R } 两个子类；第三类组合方式对应的是救火主导型组织状态，包含救火－常态－理想型组织状态 { E-R, L } 及救火－理想－常态型组织状态 {E-L, R } 两个子类（见图 11-1、图 11-2、图 11-3）。实际上，观察任何组织状态片段，都能找到从长计议、按部就班、当务之急三类"主题共在"的线索。我们使用简化符号，只是在相对意义上显示"优先性"，连字符前是主导型主题，其后的主题也较重要，逗号以后的主题则相对次要。

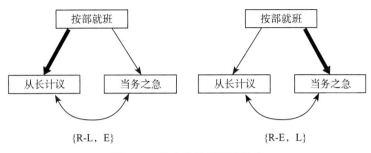

图 11-1　常态主导型组织状态

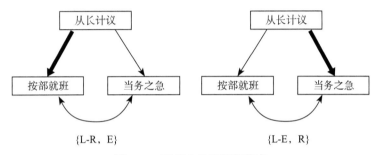

图 11-2　理想主导型组织状态

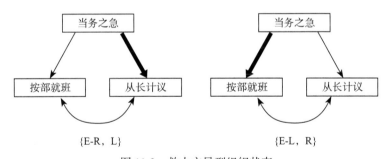

图 11-3　救火主导型组织状态

需要说明，这里的"常态"是基于一般意义的理性认知，也就是基于组织选定的方向、当今社会共识和组织共识所形成的某种约定，加之 UACCS 程度较低（决策者主观判断 UACCS 程度较低），组织既有运作模式、组织文化处于稳定、可靠的状态——特定组织"应有"的样子。常态主导型组织状态背后通常有可靠的结构和机制（包括习惯）支撑，不应该因为关键决策者（领导）的调整而出现主题甚至方向的大幅调整。处于此状态的组织既可以抵御各种"瞎折腾"，也预留了改变的空间。"理想"隐含了更多"可能性"而非"可行性"，毕竟UACCS的程度始终在变化，如果程度高到使既有运作模式及组织文化难以维系（决策者主观判断UACCS程度较高），就需要居安思危、见微知著，在别人看不到的地方，或者在别人能意识到问题却不愿行动或主观判断难以行动的地方，前瞻性地"发现"机会或威胁，推进必要的变革。理想主导型组织状态偏重"可能性"，具有探索性和高风险性，有些风险需要强有力的日常工作加以克服，有些风险则需要"及时"化解。理论上"救火"不可能是组织的常态，但在组织的不同发展阶段，或者面临日常管理层出不穷的"意外或例外"，如果基于社会共识及决策者的判定认为"意外或例外"关系重大，就可能打破既有的运作模式及组织文化（或者重构运作模式及组织文化），做出迅速而激烈的反应。

图11-1～图11-3是高度抽象的概念模型，在管理实践中，尽管有常识、社会共识、组织共识，关键决策者（领导）的个人判断还是会面临巨大挑战。如何选择主题并提升主题选择的可靠性，还需要管理研究者、实践者付出更多努力。

3. 主题选择及主题漂移

世界的UACCS程度在不断变化，组织状态的类型随之不断变化。一个时间段的"常态主导"，很可能因为某种"意外或例外"，让组织管理的重心转向应急反应，而决策者在应急反应中又可能意识到某些应急措施具有全局性、基础性作用，所以做出理想状态下应有的预见性安排，进而将其落实到"新常态"工作中。呈现出从 {R-E, L} 到 {E-L, R}，再到 {L-R, E} 的组织化动态演化过程，实现了"常态—救火—理想—新常态"（R—E—L—nR）的主题漂移（见图11-4）。中国2003年遭遇"Sars"病毒侵袭，整个社会付出了沉重代价，也从中积累了丰富的经验，这些丰富的经验转化成了宝贵的诊断和治疗经验、更为强劲的医疗保障系统，尤其是预防大面积恶性传染病的社会共识，为后续处理类似挑战提供了应对基础。

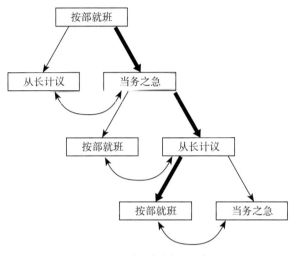

图 11-4　主题漂移的示例

问题的复杂性在于，如果个别地方的警察系统蜕变为黑恶势力的保护伞而成为所谓"常态"，就无法满足该分析框架的理性预设，即组织"应有"的样子。同时，作者并没有假定社会共识、组织共识的"正确性"。仅就个人生活经验而言，普遍意义的社会共识很可能被时间（历史）证明是错误的。例如以阶级斗争为纲的时代，阶级斗争意识越普遍、深入，对于普罗大众的危害就会越大；再如当代出现的"行业潜规则""全镇造假""全村制毒"等社会现象也显然具有组织共识特征。若此，"和谐主题"的显著意义就不在于"该做什么"，而是回归"常识"的正确方向，不做什么或者最好（尽可能）不做什么。

作者以最为熟悉的大学为例对和谐主题选择及漂移稍做解释。今天对何谓大学还有认识上的分歧、争议，社会共识与组织共识倾向认为大学就是一个"培养人才、生产知识、服务社会"的组织，对比世界先进国家的办学经验，国内大学在近几十年可以说奋起直追而且效果明显。但近些年来却因远离社会共识（舆论的批评）且难以达成组织共识（大学内部的分歧），乃至需要官僚机构来警示大学"回归常识，回归本分……"。

问题在哪儿？当然可以有很多不同角度的解读。如果从"和谐主题"的视角分析来看，"培养人才、生产知识、服务社会"中的每一个大事项，都兼具"从长计议""按部就班"和"当务之急"的特征。每一个大学的历史、资源、能力有限，即使用最朴素的常识也可以推定它们该有各自不同的事项优先序列，且应该形成组织共识——大学是处在常态主导型组织状态的大学。可现实是，主管部门在系统内推行"一刀切"的考核方式，社会舆论不加审视地炒作大学排名，逐渐形成一股来自"上—下、周遭"的全方位压力，使得高等教育系统跃入"拼指标"的洪流当中。"培养人才"这一显性化程度不高的事项就被真正地"从长计议"；而"生产知识"却又被简化为"发表论文"，加之业绩评价表上借鉴国外或本土发明的各种测评项目，"重点基地数量、'江河湖海'帽子数量、课题数量、博硕士点数量……"一股脑儿成为关键决策者（领导）面前的"当务之急"，大学从早期"救火"式的"拼指标"到将"拼指标"转化为大学运作之重中之重，并以此勾勒各自未来的理想画面，从而全面重塑了大学原本应该且可以"按部就班"的节奏和格局。我们没有理由一味埋怨大学及关键决策者（领导）深陷其中难以自拔的困境，况且，中国大学排名的显著提升也是不争的事实。问题是，高等教育系统乃至科研系统为此付出了何种隐性的代价（怎么办大学，怎么做学问），代价又大到了什么程度。这值得社会和高教系统深刻反思。

放眼整个社会，其他领域也存在与大学发展乱象同样尴尬的现象。中国之大，各地的发展水平、资源条件千差万别，每个地方的事项优先序列，是"发展经济"还是"社会治安、医疗教育"等，不可能完全一致。应该在"人民对美好生活的向往"的大方向上因地制宜地选择"主题"。可一刀切的"政绩考核""任期制"的现实压力，加之"新官上任三把火"

的工作习惯（忽略决策者的寻租动因），使关键决策者（领导）大多喜欢在容易显性化（指标化）的事项上用力——大拆大建、大投资、大项目、大平台、大园区……如此，又如何专注于那些看起来是"从长计议"却原本应该落实到"按部就班"和"当务之急"的与老百姓生活息息相关的重要事项？

为什么要回归常识？因为社会范围内有很多在主题选择上显然违背常识的做法，常常令人遗憾地表现为积重难返的"环境压力"以及当事人无可奈何的失职。如前所述，"和谐主题"源于那些出乎意料且关系重大、靠已有的经验和知识难以应对的问题集合 $\{P_i\}$，这更像是一种学理性的表达。因为我们身边的很多"出乎意料、关系重大"，不是因为知识、经验的缺乏，而是人为造成的反常的"问题、难题"。

作者仅仅展示了一种初步的问题类型划分和主题选择方式。回到现实，不妨想象问题集合也有比较复杂的结构，而且随着内外部条件的改变，已有的判断及排序还有调整的必要。有趣的是，显然或可能错的"投机或救火型组织"也有转向常态主导型组织状态、理想主导型组织状态的可能。作者承认，比如极少数大学在条件允许的情况下，通过"拼指标"可以使自身排名大幅提升，从而获取更多资源，即使"风向转变"，也完全可能更容易实现"培养人才、生产知识、服务社会"的平衡。相信这种现象在商业实践、个人生活中更为常见。作者无意也无心站在价值高地审判他者，"荒谬对荒谬"是席酉民对社会观察、体验后的感慨，也是很多人的权宜之计，即使为了达成组织目标不得不"投机"，作为个人也应该依从良知，坚守底线。中国社会、组织存在的很多问题是长期积累的结果，我们每个人都有责任，但一个更加美好的世界不应该只流行社会达尔文主义，只讲成王败寇，要有所改变，更需要关键决策者（领导）有格外的担当。

另外，由于社会、组织必然的层次化结构，方向与主题未必能严格区分。国家层次的主题可以成为地方层次的方向，学校层次的主题也可以成为学院层次的方向。方向与主题也有交互性，可能相互转换，比如科技企业技术研发的路径选择就既可以是主题也可以是方向。最重要的在于，关键决策者（领导）如何主观地诠释方向与主题，尤其是把主题落实到"当务之急、按部就班、从长计议"的组织合作秩序中。

11.3　何谓和谐耦合以及主题与耦合的匹配

在阐释和谐主题时，我们遗留了一个问题——"耦合连接"（实践），即和谐主题发挥作用引导、连接和则、谐则进行和谐耦合互动的过程。什么是和谐耦合？根据已有的表述，可以将和谐耦合概括为和则与谐则围绕和谐主题的关联方式。在和谐主题确立以后，在组织实践中，基于已有经验和知识，有些主题比较适合优化的方式（谐则或体现机器的意志），有些则需要多用、善用"不确定性消减"的方式（和则或体现人的能动意识）。从最初的"对话"到后来提出"和谐耦合"，"画家"总试图描绘一幅让"和谐主题－和则或谐则谐调一致"的哪怕短暂存在的"和谐"图画，而"画家"理所应当是具有特殊才能的"和谐领导"。问题是，无论和谐管理理论是何种意义上的管理理论（元理论），似乎都不应该在自己的关键概念中隐含"谐调一致、特殊才能"等理想化假定。换言之，和谐耦合无关形容词的"和谐"，它指称的只能是和谐主题确定后"和则－谐则"的关联。组织的关键决策者（领导）是具体关联方式的设计者、推进者和调整者。也就是说，和谐耦合是关键决策者（领导）主观建构的一种合作秩序。在理想的状况下，"和则－谐则"的关联服从组织的方向－主题，凝聚决策者的经验、知识，又与期待的结果相关联。然而，在现实世界中，除了常态主导型组织状态以外，决策者至少面临两种极端的挑战：其一，无法确知特定的和谐主题该以什么样的"和则－谐则"关联方式来处置，不是"显然或可能对"或者"显然或可能错"，而是不确定（我们考虑了"当局者迷"的情况，即有人知道但决策者不知道）；其二，原则上确知该用什么样的"和则–谐则"关联,在实践中却选择"显然或可能错"的方式来处理(即"揣着明白装糊涂"),与和谐主题选择的荒谬性类似——当然,也可能是罕见(违背常识、社会共识、组织共识)的"当局者迷"。前者会导致非意图性的"乱和、乱谐"现象,而后者则会导致意图性的"乱和、乱谐"现象。这样的例子在生活中可以说比比皆是。比如,一方面,小学生的课余时间可以被家长的良苦用心设计为铺就"成龙成凤"之路的"繁重课表";菜市场管理可以用尺子丈量菜贩摆放菜品的整齐程度……另一方面,被娇惯纵容的"小霸王"可以在公共场合肆无忌惮却不会受到家长的任何训诫;学校可以罔顾受害者的身心伤害,温和对待学生间"霸凌"事件的加害者;等等。

作者分析的重点在于"无法确知特定的和谐主题该以什么样的'和则–谐则'关联方式来处置",当聚焦于此处时,"主题–和则–谐则"曾有的那种清晰性其实已逐渐消失(车间可以实现"无人化生产管理",创意讨论会可能令人"面红耳赤"),进入视野的是大量具体的人、物、人与物,尤其是人与人之间的日常互动。即使把那些重要的部分都抽象为要素,鉴于要素间多重、动态的复杂关联以及模式、机制的动态演化性等,也都会使任何"结构化的关联"只具有"暂时的适应性"。组织管理实践总是发生在特定时空下具体的"人、物、人与物、人与人"构成的土壤中,管理研究者应该(必须)意识到简练的结构(模式、机制)往往是管理实践中显性化程度较高且容易被研究者发现的那部分内容。当我们身处具体的管理情境中时,还会遭遇大量波兰尼的默会(隐性)知识(tacit knowledge),甚至必须保持沉默。作为传统意义上信奉客观中立、倚重测量的研究者将不得不面对一种尴尬的境况:不要试图澄清、阐明,因为难以言说,甚至不可言说。实践发生地很可能变成"意会之地""沉默之地"。在我们看来,管理研究者习惯用"变量关系"去打开组织管理的"黑箱",从而解析组织的"成功秘籍"(成功之道),这不过是一种注定徒劳的集体幻觉。执着于"模式和机制"的研究者或许境遇稍好,但如果缺乏足够的洞见或是与实践细节的对话，所获所感恐怕都难免沦为正确的废话或者不及常识的昏话。可以说，作为"元理论"的和谐管理理论走到这里，终于发现自己根本不可能直接给出任何脱离情境、普遍适用、具有可操作性的经验理论教条。正如吉登斯所言："社会科学中现在没有，将来也不会有什么普遍法则。"因此，"和谐耦合"就变成一种无法兑现的承诺。

强调实践发生地的复杂性，是希望管理研究者意识到"在场"（presence）的必要性和重要性。也就是说研究者要尽可能实现从局外人（outsider）到局内人（insider）的角色转换。研究者头脑里都装配着特定的研究程序，有各自的问题意识，不可避免地带有偏见。但"在场"而不是"缺席"（absence）会让我们对实践有最低限度的了解，这是经验研究的必要起点。怀抱科学理想的研究者总在尝试用抽象的概念、与概念关联的猜想（由相关性推导至因果关系）去捕捉管理活动背后的"真理"，但不幸的是，如果人类的组织管理实践根本不可能被还原为实验室内小白鼠的那种层次的反应（作者深知管理学界于此存在深刻的分歧），那么，旨在寻找"变量关系"或"简易模式"的偏见会让这些"白大褂研究者"处在一种不折不扣的"经验性缺席"状态，无论有怎样的"严谨性、科学性"追求，不过是在错误的方向、主题上渐行渐远。当然，学术研究必然有抽象性，不可能是生活的完全再现（作为诠释主义者的韩巍认为"符合式表征"根本不可行），但在和谐管理理论看来，关键是当管理研究者基于"在场"讲述一个简练也必然是结构化的故事时，应该有一种新的"最小分析单位观"，即无论怎么结构化（模式或机制），其最抽象、最简洁的版本至少是一个与实践近似的"系统框架及一组重要因素的关联（命题）"而不能仅仅是"变量关系"或粗糙的"简易模式"。另外，和谐管理理论研究者不仅拒绝实证主义范式的主宰性，还认为理解且有效应用那些"系统框架、重要因素关联（命题）"需要将理论猜想与有丰富的实践细节结合起来以持续对话、相互启发。因为只有"在场"的局内人才有可能捕捉到实践智慧的微妙之处——不是任何原理、规律、模式的逻辑延伸，难以甚至不可能被模式化，但当事人清楚怎样的处理方式、何种决策是"最适宜"的。因此，管理研究者要想成为真正的"经验研究者"就必须向人类学家、部分社会学家学习，要向用文学作品教授领导力课程的马奇学习，特别要向我们自己的生活学习。实践发生地虽然不确定、模糊、复杂、快变且资源稀缺，是不可避免的"意会之地""沉默之地"，但和谐管理理论研究者不会轻易放弃理论化尝试。对于耦合，除了"主题-和则-谐则"关联方式这种过于抽象的说法，我们还试图提出新的猜想和阐释。

同时，现实世界的管理实践者也不大可能从既有的管理知识中获得"手握榔头砸钉子"的快感。当实践者基于个人认知（转变为组织共识）、社会共识、常识依次找到组织的方向、主题，靠自己设计"可行的-可能的"技术路径，经过初步的"和-谐"分流以后，也必然会走进实践发生地。接下来，世上也不再会有什么"救世主"，实践者要靠自己诠释情境的细节，尤其是用自己的实践智慧解决一个个具体的人与人、人与物的交互问题，并且持续反思，不断调整，才有可能获得预期的结果。实践者同是理论家，也在不断地尝试理论化，研究者如果能作为局中人与其一道探索，才有可能发挥彼此的专长，为组织管理建构更适宜的合作秩序。毕竟，研究者理应比实践者更清楚：一两次的"方向-主题-耦合"与结果的稳定关联，绝不意味着从此就"真理在手"。放眼现实世界，一次人为的产品事故足以搞垮一个企业，一波大自然带来的新冠疫情足以摧毁一个行业……谁又会未卜先知？谁又能说一切尽在掌控！

2020年，我国完成了全面脱贫目标。在和谐管理理论看来，"全面脱贫"是一个"人民向往的美好生活"方向上极具挑战性的"主题"。大范围消除社会贫困是众所周知的世界难题，在作者看来它应该是"从长计议""按部就班"的，所以不曾设想它可以成为"当务之急"（因为其背后的逻辑中所隐含着的广义的转移支付以及标准的制定等并非无可争议）。

但几年下来，尽管听到过不少参与一线扶贫工作的朋友的抱怨、调侃，但上级领导下定决心和全力督促，加之政绩考核、政策倾斜、精准扶贫、工作队、驻村干部、社会动员、点对点帮扶等构想一一被落实为具体行动，这次大范围的消除社会贫困工作可以说是一次典型的面对"人的不确定性"，通过渗透"机器意志"的工程学方式进行干预的大规模社会实验。尽管过程并非一帆风顺，但成绩斐然。可以说这是一次不同寻常的"社会优化－谐则的胜利"。

作者在此分享了"社会优化－谐则"的成功案例，但还是要特别提醒，在更广泛的社会、组织领域中，在更多的主题、耦合方式选择上，仍然要警惕将"工程学思维和解决问题的（优化－谐则）方式"变成一种"不假思索"的社会共识、组织共识。

当作者在 2003 年承诺"和谐管理理论……问题解决学"的时候，我们没有预备提供给大家一套和谐管理理论的实用方法或工具，当然今天更不会。比较很多人在"结构化－机制化－可控性"方向上的努力，我们看到了另一端的"去结构化－去机制化－失控性"以及一个谱系构造所隐含的内在张力。在当下的社会共识里，"顶层设计"显得举足轻重，但这并不意味着社会、组织需要或者能够"设计到底"。在实际工作中，假定方向、主题的选择正确，在具体的耦合（实践）中有时候需要把各种可能性留给团队，在碰撞甚或冲突中磨合出一种合作秩序，尽管可能付出时间甚至运行效率的代价，但那种凝聚了实践智慧且暂时稳定的"模式"却可能更加行之有效。和谐管理理论还只是一个抽象、简洁的框架，然而，如果这个框架能够启发人们的思考、认知、心智，从而影响人们的行为，那就实现了其理论价值和一群人长期努力的意义。

11.4　和谐管理理论的应用

管理理论，可以被认为是一种强加给经验的解释，和谐管理理论不过是关于管理现象的一种系统的说法。在多数情况下,管理理论很容易昙花一现,要想真正在历史上留下一丝痕迹,不在于发表了多少篇论文,而在于到底发挥了多少实在的作用。不无遗憾地说,从后者而言,和谐管理理论至今也表现不佳。世界很复杂,在研究者那里看起来也简单,我们借用了领导、主题、耦合、实践智慧这类既有的概念,又发明了几个生涩的术语——和则、谐则、和谐耦合等——去拼凑成一幅图画,让管理知识的学习变得简单。我们深知管理实践的复杂性,复杂到在我们简化的图示中,留下"不确定性""耦合""实践智慧"的语焉不详,也承认自己的无知、无能为力。好在无论对管理学者还是管理实践者来说,缺少任何一种理论太阳都照常升起。很大程度上,管理就是生活,而生活中到处都有可用、好用的常识、模式和智慧,对个人如此,对组织如此,甚至对国家亦如此。

在一般意义上,组织的方向靠良知、价值观、习俗等常识、社会共识以及个人信念就基本可以判定,从而确定组织到底该做什么(问题类型的判断和排序)。除了方向,还需要一些理论知识和专业经验。大概只有到了耦合阶段,方向-主题之下,才需要大量具体的关于"模式或机制+先例"等的专业经验和理论知识,还需要实践智慧。当然,在特殊情况下,少数决策者的确会力排众议,超越社会共识、组织共识,为国家、组织重新确立方向,重新选择主题,一如作者亲身经历过的中国当代史中的最大转折——"改革开放"。

官场腐败,教育界、医疗界的疑难,某些行业潜规则盛行……这些情境里面有多少本该是"从长计议",却因为(另一种)"功成不必在我",而成为只追求任期 KPI 的"当务之急"、工作日常,最终问题丛生。如何破解僵局?作者希望用一个"思想试验"展现和谐管理理论的价值,并最终将其完善为一组经验原则。

假定"老百姓看病难"是某个地方的"头等大事"(不是一阵风、一场运动式的头等大事),如果采纳和谐管理理论会有什么成效?所谓"回归常识，不忘初心"可以被视作一种"社会诊断"，在和谐管理理论看来，主题选择出现问题的情况中，有些是"方向性迷失"，在主题选择上会发生严重的偏离；有些是方向明明在那儿，但主题偏离严重，手段变成目的——严重异化，从而远离方向（初步诊断）。

和谐管理理论该如何应用？作者以"医疗服务"为例提供一个简要的示范。基于社会共识，在"保障人民健康"的方向上不会存在分歧，但在主题选择和具体的耦合方式，即医疗服务实践上，却不难发现面临多重挑战：资源紧缺且分布不合理，医患关系紧张，人才培养、成长及评价导向错误，"以药养医"潜规则，部门小金库、寻租腐败等。我们经常听到将"看病难"作为头等大事的说法，也间断地看到"维护医生生命安全"成为新闻热点……

和谐管理理论该如何解决这一复杂的系统性困境？先要改变行动的约束条件，不该有一刀切的政绩考核，这是中国社会应该检讨的一种评价习惯——它不符合常识。所以一级政府的关键决策者（领导）要让上级领导知悉自身情境的特殊性，同时需要坚持自己所选定的方向。因此，若以"人民健康"而不是其他诉求作为本地优先的努力方向，根据社会共识、组织共识不难发现以下主题：治病救人或悬壶济世的信念，严谨的专业训练＋不断学习以精进技能，良好的服务环境，职业形象、尊严的维护等。决策者该怎么排列主题的优先顺序，确定"主题中的主题"呢？作者不是这方面的专家，但根据常识，我们认为"主题中的主题"是"严谨的专业训练＋不断学习以精进技能"，也就是说解决"看病难、医疗服务质量"的"当务之急"就是一个地区需要有足够数量的医术好的医生、护士。因为在多数情况下，"医术好"意味着有"责任心、从医信念"的支撑，"医术好"意味着更少的技术失误、医疗事故，更少的医患矛盾和冲突，"医术好"还能在医疗人才的甄别、医术的传承上更有保证（医生跟管理者相像的地方就在于，有许多默会知识需要在师徒间传递，需要长期的经验积累）。要让"能治病的好医生"成为医疗系统建设的中心，成为地区发展的中心议题，还必须要有足够的资源（职业地位、经济回报）支持。因为"医术好"的医生、护士在医疗服务体系中拥有话语权，更有利于建设优良的服务环境，维护职业尊严；"医术好"的医生、护士获取相应的回报（为服务定价，而不是"以药养医"）容易赢得患者、社会舆论的支持。有了上述条件的保证，也会吸引更多人才往"医术好"的医生、护士中心聚拢。

对于解决地区性的资源匮乏、分布不合理问题，基于当下的社会共识，作者建议关键决策者（领导）用"工程学"的优化设计–谐则思路，制定限期完成的严格目标："好医生"的数量、"好医生流动"的便利性、人均床位数、平均诊疗时间、"不达标，则不调动、不晋级、不盖楼、不换车、不旅游"等。听起来这像是情绪化的常识表达，但今日中国医疗服务系统中诸多问题的症结与不少行业、领域内问题的症结类似——恰恰是在关键的地方违背常识。

当然，医疗行业存在的诸多问题不可能抹杀其中坚力量在新冠疫情期间的优异表现，在新型举国体制的背景下，医术好的医生和护士被集中起来足以应对新冠疫情这类重大公共卫生危机。作者批评大学"拼指标"，提及官场、警界腐败，也是希望引发大家的思考：我们一路前行，同时也遭遇问题，大家应该努力寻找一条社会总体代价更低的发展路径。

和谐管理理论并不是只为解决"内耗""困境""反常""乱象"而生。面向未来，整个人类世界还面临诸多挑战：环境恶化、地震海啸、山火洪水等自然灾害，信念隔阂、社会失范、科技滥用、战争杀戮等人为祸患。和谐管理理论研究者不可能提出任何意义上的全面解决之道，但愿意尝试提出一种思维模式、工作习惯，希望每一个组织甚至每一个个体能有所收获。

和谐管理理论在组织实践中的应用可以归结出 8 项原则，这些原则可以被视为一种"程序化"的思维模式和工作习惯（见表 11-2）。

表 11-2　和谐管理理论应用的 8 项原则

原则	应用场合	
	实践	学术
1. 要在脑海里勾勒一幅大图	创造实质性、真正的社会、组织价值,让世界变得更好(基于常识、社会共识、组织共识)	创造高质量的管理知识让世界变得更好(基于常识、社会共识、组织共识)
2. 要有独特的问题意识(主题敏感性)	选择有价值的问题(基于技术标准、品牌价值等,而非财富排行榜)	选择有价值的问题(社会发展、组织绩效等,而非"发表或灭亡"(publish or perish))
3. 要广泛学习,创造性地尝试那些基于经验可行或者符合主题、方向的可能的技术路径	在具体的情境中,建构合乎情理且高效的组织"结构–机制"	选择适宜的分析单位,采纳多元范式,提出更具洞见性、启发性的猜想
4. 一定要"在场"	在"结构–机制"的基础上,从实际出发,创造性地解决具体问题	要更加细节化地呈现(诠释)组织管理的真实状况
5. 要养成自反性思考的习惯	反思信念、预设、范式、框架、视角、方法、成果的局限性	反思、预设、范式、框架、视角、方法、成果的局限性
6. 要提升、完善自己的认知能力,并提高心智水平	通过原则1到原则5成为更好的实践家–理论家	通过原则1到原则5成为更好的理论家–实践家
7. 要敬畏"不确定性"	不要过度自信	不要过度承诺
8. 要反复迭代和试错	要在原则3到原则4、原则5到原则6,原则2到原则6(甚至原则1到原则7)的循环中反复迭代和试错	要在原则3到原则4、原则5到原则6,原则2到原则6(甚至原则1到原则7)的循环中反复迭代和试错

1)要在脑海里勾勒一幅大图。这是关乎组织方向的重大抉择,它为组织行动提供更具历史性的意义(合法性、正当性),为组织成果提供更加坚实的评价基础。我们尤其要在中国社会发展的各种曲折中汲取教训,避免因为某种"高回报的现实利益"的诱惑而无意识地走上一条"破窗—附和—蔓延—恶化或刹车—扭转—改善—修正"的反复之路,否则带来的结果不仅反常,而且会广泛且深层次地"重塑"(其实是破坏)社会共识、组织共识。虽然"拨乱反正"会不断点燃起希望,但整个社会会为此付出代价。历史没有终结,中国人完全可以选择自己独特的发展道路,但在"人民对美好生活的向往"的社会总体方向上,也要充分吸纳人类文明的优秀成果作为我们行动的常识、共识。

2）要有独特的问题意识（主题敏感性）。生活难免千头万绪，有限的资源、能力该如何分配，可以有很多可行性方面的现实考虑，但也要有可能性方面的想象，让组织、社会变得更好而不是更糟。在不确定性面前难免"摸着石头过河"，可摸的石头或许不少，但哪些石头能铺就不会偏离方向的通途？我们应该审慎且有担当。

3）要广泛学习，创造性地尝试那些基于经验可行或者符合主题、方向的可能的技术路径。人类组织的事项间未必有甚至没有确定的因果关联，那些可以依赖的结构－机制注定是暂时的，不能故步自封，要不断探索、勇于尝试。我们深知管理主义、KPI在社会和组织发展中的现实价值，也理解社会共识中隐含着比较普遍的"设计－优化－控制"的意识，但寻找更加可持续的发展方式而不至于竭泽而渔，构建更包容的思想市场以激发群体创造力，也应该成为社会共识重要的组成部分。

4）一定要"在场"。很多现实问题不可能从教条、既有的模式中找到答案，具体问题的解决需要通过具体的人来完成。这种"事项"上磨练出来的实践智慧可能无法简单复制，但会对关键决策者（领导）有所启发，并成为宝贵的社会财富。每每遇到挑战、危机，没有请示、指示、批示就无所适从，又如何实现组织的目标？显然，原则3与4之间需要在实践发生地反复迭代。

5）要养成自反性思考的习惯。没有谁永远正确，强调自反性是因为比较一般性的反思，自反性思考会全面检视我们的信念、预设、认知、行动和结果。人与人之间最深的沟壑就是信念，信念不同会使彼此的预设、认知乃至行为在人类的各种交互界面（组织、社会、国家）上引发内耗、冲突，甚至伤害。因此，反思不能仅止于目标、行动结果，还要检视预设和信念——正所谓求同存异、交往理性。具体而言，就是从原则1到原则4的系统审视。

6）要不断提升、完善自己的认知能力，并提高心智水平（和谐心智）。每个人的认知能力、心智发展都至关重要，但社会现实凸显了少数

"领导或管理者"在组织中的极端重要性。试想，如果少数人的意志可以转化为组织意志，甚至社会意志、国家意志，可以长期在错误的方向、道路上奔跑，给社会、组织造成严重的伤害，以人类今天的文明程度、智慧水平而论，还有比这更可悲的吗？显然，原则5与6之间需要在"建构与解构"间反复迭代。

7）要敬畏"不确定性"。放眼人类的历史长河，终究是暂时的"成功"不该成为自我鉴定或者观察、评判世界的唯一标准，不能简单地"以成败论英雄"。"适应性"固然是生物进化、社会演化的基本原则，但"目的－意向性"或者说"理想"才是使人类区别于其他物种的特征所在。我们曾经长期被西方的所谓的"历史终结论"嘲笑甚至诅咒，但当他们的"历史终结论"几近终结，我们努力走出自己的道路且成效显著时，也要时刻保持清醒。因为自信，我们可以在"不确定性"前坦然地展现谦卑；同时，面对不确定性时，我们不仅依赖理性逻辑，还要从经验中汲取智慧。

8）要反复迭代和试错。要在原则3与原则4、原则5与原则6间的小循环中反复，也要在原则2到原则6、原则1到原则7间的大循环中反复，没有止境。

8项原则目前只是一个思维方式和工作习惯的轮廓，如何将每一项原则落实为行动，还需要探索更多可行、有效的方法。因此这里的"应用"其实是由一组"'要'或期望"编织的清单，更像是一面镜子，照见自我，或者也可以对读者（组织管理实践者、管理研究者）有所启发。人类在前行的路上，无可避免地会有偏差、失误，只能不断试错。实践者（关键决策者或领导）的自信、荣耀不是因为永远正确，而是从方向、主题选择开始，就争取打下良好的基础，并尽自己所能让个人、组织、社会付出更小的代价。

11.5　本章小结

和谐管理理论确立之时恰逢中国管理学界声势浩大的"国际化浪潮"

正受到"本土学者有没有资格建构理论"声音的质疑。对于"'和谐'管理理论",或许人们无意弄清楚它意图表达什么、到底表达了什么。世界上有没有出现过一种叫作"和谐管理"的理论,对管理学者、实践者不会有多少影响,这并不是和谐管理理论研究者的悲哀,而是绝大多数管理研究者及其研究成果的宿命。其实比较而言,和谐管理理论已经是近几十年来中国学者提出的管理理论中(至少在中文世界里)被关注(引用)较多的少数幸运儿之一了。

以 2003 年为基点,回望中国管理学界的迅猛发展历史,我们不无遗憾地发现:实证研究范式占据主流主导地位,大批量基于西方理论的"验证型"论文,不仅无力阐释中国企业实践的精彩故事,而且让学术研究逐渐固化为一种远离现实"跑数据、求发表"的自娱自乐。无论"中国徒弟"还是"北美师父",似乎整个管理学界都在"严谨性、适用性"上面临挑战,合法性备受质疑。事实上,部分和谐管理理论研究者对主流范式的批评,也仅在本土管理语境中有扩展视野、交流见识的点滴作用,因为这类声音在更广阔的国际背景中早就不绝于耳。当管理研究不再致力于帮助实践者改变世界(方向),当 "publish or perish" 成为学术共同体关注的首要问题(主题),今天管理学界的尴尬便难以避免。

我们在此无意纠缠"范式""科学性"等议题,毕竟信念之争难有共识,尤其学术作为一种生活方式还牵扯个人、群体利益——更难和解。但从和谐管理理论的探索经历出发,我们希望声明一种"偏见":在本体论上,管理知识不可能是任何意义上的"客观真理"(所谓寻找普适规律);在认识论上,管理研究不是主体-客体的研究-被研究关系,而是基于主体间性的通过研究者及实践者共同参与形成的"具有启发性的社会建构"。因此,在方法论上,科学研究只是管理知识形成的可选途径之一(尽管 20 世纪中期以来,科学研究开始成为主导范式),研究者越是"在场",就越能够理解管理实践者行动背后理论来源的极端多元性(比如宗教、科学技术、社会研究、文学、诗歌、艺术等)。研究者不能幻想仅仅用"科学理性"就独握管理世界的话语权。

要讲好一个中国组织管理的故事，研究者首先必须"在场"，如果我们的认知装备里只放着一把专事测量的尺子却仿佛手握密钥，就等于主动选择了"缺席"。我们可以武断地说，这种最流行的研究方法在理解中国组织管理的关键议题（比如领导）上缺乏必要的常识。此外，和谐管理理论研究者强调从"历史－社会－情境－互动"等多重视角理解、诠释组织管理现象，这并不是某种系统观的滥用。相信大多数管理研究者都愿意承认，在对中国社会、组织、个体理解的深刻性上，我们远不及历史学者、社会学者、人类学者，甚至小说家；对于组织管理的大量实践智慧，管理研究者常常是一脸茫然；很多管理界的饱学之士转型管理实践者后捉襟见肘、乏善可陈（这更是一种讽刺性的佐证）。"历史－社会－情境－互动"等多重视角的引入，也是完善支援意识（subsidiary awareness）以理解系统复杂性的一种努力。显然，对研究对象的"意会"（tacit understanding）根本不是实证主义研究范式所能承载的。当然，这种多重视角的认识论立场，在方法论以及具体的研究上会面临巨大的挑战，不仅作为研究者的人缺乏这样的能力，还有很多来自学术共同体的现实困扰——不被科学范式认可，难以在期刊发表等。没有哪个研究者凭借一己之力就可以拥有"历史－社会－情境－互动"等多重视角，因此，在我们看来，改造管理学院现有的培养机制不可避免。这里强调的是我们应该在现有的或许已经严重过剩的主张"测量、分析"的学术能力培养方案以外，引入更多的"历史学者、社会学者、人类学者、艺术家等"来重新搭建管理学院的师资队伍，落实新的课程计划，以切实提升管理研究者理解中国社会、组织管理的学术敏感性。

管理知识是难以直接植入的，因为管理者的心智不可能是一张白纸，尤其是很多经验丰富的管理者已成为自己最信赖的理论家。本章的主要内容涉及"如何选择和谐主题""如何应用和谐管理理论"，以及对"方向""耦合"的重新阐释，不过是给读者又提供了一个框架、一条线索，或许会激发读者思考一些更具有"当下感"的问题：我们要去哪儿？走哪条路以及该怎么走？在多大程度上，我们需要"可优化、可控制"的生活？或者说，我们每个人对美好生活的向往到底是怎样的？

　　本章所阐释的和谐管理理论只是我们长期探索中的一个面向应用的版本。我们深知管理学界长期受困于信念之别、范式之争、共同体利益，加之语言局限、与实践的疏离等，整体上难以满足社会组织管理的实际需求。如果"理论，按其词源意义，乃是演出"，那么和谐管理理论研究者一直以来的"演出"不是为了话语权，而是希望通过"从来如此，便对吗？"（鲁迅语）一般的质疑，对管理研究者、实践者有比较切实的启发。多年前我们曾定义"和谐管理理论……为问题解决学"，今天看这句话更像是在做一种彻底的自我解构。"和谐"的确遥不可及，但"和谐管理"蕴含着我们对人类前景的一种乐观情绪，哪怕只是局部地、阶段性地变成现实。

本章参考文献

[1] 席酉民. 和谐理论与战略[M]. 贵阳：贵州人民出版社. 1989.

[2] 黄丹, 席酉民. 和谐管理理论基础：和谐的诠释[J]. 管理工程学报, 2001, 15(3): 69-72.

[3] 席酉民, 尚玉钒. 和谐管理理论[M]. 北京：中国人民大学出版社, 2002.

[4] 席酉民, 韩巍, 尚玉钒. 面向复杂性：和谐管理理论的概念、原则及框架[J]. 管理科学学报, 2003, 6(4): 1-8.

[5] 席酉民, 韩巍, 葛京, 等. 和谐管理理论研究[M]. 西安：西安交通大学出版社, 2006.

[6] 王琦, 席酉民, 尚玉钒. 和谐管理理论核心：和谐主题的诠释[J]. 管理评论, 2003, 15(9): 24-30.

[7] 唐方成, 马骏, 席酉民. 和谐管理的耦合机制及其复杂性的涌现[J]. 系统工程理论与实践, 2004, 24(11): 68-75.

[8] 席酉民,曾宪聚,唐方成. 复杂问题求解：和谐管理的大脑耦合模式［J］. 管理科学学报,2006,9（3）：88-96.

[9] 席酉民,井辉,曾宪聚,等. 和谐管理双规则机制的探索性分析与验证［J］. 管理学报,2006,3（5）：505-510.

[10] 席酉民,井辉,肖宏文,等. 和谐主题与和谐机制一致性关系的实证研究［J］. 管理科学学报,2008,11（5）：94-101.

[11] 王大刚,席酉民,何方. 基于中国公司情境的和谐管理领导力研究［J］. 管理学报,2009,6（4）：427-431.

[12] 魏晓卓,金丽馥,吴君民. 基于和谐管理的粮食财政直接补贴和谐主题研究［J］. 系统工程理论与实践,2015,35（11）：2721-2739.

[13] 顾飞,戚桂杰. 和谐信息化双规则机制的分析与验证［J］. 情报杂志,2012,31（3）：202-207.

[14] 席酉民,熊畅,刘鹏. 和谐管理理论及其应用述评［J］. 管理世界,2020,36（2）：195-209,227.

[15] 刘文瑞. 和谐管理理论评析［J］. 管理学报,2009,6（12）：1566-1577.

[16] 罗纪宁. 创建中国特色管理学的基本问题之管见［J］. 管理学报,2005,2（1）：11-17.

[17] 韩巍,席酉民. 机会型领导、幻觉型领导：两个中国本土领导研究的关键构念［J］. 管理学报,2012,9（12）：1725-1734.

[18] 韩巍,席酉民. 下属改变世界：领导–下属互动机制的本土建构［J］. 西安交通大学学报（社会科学版）,2015,35（2）：1-15.

[19] 席酉民,张晓军,等. 我的大学我做主：西交利物浦大学的故事［M］. 北京：清华大学出版社,2016.

[20] 席酉民. 和谐心智：鲜为人知的西浦管理故事［M］. 北京：清华大学出版社,2020.

[21] SHOTTER J,TSOUKAS H. In search of phronesis：leadership and the art of judgment［J］. Academy of Management Learning & Education,2014,13（2）：224–243.

[22] 凯尔纳,贝斯特. 后现代理论：批判性的质疑［M］. 张志斌,译. 北京：中央编译出版社,2011.

[23] 埃尔弗森. 后现代主义与社会研究 [M]. 甘会斌, 译. 上海: 上海人民出版社, 2011.

[24] 默顿. 社会理论和社会结构 [M]. 康少杰, 齐心, 等译. 南京: 译林出版社, 2008.

[25] 吉登斯. 社会学方法的新规则 [M]. 田佑中, 刘江涛, 译. 北京: 社会科学文献出版社, 2003.

[26] DURANTI A. Husserl, intersubjectivity and anthropology [J]. Anthropological Theory, 2010, 10 (1-2): 16-35.

[27] 韩巍, 席酉民. 不确定性-支配权-本土化领导理论: 和谐管理理论的视角 [J]. 西安交通大学学报 (社会科学版), 2009, 29 (5): 7-17, 27.

[28] 波兰尼. 科学、信仰与社会 [M]. 王靖华, 译. 南京: 南京大学出版社, 2020.

[29] 吉登斯. 社会的构成 [M]. 李康, 李猛, 译. 北京: 生活·读书·新知三联书店, 1998: 54.

[30] 梁朝高, 韩巍, 刘鹏, 等. 规定性与能动性、确定与不确定性的双重耦合理论研究 [J]. 管理学报, 2020, 17 (1): 40-49.

[31] SUDDABY R. Editor's comments: why theory? [J]. Academy of Management Review, 2014, 39 (4): 407-411.

[32] ALVESSON M, SKOLDBERG K. Reflexive methodology: new vistas for qualitative research [M]. 2th ed. London: Sage Publication Inc., 2009.

[33] 郭重庆. 中国管理学界的社会责任与历史使命 [J]. 管理学报, 2008, 5 (3): 320-322.

[34] HAMBRICK D. What if the academy actually mattered? [J]. Academy of Management Review, 1994, 19 (1): 11-16.

[35] PFEFFER J, FONG C T. The end of business schools? Less success than meets the eye [J]. Academy of Management Learning & Education, 2002, 1 (1): 78-95.

[36] GHOSHAL S. Bad management theories are destroying good management practices [J]. Academy of Management Learning & Education, 2005, 4 (1): 75-91.

[37] STARKEY K. The strange absence of management during the current financial crisis [J]. Academy of Management Review, 2015, 40 (4): 652-663.

[38] PETTIGREW A, STARKEY K. From the guest editors: the legitimacy and impact

of business schools—key issues and a research agenda [J]. Academy of Management Learning and Education, 2016, 15 (4): 649-664.

[39] 韩巍. 论"实证研究神塔"的倒掉 [J]. 管理学报, 2011, 8 (7): 980-989.

[40] 韩巍. 学术评价的回归及业绩管理的矫正——对管理学院两种核心价值观的质疑与反思 [J]. 西安交通大学学报 (社会科学版), 2014, 34 (3): 8-17.

[41] 韩巍, 赵向阳. "非科学性"让管理研究变得更好: "蔡玉麟质疑"继续中 [J]. 管理学报, 2017, 14 (2): 185-195.

[42] 布迪厄. 实践感 [M]. 蒋梓骅, 译. 南京: 译林出版社, 2012.

▲

　　和谐管理理论经过三十余年的发展，已经应用到深化管理学理论创新以及引领管理实践变革的各个方面。面对充满了不确定性、模糊性、复杂性以及快变性的商业管理环境，和谐管理理论逐渐体现出整合东西方管理智慧、与管理情境紧密结合、设计与演化耦合互动、创造性和系统地解决复杂问题的基本思想，并在应用过程中体现了"动态"与"迭代"的特征。本章深入回顾了和谐管理理论在不同行业和领域中的应用，发现和谐管理理论相关应用研究存在着研究发展不均衡、与理论联系度较低、理论与实践关联度不足以及和谐耦合机制相关研究不足的问题，提出从深化和谐管理理论本身、扩大理论影响力以及加强相关应用研究等方面入手改进，推动和谐管理的应用。

―――

CHAPTER 12 ▶ 第 12 章

和谐管理理论的应用述评

和谐管理理论不仅被运用到管理研究中,还被广泛地应用于管理实践。本章提炼了理论应用的特点,概述了该理论在组织与战略管理、人力资源管理、领导力、大型工程项目以及医疗、农村建设等具体领域的应用。

12.1 和谐管理理论在应用中的特征

和谐管理理论将自身定位为"复杂组织问题解决学"以及"复杂管理现象的动态认识途径",而这种定位也决定了理论在应用过程中的"动态"以及"迭代"特征(席酉民、韩巍、尚玉钒,2003;席酉民等,2006;席酉民、刘鹏,2019;Zhang, Fu and Xi, 2018; Xi, Liu and Zhang, 2019)。和谐管理理论的问题解决过程具有显著的"动态"特征,主要表现在和谐主题的确定、漂移以及和则、谐则两种规则互动耦合来实现和谐主题的过程之中。在这一章,我们将进一步阐述和谐管理理论在应用中的"动态"与"迭代"的特征。

12.1.1 和谐管理理论在应用中的"动态"特征

正因为承认并深刻认识到管理世界的不确定性,和谐管理理论提出了一系列应对不确定性的方法和手段。由于管理活动中的因果链太长并且难以完全掌握,和谐管理理论提出,可以利用制定企业愿景以及使命来在复杂多变的商业环境中为企业发展给出大方向上的指导,并激发组织成员的积极性。而和谐主题概念的提出和应用,为解决企业发展战略与实施之间不一致的问题提出了有效的创新性的解决方案。和谐管理理论可以被视为一种强调动态的管理理论，其"动态"特征表现在"和谐耦合"以及"和谐主题"等核心概念之中。和谐主题的制定离不开对组织内外部环境的实时分析，对和则以及谐则的有机使用也必须基于对组织内部阻碍和谐主题实施的主要矛盾的清晰认识。

运用这些概念以及手段认知复杂管理现象的过程，也体现了和谐管理理论在应用中的"动态"特征。和谐管理理论认为，虽然人类社会的活动是基于高度不确定性以及多样性而演化的，但通过使用多元范式（如使用跨学科视角以及不同的研究方法）对复杂管理现象进行描述、呈现、诠释以及反思，可以帮助管理学者以及实践者在演化过程中发现人为干预的可能性以及必要性。目前已有的管理学理论都存在不同程度上的与管理现象不匹配的问题，这些管理理论在应用过程中会受到其先决条件以及背景的制约，往往无法很好地让学者以及管理者进一步运用到管理实践当中，无法帮助管理学者以及企业、组织管理者全面把握管理问题的关键所在。

为了更好地应对 UACCS 环境，和谐管理理论在应用的"动态"特征主要表现在发现问题以及解决问题两个维度上。首先，组织发展目标（即和谐主题）的探寻有着明显的"动态"特征，这是因为和谐主题的提出与组织此时此刻所处的商业管理环境以及当下组织内部的可用资源息息相关。而当组织内部资源或者外部竞争环境发生变化时，该组织的和谐主题就应当在组织愿景以及使命的指导下进行相应的更新以适应新的发展条件。和谐主题也被描述为带有"涌现性"的组织关键问题（席酉民等，2009），因此有时已选定的和谐主题还会由于组织内外部环境的变化而发生漂移或者被放弃。而正因为管理问题的"涌现性"特征以及组织内人的因素所引致的不确定性，组织的管理无法进行完全科学合理的设计，其发展过程也只能进行有限的人为干预。其次，为了帮助组织顺利实现和谐主题（即解决问题），和谐管理理论提出了确定和则、谐则以及将二者有机动态结合（即和谐耦合）的问题解决方式。谐则与和则分别对应了管理问题的两个方面——相对确定性与不确定性。

承袭和谐管理理论的基本思想，该理论在问题解决过程中展现了"动态捕捉和分析"的特点，并在理解复杂管理现象时采用了整体性视角。与西方主流的实证科学范式指导下的管理学研究方法不同，在运用和谐管理理论对管理实践进行剖析的过程中，学者多使用归纳、溯因方法。具体而言，由于和谐管理理论在管理知识类型学划分上具有"启发性"以及"弱规则"的特征，传统定量研究所遵循的"理论回顾—假设推理—定量数据收集与分析—假设检验"研究流程并不适用于所有有关和谐管理理论的研究。这是因为和谐管理理论本体论意义上的"动态"特征具有明显的社会建构色彩，即该理论认为管理知识的生成需要从多方面、多角度对管理现象的特征进行深入挖掘，通过进一步归纳以及比较生成对目前与未来的管理实践具有启发性的管理知识和洞见。相关研究者对研究范式和方法的选择，要充分尊重研究问题的特点，根据研究问题来选择相应的定性或定量研究方法。

12.1.2　和谐管理理论在应用中的"迭代"特征

和谐管理理论在应用中的"迭代"特征主要表现在利用理论透视复杂管理现象的过程中，也反映在此过程中研究者深度参与的重要性上。深入了解了组织的愿景和使命，是准确对组织短期、中期发展目标（即和谐主题）进行定位的基础。组织发展过程中和谐主题的制定必须与组织的愿景以及使命相匹配，并且和谐主题须是在对组织内部资源以及外部环境有着准确把握的前提下提出的。在和谐主题确认之后，组织可以制定相应的和则以及谐则，从组织管理活动的不确定性以及相对确定性两个方面来制定相关规则以及激励措施，推动和谐主题的达成。组织必须准确把握和谐耦合机制，使和则以及谐则在不同时期与不同发展条件下充分发挥自身的价值。在达成某一个具体的和谐主题之后，组织需要在自身愿景以及使命的指导下转换或制定新的和谐主题。在此过程中，和则与谐则的内容以及相对的重要程度会根据外部环境的不断变化以及和谐主题实现的不同阶段而发生改变（席酉民、张晓军，2012）。

实现组织的愿景及使命，需要连续实现多个和谐主题，这体现了和谐管理理论问题解决框架的"迭代"特征。研究者在对复杂管理现象进行剖析的过程中并不仅仅是简单的旁观者，因为研究者与管理者之间的交流会促进管理者自身对管理现象认知的改变，也会进一步促成新策略的运用，这最终促成了组织现有系统的升级与转变。

举例来说，和谐管理理论在应用中的"迭代"特征在组织的创新研究中表现得尤为明显。借助和谐管理理论中和谐主题的概念和含义，研究者可以对组织创新不同阶段的"创新主题"做出新的阐释。和谐主题可以理解为在组织愿景以及使命的指导下，综合考虑外部环境以及组织内部资源的种种特征，为组织发展所制定的短期、中期目标。正是由于这一内涵，和谐主题与组织愿景和使命相比，具有动态调节以及更易在短期内适应组织的发展方向从而指导组织的管理实践的特点。在此内涵的指导下，组织的创新主题可以被理解为，在某一较短的特定时间段内，组织为了更好实现自身发展愿景以及使命而亟待解决的创新问题。

和谐管理理论可以有效指导组织进行创新的另一个原因则是，和谐主题具有可以进行"漂移"的特征。组织从现有的和谐主题过渡到下一个和谐主题的过程，被定义为和谐主题的"漂移"（王琦、席酉民、汪莹，2004）。在当今管理环境不断被 UACCS 影响的背景下，组织只有通过持续不断的创新，才能够在激烈的商业竞争中通过维持自身的竞争力来取得有利地位。正因为组织创新主题的确定与企业营商环境有着密不可分的关系，所以组织所制定的创新主题也必须通过对环境变化的分析与把握来做出有针对性的改变。在维持组织竞争力难度越来越大的今天，和谐管理理论应用过程中的"迭代"特征可以有力地指导组织在复杂多变的环境中清晰地辨识以及践行相应时间段内的创新主题。

和谐管理理论在应用层面的"迭代"特征充分展现了其将西方科学哲学以及东方整体性思维进行整合的特点。在认识和解决复杂管理问题时，西方主流的实证科学主张将复杂的现象简化、可表征化，并且通过一系列可操作化的手段以及定量分析工具，局部性地分析不同变量之间的相关性以及因果关系。即使不考虑确认变量间因果关系所需的严密的研究设计和难以获取的数据，在不确定性日益增强的管理环境下，变量间的因果链也会因不确定性的增强而更加复杂。在这种情况下，由于此类理论所描述和分析的对象往往是组织运行的某一个局部，单纯使用演绎性的概念化、可操作化技巧以及定量分析可以做到深入了解局部，却难以对复杂管埋问题进行全面的把握。

为了避免对管理现象和问题进行局部性的解读，和谐管理理论认为，组织的发展过程是在和谐主题的指导下和则与谐则的有机耦合过程。这一基础思想会时刻提醒管理学者以及实践者在认识管理现象与寻求解决方案的过程中，既要考虑组织发展短期、中期的核心问题和关键任务（即和谐主题），又要从不确定性因素以及相对确定性因素两个方面入手，思考达成该组织发展目标的手段和方式（即和则以及谐则），以及和谐主题、和则、谐则之间的关系与对三者的整合方法。因此，和谐管理理论为复杂管理问题的认识与解决提供了一套较为完备的全局性和整体性方法。结合和谐管理理论在应用中的"动态"和"迭代"特征，管理学者以及实践者可以利用该理论对管理现象进行全局性、整体性以及动态性的把握。

在运用和谐管理理论进行应用研究的过程中，除了利用其具有"迭代"特征的操作模式对管理问题进行全面、整体的把握与分析，研究者也可以就和谐管理理论的某一个方面进行展开性研究，例如深入探讨和谐主题、和则、谐则以及和谐耦合机制在组织发展过程中的实现方式与重要作用，以及充实和谐领导力的内涵和探讨其作用方式。和谐管理理论的一系列核心概念的提出以及应用，可以帮助管理者从不同的角度分析管理问题，并根据管理问题的不同特征选择不同的理论概念来进行深入研究。和谐管理理论及其概念内涵为管理者提供了一套便于利用的管理问题的分析与解决工具，未来研究应更加注重深化跟理论有关的概念研究，辅以相应的应用研究，最大化提升和谐管理理论的复杂世界生存方法论及其"工具性"的特色。

和谐管理理论在应用层面所展现出的"动态"与"迭代"特征也可以通过席酉民教授提出的基于和谐管理理论构建共生生态的"三重螺旋"模型来进行理解（见图12-1）。随着时间的推移，组织确定的和谐主题会随着所处管理情境的变化不断地迭代与升级。在此过程中，和则、谐则及其互动耦合会不断助力和谐主题的实现，组织也会因为所处共生系统的发展而获得生态红利（席酉民、刘鹏，2019）。在此框架下，管理的使命就在于发现组织发展过程中的演化规律，并发现进行人为干预的必要性与可能性。

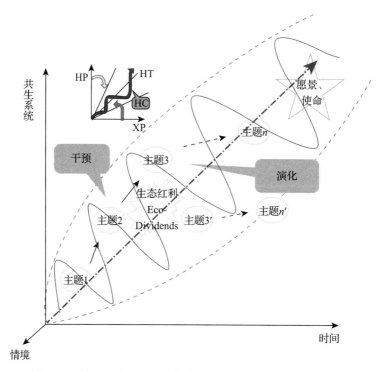

图 12-1　基于和谐管理理论构建共生生态的"三重螺旋"模型

12.2　和谐管理理论的应用研究文献述评

和谐管理理论已经由早期的"两轨两场"模型，发展成为今天的以和谐主题为导向，利用和则与谐则及其动态耦合来实现组织发展目标的复杂管理问题解决框架。许多学者已经利用此框架对我国商业实践的诸多方面进行了深入的剖析，通过对知网数据库中与和谐管理理论有关研究的查询，我们发现，相关研究主要涉及组织与战略管理、商业模式、人力资源与团队创新管理、领导力与企业文化、技术创新与知识产权、国家创新体系、医疗健康与护理养老、粮食补贴与农村建设、大型工程项目、军事工程、供应链、流动人口与社会治理、高校管理等具体领域。和谐管理理论自身研究的深化以及利用和谐管理理论对我国商业现象进行新的阐释的过程，体现了相关研究者借助和谐管理理论框架对中西方文化以及管理研究实践进行融合的进一步探索。为了给读者和谐管理理论相关研究的整体印象，我们用一张图谱展示了和谐管理理论与应用研究的关键词随时间的变化（见图12-2）。

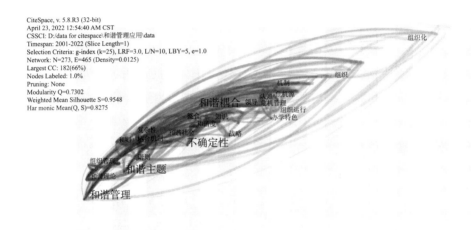

图 12-2　和谐管理理论与应用研究的关键词随时间的变化

资料来源：结合 CNKI 的搜索，作者整理。

注：左上角信息栏显示了图谱的阈值、节点数、连接数、网络密度、轮廓值、模块值等功能参数，为了便于读者理解，在展示知识图谱时通常会选择保留相应的信息。其中，Modularity 是用来衡量网络模块化的指标，值越大表示该网络的聚类效果越好；Q 值在 $0 \sim 1$ 之间，当 $Q > 0.3$ 时意味着划分出来的聚类结构是显著的，Q 值越接近 1 表示聚类效果越好。Weighted Mean Silhouette 值是用来衡量网络同质性的指标，越接近 1 表示网络同质性越高，$S > 0.5$ 时可以认为该聚类结果是合理的，$S > 0.7$ 时可认为聚类结果是令人高度信服的。图 12-2 的信息显示，Q 值为 0.7302，S 值为 0.9548，聚类效果良好，具有较强的说服力。

12.2.1 和谐管理理论对组织、战略管理的启发

1. 提供思考战略形成过程的新视角

在组织运行与发展的过程中,"战略"一词可能是管理者最熟悉又最陌生的术语。在管理学研究当中,对战略的定义有很多,但多数定义与内涵由于在同一时间点上只侧重战略形成过程中某一类(计划或者模式)影响因素而无法起到支撑组织管理实践的主要目的。和谐管理理论所具有的整体性思维以及动态特征,为组织战略的形成提供了新的视角。由于企业或组织所处的环境常被不确定性充斥,组织制定的战略与后续的实施往往存在着较大的差距。基于和谐管理理论的基本框架,从管理内容以及手段方式的角度来看,目前已有的战略类型按其制定以及实施策略可大致分为"主谐派"战略、"主和派"战略以及"和谐交替派"战略(王亚刚、席酉民,2008)。三种不同类别的战略分别适用于不同的企业内外部环境:"主谐派"战略强调组织中系统、流程的设计优化,因而适用于较为简单与稳定的环境;"主和派"战略强调构建组织文化来激发成员的主观能动性以推进组织的演化,比较适用于不确定性较高的环境;在组织发展过程中,稳定性环境因素与高度不确定性环境因素不是交替出现的,而是同时存在的,因此"和谐交替派"战略也适用于 UACCS 环境。

为此,和谐管理理论创新性地提出了"和谐主题"概念,并将此术语定义为组织发展过程中某一特定时间段内亟待解决的问题与应对的核心任务。与传统的战略理论相比,和谐主题的提出倡导了一种对企业发展方向的新思维方式,为相关学者对战略管理进行深入研究提供了新的切入点。从和谐管理理论的视角出发,组织战略的形成过程是在和谐主题的引导下,"和"与"谐"两种机制动态互动、转化以及整合的过程,而这一耦合的思维模式是传统战略形成理论所不具有的。围绕和谐主题,制定相对应的和则、谐则,并将其有机耦合的复杂管理问题解决模式与当下的 UACCS 环境有较强的适配性。和谐主题的探索和确定离不开领导者对组

织愿景与使命的把握，也离不开领导者对组织目前所面临的内外部管理环境的准确把握。和谐主题概念的提出和应用可以为组织的战略行为的制定与选择提供大的方向，从而降低战略行为失控的风险，并为战略行为的落地提供具有可操作性的核心思想。准确把握组织发展的和谐主题是利用和谐管理理论实施"问题导向式"管理问题解决方案的重要前提条件，只有准确定位组织发展的和谐主题，才能制定并实施与其适配的和则以及谐则机制。通过对相关文献的回顾，研究者已经充分认识到和谐主题概念相较于战略概念的优越性，也通过研究充分地论证了和谐主题对于组织发展的重要性。

和谐主题概念在组织发展过程中所起到的核心作用离不开和谐管理理论在应用中所体现出的动态与迭代的特征，这两项特征分别在和谐主题的辨识以及漂移的过程中得到充分展现。和谐主题的辨识离不开领导者对组织所面临环境以及自身现状的动态把握。在有关和谐主题的深化研究当中，王亚刚等（2011）就从和谐主题的内涵出发，认为和谐主题的辨识过程是组织领导者对相关信息进行处理，并将其内化为有关组织发展方向的隐性知识的过程。而在此过程中，领导者所运用的与经营环境和资源现状有关的信息会受到 UACCS 环境的影响而处于不断变化更新的状态。因此，领导者需要用动态的视角来对相关信息进行收集以及处理，并将之内化为可以指导组织在较短时期内的发展方向的有效知识。相应地，当组织内外部环境或自身现状发生较大变化时，领导者就需要根据这些变化来更新以及迭代相应的和谐主题，这个过程被定义为和谐主题的"漂移"（王琦、席酉民、汪莹，2004）。

举例来说，企业创新战略研究一直是管理学研究中的热点话题，和谐管理理论相关学者也根据理论的内涵，特别是和谐主题在企业创新战略规划中的作用以及理论的实践指导性，为企业创新发展提出了自己的见解。在复杂多变的商业环境下，创新能力对企业未来的可持续发展的重要性尤为明显，领导者需要以更为动态的视角来审视组织发展所处的环境和现状,进而适时地对创新发展相关的和谐主题迭代、升级。目前已有的持续创新理论大多对定量等数理方法有较强的依赖性,缺乏对组织中人的因素为组织创新带来的影响的思考。不仅如此,目前有关创新发展的研究还存在着本土适配性较差以及可操作性较低的特点。

为解决这些在创新发展研究与实践中的问题,一些学者尝试使用和谐管理理论来剖析组织的创新发展问题。肖蘅和高庆昆(2013)利用和谐主题的内涵对企业的创新主题进行了定义,认为企业的创新主题是"企业在特定时期、特定环境下的核心性创新任务和创新议题"。该定义的提出借鉴了和谐管理理论当中和谐主题的内涵,类比和谐主题在企业和谐管理过程中的阶段性指导意义,肖蘅和高庆昆提出企业和谐创新主题对自身可持续发展和竞争力构建的重要性,并为企业创新发展战略的辨识以及演化提供了新的见解。虽然该研究提出了使用模糊综合判定的方法来判定企业的创新主题,但具体的操作流程还需进一步的研究。与该研究类似,相关学者利用和谐管理理论对企业持续创新实现模式进行了探究(杨栩、周瑜,2011),不仅更为充分地体现了和谐管理理论动态与迭代的特征,也指出将和谐管理理论纳入企业的创新管理当中,有助于解决既有创新理论缺乏人本管理(人的因素)、本土化特征(联系管理情境)薄弱以及实际操作性差的问题。

2. 东西方智慧的结合为战略管理经典话题提供新的阐释

战略管理一直是管理学研究中的热点话题,早期的相关研究主要集中于利用竞争五力模型(Porter,1985)以及资源基础理论(Wernerfelt,1984)来对组织在某一时间点所面临的内部资源和外部环境进行分析,从而对企业在未来发展中需要采取的战略进行分析。随着组织面临的管理环境日趋复杂和多变,管理学者逐渐意识到组织动态能力(dynamic capability)对组织发展的重要性(Teece,2007)。为了解决动态能力相关研究中的不足,张晓军等(2012)创新性地利用了和谐管理理论的框架,从组织学习的角度对动态能力的内涵进行了系统的界定，并对动态能力演化过程的影响因素进行了探究，认为组织动态能力的发展分为构建和演化两个维度，可以分别对应和谐管理理论中的谐则以及和则机制，而动态能力形成和演变的过程也可以对应和则以及谐则的相互耦合过程。在分析影响组织动态能力形成和演变的关键因素时，研究者也指出了领导力的重要性。

该研究的创新性在于有机结合了和谐管理理论的理论框架以及西方管理学理论，与管理学者以往对动态能力的解读相比，结合和谐管理理论有助于在认识动态能力的概念时充分考虑人的因素。通过用和谐管理理论的语言以及认知框架重新对动态能力的概念、形成以及发展做出解释，该研究成功地利用和谐管理理论将东西方管理研究智慧进行了整合，有机地深化了管理学界对组织动态能力的理解与把握。同时，该研究也体现了在和谐管理理论基本框架的指导下，具体的管理情境对理论的深化作用。除了动态能力以外，其他相关研究借助和谐管理理论所体现的东方整体视角以及对人的因素的重视，对既有西方的管理学理论与概念做了拓展以及新的阐释。在结合东西方管理研究智慧的基础之上，将西方管理理论或概念放在中国管理情境当中，并利用和谐管理理论的基本框架对其进行新的阐释，有助于管理学者与实践者将西方管理理论与概念在中国管理情境下进一步深化并应用到对管理实践的指导之中。

除了以上提到的创新、战略管理相关研究，其他学者还积极使用了和谐管理理论以及和谐主题的概念来对组织战略管理和实践的各个方面进行剖析。这些研究的主题包括组织在复杂多变环境下可持续竞争优势的构建（刘鹏、席酉民，2010）、组织冲突（王琦、杜永怡、席酉民，2004）、对企业危机的管理（刘静静、席酉民、王亚刚，2009）、企业信息化战略（齐晓梅、楼润平、成俊会，2019），还有信息安全管理和复杂产品订制流程（毛景立等，2011）、企业社会责任（杨成名，2010）、高层管理团队战略执行实践（刘兵等，2009）。这些研究借鉴了和谐管理理论的框架，从不同角度对组织战略研究提出了新的见解。

虽然学者已经发现"和谐主题"在概念上相较于传统的战略具有创新性的优势，能够以动态的全局视角弥补战略制定与实施之间的差距以及整合东西方管理智慧，但是目前与"和谐主题"相关的研究还有所不足，主要表现在缺乏一系列指导如何寻找组织发展"和谐主题"的研究。"和谐主题"的辨识与漂移具有动态与迭代特征，主题会随着组织内外部环境的改变而被放弃或更改，制定错误的"和谐主题"或者没有及时发现"和谐主题"内容中的不合理之处，会为组织管理带来不小的损失。因此，在未来的相关研究当中，学者可以尝试思考：①如何制定合理有效的"和谐主题"来指导组织的发展方向？②评价组织发展或创新的"和谐主题"的合理性以及有效性的依据有哪些？③在不恰当的"和谐主题"被制定之后，如何快速识别该主题的不合理之处来帮助组织止损？④如何根据已经制定的"和谐主题"匹配相对应的和则、谐则机制及耦合方案？

12.2.2　和谐管理理论对人力资源管理与本土领导研究的启发

1. 全面考察人力资源管理中的问题与挑战

由于和谐管理理论强调在组织管理过程中"人"的因素的重要性，许多人力资源管理领域的管理学者积极利用和谐管理理论的内涵以及框架对该领域内的不同管理问题进行新的阐释，并尝试给出新的见解和解决方案，其中涉及很多情境，如公共部门、企业、高校、水电工程、创新团队、农业科研团队、酒店等。比如，戚振东等（2008）应用和谐管理理论研究了制度性因素和非制度因素对知识能力（被视为人力资本的核心）的作用机理。考虑到知识密集型组织对当下经济发展的重要性以及在知识型人才管理过程中由管理环境不确定性与复杂性引致的挑战，张向前（2009）在研究中也借鉴了和谐管理理论对知识型人才的管理机制进行了新角度的剖析。许成磊等（2014）在研究创新团队和谐管理机制的过程中，不仅有机地结合了和谐管理理论的框架与团队管理流程的相关研究，还提出了在和谐管理理论的视角下组织创新团队管理的操作模型并辅以案例研究加以详细说明。该研究团队提出的创新团队管理"四个步骤",为创新团队管理和建设提供了新的思路。结合万涛(2006)对团队冲突管理的深入研究,企业管理人员可以充分感受到和谐管理理论为团队管理带来的新思路、新手段和新方法。

在人力资源管理研究与实践当中应用和谐管理理论,有助于管理学者以及实践者从多个角度、方面、层次对人力资源管理中的问题与挑战进行分析,并且有助于学者根据和谐管理理论的框架与操作流程为应对这些问题与挑战提出新的洞见与启发。如在上述创新团队的管理研究中,研究者就通过辨析创新团队发展中的"和谐主题",将和谐管理理论与人力资源管理实践联系到一起。通过分析和谐管理理论对人力资源管理实践的启发,研究者在与实践以及理论的不断的对话当中提出了辨析创新团队管理"四步走"的措施,以期对人力资源管理实践有所启发。而在讨论知识型人才的管理时,学者也充分结合和谐管理理论与知识型人才管理实践,特别是有针对性地提出了知识型人才管理中"设计优化"与"能动致变"两个不同方面的内涵与特征。在此过程中,和谐管理理论为人力资源学者以及管理者提供了一个系统全面的问题分析与解决框架。

在和谐管理理论中,和则的主要机制是通过构建良好的工作氛围(如构建信任关系、和谐的上下级关系以及适当的组织文化等)来充分调动员工和管理层的主观能动性,让处于不同岗位的员工都可以为共同的发展目标(即和谐主题)贡献自己的力量。因此,部分学者将研究聚焦于如何使用和谐管理理论带来的新思维方式来提高员工工作的满意度(李子叶等,2008)、对员工关系进行合理的管理以及协调劳动者与资本之间的关系(徐辉、王忠郴,2008)。考虑到人的因素在和谐管理中的重要性,在利用和谐管理理论对人力资源管理理论及实践进行剖析的过程中,可以考虑结合西方相关研究成果,如商业心理学,对和谐管理当中和则的制定、实施以及与谐则的耦合机制进行更为深入的探讨。

2. 重视管理情境对本土领导力研究与实践的影响

纵观和谐管理理论指导下的和谐管理流程，一些学者指出领导力是和谐管理理论框架的核心要素。管理者或者领导者在和谐主题的搜寻和辨识、和则和谐则的制定以及和则与谐则的有机耦合等方面起到了关键作用（更多有关和谐领导力的讨论可参见第 9 章）。这一系列关键决策的制定，离不开领导者对管理环境、组织内部资源以及未来发展方向等方面的把握。在研究战略领导力的过程中，李鹏飞等（2013）在研究中指出，将和谐管理理论引入领导力研究之中，可以更好地定义战略领导力并梳理其内涵，并指出战略领导力主要包括"提供指导"以及"调配资源"两个维度上的功能，分别对应和谐管理理论当中的和谐主题以及和则、谐则的制定与耦合。除此之外，利用和谐管理理论的框架对战略领导力进行研究有利于使相关研究更具系统性以及动态性，并且可以帮助缩小战略领导力的相关理论与实践之间的差距。该研究创新性地使用了和谐管理理论的框架与基本思想，对已有的管理学概念进行了重新概念化，这使管理学者以及实践者可以用更具全局性的视角来审视既有的管理学概念和理论，从而在不同的领域和具体操作流程层面增强理论或者概念对管理实践的指导性作用。

除了运用和谐管理理论对传统领导力研究中的术语做出新的解释之外，韩巍和席酉民（2009）创新性地利用和谐管理理论的视角，对"领导"的概念做出了新的分析。该研究从"领导"二字的语义学分析入手，并且结合了研究者自身的经验，提出领导的概念与不确定性之间存在着非常紧密的联系。根据这个逻辑，研究者提出"领导是支配权，支配权是组织管理的核心，其作用是消减不确定性，而不确定性消减是和谐管理的主要课题"的观点。该研究的另一个主要贡献则在于，呼吁中国的管理学者利用社会学视角以及人类学方法，从建构主义的角度来归纳和解释具有中国本土特性的管理现象，加强管理研究与中国管理情境之间的关联。利用和谐管理理论对领导在中国的内涵进行重新解读便是其中的一种尝试——由中国学者在中国情境下，结合自身对管理概念的反思，重新定义管理学关键术语甚至是理论框架，也许是今后中国学者为管理学理论知识做出创新性贡献的主要路径之一。沿着该思路，韩巍和席酉民（2012）结合现实经验和理论思考，提出一个由"文化、社会化、组织情境和互动"四个维度构成的中国本土领导分析框架，深度提炼了机会型领导和幻觉型领导的类型与构念。

在回顾本土领导力研究时，张晓军等（2017）指出，本土领导力研究与西方相关领导力研究有着类似的问题，主要表现在具有较强的片段性，并且由于研究方法带来的局限性，研究者没有做到对领导现象的深入挖掘和理解。同时，东西方领导力研究都存在与情境脱节的问题。针对这些问题，学者指出，应该通过建构主义层面的描述与诠释、建构或实证主义层面的归纳以及实证研究层面的比较研究，即"三步走"策略，来进一步发展本土领导力研究。与此相似，管理学者也可以通过类似的"三步走"策略来将和谐管理理论与管理情境紧密结合，充分发挥该理论框架与思想的全局性和整体性优势，在不断将理论与管理实践结合的过程中，推动理论自身的发展与创新。例如，王大刚等（2009）在结合和谐管理理论与中国管理情境方面做出了尝试。该研究团队利用和谐管理理论框架对"和谐管理领导力"做出了新的阐释，并指出时间、内部控制点以及管理技能为和谐管理领导力的三个维度。在验证和谐管理领导力对企业绩效存在显著性影响的定量研究过程中，他们借鉴了西方有关 CEO 个性等的相关研究，设计并开发了用于测量和谐管理领导力的量表。在未来的研究过程中，研究者可以尝试在理论层面将东西方管理理论进行深度融合及扩展。在开发有关量表时，可以采用 Creswell 等建议的混合研究范式，将定性研究的洞见与量表开发过程相结合（Creswell and Clark，2018），这样开发出的量表能更加充分地反映中国管理实践的特色，也能更为准确地对变量进行测量。

从以上研究可以看出，和谐管理理论在用于解决组织内部由人的不确定性所带来的问题时，显示出了强有力的问题解决能力以及实践指导性。虽然和谐管理理论在认识论意义上假设组织发展的演化是人类有限干预下的演化，但和则概念的提出以及运用，则从另一方面强调了组织管理当中人的因素的重要性及其对组织运作带来的不确定性。在处理由人的因素所引致的不确定性时，和谐管理理论的基本思想是领导者通过制定合理有效的和则机制，建立起良好的企业文化、氛围，增强员工对组织的信任，从而更好地从"能动致变"的角度调动员工的能动性与积极性，在提高员工工作满意度的同时，让他们能更好地发挥自己的能力，提高自身的工作绩效，为组织的发展做出贡献。和谐管理理论不否认人的因素给组织运作带来的不确定性，反而认为人的不确定性可以作为消除管理中不确定性因素的工具。通过和则机制激发组织员工所带来的积极的不确定性，能够应对组织发展过程中一些消极的不确定性。因此在未来的研究当中，管理学者可以从以下方面来进一步提升和则机制在管理实践中的表现与运用：①领导者如何制定恰当的和则机制从人力资源以及领导力方面促进和谐主题的达成？②如何厘清和则与谐则机制之间的复杂关系？③为了发展人力资源或者提升领导者的管理水平，不同的和则与谐则之间应该进行何种耦合？确立耦合机制的因素有哪些？

12.2.3 和谐管理理论对大型工程项目管理的启发

大型工程项目的设计与实施通常会涉及多个不同主体之间的互动，并且面对着技术与管理环境的不断发展和变化，大型工程项目的管理模式亟须进行更新以适应日益复杂多变的环境带来的挑战（邢会歌、宋会民、王卓甫，2008）。和谐管理理论已经用于工程领域许多议题的研究中，比如特大型工程（曾国平、付强，2008）、城市火灾风险认知与应对（张文辉、沈荣芳，2019）、武器装备采购质量管理（张晓军、席酉民、毛景立，2012；李双明、李健、姚云峰，2014）、军事工程建设（林茂光，2012），以及化学原料药工程化项目、地铁工程项目等。

随着工程项目规模扩大，流程会更为复杂，项目管理的难度也会随之增加。一个大型项目通常会有多个项目参与方，并且参与方之间的关系错综复杂，这使大型项目的管理过程充满了不确定性。曹春辉等（2011）从大型项目中不确定性的来源入手，利用和谐管理理论的框架，对应对这些不确定性提出了建议。他们认为，项目本身日趋复杂所导致的以"物"的因素为主的不确定性，可以用以契约机制（谐则）为主的手段来应对；而对于大型项目中不同参与主体所带来的以"人"的因素为主的不确定性，则需要使用以关系机制（和则）为主的手段来应对；契约机制与关系机制之间的互动耦合，可以用来共同应对由管理大环境变化带来的不确定性，因为这种不确定性通常同时包含"人"与"物"两个方面的因素。与此前用项目管理中的风险作为切入点的研究方式相比，从不确定性的角度出发，可以帮助相关学者与实践者抓住项目管理的本质。另外，对于借助和谐管理理论的复杂问题解决框架应对大型项目管理过程中不同来源的不确定性，研究者认为项目管理实践者首先需要清楚辨别不确定性的来源，进而根据不同来源选择不同的机制与模式来应对。与传统的项目管理模式相比，利用和谐管理理论对大型工程项目进行管理显示出极大的优越性。和谐管理理论能够为大型工程项目的管理带来新的解决思路，即先进行参与各方利益的分辨，并在此基础上设计适合的和则、谐则及耦合机制来实现项目管理的目标。利用和谐管理理论设计的大型工程项目管理模式具有更高的动态性与整体性，从而可以更好地适应管理环境的快速变化，以及减少不同利益主体之间由利益分配问题造成的内耗。

利用和谐管理理论来指导大型项目管理的过程，体现了该理论能够在UACCS环境下结合具体管理情境为管理实践带来启发的特点。除了根据不确定性的来源选择合适的应对机制与模式，在大型工程项目管理的过程中，管理者还需要重视和谐主题的"主题导向"思维（李子叶、席酉民、葛京，2009）。在和谐主题的指导下，管理者需要在大型项目的管理过程中将和则与谐则有机耦合，使以设计优化为主的谐则手段能够与以能动致变为主的和则手段互相协调、转化与协同增效，用动态的视角合理运用不同的管理手段以达到提高项目管理效率和绩效的目的。

12.2.4 和谐管理理论在特定行业和领域中的应用

和谐管理理论的基本思想之一就是成为连接管理理论与管理实践的桥梁，运用和谐管理理论来创造管理知识，离不开管理学者对具体管理情境或者行业的深入了解与剖析。在回顾本节所涉及的相关研究时，我们发现和谐管理理论在众多不同的行业和领域中都有着一定程度的应用，体现了和谐管理理论较强的应用延展性。

1. 控制医疗风险，提高医疗服务水平

在医疗机构为患者提供医疗服务的过程中，每一个环节都充满了各类风险，然而医疗风险管理却是我国医疗机构发展中较弱并且亟待提高的一个方面。结合和谐管理理论对我国医疗机构风险管理能力不足的成因进行分析，学者表示，原因主要在于医疗机构不健全以及医护人员主观能动性没有被充分激发（满晶等，2007）。针对这两点，和谐管理理论对医疗机构风险管理能力的提升给出了启示，包括采取对风险管理制度、流程的优化等的谐则措施，以及强化医护人员的风险意识、引导医护人员在不确定状况下做出较好判断的和则措施。另一个研究团队通过考察和谐管理理论在提升医疗机构护理团队水平中的有效性，提出该理论的学习与实施可以有效地提高患者满意度、减少投诉量以及降低医护人员在医疗工作流程中的失误率（李德姣等，2011）。和谐管理理论在医疗行业中的运用体现了其可以结合不同环境，为不同行业的管理困境提出创新性解决方案的特征。本节回顾的相关研究为医疗行业风险管理能力低以及患者满意度较低的问题带来了新的解决思路。

2. 大力提升农村农业科研水平

提升农业科研水平对我国农村现代化建设具有重要的推动作用，相关学者借鉴和谐管理理论的基本框架，为农业科研人力资源配置带来了新的思路。通过考虑农业科研人力资源配置过程中各个要素不确定性的强度，

研究者认为可以采取适当的激励与法律手段作为和则机制应对由人的因素所带来的不确定性，同时可以采取经济、计划以及综合手段作为谐则机制以优化农业科研人力资源配置的流程（白晓明、丛林、黄敬前，2013）。随着我国城市化进程的加快，农村地区也出现了拆迁土地闲置的状况，该现象大幅降低了土地利用的效率。为此，相关学者结合和谐管理理论为减少农村拆迁土地闲置提出了具体措施，这些措施同样包括和则与谐则两个方面，例如提高村民的维权意识以及完善相关流程与监管（任雁、黄帅，2014）。同样，利用和谐管理理论的框架能够为农业以及农村建设的发展提供更为全面和整体的视角，使相关政策、规范能够更为有效地提高农村农业发展水平。

魏晓卓与其合作者（2015）基于和谐管理理论对我国粮食财政补贴开展了多项研究。他们检验了"实际实施的和谐主题"与EOL的一致性程度，通过回归分析等方法进行绩效评价，发现增产绩效较好、增收绩效较差，指出"实际实施的和谐主题"需要尽快漂移，应将"增收为首要，稳产为主要"作为下一阶段粮食财政直接补贴和谐主题的漂移方向。在另一项研究中，魏晓卓（2015）基于和谐管理理论系统地研究了粮食财政直接补贴的"和谐主题"以及"和则""谐则""和谐耦合""和谐主题漂移"等方面，分析"粮食财政直接补贴"在复杂快变的环境下是否抓住了补贴的要害，补贴的核心任务究竟是什么，工作重心如何调整，并预测了未来的发展方向。

3. 供应链系统和谐性与产业互联网（创新生态）研究

供应链是贯穿产品和服务的生产、流通等环节，把上下游企业与用户连接起来的网链，在经济社会活动中扮演着越来越重要的角色。一些未来学家甚至把供应链当作国家间竞争、超级全球化的关键影响因素来研究（Khanna，2016）。基于和谐管理理论的供应链系统研究不断出现，这些研究常引用和谐管理理论早期的系统分析模型，基于数理模型开展研究。

例如，聂茂林（2007）通过对供应链系统和谐性的分析和诊断，找出供应链系统运行过程中不和谐的关键所在，明确供应链系统不和谐的特征类型，以便有针对性地采取相应的措施，及时改善系统的运行状况。钟昌宝等（2010）以和谐管理理论为基础，构建了一套供应链物流系统和谐性诊断要素体系并给出了释义。易明（2011）研究了如何构建合理的工程供应链管理模型，构建了大型铁路建设工程供应链下实施和谐管理的模型，并指出：工程供应链组织可以借助控制机制（谐则）与演化机制（和则）的耦合实现项目层的和谐主题；在战略层面上，工程供应链组织对项目满意度的反馈、工程供应链组织的调整机制及需求的长期性与稳定性，能确保和谐主题与项目绩效之间相互作用、循环改进，不断地提高铁路建设项目绩效。

随着数字化、智能化和网络化技术不断为经济社会活动带来颠覆性改变，管理理论的研究领域从供应链和价值链的优化拓展到了产业链的整合和产业互联网的发展，和谐管理理论对这些新兴研究领域也具有重要的指导作用。席酉民和刘鹏（2019）探讨了运用和谐管理理论构建数智生态以创获生态红利的逻辑思路（和谐管理理论在创新生态构建与演化中的运用将在第 13 章进行更多的讨论）。席酉民（2022）揭示了数智时代为什么营造产业生态，怎样营造产业生态，如何创造和收获生态红利，谁是产业家以及产业家在产业生态中扮演何种角色。这些研究为和谐管理理论在数智时代的产业生态演化研究和实践开辟了新的领地。

4. 和谐管理理论在其他行业和领域中的应用

除医疗与农村建设之外，和谐管理理论还用于其他的行业和领域之中。林钟高和徐虹（2006）基于契约理论分析了企业内部财务冲突的来源，并借鉴和谐管理理论对此类财务冲突的解决提出了建议；李小华和干胜道（2017）提出了基于和谐管理理论的企业内部利益相关者财务和谐分配的模型。此类研究的一个共同点是，研究重心与和谐管理理论中的谐则具有高度相似性。以胡耀辉为代表的研究者则积极使用和谐管理理论对技术创新联盟中的不确定性（杨晨、胡耀辉，2007）、机会主义（胡耀辉、刘一宁，2007）以及联盟的可持续发展（胡耀辉，2007）进行了剖析。在高等教育管理领域，学者主要将笔墨聚焦于高校质量管理（刘丹平，2008）、高校管理创新（陈玉祥，2008）以及高校办学特色的构建（李名梁，2011）。

如果说和谐管理理论在高等教育等领域中的应用扩展了该理论的应用边界，那么在公共管理领域中的应用则进一步展示了理论的可延展性和广泛的适用性。在公共管理领域，研究者已经尝试将和谐管理理论的思想用于对养老保险（欧阳越秀，2010）、生态环境成本缩减（国凤兰、刘庆志，2014）、政府投资项目管理（陈辉华等，2009）、知识产权管理（杨晨、朱国军，2006）以及生态经济发展（杨皓然、郭志仪，2012）等话题的研究。上述研究借鉴了和谐管理理论，对管理实践中有关的流程、系统以及规则提出优化改进的建议——与理论框架中的谐则有着密不可分的关系。与和谐管理理论在前面几个方面的深入应用相比，研究者利用和谐管理理论对公共管理领域管理现象的分析和解释并没有到达很深的层次，这些研究也常常表现出与和谐管理理论联系不紧密的问题。

12.3　和谐管理理论的应用前景

12.3.1　和谐管理理论应用中存在的问题

1. 研究发展不均衡、与理论联系度较低

基于上述对和谐管理理论应用研究的回顾，我们发现理论应用研究的发展存在着不均衡的情况。在分领域对理论应用研究进行总结时，可以发现大多数相关应用研究集中于少数几个领域，如企业战略研究、人力资源研究以及领导力研究，此类应用研究多展现出分析深入、透彻以及具有

高度创新性的特点。而将和谐管理理论应用于其他领域的研究，则多表现出理论分析不够深入、与中国管理情境联系不紧密以及创新程度不够等特点。部分研究表现出对和谐管理理论认识不够深入的特点，仅在提出问题应对方案时以较为生硬的形式将论述与和谐管理理论相结合。

在利用和谐管理理论对管理实践做分析和解剖时，研究者既要对理论的内涵和框架有较为深刻的理解，还要深入研究和把握理论背后的哲学思维以及逻辑基础。因此我们呼吁，想要在理论应用研究过程中寻求进一步的理论深化以及突破，研究者必须紧密联系和谐管理理论与中国管理实践，并且要在理论深化路径以及方法论创新等方面有高度的敏感性。不是仅在提出管理问题解决方案时利用和谐管理理论的框架，而是在管理问题的剖析阶段就积极探索和谐管理理论与实际管理问题之间的有机联系——只有当研究者厘清二者之间的复杂关系时，才有可能更为充分地利用和谐管理理论的内涵和思维方式，对管理实践当中的问题进行更具创新性的剖析，进而提出更加具有针对性的解决方案。

2. 理论与实践的关联度不足

我们还发现，大部分相关应用研究还停留在初级阶段，仅仅只是为管理实践中的问题提出了问题的解决框架或者初步的想法。而这些解决框架或想法解决实际管理问题的有效性通常没有得到进一步经验研究的验证。在未来的应用研究当中，研究者应进一步深化目前已有的这些研究，或者在提出问题解决方案之后，辅以相应的案例分析或定量研究来支撑所提出的解决方案的有效性。相关研究处于初级阶段的特征还表现在所提出的问题解决方案不够详细，并且存在实际可操作性较差的特点。这也可能是研究者对和谐管理理论以及管理实践问题之间的复杂关系把握程度不够所引致的。在进一步的研究中，研究者应积极探索更为清晰的表达方式，努力提升所提出的解决方案的实际可操作性。但这么做却不能以牺牲理论深度作为代价，一个好的管理问题解决方案，须兼具强理论性以及高可操作性两个特点。

此外,回顾学者对和谐管理理论在不同行业的应用研究,我们发现了研究者对不同管理情境特色的忽略。如果只是将一些组织发展过程中的措施与和谐管理理论的核心概念进行简单对应,那么和谐管理理论就很难发挥自身的基本思想和特点对不同管理情境或行业的指导意义。因此,在以后的应用研究当中,相关学者应积极思考:所选择的管理情境或行业在本质上有哪些特点?这些特点与和谐管理理论的基本思想有什么关系?为什么和谐管理理论能够在这类管理情境或行业中发挥很大的指导作用?

3. 和谐耦合机制相关研究不足

通过对和谐管理理论应用研究进行回顾,我们发现有关和谐耦合机制探索的研究相对较少,而和谐耦合是和谐管理理论的重要概念之一,并且和谐耦合机制的设计与把握是组织合理运用相关机制实现和谐主题的前提条件。目前已有的文献对和谐耦合概念的定义与阐释还存在比较模糊的问题,导致相关学者对概念把握不准确,这影响了将概念运用到相关研究当中的效果。因此在未来的研究中,学者可以进一步加强对和谐耦合机制的研究与表达,使和谐耦合的概念可以进一步深化并更加准确地被其他学者理解。值得反思的是:"耦合"可以被机制化吗?或者,在多大程度上"耦合"可以被机制化?这些问题都需要未来的研究来回应。

12.3.2 和谐管理理论应用的未来发展建议

1. 深化和谐管理理论本身

和谐管理理论经过三十余年的发展,已经逐步完善,成为一套解释和指导复杂决策过程的理论体系。但为了使自身更直观地被学者以及管理者用于解释、分析复杂管理问题和指导管理实践,和谐管理理论必须进一步完善理论相关的概念化工作,通过准确界定和表达相关概念使理论的内涵得到更多的理解和关注。从完善理论本身的概念与框架的目的出发,在研究过程中与管理实践紧密结合是重要的研究策略。和谐管理理论不仅可以有效地解释管理问题并提出解决方案，也可以通过在理论框架指导下对管理实践的深度剖析获得完善自身概念和问题解决机制的洞见。相关学者可以从对管理实践的深入研究入手，尝试对和谐管理理论自身的概念进一步深化。在此过程中，可以充分发挥理论对东西方管理智慧整合的能力，有机结合多学科研究范式，加深理论与管理实践之间的联系，力图求得理论创新与发展来拓展新的理论概念以及观点。

2. 扩展理论影响力

从和谐管理理论的影响范围上来看，目前该理论的主要讨论群体为国内学者，其在西方世界得到的关注度还不够高。因此，和谐管理理论的相关研究者未来可以努力将理论以及相关应用研究用西方管理学者熟悉的方式以及载体在世界范围内取得影响力。为了做到这一点，仅仅用英语来撰写相关论文是远远不够的，先需要解决的问题是在理论表达、研究范式以及与西方现有管理理论相联系等方面取得进展。但这么做，不是简单地利用西方管理学研究的表达方式或学术语言来阐释和谐管理理论，而是要努力尝试将和谐管理理论与西方已有的管理学理论以及方法论相结合，构建出具有理论创新性的研究成果，从而进一步推动管理学理论的深化。我们建议可以从和谐管理理论的基本逻辑思想层面入手，找到和谐管理理论与不同理论的可融合之处，对管理现象进行具有创新性的阐释。

3. 加强相关应用研究

除了进一步扩大和谐管理理论本身的影响力范围，相关学者还应该结合当下商业环境在不同时期所体现出的特征，利用和谐管理理论对具有高关注度以及研究价值的热点问题和现象进行深入研究，积极探寻和谐管理理论相关研究的下一个"和谐主题"所蕴含的内容。研究者可以在践行"有实践的研究"的过程中进行相应的提取与归纳，并积极思考管理情境本质特征与理论之间的联系，将相关发现用于深化和拓展理论研究。从目前的社会经济环境以及组织所面临的技术更新迭代速度加快、管理问题复杂度不断上升的情况来看，未来和谐管理理论可以在和谐心智、商业模式创新以及创新生态构建等领域发挥巨大的推动作用。

12.4　本章小结

本章发现和谐管理理论目前在战略管理、人力资源管理以及领导力开发领域的应用较为广泛，在其他管理领域中的应用显现出不够深入、与理论结合度较弱的问题。与此同时，相关应用研究还停留在初级阶段，学者所提出的问题解决框架的有效性还需要通过观察实际的管理现象来进行进一步验证。作为和谐管理理论中的核心概念，和谐耦合机制的相关研究还十分不足。

针对这些问题，建议在未来的相关研究中，学者要主动深入了解和谐管理理论的核心思想与逻辑，通过多元范式的运用来进一步加强和完善相关的概念研究，提高理论的影响力，并且尝试在研究中通过结合热点管理问题来缩小管理研究与实践之间的距离。期待未来有更多的来自不同领域的管理研究者以及实践者加入和谐管理理论研究的群体中，共同为和谐管理理论及其应用的进一步发展贡献自己的力量！

本章参考文献

［1］CRESWELL J W，PLANO CLARK V L．Designing and conducting mixed methods research［M］．Thousand Oaks，California：SAGE，2018．

［2］帕拉格．超级版图：全球供应链、超级城市与新商业文明的崛起［M］．崔传刚，周大昕，译．北京：中信出版集团，2016．

［3］PORTER M E．Competitive advantage：creating and sustaining superior performance［M］．New York：The Free Press，1985．

[4] TEECE D J. Explicating dynamic capabilities:the nature and microfoundations of (sustainable) enterprise performance[J]. Strategic Management Journal, 2007, 28(13):1319-1350.

[5] WERNERFELT B. A resource-based view of the firm[J]. Strategic Management Journal, 1984, 5(2):171-180.

[6] XI Y, LIU P, ZHANG X. Living in the present of the future:in memory of James G. March(1928—2018)[J]. Management and Organization Review, 2019, 15(4):1-5.

[7] ZHANG X, FU P, XI Y. Promoting management education in China through developing practice-based management theories:an interview with practitioner-scholar Youmin Xi[J]. Journal of Management Inquiry, 2018, 27(2):212-223.

[8] 白晓明,丛林,黄敬前. 和谐管理下我国农业科研人力资源宏观配置研究[J]. 科技进步与对策, 2013, 30(6):145-150.

[9] 曹春辉,席酉民,张晓军,等. 工程项目管理中应对不确定性的机制研究[J]. 科研管理, 2011, 32(11):157-164.

[10] 曾国平,付强. 特大型工程项目多任务多代理人和谐管理[J]. 科技管理研究, 2008, 30(6):302-304.

[11] 陈辉华,丰静,王孟钧,等. 政府投资项目和谐管理的探索与实践[J]. 标准科学, 2009(6):80-83.

[12] 陈玉祥. 和谐管理视野中的高校管理创新[J]. 科技管理研究, 2008, 28(5):161-163.

[13] 国凤兰,刘庆志. 山东半岛蓝色经济区环境成本和谐管理研究[J]. 生态经济, 2014, 30(2):111-115.

[14] 韩巍,席酉民. 机会型领导、幻觉型领导:两个中国本土领导研究的关键构念[J]. 管理学报, 2012, 9(12):1725-1734.

[15] 韩巍,席酉民. 不确定性–支配权–本土化领导理论:和谐管理理论的视角[J]. 西安交通大学学报(社会科学版), 2009(5):7-17.

[16] 胡耀辉,刘一宁. 和谐视角下技术创新联盟中机会主义的研析[J]. 经济纵横, 2007(24):138-140.

[17] 胡耀辉. 企业技术创新联盟持续发展研究[J]. 科学学与科学技术管理, 2007,

28（2）：80-84.

[18] 李德姣，陈萍，姜声琴，等. 运用和谐管理理论 打造优秀护理团队［J］. 现代医院管理，2011，9（2）：57-58.

[19] 李名梁. 大学办学特色形成机制研究：一个和谐管理模型［J］. 江淮论坛，2011（1）：154-161.

[20] 李鹏飞，席酉民，韩巍. 和谐管理理论视角下战略领导力分析［J］. 管理学报，2013，10（1）：1-11.

[21] 李双明，李健，姚云峰. 提高武器装备质量管理的方法研究［J］. 电子设计工程，2014，22（8）：25-27.

[22] 李小华，干胜道. 利益相关者财务分配博弈分析及财务和谐分配模型构建［J］. 新疆社会科学，2017（1）：33-39.

[23] 李子叶，席酉民，葛京. 流域化水电开发企业管理模式研究——以雅砻江流域水电开发为例［J］. 科学学与科学技术管理，2009，30（5）：163-169.

[24] 李子叶，席酉民，尚玉钒，等. 提高员工工作满意度机制的系统分析：和谐管理理论的启示与价值［J］. 南开管理评论，2008（4）：70-77，96.

[25] 林茂光. 军事工程建设和谐管理的理论架构与实现模式［J］. 中国工程科学，2012，14（7）：24-33.

[26] 林钟高，徐虹. 财务冲突及其纾解：一项基于契约理论的分析［J］. 会计研究，2006（6）：8-14，96.

[27] 刘兵，焦双喜，杨振辉，等. 基于和谐管理理论的企业 TMT 战略执行过程研究［J］. 华东经济管理，2009，23（4）：109-111.

[28] 刘丹平. 基于和谐管理理论的高校质量管理模型［J］. 江苏高教，2008（4）：53-54.

[29] 刘静静，席酉民，王亚刚. 基于和谐管理理论的企业危机管理研究［J］. 科学学与科学技术管理，2009，30（1）：138-142.

[30] 刘鹏，席酉民. 基于和谐管理理论的多变环境下可持续竞争优势构建机理研究［J］. 管理学报，2010，7（12）：1741-1748.

[31] 满晶，李秋洁，孙宁，等. 和谐管理理论应用于医疗风险管理的启示［J］. 护理研究，2007，21（8A）：1975-1976.

[32] 毛景立，梁红，李惠成，等. 复杂产品系统订制中的和谐管理机制构建研究［J］.

科技进步与对策，2011，28（3）：1-6.

[33] 聂茂林. 供应链系统和谐性分析［J］. 系统工程学报，2007，22（6）：585-592.

[34] 欧阳越秀. 论中国养老保险体系的改革——基于和谐管理理论的思考［J］. 河北学刊，2010，30（3）：164-167.

[35] 戚振东，曾宪聚，孙晓华，等. 基于和谐管理理论的人力资本管理：一个理论框架［J］. 科研管理，2008，30（4）：34-40.

[36] 齐晓梅，楼润平，成俊会. IT能力构建及其对企业和谐信息化的影响研究［J］. 科研管理，2019，40（5）：145-154.

[37] 任雁，黄帅. 基于和谐管理理论的农村拆迁土地闲置问题研究［J］. 陕西农业科学，2014，60（6）：85-87.

[38] 万涛. 不同类型团队冲突管理研究的构思与展望［J］. 科技进步与对策，2006，23（12）：97-100.

[39] 王大刚，席酉民，何方. 基于中国公司情境的和谐管理领导力研究［J］. 管理学报，2009，6（4）：427-431.

[40] 王琦，杜永怡，席酉民. 组织冲突研究回顾与展望［J］. 预测，2004，23（3）：74-80，26.

[41] 王琦，席酉民，汪莹. 和谐主题漂移的涵义及其过程描述［J］. 管理科学，2004（6）：10-17.

[42] 王亚刚，席酉民，尚玉钒，等. 复杂快变环境下的整体性应变工具：和谐主题［J］. 管理学报，2011，8（1）：19-27.

[43] 王亚刚，席酉民. 和谐管理理论视角下的战略形成过程：和谐主题的核心作用［J］. 管理科学学报，2008，11（3）：1-15.

[44] 魏晓卓，金丽馥，吴君民. 基于和谐管理的粮食财政直接补贴和谐主题研究［J］. 系统工程理论与实践，2015，35（11）：2721-2739.

[45] 魏晓卓. 基于和谐管理理论的粮食财政直接补贴研究［D］. 镇江：江苏大学，2015.

[46] 席酉民，刘鹏，孔芳，等. 和谐管理理论：起源、启示与前景［J］. 管理工程学报，2013，27（2）：1-8.

[47] 席酉民，韩巍，葛京，等. 和谐管理理论研究［M］. 西安：西安交通大学出版社，2006.

[48] 席酉民,韩巍,尚玉钒. 面向复杂性：和谐管理理论的概念、原则及框架[J]. 管理科学学报,2003,6(4):1-8.

[49] 席酉民,刘鹏. 管理学在中国突破的可能性和途径——和谐管理的研究探索与担当[J]. 管理科学学报,2019,22(9):1-11.

[50] 席酉民,尚玉钒,井辉,等. 和谐管理理论及其应用思考[J]. 管理学报,2009,6(1):12-18.

[51] 席酉民,张晓军. 挑战与出路：东西方管理智慧整合的方法论探索[J]. 管理学报,2012,9(1):5-11,26.

[52] 席酉民. 数智时代产业家与生态红利创获. 产业新生态,2022,1(3):6-19.

[53] 肖薷,高庆昆. 基于和谐管理的企业创新主题辨识研究[J]. 求是学刊,2013,40(2):60-64.

[54] 邢会歌,宋会民,王卓甫. 基于和谐管理理论的工程项目管理模式分析[J]. 人民黄河,2008(3):80-81.

[55] 徐辉,王忠郴. 基于和谐理论的劳资关系协调预警机制的构建[J]. 企业经济,2008(3):5-7.

[56] 许成磊,段万春,孙永河,等. 创新团队和谐管理机制的主题辨析优化[J]. 管理学报,2014,11(3):390-395.

[57] 杨晨,胡耀辉. 和谐视角下技术创新联盟中不确定性的研究[J]. 科技管理研究,2007,27(4):150-153.

[58] 杨晨,朱国军. 立项阶段国家科技计划知识产权管理的和谐研究[J]. 科技进步与对策,2006,23(1):29-31.

[59] 杨成名. 基于和谐管理视角的企业社会责任研究[J]. 现代管理科学,2010(2):97-100.

[60] 杨皓然,郭志仪. 基于和谐管理理论的生态经济发展和谐性度量[J]. 统计与决策,2012(6):108-111.

[61] 杨栩,周瑜. 基于和谐管理的企业持续创新实现模式研究[J]. 中国科技论坛,2011(7):64-68.

[62] 易明. 基于和谐管理理论的铁路工程供应链管理研究[J]. 铁道工程学报,2011,28(6):107-112.

[63] 张文辉,沈荣芳. 城市火灾风险认知述评及其逻辑局限和对策[J]. 系统工程理

论与实践，2019，39（2）：387-396.

[64] 张向前. 基于和谐管理理论知识型人才管理机理分析［J］. 科学学与科学技术管理，2009，30（1）：168-174.

[65] 张晓军，席酉民，毛景立. 基于和谐管理理论的武器装备采购质量管理研究［J］. 管理工程学报，2012，26（2）：48-57.

[66] 张晓军，席酉民，谢言，等. 基于和谐管理理论的企业动态能力研究［J］. 管理科学学报，2010，13（4）：1-11.

[67] 张晓军，韩巍，席酉民，等. 本土领导研究及其路径探讨［J］. 管理科学学报，2017，20（11）：36-48.

[68] 钟昌宝，魏晓平，聂茂林，等. 供应链环境下物流系统和谐性诊断［J］. 系统工程理论与实践，2010，30（1）：30-37.

▲

　　实现高质量发展是关系我国经济社会转型的大计，创新已成为未来发展的社会共识。但创新的涌现需要创新意识、创新人才、创新环境和创新文化，更需要它们之间良性互动的生态以持续促进创新。因而创建高质量的创新生态已成为我国经济社会成功变革的关键。何谓创新生态，如何构建创新生态，怎样实现创新生态的持续演进和升级，都亟待理论和实践上的深入研究。本章试图借鉴和谐管理理论分析创新生态及其营造和演进。

———

构建高质量创新生态：和谐管理理论的启示

高质量发展是我国今后一个时期的主题，会带来一场关系经济社会全局的深刻变革。创新驱动是高质量发展的一个定义性特征，高质量发展就是创新作为第一动力的发展，只有创新驱动才能推动我国经济从外延式扩张上升为内涵式发展。换言之，实现高质量发展的基础是针对新时代面临的新问题或新挑战做出理论、方法和实践的突破性创新。改革开放以来，我国通过体制变革、学习国外先进经验、借鉴式创新等途径取得了举世瞩目的成就，但改良创新或微创新的发展模式和动力在新时代已显露重重弊端，发展不平衡、不充分等问题日益突显。邓小平曾指出："现在看，发展起来以后的问题不比不发展时少。"这些发展起来后的新问题可能比"一穷二白"时所面临的问题更复杂、更难以解决。可以说，实现高质量发展面临着在 UACCS 环境下如何大力促进创新的难题。创新虽已成为社会共识，但如何促进创新像雨后春笋一样涌现，仍缺乏理论或实践模式的提炼，亟待深入研究。

13.1 构建创新生态，实现高质量发展

西方世界有硅谷，中国各地也都有大量的创新试验区。从中央文件到地方政府的政策和企业家的言谈，创新无处不在，在意识上我们已经非常重视创新了，但在现实中，学生、家长、教育者、研究者甚或科研机构都表现出极强的急功近利倾向，社会文化鼓励循规蹈矩，人们惧怕风险，同

时既想追求独特生活又纠结焦虑等，这极大降低了创新的动力，限制了创新的空间。对照硅谷，国内许多创新试验区相关要素（如大学、企业家、银行、研究机构等）样样俱全，但就是无法形成像硅谷那样百花齐放的创新景观，这是为什么？

其实，创新的真正发生，依赖创新主体的价值观、认知、能力和探索精神，更依赖创新环境的支持，包括文化的滋养、创新平台的支持、创新社群的互动和刺激。换言之，创新的持续涌现需要健康的高质量的创新生态的构建。一些创新区发现，在硅谷喝杯咖啡都可能孕育一个创新点子或企业，于是政府补贴开设咖啡屋，但效果依然有限，关键是未形成良好的创新生态。

创新生态是行动者、活动、事物以及制度和关系形成的演化集，包括互补与替代关系（Granstrand and Holgersson，2020）。创新生态通过多元行动主体、多样化要素的共处以及与环境的互动，并借由共享、合作、相互启迪等机制，助推行动者的思维活力、创新绩效及整个生态的价值创造，从而形成相互协同、共生演进的持续创新。比如，硅谷的优势在很大程度上源于高科技创业企业、大学、各类服务机构等构成的生态，其特点包括：合理的游戏规则，知识密集、高质量劳动力的流动机制，以结果为导向的精英体系，鼓励冒险和容忍失败的氛围，开放的商业环境，大学研究机构与产业界的互动，企业政府与非营利机构的合作，高质量的生活以及专业化的商业服务机构等（李钟文等，2017）。这些特点是单纯强调个体创新或政策制度设计驱动的创新系统所无法具备的，只有经过创新生态的不断迭代升级才可能形成区域或世界级创新高地，实现高质量发展。

从硅谷的实践不难看出，创新生态的构建是一个涉及面广、过程复杂、需要不断迭代的过程，并非一纸文件或几个口号就能促成的。作者曾专门研究复杂经济社会演化和发展战略，提出了和谐理论并将其扩展成和谐管理理论，对创新生态的构建具有借鉴和指导意义。

13.2 和谐管理理论解决复杂经济社会问题的思路

和谐理论是作者在研究如何化解社会经济系统内耗（如大型工程建设与运行）时创立的，其核心思想是，面对 UACCS 世界，特别是人的复杂性和不确定性，仅强调"科学"管理是远远不够的。因为科学的规划、统筹甚至优化只能解决社会经济问题中那些逻辑清楚、可事先安排的事项，但所有社会经济的发展过程中都有大量随机涌现的突发事件需要处理，有很多模糊不清的问题需要解决，还有人的不稳定性甚或非理性需要面对，因此"救火"、现场办公是管理常态。面对如此的社会现实，如何实现管理的预见性、有效性？如何让社会经济系统处于和谐运行状态？我们于 20 世纪 80 年代，运用系统工程的理论思想与方法论，结合中国的整体论和实践智慧，设法促进社会经济系统达到和谐的状态。为此，我们将和谐二字拆开，"谐"对应匹配、调适、优化，即我们常讲的科学方式；"和"对应人及其心理感受——如果能用愿景、制度、政策和文化营造良好环境，赢得人心，并提供支持平台，人便会积极主动应对突发问题，具有创造性地推动发展。试想，如果根据未来趋势和社会现状明确我们未来的发展定位或定向，厘清未来不同发展阶段的核心问题或任务，并利用好"和"与"谐"两种机制和手段，社会经济发展一定会处于相对和谐的状态，不断健康演进。该理论把东方文化和智慧强调的发挥人的能动性的特色与西方文化和智慧擅长的理性设计相融合，充分释放中国人"天人合一"的"整体性"智慧，以应对 UACCS 环境下的经济社会发展问题（席酉民、刘鹏，2019）。

和谐管理理论认为，人类活动充满不确定性和多元性，只能在有限干预下演化，这一过程充满了博弈。其解决问题的基本框架是，第一，根据未来发展趋势、格局和自身目的，确定发展的战略定位和定向，这是任何组织或系统安身立命的长远部署，常用愿景和使命概念表达，例如我国提出的"中国梦"和"人类命运共同体"理念。第二，根据愿景和使命，将发展过程分为不同阶段，明确各阶段的发展主题（理论上称和谐主题），即核心发展任务和要解决的关键问题。一般来讲，越接近当下，发展主题越明确，越远则越粗略，而且随着发展和环境的变化，发展主题可能会调整甚或涌现新主题。第三，针对各阶段的发展主题，利用"和"与"谐"的逻辑和机理（理论上称之为"和则"与"谐则"）构建经济社会发展体系。"和"是通过对参与者能动性的诱导以应对不确定性的规则和主张，常采用激励机制、工作环境和文化营造等手段，如我国目前的培育和践行社会主义核心价值观、建设社会主义精神文明、发展中国特色社会主义文化等；"谐"是通过科学设计和优化降低发展不确定性的规则和主张，常采用制度、规划、流程建设、优化等手段，如我国正在不断发展中国特色社会主义法治体系、优化经济结构等。第四，根据发展进程和局势变化，对发展主题和已构建体系进行必要的动态调整和迭代升级（理论上称之为"和谐耦合"）。例如，面对美国对中国的打压、全球供应链的破坏、俄乌冲突对世界和中国的影响，我国发展阶段主题和目标需做一系列相应调整。第五，领导力的不断提升及"和谐心智"（根据和谐管理理论构建的心智模式）的养成（席酉民，2020）。环境越是动荡，越需要领导智慧和驾驭力，例如世界百年未有之大变局挑战着世界各国领导者的领导力。和谐管理理论的思想体系有助于各层次领导力的提升和心智模式的升级。

经过多年的发展，和谐管理理论已经在经济社会治理、战略领导力、国家创新体系、区域经济社会发展、组织与战略管理、人力资源管理等研究领域以及医疗、农村建设、高校管理、大型工程项目、创新生态等实践活动中得到应用（席酉民、熊畅、刘鹏，2020；韩巍、席酉民，2021）。

13.3　和谐管理理论指导下的创新生态构建

从理论上讲，创新生态通过全方位培养、引进、用才的机制和支撑条件以及创新环境"筑巢引凤"，形成了良好的人才栖息地，提供了人才发挥作用的舞台，孕育了多样、多层次"人尽其才"的良性正反馈循环，以共享、共生、系统扩展和升级等机制激活经济社会发展的活力，进而推动了高质量发展。同时，创新生态中的多层次构造、多样性创新要素以及一定程度的自组织秩序，为人才充分发挥聪明才智、合作创新提供了无限可能。从复杂系统理论看，开放的创新生态以不断的要素注入，催化互动和创新，为系统引入负熵、阻止熵增或演化到平衡态，从而保持了系统较高水平的活力（席西民，2021）。

在实践上，国际先进发展经验（如硅谷的发展经验）表明，创新生态构建是持续建设世界创新高地的必由之路，也是实现高质量发展所面临的关键问题。我们几乎具备所有创新要素，但生态效应不足甚至陷入内卷的现实如何破解？如何突破困境构建高质量创新生态？

和谐管理理论的系统整体观、主动干预下的动态演化观有助于人们分层次、分阶段地精细认识和把握创新生态形成的定位与演化的关键问题所在，并以设计和演化双规则创建演进机制、支持平台和共生文化，以包容协同的精神促进不同利益主体形成共识和利益共同体，从而实现多元主体共生的创新体系和活力，进而创造和收获生态红利，实现多赢（见图 13-1）。

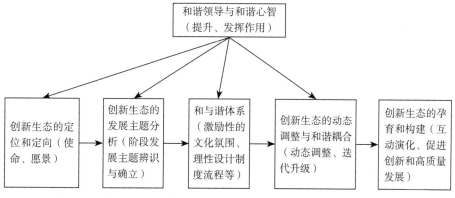

图 13-1 和谐管理理论指导下的创新生态构建思路

13.3.1 创新生态的定位和定向

创新生态是孕育创新的基础条件，但创新的涌现取决于生态中的参与者（人或组织）、创新环境、时代机遇——按对冲基金公司桥水创始人瑞·达利欧（2018）的说法是大势。首先，看时代机遇，全世界颠覆性技术井喷般地涌现，数智技术正在改变人类经济社会生活方式，转变着人类的认知范式，再加上美国对中国的打压和全球化的扰动，无论是从迫切性、必要性还是可行性的角度来看，创新恰逢其时。其次，分析创新主体——人（组织），创新取决于人的内在动力和创新思维，而后者受制于知识储备、好奇心、想象力和能力。如果社会流行"躺平"文化，何谈创新动力？如果人们的价值取向过于功利（无论是短期功利主义还是长期功利主义），怎么会投身于那些需要突破和充满风险的创新之旅？只有坚守内在价值的非功利主义，人们才会真正献身创新（特别是突破性创新），乐意追随兴趣和好奇心，无惧十年冷板凳甚或更艰苦的条件，而以革命性的创新推动人类进步。审视当下的现实，社会成功理念的单一化、功利、短视，应试教育特别是严重的内卷对人兴趣、好奇心、想象力以及能力的抑制，制约了中国人的创新活力。最后，看创新环境，社会较单一的成功标准、短期功利主义倾向、不合理的人才和成果评价体系、项目或工程化的资源配置方式等加剧了功利化、指标化、趋同化的发展模式，在教育、科技甚或更广泛社会活动中形成了严重内卷。虽然我们教育环境下的人才数量、发表文章数、专利申请量快速增加，但原创性、突破性创新与世界发达国家相较逊色不少。各级政府已意识到问题的严重性，如出台文件和政策"反四唯"等，但任重道远。换一种思路看，所谓生态，首先是多主体共存，其次是多主体与外在环境共存。如果说创新往往是个体、组织或国家等相对单一主体意义上的，那么，创新生态是多元主体意义上的，涉及的是如何"激发－保护－转化"创新的问题，其演化过程适合从"领导－机制－文化"角度去阐释。

以上分析说明，高质量创新生态的构建必须解决创新主体和环境两方面存在的严重问题。国家创新体系的构建方向应该是以理念、法律、制度、政策、资源、文化建设促进和保护不同层级创新生态的孕育，例如健康教育生态、科技研发（应用）生态、区域社会创新生态、产业行业创新生态等。就不同层级和类型的创新生态而言，其根本定位是激活人的内在发展动力，培养造就大批堪当新时代重任的人才，以及营造激励各类人才充分发挥才干、敢于突破、大胆创新、独立思考、自由探索、释放潜能和活力的制度体系与文化，并构建强大的技术支持平台，从而共享资源、建立沟通机制、增加互动机会、营造合作氛围等。这样，假以时日，中国创新的百花园一定万紫千红、多姿多彩。

13.3.2 创新生态的发展主题分析

创新生态离不开多元行动主体的参与，在明确了基本定位或定向的基础上，辨识、确定阶段性核心任务或要解决的关键问题直接决定创新生态构建的基准。发展主题的分析和选择一般经由历史总结、现状分析和未来预见，再考虑各主要参与主体的利益诉求、各方及相关事务的互动关系、可动员的资源、演化进程、情境转换等因素，形成主要参与者的基本共识，当然也可能取决于少数领导者的洞见。通常，发展主题的确定涉及一系列关键事项的优先排序，这些主题也会随着生态系统的孕育过程不断面对优化、取舍和调整。具体到中国创新生态现阶段和未来一定时期的发展主题，从上节定位和定向的分析中不难发现，第一，调整重学历的人才观和单调趋同的成功理念、鼓励独特和冒险精神、激励内在价值而非功利主义的探索精神等将成为迫在眉睫的发展主题。

第二，加速中国教育改革和转型升级，培养人才、激活和释放社会创新潜能也是不二选择。在我们看来，中国教育面临如下六大挑战：①从精英教育转型到大众化教育，学校各项功能定位和管理理念如何随之调整？②从计划经济过渡到社会主义市场经济，学校治理体系和资源配置方式如何改变？③从传统的科层官僚体系转变成为网络化环境下的知识组织，学校的管理体系和组织方式如何转型？④教育的功能从原来的知识传播转向数智技术支持下更为贴合时代需求的全新能力的培养，育人模式和教育流程怎样变革？⑤学校书斋式教学正在转向实用主义教育，学校人文精神与创新文化如何形成？⑥教育环境从相对封闭到日益开放和国际化，多元化文化共处和国际化的校园环境如何构建？现在从中央到地方，从学生家长到社会各界人士，大家对教育变革的迫切性已有共识，教育系统亟须重构其创新生态，这涉及范式变迁，需要改变人们的观念和教育体系，变革、转型虽然迫在眉睫，但非一朝一夕可完成。

第三，激活科学与技术系统的创新活力是另一个创新生态发展的关键主题。怎样配置科技资源、评价研究成果、鼓励学术自由、支持基础科学研究、促进教（育）研（发）产（业）社（会）融合、合理认可科研贡献等是该主题需要解决的问题。此方面已有大量讨论，不再赘述。

具体到不同创新生态的构建，需根据其愿景和使命确定相应的发展主题，例如时下教育改革中比较热门的产教融合创新生态，其主题应关注数智时代对人才的需求以及产教互补协同的核心问题。另外，创新生态有其发展的阶段性，如构建阶段、发展阶段、成熟阶段、升级转型阶段，每个阶段会有相应的发展主题。

13.3.3　创新生态的动态调整与和谐耦合

在创新生态的定位和阶段性发展主题的指导下，通过"和""谐"两种机制互动，便可构建比较系统的创新生态。但在复杂动荡的世界和千变万化的发展过程，创新生态会随之演化并形成新的可能空间，因此随着生态的演化，常需要校准方向、调整主题、升级或完善创新生态体系，这种动态调整对于创新生态的进化和升级至关重要。因为这个过程主要涉及定位和主题、"和"与"谐"手段间的耦合关系，所以和谐管理理论称之为和谐耦合。和谐耦合在创新生态中的作用有三点：第一点是增强创新生态的协同效应；第二点是可能扩展或升级创新生态；第三点是促进行动者打破边界、加强融合，通过动态平衡和边缘创新等方式实现共享、共生效应以及促进局部效应的扩散、反馈、指数型放大等，最终实现生态效应，即收获生态红利，不断推动高质量发展。尽管无法完全依靠理性设计掌控发展局势，但这给具有良好直觉和远见的关键行动者留出了隐约可寻的线索和迹象，为他们充满智慧地穿针引线、适当地干预创新生态演化以达到预期创造了可能。所以，领导智慧和领导力在和谐耦合中扮演着重要角色。但创新生态中的领导智慧并不必然来自某个具体的领导者，还有可能来自一种能够整合主要参与者领导智慧的机制。

13.3.4 创新生态的孕育与构建

所谓生态一定是多元化、差异化的，是反对趋同的，从而可以实现"不同"要素间共享、互补、合作的价值。"不同"有利于创新，但不健康的共处和互动关系也会造成破坏性，所以同时需要"共同"（统一）接受的积极的共处规则、协同机理、包容文化。因此，创新生态建设需要处理好"同"与"不同"的辩证关系——"和而不同"的和谐真谛。

在和谐管理理论来看，创新生态改变了发展的"游戏（演化）规则"，它可以应对具有复杂性、模糊性、多义多维多层次性、高度不确定性、快速变化、非线性、难以完全设计的特点的发展问题，而不是用于相对简单和清晰、相对确定和单一、较稳定和线性、可以理性设计或借鉴经验足以应对的问题。相较于改革开放初期比较粗放的管理，我国现在面临的是如何应对发展不平衡不充分的问题、如何产生引领性和原创性的源头科技创新问题等。这些问题无法单纯依靠理性设计或控制方式解决，也不能完全依靠社会原子化式的随机尝试，而必须坚持道路自信、方向正确基础上的设计与演化并重及互动融合，由多元参与主体审慎地互补协作或替代竞争，即构建创新生态。

在创新生态定位和发展主题明晰之后，就可以利用"和"与"谐"两种机制互动地构建创新生态系统。即根据发展主题的特性，利用"和"的机制，通过体制、制度、政策、文化建立起共享、共生、互补、协同、竞合的关系，营造一种具有归属感和激励性的氛围，从而形成可以能动地实现发展主题的共同体，激活所有参与主体，诱导突破式创新，释放潜力，并使各主体相互刺激、合作协同。同时，利用"谐"的机制，对实现发展主题可以事先预见和安排的要素或活动进行科学设计、规划和优化，形成支撑创新生态的体系、共享平台、组织方式、流程规范等，以确保创新效率。

13.3.5　和谐领导与和谐心智

和谐耦合挑战着领导智慧，创新生态中所有参与者都是相对独立的主体，有各具特色的领导智慧。但因为共生于一个生态中，各具特色可以释放其创新性，协同共生可以实现生态效应。所以"和而不同"的和谐真谛是同时发挥领导个性和集体领导智慧的基础。

我们基于和谐管理理论，发展出和谐领导力及和谐心智，既有助于实现创新生态中充满创新活力的杰出个体百花齐放，又有利于融合成干预创新生态不断进化的集体领导智慧。和谐心智主要涉及按照和谐管理理论处理复杂问题的思维和行动模式，主要包括：①定位（愿景、使命）导向的系统观和动态演化；②发展（和谐）主题思维的方向感；③"谐"与"和"双机制互动的生态系统构建；④支撑和谐耦合的融合与平衡；⑤突破现状，升级和谐的边缘创新。

席酉民、熊畅、刘鹏（2020）指出，和谐领导力主要包括：①面向未来定位和定向的判断力；②确定发展主题的学习力；③利用"谐"机制的控制力；④培育"和"机制的影响力；⑤实现和谐耦合的创造力。如果创新生态中的各主体能够孕育其和谐心智，习得和谐领导力，则会提升集体领导智慧，促进创新生态动态演进、持续升级！

13.4 创新生态构建的探索性实践

西交利物浦大学的发展实践是和谐管理理论指导下的创新生态构建的生动案例。西浦是2006年中外合作创建的中国土地上的国际大学。面对全球反思教育、重塑教学、再定义大学的时代挑战，西浦将自身的定位（愿景、使命）确立为"未来教育的探索者和引领者"，由此整合东西方文化和最优实践、面向未来、大胆创新和突破成为其成长基因。

基于西浦的愿景、使命和教育理念及哲学，西浦已绘就其教育创新生态蓝图，并成功推进。西浦倡导全人（学习、成长、为人）的和谐教育（席酉民，2021），根据不同阶段的发展（和谐）主题，创新创造了西浦1.0、西浦2.0、西浦3.0三种教育模式。随着教育探索的深入和扩展，又逐步开启了基础教育和新职业教育的探索。特别是西浦3.0，在西浦的国际化资源与全球知识网络的支持下，以符合未来社会需求的教育理念和办学模式，辐射社会，影响中国教育改革和世界教育发展，推动社会进步与人类文明发展。为支持如此宏大的教育探索体系，我们打造了两大基于数智技术的支持平台：一套全链条、全模块、高度灵活的国际化、"融合式"大学运营服务系统；一个强大的西浦"学习超市"，它汇集全球优质教育资源，构建兴趣驱动的跨时区、跨地域、跨国界、跨年龄段的线上与线下结合、学校和产业融汇的终身学习与创新生活的教育创新生态。

西浦1.0主题：对传统国际化专业精英教育的创新与升级

融合东西方文化和教育优秀实践，强调以学生成长为目标和以兴趣为驱动，提倡研究导向型学习和审辩式思维，加强素养教育与学生所修专业的行业背景的熏陶。构建了以学生为中心的教育理念与生态体系，在充分激发学生内在动力的同时（"和"），建立了严格的教育质量保障体系（"谐"）及国际化的校园环境和文化（耦合），融合了中国教育重知识基础的优点、英式教育严格的质量控制体系以及美式教育的灵活性，培养学生适应未来复杂社会的和谐心智，帮助学生大胆筑梦，铸就学生追梦的翅膀。

西浦 2.0 主题：探索培养新兴产业精英与业界领袖的融合式教育

面对数智时代的挑战，我们于 2017 年提出了"融合式教育"，旨在以行业整合专业教育，探索培养能够利用人工智能和机器人引领未来新产业的国际化行业精英。为此，选择对未来人类发展具有重大影响的若干关键行业，联合龙头企业创建相关行业学院，通过大学、企业和社会深度合作（"和"），成立创业家学院（太仓），基于未来发展趋势及人才需求，重新设计教育模式和培养内容（"谐"），让学生有机会研究解决本行业的实际问题，并于毕业后带着岗位任务进行在岗研究生教育，形成大学、产业、社会共生的创新生态（耦合与扩展）。

西浦 3.0 主题：试图重塑大学的社会职能

强调大学走进社会，撬动相关资源，营造支持兴趣驱动、终身学习、创新创业、企业研发和行业升级的教育与创新生态。该模式因聚焦于未来社会生活形态，涵盖了基础教育、职业教育以及技术与管理升级等。该模式虽刚起步，但已陆续成立了多个产业学院和研究院，如西浦慧湖药学院和西浦集萃先进技术学院等，形成了教产政社融合的创新生态。

西浦三种模式运行的基础是创新生态的营造，成功的关键是共享、共生与融合机制的建立。在创校 18 年间，西浦积极创建各类社群和生态，吸引了数千所大学和数百万的教育工作者参与教育创新活动，大量学习者、教育者、家长，以及政府、公益组织、工业界组织、教育机构、附属学校等纷纷加入西浦面向未来的教育生态系统中。

西浦教育创新生态构建有六个主要路线。①打造引领教育未来的核心产品，包括培训课程、教育模式、办学体系等。②搭建平台，营造交流、分享与创新的文化，引导教育共创，通过社群将西浦理念传遍大江南北。例如创办了西浦全国大学教学创新大赛（教师教学创新的平台）、高校教师发展中心可持续发展联盟（高校支持教师发展的平台）和创新者说（落地不同城市的本地化创新社群）等。③构建赋能平台，帮助利益相关方让创新的教育理念落地生根。例如打造了面向高校的校领导、中层管理者、专业负责人、一线教师、教学管理人员、学生工作人员、教育国际化人员，中小学和幼儿园的管理者与一线教师，以及家长和社会教育机构工作者等的培训和研修项目，每年有来自数百家教育机构的上万名教育工作者参与到培训活动中。④创建面向教育硕士、博士等高端人才的培养体系，为未来教育持续升级和长期健康发展培育领导力。⑤开展基础教育和新职业教育试验，促进转型和发展。⑥发起"寻找新时代中国杰出教育家"的行动，以期引发社会关于未来教育的大讨论，帮助教育回归本质，从而行进在通向未来的正确道路上（席酉民、魏双双，2022）。

13.5　本章小结

"在全面建设小康社会阶段，我们主要解决的是量的问题；在全面建设社会主义现代化国家阶段，必须解决好质的问题，在质的大幅提升中实现量的持续增长"（刘鹤，2021）。构建创新生态以推动高质量发展是解决"质的问题"的重要途径，更是世界百年未有之大变局当下解决布局和持续发展的"根本问题"的关键基础。和谐管理理论为创新生态构建、发展和持续扩展升级提供了一套方法论和理论工具，期待能为我国新时代的高质量发展做出贡献。

本章参考文献

［1］GRANSTRAND O，HOLGERSSON M. Innovation ecosystems: a conceptual review and a new definition［J］. Technovation，2020（90-91）：1-12.

［2］韩巍，席酉民. 再论和谐管理理论及其对实践与学术的启发［J］. 西安交通大学学报（社会科学版），2021，41（1）：39-50.

［3］李钟文，米勒，韩柯克，等. 创新之源：硅谷的企业家精神与新技术革命［M］. 陈禹，等译. 北京：人民邮电出版社，2017.

［4］达利欧. 原则［M］. 刘波，綦相，译. 北京：中信出版社，2018.

［5］席酉民，刘鹏. 管理学在中国突破的可能性和途径——和谐管理的研究探索与担当［J］. 管理科学学报，2019，22（9）：1-11.

［6］席酉民，熊畅，刘鹏. 和谐管理理论及其应用述评［J］. 管理世界，2020，36（2）：195-209，227.

［7］席酉民，魏双双. 中外合作办学的使命之一：引领教育变革［J］. 国际教育交流，2022（1）：6-13.

［8］席酉民. 特立独行——和谐教育之路［M］. 北京：清华大学出版社，2021.

［9］席酉民. 和谐心智：鲜为人知的西浦管理故事［M］. 北京：清华大学出版社，2020.

［10］席酉民. 生态价值主张导向的缠绕与共生——中国制度情境下管理学突破的新可能性［J］. 管理世界，2021，37（6）：21-23.

［11］冷溶，汪作玲. 邓小平年谱（1975-1997）［M］. 北京：中央文献出版社，2004.